张作霖大传

——一个乱世枭雄的崛起与殒落

关河五十州 ◎ 著

中国出版集团

现代出版社

图书在版编目（CIP）数据

张作霖大传：一个乱世枭雄的崛起与殒落 / 关河五
十州著 . —北京：现代出版社，2017.1
ISBN 978-7-5143-5283-2

Ⅰ. ①张… Ⅱ. ①关… Ⅲ. ①张作霖（1875-1928）
—传记 Ⅳ. ① K827=6

中国版本图书馆 CIP 数据核字（2016）第 213126 号

张作霖大传：一个乱世枭雄的崛起与殒落

作　　者	关河五十州
责任编辑	张　霆
出版发行	现代出版社
通讯地址	北京市安定门外安华里 504 号
邮政编码	100011
电　　话	010-64267325　64245264（传真）
网　　址	www.1980xd.com
电子邮箱	xiandai@vip.sina.com
印　　刷	三河市宏盛印务有限公司
开　　本	710mm×1000mm　1/16
印　　张	23.25
版　　次	2017 年 1 月第 1 版　2020 年 11 月第 4 次印刷
书　　号	ISBN 978-7-5143-5283-2
定　　价	49.80 元

目录

张作霖入帮后做成的第一桩"买卖",是绑了两大车富人家的女眷。人们印象中的盗匪往往脱不开"烧杀奸淫"这四个字,但匪有匪道,东北"胡子"在后两个字上其实定有严规。首先,为避免动摇军心,"大当家的"一般不能有"家",也就是娶媳妇(当然也有例外)。其次,严禁"压花窑",即用强迫手段糟蹋女人。对于"压花窑"的人,他们称为"严岔子",处理很严,一般都是死刑。

张作霖与张景惠、张作相皆为海城老乡,且一见如故,有着相当好的私谊。三人于是结拜为兄弟,按照年龄顺序,张作霖居于老二,他称张景惠为"我大哥",称张作相为"我三弟"。加上汤玉麟,张作霖帐下已拥有三员颇为强悍的大将。有人分析认为,张作霖在东北绿林既是晚辈,初起时其力量同其他帮派相比也十分薄弱,后来实力之所以能够扩展得那么快,和手下这几员大将其实有着很直接的关系。

在草原追剿的那些日子足可以称得上是艰苦卓绝，若是一个不善于带兵或缺乏江湖经验的人，可能还没过几天，麾下官兵就会逃得一干二净，让指挥官变成光杆司令。张作霖在洮南一干就是几年，部下始终对他不离不弃，的确有其过人之处。

真是一语惊醒梦中人，袁金铠的话一下子就把长久以来潜藏于张作霖心中的一个念头勾了起来。那还是他在八角台当团练长的时候，有一天和汤玉麟喝酒，喝着喝着，兴致上来，他放出豪言："当今之世，满洲无主，我等不应安居一方，而应将小股流匪合并在一起，形成强大势力，而后称霸满洲。"

张作霖来到高坎街上，众人迎上前来，毕恭毕敬。张作霖很客气地与大家一一相见，但绝口不提过去的事，概因当年有很多高坎人得罪过他，他怕在公众场面突然提起别人会尴尬和为难。之后，他才单独把几个和他有过恩怨的高坎人请到自己的会客室。这些人被请去时个个心情忐忑，未料张作霖不咎既往，以诚相待，并且很恳切地对他们说："咱们哥们儿，年轻时闹过摩擦，算个什么？早忘了，我早忘了。老实说，没你们打我，我还没有今天。"

士官生是民初不容小觑的一股军政势力，在杨宇霆崭露头角的时候，他的同期或不同期同学也多已居于显要位置，段祺瑞的首席幕僚徐树铮就是一个。徐树铮是第七期士官生，比杨宇霆要大一期，但两人在性格、能力、经历上极其相似，也特别气味相投。同时，徐树铮受段祺瑞信任和依赖的程度，甚至还要超过杨宇霆之于张作霖，所以有段祺瑞的灵魂之称。有了这层关系，杨宇霆联络段祺瑞，便只要与徐树铮打好招呼就行了。

在奉系军人中，郭松龄向以特立独行、标新立异著称。当时奉天的一般读书人多数喜欢阅读旧史书，只有郭松龄爱看新出书刊，一般军政人员多少都会涉猎一点喝酒赌博，唯郭松龄从来不碰，也不与这些人交往。他教学时也是一板一眼，不但敢于严格管教学生，还会毫不客气地对队长、区队长进行约束。按照军校内约定俗成的规矩，教官是不能管队长的，时间一长，大家都觉得郭松龄性情古怪，便给他送了个外号叫"郭鬼子"。"郭鬼子"谁都看不上，也不结交，唯有张学良是极少的例外。

实际上，就算张作霖本人要出面谋私，他被搭理的可能性也接近于零。有一次，张作霖有事找王永江，王永江到帅府的时候，张作霖还没有从内宅出来，他等了一会儿，不耐烦了，便从椅子上站起来对副官说："我还有事。"说完便扬长而去，事后张作霖也未有丝毫怪罪之意。不仅如此，每当部下中有人被任用为县知事或税捐局长时，张作霖还会在谈话中加以提醒："王岷源（王永江）脾气不好，很难伺候，你要小心好好地去做事。"

岁月是把杀猪刀，刀刀催人老。与青少年时期那个在刀山火海中闯荡来去，从来也不皱一皱眉的"张老疙瘩"相比，如今的张作霖虽然在政治场上越来越精明，越来越油滑，但论起打仗和与之相应的能力胆魄，却显得越来越不济了。杨宇霆后来对别人说："张老将军（指张作霖）毕竟是一个政治家，不是军事家，他指挥军队乱出主意，毫无定见，而且胆量又小。"

随着"让贤"的戏份暂告一段落，张作霖突然脸色骤变，一边眼光四顾，一边询问军政执法处处长常荫槐来没来。常荫槐闻声从后面角落里站起应道："我在这里。"张作霖大声对常荫槐喊道："常处长，我命令你坐专车去把张学良给我抓回来！我自己枪毙他。你要让他逃跑了，拿你的脑袋来！"

从以下犯上的角度来说，这几乎就是郭松龄反奉的翻版，那郭松龄毕竟是张作霖的部将，张学良却是他如假包换的亲生儿子。身为被父亲授予兵权和托付重任的儿子、未来的"太子"，竟然企图以兵谏的方式逼老爷子归附北伐军，这也太违背常理了，所以当时在张学良手下做事的人，多数不敢相信。只有深知张学良思想和了解他性格的人，才能判断出这件事完全可信，刘鸣九就曾说："张先生做事情与常人不同，有些别人做不出来的事情，他却能做出来。"

第一章

隐秘的江湖

清末光绪年间，辽河下游有一座叫驾掌寺的村庄。驾掌寺一带地势低洼，总共有包括辽河等七八条河流在此处汇流南下，从营口入海，民间称为"九河下梢，十年九涝"，由此便造成了当地土地的瘠薄与农作物的广种薄收。

好在天无绝人之路。驾掌寺虽然农业不兴，但因为位于辽河沿岸，乃是各口岸前往营口的交通要道，所以市面倒是颇为繁华，也为很多人带来了弃农务商的机会。除了做小商小贩外，当地还有两种"职业"。一种是"要混钱"的盗匪，另一种是"要清钱"的赌徒。旧时东北黑道上流传着一句口诀："千山万水一枝花，清钱混钱是一家。你发财来我借光，你吃肉来我喝汤。"

如同口诀中所言，虽然盗匪和赌徒"要钱"的方式区别很大，可毕竟殊途同归，都是要通过不太光明的手段来取财，完全称得上是一家人。也因此，据说东北盗匪抢你抢他，但绝不抢劫赌徒。驾掌寺的张有财就是个连盗匪都会手下留情的职业赌徒，他终年在各处"放局"，也就是设赌抽头，因此回家时间很少，但每月都会托人往家捎钱，以维持一家人的生计。

1883 年春末夏初，张有财突然有好几个月都没有回家，也没有往家捎钱，以致家中生活都发生了恐慌。张有财的妻子王氏非常着急，她把三个孩子叫到跟前，嘱咐他们分头前去寻找，同时又托人打听，但始终都得不到下落。

就在众人不知如何是好的时候，突然有一天，家中养的一只大黄狗从外面回来，向着王氏狂吠，并用嘴扯着她的裤腿往外拽。王氏觉得事情有些蹊跷，也就跟着黄狗往外走。约莫走了有一里地，黄狗钻进了一处小树林。林边原本落着许多乌鸦，黄狗一来，这些乌鸦才受惊飞起，整个气氛显得很是神秘古怪。

树林里究竟有什么？王氏走进去一看，发现地上躺着一个人，再仔细一瞧，赫然就是自己的丈夫，只是他身负重伤，而且已经死去很久了！

没关系，里面是空的

王氏又惊又痛，赶紧回村请"乡约"（村里管事的友邻）代他报案。驾掌寺所属的海城县接案后，知县率衙役前来验尸，证实张有财"全身无伤，惟脑后被带刃的硬物打伤而致死"，同时现场还遗留了一把铁镐，被"乡约"认出是本村王小二所有之物。

县令立刻传讯王小二，但王小二早已不知所踪。不过案情至此也基本水落石出。原来这王小二是个赌徒，案发前他在赌场上输给了张有财，但又拿不出钱来付赌资。张有财赢了钱自然是"千欢万喜，头颠尾颠"，听闻王小二的老婆有些姿色，他一时兴起，竟然半真半假地对王小二说："你拿不出钱来，这不要紧，先将老婆送过来抵债，等你凑够了钱，再把老婆赎回。"

孰料王小二亦是当地的小混混，并非善茬。张有财话一出口，他就动了杀机。在假意答应，先求得脱身之后，王小二埋伏于路边，在张有财回家路过小树林时，乘其不备，用事先准备好的铁镐砸向对方的后脑勺，当场把张有财给打死了。

虽然查明了真凶，可是由于案发时王小二已经远逃，如何缉拿就成了问题，而且打官司这桩事，从来都是"天大官司，磨大银子"，只有舍得花钱打点，人家才会卖力气追凶。奈何王氏家徒四壁，终究有心无力，于是这宗人命案也就只能束之高阁了。

正所谓"人无害虎心，虎有伤人意"，张有财得意忘形，口不择言，不但糊里糊涂地把自己送入了黄泉路，也使陡然失去经济支柱的家人陷入了困境。王氏生活无着，只得变卖房屋，举家迁往位于二道沟的娘家栖身。

张有财一共有三个儿子，最小的就是张作霖，随母亲迁往二道沟时他已经十四岁了。王氏担心儿子重蹈丈夫的覆辙，就托人说项，把他送到街上高家木铺做学徒工。那个时候有句话，叫作"学徒学徒，三年为奴"，你想跟着师傅学手艺，师傅起初却只会把你当奴仆使唤。在高家木铺，张作霖除了要收拾屋子，担水做饭外，还要看孩子，倒尿盆，总之是整天忙到手脚不停，就这样，师傅还免不了要嫌长嫌短，左不是右不是地难为人。

张作霖生来就受不了这种束缚，有一天他终于发作出来。师傅让干活，一动不动；数落几句，立马顶嘴；打了几下，还手了！

毫不意外，气得浑身发抖的师傅把他赶出了门，木匠活当然也学不成了。王氏没有办法，只得又凑了几吊钱，让张作霖去卖包子。这是个不怎么需要垫付本钱的活，每天张作霖从包子铺赊账上货，然后背到附近各村去卖，卖完后再结账交钱。

卖包子同样很辛苦，顺利时还能赚上几个钱，但更多的时候是根本卖不完包子，到了这个时候，张作霖就只能自己把剩余的包子吃掉，为此他时常拖欠包子钱。有一天下着小雨，没几个人出门，张作霖找不着主顾，郁闷坏了。正在发愁之际，他看到一群老太太正聚在一间屋子里玩纸牌赌钱，就凑上去瞧热闹。

王氏最怕的就是儿子再跟赌博有染，偏偏他的儿子又继承了其父的基因和兴趣。只看了一会儿，张作霖就心痒难耐，向老太太们提出带他一道玩。老太太们知道他没什么钱，哪里肯答应。张作霖就以装包子的篮子作抵押："我虽然没有钱，但是有包子，你们怕什么？"

到底是初次玩牌，没有经验，和三个老太太一桌玩了几圈，都是张作霖一个人全输，为此还搭上了卖包子所得的零钱。

老太太们耳聋眼花，手脚不灵，凭自己的这点机灵劲，竟然还不是她们的对手？张作霖正在懊恼，忽然外面起了一阵大风，把门窗都吹得咣咣作响。他见状穷极计生，猛地把身子压到牌桌上，一手按住自己的钱，一手把别人的钱统统搂了过来，然后下地就跑，一边跑一边嚷："这风太大了，钱都吹跑了！"

三个老太太起先还没明白过来，等到弄清小货郎是在抢赌资，才又腰顿脚地在院门口朝他的背影大喊："扣你的包子！"张作霖听见了，就在不远处停住脚步，回过头来嬉皮笑脸地说："没关系，里面是空的。"

篮子里的白面包子早就被张作霖吃光了，发现真相，老太太们气得差点没背过气去。

胡子

包子生意至此是做不成了。王氏于是又向邻居借了一笔钱，买了些鞋面、胭脂粉、小梳子、针头线脑之类的小商品，让儿子到各处去卖。按照母亲的要求，张作霖背起货郎担，拿起唤铃，重又开始走街串巷，东游西逛。

货郎生意并不比包子生意更好做。每到一个地方，张作霖只要一放下箱子，人们便会围过来，挑这拣那，可是热闹归热闹，真正买的人却不多。当然这还不是最主要的，最主要的是张作霖已经爱上了赌博，一旦碰到赌钱的，往往会扔下货郎担上去"耍"。一来二去，不仅输光了卖货赚来的钱，连货郎担也归了别人。

看到儿子又两手空空地回来，可怜的王氏欲哭无泪。她唉声叹气地对张作霖说："我们欠邻居的债到现在还没还上，怎么办呢？"

如果之前碰上这种事，张作霖或许也不知道该怎么办，但现在可不一样了。不管是卖包子，还是做货郎，都犹如在社会课堂进修，那些张作霖平时能够接触和认识到的人，从店铺的老板、旅店的老客、赶集的大小买卖人，再到学馆的先生、乡里的士绅，甚至是赌场里鬼混的赌徒，都是他的"一字之师"。这也使得张作霖虽然年纪不大，但已经是一个走千家踏万户，知头识尾，懂得变通的"小江湖"了。

听母亲诉说完难题，"小江湖"眉头一皱，计上心来。这一天，张作霖邻居家带崽的母猪突然掉进了村中的池塘。张作霖"看到"后站在池塘边大叫大嚷："猪落水啦！"村民们听到喊声后都赶了过来，此时只见张作霖衣服也不脱，就扑通一声跳进水里，并将猪托出水面，赶上岸来。

邻居站在岸边目睹了这一场面，十分感动，对张作霖大加夸奖。之后，又上门向王氏致谢，对她说："多亏'老疙瘩'（东北人通常把家里最小的儿女称为老疙瘩，张作霖的小名叫张老疙瘩）救了猪，我们家免受了损失。你家上次借的钱我就不要了，算是一点谢意吧。"

其实猪就是张作霖连踢带踹给赶入池塘的。王氏虽然心里明白，但她也不会犯傻到把事情给挑明了，于是就顺水推舟地接受了邻居的好意。

一个寡妇家拉扯着几个孩子，实在是过得艰难。赵家沟有个兽医，正好丧妻，王氏便带着孩子改嫁了过去。老兽医为人厚道，听王氏说张作霖东来不成，西来不就，就说："让老疙瘩跟我学兽医吧，学成了也能混个吃喝。"

东北民间的兽医主要是给马匹等牲口治病。张作霖天资聪颖，对这行又颇有兴趣，很快就学到了一些相马和医马的本事，这也是他生平掌握的第一个真正的社会技能。

跟着继父学习了一段时间后，张作霖重又走出家门，来到离赵家沟不远的图河堡镇，在镇上的一座大车店当起了杂役。图河堡镇子不大，但却是个交通中心，到大车店来落脚的客人特别多，不过其中有不少实际是乔装成客商的盗匪，东北民间称为"胡子"。

在东北，人们常常把盗匪与赌徒并列，所谓"西北连天一块云，天下要钱一家人。清钱要的赵太祖，混钱要的十八尊"。赵太祖指的是北宋开国皇帝赵匡胤，此君年轻时酷爱赌博，民间甚至传说他与陈抟老祖赌棋，把一座华山都输掉了，因此赌徒皆奉他为鼻祖。至于"十八尊"，说的是十八罗汉。在佛教中，十八罗汉有"杀富济贫""替天行道"的说法，所以就成了盗匪所信奉的神。东北盗匪往往会在胸前挂一尊小铜佛，此即十八罗汉中的第十七个罗汉，俗名布袋和尚。

传说从前有十八兄弟，家里很穷。为娘的实在维持不下去，就对他们说："你们出去谋生吧，一年后回来见我。"兄弟们依言出去闯荡了一年，回来对母亲说："天下不公平！"

母亲问他们为什么这样讲，回答是"富人太富，穷人太穷"。又问他们想怎么办，这群兄弟已经想好了答案："世上什么行业都有了，就缺一个杀富济贫的行业！"

不知道是穷怕了，还是儿子实在太多，已把慈母心磨损得差不多了，老娘这个时候不是担心儿子们吃官司，而是怕牵连到自己，她说："你们一杀人，人家不就认出是我的儿子了吗？"

这十八兄弟同时也被盗匪们认为是十八罗汉的人间化身，他们听了母亲的话后，为了不牵连家人，杀富济贫时便戴上了插着毛的面具，民间按其形象称之为"胡子"，这就是"胡子"一说的由来。现实中，由于盗匪们长年躲在青纱帐或山林里，不能剃头刮脸，搞得一个个长发飘飘，也慢慢就坐实了这一名号。

在平原上活动的"胡子"以骑马居多，俗称"马胡子"。这是因为平原上一望千里，骑马抢劫可以做到来得快、去得急，不但方便高效，安全系数相对也高。

不过"马胡子"的马多半是偷来或者抢来的，马患了病，必然只能偷偷地跟兽医接洽，以后若想卖掉，也大多需要兽医转手。张作霖没出赵家沟之前，家里就经常有一些附近的"马胡子"前来治马，到了图河堡镇上后，又在大车店碰到了此类好汉。

漂母饭韩信

"马胡子"主要依靠青纱帐作为掩护，等到青纱帐一倒，便无处藏身，加之随着严冬到来，室外寒风刺骨，大雪纷飞，"马胡子"们便会打扮成普通客人，扑到车店来猫冬住宿。车店几乎成了"胡子"的第二个家，他们一般情况下也不会把车店作为抢劫目标。

在张作霖所遇到的好汉中，名头最响的为冯麟阁。冯麟阁是海城人，小时候家里很穷，食不果腹，但身高力大，且性情好动，放荡不羁。他十七岁就当了"胡子"，流窜各地，以强悍闻名乡里。

冯麟阁住店时并未暴露身份，但张作霖凭借自己的社会经验，还是判断出此人非寻常之辈，因此非常殷勤地帮他套车卸车、端茶送水。冯麟阁很高兴，就一边端着酒杯自斟自饮，一边当着小家伙的面，海阔天空地神吹了一番自己的经历。

在张作霖面前，一扇窗户逐渐被打开了，里面有一个隐秘的江湖。与身边这些日出而作、日入而息，循规蹈矩的人们相比，那里面的故事无疑要精彩得多，而好汉们"喝大碗酒，吃大片肉，分大把钱"的生活更对张作霖产生了巨大的吸引力。

那时的东北，即便在公开场合，"耍混钱"也并不是什么丢人的事儿。你走在路上，往往不经意之间就会听到这样的问话："哎，朋友，今晚上帮帮忙好吧？今晚要出去抢点儿。"何况这真称得上是一个不赖的活法，东北一首歌谣唱道："当胡子，不发愁，吃大菜，住妓馆，花钱好似江水流，真比神仙还自由。"

当地有这么一个段子，说有一个地主家来了"胡子"，进了院门就一迭声地喊："压连子！瓢洋子！翻张子！挑龙！"

这些"胡子"说的都是江湖黑话，"压连子"意谓放马，"瓢洋子"是下饺子，翻张子是烙饼，"挑龙"是下面条。那气势，那排场，把地主家的伙计们全都惊得目瞪口呆。

"胡子"们要吃啥，地主家就不能不做啥，酒菜摆了一大桌子。吃饱喝足，"胡子"们扔下半桌酒菜，一抹嘴走了。伙计们赶紧上前，边收拾边走，有人尚不知道来的是何方神圣，禁不住问："他们是谁？吃得这么好！"

"他们是土匪，专吃好吃的。"

"咱们去当吧！"

没过多久，几个伙计真就上山当了"胡子"……

正当张作霖对绿林生涯心驰神往，想入非非的时候，倒霉的事发生了。有一天，"胡子"劫走了堡子里一家财主的马车，失主告官，说是张作霖拉的线。张作霖被以"通匪"罪名抓了起来，后来衙门审讯后查无实据，纯属诬告，才将其释放。

张作霖深感窝囊，他一天也不想在家乡待下去了，于是就跟着一位外出做买卖的商人来到了大高坎。初到异地，张作霖举目无亲，只能靠给人家干点零活、打点短工来维持生计。

高坎北面有个碫子泡村，村里有家姓孙的财主，雇着二三十个伙计，开了一个"饭堂"。张作霖常到"饭堂"找饭吃，一开始"饭堂"的伙计觉得他是小孩，也不太计较，只要他到"饭堂"来，就给免费管饱。可是张作霖去的次数实在太多，伙计们就不干了，常将他拒之门外。

这件事后来让孙家老太太知道了。老太太是个寡妇，平时吃斋念佛，且喜欢积德行善。她可怜张作霖无依无靠，就让管事人把张作霖带到"饭堂"吃饭，还亲自为他缝补衣服和鞋子。

很多年后，张作霖听到一则故事。故事说韩信年轻落魄时，连饭都没得吃，整天忍饥挨饿。一个在河边漂洗丝絮的老太太很同情他，就把自己的饭菜拿出来给韩信吃，连着十几天都是这样，一直到棉絮漂洗完毕为止。这则故事深深打动了张作霖，他十分感慨地说："孙老太太就是漂母啊！"

在"漂母饭韩信"这则故事中，终于能够吃饱饭的韩信发誓以后一定要重重报答"漂母"。未料"漂母"听后却生气地说："大丈夫不能自己养活自己（实在是太可悲了），我是可怜你才给你饭吃，哪里会指望你来报答！"

　　就像"漂母"说的那样，大丈夫顶天立地，首先要能够自己养活自己。十六岁这一年，张作霖离开磋子泡，来到了十里以外的黄家店，给财主"孙鬼子"放马。可是都已经隔了这么长的时间，在图河堡沾到过的那点霉运似乎仍然没有走远，由张作霖看管的一匹马走丢了，"孙鬼子"因此将他狠狠地毒打了一顿。

　　张作霖急怒攻心，生了重病，人躺在炕上，一连几天滴水不进。"孙鬼子"见他孤身一人，竟然天良泯灭，在一个风雪之夜，将他抬出屋，扔到了路边沟里。

　　第二天清晨，村里的樊老汉出来捡粪，发现后就把他救回了家。在樊家，张作霖吃了几服药，又养了一个多月，这才能够下地。

　　当初孙老太太给他饭吃，张作霖就拜老太太为干妈，自动给孙家放猪、扫院子，现在樊老汉搭救了他，他又选择了在樊家白干活，以报恩情。

有原则的浪荡子

　　大丈夫恩怨分明，有恩必报，有仇也不能轻饶，只不过后者还需要一个机会。大高坎是一座繁华集镇，商店、车店、当铺、油坊、饭馆等一应俱全，但凡有点力气或头脑的人，都能在镇上找到谋生之道。正是看到这一点，张作霖离开黄家店来到大高坎。

　　凭着从继父那里学到的半拉兽医知识，加上自称是知名兽医"河西段先生"的徒弟，张作霖开始行医，而且旗开得胜，一出手就治好了一家油坊的大马。

　　手艺人能不能揽到活，靠的是口碑。张作霖治马也有一套，把匪首"钻天燕"也吸引了过来。张作霖早就有跟"胡子"打交道的经历及其经验，他很快就通过治马跟"钻天燕"混熟了。

　　绿林好汉们干的那些事，往坏了说，叫打家劫舍、伤天害理，往好了说，叫劫富济贫、替天行道。张作霖决定让"钻天燕"为他替天行道，一天夜里，他带着"钻天燕"一帮人抢劫了"孙鬼子"家，抢光财物之后又放了一把火……

　　来高坎谋生的这步棋看来是走对了。"钻天燕"能够上门来找张作霖治马，不啻给他做了一回活广告，到后来，连杜立三也来光顾张作霖的生意。

杜立三是辽河一带实力不下于冯麟阁的巨匪，和其他盗匪不同，此人不喝酒，不赌钱，不吸鸦片烟，最爱的就是好马，只要谁家有好马，必然要千方百计觅得而后才能甘心。杜立三本人尤精于选马，善于骑乘，他的寨子里共有精良健壮的好马两百多匹，被分为青、黄、红、白四队，每队一色，不但鞍辔鲜明，马头马尾和马鬃也均扎以各色丝绸条子，以为标饰。

杜立三有一匹跑得最快同时又最不驯服的马，名叫"青燕子"，别人谁都不敢骑，只有他才能驾驭。有一天，"青燕子"病了，杜立三找来兽医，指着"青燕子"对他说："这匹马你能治好吧？如果你能治好，我封你为兽医官。"兽医说没问题，不料治疗过程中药量用得过多，把"青燕子"给治死了。杜立三当即让兽医为马抵命，下令枪毙了他。

由此可见，不是谁都能或者说敢为杜立三治马，杜立三也不会随随便便把爱马交给谁治，他能找到你，就说明你确实有两下子。张作霖在高坎的身价因而被大大抬高，出现了顾客盈门的情景。

在高坎人眼中，这位外乡人开始今非昔比，似乎都已经走上了发达的道路，最明显的特征之一，就是穿上了时新衣服，腰里有了一把把钞票。与此同时，亡父的那点癖好和德性也再次在张作霖身上发酵，他成了赌场的座上客，经常在赌场进进出出，而且赢了钱便大吃海喝，挥霍一空。

年轻时的张作霖相貌堂堂，唇红齿白，"如一儒生"，没读过什么书，可模样倒长得仿佛书生一样。与他合开兽医店的于六有个小老婆叫二兰子，她暗中看上了张作霖，常常主动借钱给他赌博。有一次张作霖外出购药，二兰子假借回娘家探亲，携带细软追上张作霖，想要约他一道私奔。

张作霖虽然有浪荡子的一面，却是个有原则的浪荡子。都说是朋友之妻不可欺，怎么能跟合伙人的老婆有染？他理所当然地拒绝了二兰子的要求。二兰子恼羞成怒，就做了一个局，诬陷张作霖调戏自己。于六和家人赶来，不容张作霖分辩，就将他狠打一顿，然后又绑在大榆树上，准备晚上冻死。眼看就要一命呜呼，一位在高坎开大车店的常掌柜看到，上前问明缘由，这才将张作霖解绑放下。

尽管又一次侥幸得生，但风声一传出去，兽医也就做不成了，张作霖只好暂且在常掌柜家落脚，干些零活杂役类的事。其间，只要手中有钱，他仍会出没于赌场。

人们常称赌徒为"赌钱鬼"，这是因为赌场中弊端丛生，常有想钻空子的"赌棍"三五成群，相互勾结，用弄虚作假的办法骗人钱财。由于张作霖是外地人，本地的几个"赌棍"就老是合起伙来算计他，导致他一输再输。以前春风得意时可能还不注意，或者说是不太在乎，等到混得不济时，张作霖就多留了一个心眼，发现后非常气愤。

某天，张作霖又输给了那几个"赌棍"。见他们拿着钱起身要走，张作霖忙说："我回去取钱再赌，你们再等一会儿。"几个赌徒信以为真，就立住了脚。

张作霖没有回去取钱，而是到街上卖肉摊子上借了一把杀猪刀！看到他拿着杀猪刀返回赌场，"赌棍"们都惊得目瞪口呆。

就在众人不知所措之际，但见张作霖撸开裤管，嗖地一刀，就从腿肚上割下了一块皮，然后使劲往桌上一摔："我就押这块，赢了你们拿去，你们输了我也割你们一块！"

赌场争霸，讲的是赌钱赌胆，玩命冒险，所谓软怕硬，硬怕愣，愣怕不要命。"赌棍"们见状，只得将赢到的钱又全部吐了出来。

燕雀与秃鹰斗

失了财又丢了脸，"赌棍"们自然很不爽，他们憋了一口气，时时寻机报复。

高坎有个"耍清钱的"六大娘。有一次，大家在六大娘家聚赌。张作霖先赢后输，"赌棍"们就故意激他说："你上次输钱割肉，这回该割狗头吧！"张作霖没想到对方会设套，果然被激怒了，当场就动起手来。"赌棍"们趁势一拥而上，仗着人多，将他按倒在地。其中有一个人拎起一把大砍刀，便朝张作霖的屁股上剁去——看这情形，纵然不死，也得落个残废。

六大娘是个寡妇，为了护场子，专门找了一个诨号"王三五"的彪形大汉。千钧一发之际，"王三五"抢上前去，一把掐住持刀者的手腕，同时大喝一声："住手！"六大娘也赶紧过来，制止了赌徒们的血腥报复。

这次遭遇并没有让张作霖从此夹起尾巴。有一年夏天，他在一家杂货店买东西，见到了大菊二菊姐妹，二人都是高坎街上的美女，不过已经被街上的地痞于二爷给"包"了起来。于二爷扬言："谁敢惹她们，拿命见我。"

谁都不敢惹，只有张作霖例外。自在六大娘家遭到赌徒们的围殴后，他特地拜一位老道为师，学了点"剑术"。觉得自己没什么可怕的，又有"剑术"防身，张作霖就大着胆子溜达到了二菊家，想会二菊。不巧的是，于二爷也去了，张作霖终究没敢正面跟他相撞，悄悄地就离开了二菊家。

问题是于二爷可不会这么容易放过他，从二菊嘴里得知此事后，这厮第二天就拎着口杀猪刀找了过来。张作霖正在六大娘那儿赌博，听到大门外于二爷骂骂咧咧地闯进来，他哪里还敢使什么"剑术"或者拳脚，吓得跳出后窗户，撒腿就跑。

不料凶神恶煞般的于二爷仍在后面紧追不舍，张作霖只好跑进了曾救他一命的常掌柜的店里。大车店地方不大，很难藏得住人，常掌柜急中生智，干脆打开炕上的几个行李卷，把张作霖卷到了里面。

因为于二爷的追杀，张作霖躲了好几天。最后由常掌柜出面，找了几个街上有头有脸的人，采取请客认错的办法，才算保住了性命。

燕雀与秃鹰斗，弄它不倒反被它笑，张作霖精神上受到很大打击，他一头病倒在了居民于天朗家的门洞里。于天朗的母亲看见了，赶紧把他救回屋，并且一连抚养了他三个多月。这也是继孙老太太后，张作霖生命中再次遇到"漂母"，他于是又认于母做了干妈。

病愈后，张作霖在高坎街上已经抬不起头来了。有个叫黄木匠的，张作霖欠了他的赌资，当听到张作霖无力偿还时，他竟然当众抽了张作霖两耳光。

明白自己在高坎已无立足之地，张作霖便打算在年关前后一走了之，顺便还可以躲掉赌债。常掌柜听后，便为他凑了一些路费，当时张作霖腿生火疖，行走困难，常掌柜就把自己的毛驴也送给了他。

得知张作霖离开高坎，还骑走了常掌柜的驴，那些平时与张作霖有恩怨的赌徒们都愤愤不平。他们跑到大车店，一边数落常掌柜，一边鼓动其把毛驴要回。

禁不住众人的蛊惑，常掌柜也动摇了，当即披着旧皮褂追赶张作霖。见常掌柜顶着风雪赶来，张作霖料定他必有什么大事，忙问："干爹，这么大的雪，有什么事吗？"常掌柜本来想硬着心肠要回毛驴，没承想这一声干爹，倒又把他叫得心软了，于是便支吾着说是来送皮褂子的。

张作霖蜷着身子，在刺骨的寒风中正冻得难耐，常掌柜送的那件旧皮褂无异于救了他半条命。当下，他穿上皮褂，重又骑上毛驴，与老爷子洒泪而别。

结束在外乡的流浪，张作霖重返赵家沟。和父亲当年一样，他对从事正当职业已经毫无耐心和兴趣，只是一味地"见赌三分喜"，而且通常都是大赌特赌，输光为止。

等到囊中空空怎么办？不要清钱了，要混钱！张作霖和二哥张作孚干脆蒙上脸去，跑到"通京御道"附近干起了劫道的勾当。

老天帮忙

所谓"通京御道"，就是地方上通往京城的官道。也是让张家兄弟给撞上了，还没等他们"要混钱"耍出个眉目，"通京御道"上就发生了件大事，官饷被劫了！

案发后，官府大为震动。当地驻军衙门没有线索，但查到张作霖曾在道上作过案，也就拿着封皮当信读，鹰拿雁抓地把张作霖关进了大牢。

说起来，张作霖并不是第一次受这种罪，以前就曾被以"通匪"罪名抓进去。不过他知道此番若认领了"智取生辰纲"，那就是人头落地的下场，因此不管衙门怎样动刑，他都紧咬牙关不肯承认。熬到第二年春天，吉林官府抓到一名土匪，这名土匪承认是他劫了官饷，张作霖这才得以死里逃生。

后来张作霖回顾年轻时候的这些经历时说："我过去是什么事都干过，文刑罚受过，武刑罚也挨过，投机倒把的事都做过……"

出狱后，张作霖无事可做，有一天他正在饭棚子里喝粥，突然有人拍着他的肩膀说："这不是张老疙瘩吗？"他应声回头一看，来人身着清军号衣，再仔细一打量，原来是一名在赵家沟他继父那里治过马的士兵。张作霖嘴甜，赶紧叫了声："大叔。"士兵很高兴，付了粥钱后，又领他到饭馆，要过酒菜，边吃边聊。

正是在这名士兵的介绍下，张作霖加入了毅军。毅军是清末时非常有名的军队，论其渊源，乃李鸿章淮军的一个支派。它的创始人叫宋庆，此人身材魁梧，比一般人都要高出一个头。相传他第一次谒见慈禧太后时，慈禧忽然指着人群中的一个人问身边的太监:"那是什么人?为什么这样无礼,见了我都不下跪?"太监回答说:"那是宋庆,他这是给您跪着呢。"慈禧很是吃惊:"跪着还有这么高?好一表人才,叫他站起来让我看看!"

宋庆不但体格威武,而且膂力过人,他最早在北京一个米坊做伙计时,就引起了一名京官的注意。京官对他说:"看你的相貌,将来必定大贵,绝不会久居人下。现在国家多事之秋,你有这膀子力气,为什么不在军队里找个前途?"

不久,京官外放到安徽做知州,就把宋庆带了过去。当时捻军正在安徽一带出没,地方上为了抵御捻军,正在大办团练,京官就命宋庆担任团练长,率部堵击捻军。宋庆智勇双全,在与捻军作战的过程中屡立战功,由此一跃成为同治时代的一员名将。

因宋庆曾被朝廷赐予"毅勇巴图鲁"(巴图鲁为满语,意即"勇")的称号,他的部队也就被称为毅军。张作霖进入毅军军营后,先被安排在厨房里做饭,接着又被调到赵德胜骑兵营当骑兵。

当时中日已经爆发甲午战争,参战的毅军原本在西北戍边,后来才从内地调到辽西,人地生疏。张作霖是本地人,熟悉地形,无论是负责到外地征购粮草,还是渡河侦察日军活动,他都能按时完成任务,同时相比于其他士兵,张作霖还有一手绝活,那就是当过兽医,会医马。旧时兵制,指挥十人的士官为什长(大致相当于班长),因表现出色,张作霖遂被提拔为骑兵营什长。

某日,张作霖忽然接到母亲的口信,说二哥张作孚因为殴杀赌徒,吃了官司,被关在省城奉天的大狱中,准备秋后处斩。听到这一噩耗,张作霖急忙向上司谎称要回家成亲,赶往奉天进行营救。

可是张作霖在奉天举目无亲,谁也不认识,如何救法?正当徘徊街头,无计可施之际,他无意中听到一个消息,说珲春副都统依克唐阿将要率部开拔,到前线与日军作战,但坐骑却在这个节骨眼上得了病。

依克唐阿也是获得过"巴图鲁"封号的名将,长期戍守东北三省,有"虎将军"之誉。这位将军擅长骑射,自然离不开宝马良驹,然而他找了很多兽医,都没有能够将爱马治好,他也为此欲走不能,万分焦急。

要救二哥,看来这是唯一一个机会。张作霖于是毛遂自荐,主动上门去为依克唐阿治马。为了把马治好，张作霖使出浑身解数，一连几天几夜都未离开过马厩。说来也是老天帮忙，竟然手到病除，真的令病马康复了。

依克唐阿闻讯大喜过望，要设宴款待张作霖，并以重金相酬。未料张作霖既不愿赴宴，又不肯收钱，问他为什么，张作霖便流着眼泪说："将军的宝驹治好了，可我二哥就快要被处死了，我哪有心思去享受酒宴呢？"依克唐阿一听原来是这么回事，就很轻松地对他说："你只管赴宴便是，明天我保证把你兄长放出来。"

以依克唐阿的威望和实权，赦免一个死囚不过是举手之劳。第二天张作孚就被从大狱里放了出来。

兄弟俩同返赵家沟。与先前大多恓恓惶惶地回家不同，张作霖此番可以称得上是荣归故里：清军号衣一穿，帽子上的红缨耀眼醒目，煞是威风。

大家都说张作霖当官了（实际士官仍是士兵，并不能算军官），本来作为请假借口的回家成亲也成为事实，经人做媒，乡里富户赵占元将二女儿赵氏许配给了张作霖。

起局

当作为新郎官的张作霖回到军营时，甲午战争已接近尾声，日军突破鸭绿江防线，侵入东北。依克唐阿部首先兵败，宋庆又临危受命，率毅军接茬阻击。

当时中国军队虽然在装备训练上落伍，但日本陆军也刚刚训练成功，还没有什么作战经验，在和毅军对垒时并不占有绝对优势。比如有一次在平地作战时，毅军把一座院墙推倒，埋伏在墙里面，以院墙作为掩护，向日军射击。日军一拨拨被打倒，最后想出一个办法，由左右两边分别实施突袭，才迫使毅军撤出阵地。

还有一次，毅军占领了一座大沙岭子。由于指挥得当，火力凶猛，日军好几天都攻不上来。眼看战局可能扭转，半夜里忽然起了一阵大风，沙岭子上面顿时飞沙走石，吹得人眼睛都睁不开来。等拂晓日军再次发起攻势时，毅军士兵无法开枪，只得从沙岭子上退下来。当地老人提起这件往事时，都带着无限的遗憾，说要不是刮大风，日本小鬼再狠，也没法往上攻，沙岭子绝对丢不了。

在一本日本人所写的史话中，记载张作霖也曾亲身参与这些战斗。某夜，他一个人前去破坏日军的通信线路，不幸被捕。审讯时，他紧咬牙关，缄默不语，负责审讯的日军队长见状很感动，遂下令予以释放。

本来，这种英勇顽强、坚贞不屈的精神是应该得到鼓励乃至赏赐的，无奈，在东方国家只要你当了俘虏，再大的英雄也会被看成狗熊。张作霖归营后不但没得到一句好话，反遭到了上司的白眼和冷遇，这使得他想通过参军求得前途和发展的愿望彻底落空，很感灰心丧气。不久，随着中日签订《马关条约》，甲午战争结束了。毅军奉命移防关内，张作霖不愿随军入关，就开个小差，逃回了家乡。

回到家的张作霖仍然离不开赌场，经常和二哥张作孚一起混迹其中。兄弟二人因为耍赖还跟人打起架来，对方吃了亏，便到县衙门告状，说二人通匪。实际上，他们连偷偷摸摸蒙面打劫的事都没再做过，只是张作霖自己为了炫耀，时时吹嘘与胡子们关系不错，不幸就成了他们"通匪"的证据。

这回出手相救的是张作霖的老岳父。赵占元拿出一笔钱，托人作保，将张氏兄弟从大牢里放了出来。

对于已经"三进宫"的张作霖来说，现在唯一能够开颜一笑的也许就是在赌场上能够得意了。然而俗话说"久赌神仙输"，没多久他又输了，而且输得清洁溜溜，一文不剩。

就在他垂头丧气地往家走的时候，相邻的沙岭村有两头猪溜了出来，张作霖眼前一亮，就想把这两头猪偷去换钱。想不到的是，两位"天蓬元帅"是沙岭民团头目家的。这家人发现丢了猪后，派人四下寻找，张作霖被逮了个正着。随后他便被押回沙岭村，遭到一顿暴打。

好事不出门，坏事传千里，很快四乡八邻都知道了"张老疙瘩"偷猪且挨揍的事。张作霖颜面扫地，整日闷坐在家里，连最爱的赌场都不去了。

兵当不成，钱赢不了，在极度苦闷的日子里，那个一直对张作霖充满吸引力的隐秘江湖重又浮现在眼前。这正应了那句话，"狗逼急了咬人，人逼急了为匪"，不错，当"胡子"有被抓捕乃至杀头的危险，可是人过得潇洒啊，至少不用担心挨饿或被人羞辱。

发现张作霖竟有了入草为寇的念头，岳父赵占元第一个站出来反对，但哪里拦得住，张作霖终于还是选择了剑走偏锋，铤而走险。

要做"胡子"，当时有两个渠道：一是占山为王，黑话叫"起局"，一是入伙，黑话叫"挂柱"。"起局"得有"局底"，也就是枪支弹药这些家当。在那兵荒马乱的岁月里，为防匪患，有钱人不是请官兵护院，就是自己出钱养兵，组织"村团""联防"之类杂七杂八的队伍，张作霖便在这个上面动起了脑筋。他听说大地主"武善人"家雇伙计，于是就跑去应征。

应征时，张作霖对"武善人"的管家说："我只有一个要求，就是明天把我挣来的粮先送来，一年八石高粱，没粮折钱也行！"管家一听，这条件不高，就满口答应下来，双方还签了合同。从"武善人"家里走出来后，张作霖又到周围几个村庄的有钱人家转了转，并且以同样的方式和条件把自己雇了出去。

一共是八家人，收到他们送来的钱或粮后，张作霖先跑到黑市上买了一把十发手枪，接着便通知东家们来他家庆贺"上工之喜"。八个东家都派来了人，张作霖给来人每人倒上一碗白开水，自己也端起一碗，说起了开场白："诸位一定纳闷，张作霖这小子穷死巴活的，今天咋这么肯出血，摆上八碟八碗两大件来款待各位呢？其实这是你们自己的钱！"

众人听了这话，大眼瞪小眼，都没明白过来。

张作霖说："你们也不用瞪眼。我今儿个就是请你们来庆贺我入胡了的！是你们每人出了八石红高粱，不然我用什么去买这把枪呢！"说完，他拿出崭新的手枪，"吧嗒"一声放在了桌上。

在座的人大惊失色，谁也不敢吱声。张作霖把话题一转："不过诸位，你们也不必胆战心惊。俗话说，好狗护三邻，好人护三屯，我入胡子是为了养活老母，一旦成了局，决不骚扰你们乡亲。"

张作霖说的倒都是实话，"胡子"有个规矩，即兔子不吃窝边草，或者叫好狗不吃门前食，平时不管如何作恶，总之不会打搅难为父老乡亲，这就是所谓的"人身为匪，乡情还在"。自然也免不了有坏了规矩，在家门口打家劫舍的主，"胡子"里面称他们为"邪胡子"。对"邪胡子"，一般立住脚的"胡子"视之为敌，只要抽出机会就会进行收拾。

劫马

酒桌之上，张作霖也撂下话："你们谁要是丧良心，和官兵一个鼻孔出气，那就别怪我的子弹不长眼睛了。再说，我起事造反的枪支弹药，都是你们几家出钱买的，捅漏了谁也别想好！将来我干好了，就加倍还你们！"

末了，他问道："你们甘不甘心？"

大伙唯有打掉牙往肚里咽，回答："甘心！甘心！"

"同不同意？"

"同意！同意！"

"好！"张作霖一挥手，"把你们的合同都拿回来，咱们重新签字！"

大家只好依言取来原合同，由张作霖毁掉，再重新签约。当晚，张作霖把这些人全部灌醉，然后挎上枪，离开了家。他首先找到当年在大车店给他做过"启蒙教育"的冯麟阁，由冯麟阁介绍，加入了洪辅臣帮派。

辽河下游本就是"胡子"集中的地区，经历甲午战争后，社会的动荡不安更使盗匪蜂起，一个辽河西岸竟然聚集着一百多股"胡子"，每当青纱帐起时，几乎路断行人，所以有人称之为"土匪窝子"。在这其中，最大的三股分别是冯麟阁、杜立三、洪辅臣，呈三足鼎立之势。

张作霖实际加入的是洪辅臣下面的一个小帮。在"胡子"里面，小喽啰叫作"崽子"。"崽子"必须绝对服从大小头目的命令，打仗（或者打劫）时勇于冲锋陷阵，下来时甘于站岗放哨，到年终或休息时，再和其他"崽子"一道分点酬劳。张作霖自然不想老做一个"崽子"，但要按部就班地从"崽子"升到头目，又没这个耐心。于是过了不久，他就拉上二十九个志同道合的兄弟，离开小帮，在外面拉起了自己的队伍。

由于根基较浅，没有固定的势力范围，最初他们只能跑东跑西地到处流窜。一次，张作霖带着人想进入姜家屯歇息，但遭到了洪辅臣的一个头目"二谷瘪子"的阻拦。即便在洪辅臣帮派内，分了炉灶的各小派之间也是各吃各饭，姜家屯属于"二谷瘪子"的势力范围，他自然有充足的理由不让张作霖进来与之争利。

就在张作霖进退两难之际，姜家屯一个当铺的钟掌柜帮忙，他借口要请张作霖为他医马，将他们接入了姜家屯。歇息完毕，张作霖一伙人准备离开，恰好与一群做马匹生意的马贩子不期而遇，后者拥有刚刚从蒙古贩运来的大批好马。

对于"胡子"来说，好枪好马都是稀缺资源。张作霖等人一见眼就红了，他们一拥而上，从中劫夺了五十多匹好马。这样张作霖及其手下人就一人有了两匹马，可以一坐一换，他们也因此由"步胡子"变成了"马胡子"，不仅可以在辽西平原上纵横驰骋，而且也不再为别的帮派所小觑了。

在很长一段时间里，张作霖一直困厄潦倒，坎坷多难，很多次还差点命赴黄泉。他发迹后，就有人把他死里逃生的遭遇归结为有福，认为有福之人当大官掌大权乃是命中注定的事。

一般认为，张作霖的祖籍是山东，但也有资料显示是河北省大城县的冯庄，包括张作霖及其家人都这么认为。据说张作霖还曾专门回冯庄祭祖，其间就有遗老指着村头子牙河边的两棵老槐树，对他说："你老人家高官得做，是有家乡老神树保佑啊！"

原来村里传说，清咸丰年间，忠亲王（即僧格林沁）曾和太平军激战于子牙河边，当时太平军数十人围住僧格林沁，拿箭射他。僧格林沁借着两棵老槐树的庇护，得以安然无恙，从此这两棵树也就成了当地的"老神树"。

张作霖听后只是一笑了之。在他的心目中，如果有什么能够保佑自己，姜家屯也许比"老神树"更有代表性。因为正是从在姜家屯劫马起，他的命运才开始发生真正的转变，仿佛是一夜之间，所有的事情都变得顺利起来了。

拿过谁一个笤帚疙瘩了

小帮毕竟还是小帮，要想在这么多帮派中间求得生存发展，有时仍得投靠大帮以求自保，这在江湖中称为"靠窑"，张作霖新找到的"靠窑"对象是程敬芳、程敬双帮派。

"胡子"这一行可谓是"行低人不低"，大帮里都有独特的组织机构和职务分工、名称。通常情况下，帮会首领被称为"大当家的"，又叫大哥、大掌柜，坐第一把交椅，可以发号施令，总领一切。其次是"二当家的"，也叫"正炮头"或"总炮头"，主要负责在退却时为队伍断后。

张作霖初来乍到，一、二把交椅都轮不上，他坐的是第三把交椅，称为"揽把"或"兰把子"，专司"秧子房"。"秧子房"是所有绑来的人质（称为肉票）集中关押的地方，由于绑票勒索为"胡子"的主要活动及生活来源之一，所以"秧子房"的地位很重要。

张作霖入帮后做成的第一桩"买卖"，是绑了两大车富人家的女眷。人们印象中的盗匪往往脱不开"烧杀奸淫"这四个字，但匪有匪道，东北"胡子"在后两个字上其实定有严规。首先，为避免动摇军心，"大当家的"一般不能有"家"，也就是娶媳妇（当然也有例外）。其次，严禁"压花窑"，即用强迫手段糟蹋女人。对于"压花窑"的人，他们称为"严岔子"，处理很严，一般都是死刑。

在绑女眷的过程中，张作霖对手下看得很严，底下人对这两车女眷连一句玩笑话都不敢说。事发后，富人家也如期赎票，如数交银。尽管如此，张作霖对绑女人为人质这件事仍旧十分不满。

除此之外，身为"兰把子"，必须心狠手辣，即俗语说的"心硬"。有的肉票自被抓起，就一直被绑在马上随"胡子"行走转移，无法移动，天长日久，屁股都让马背给磨烂了，大腿上生了一堆一堆的蛆。"胡子"们既怕肉票死掉，又舍不得给他们用药，于是就只能用火来烤肉票腿上的蛆。在烈火熏烤下，肉票疼得爹一声妈一声地拼命叫唤，情形惨极了，面对这一情形，胆子小或心软一点的"兰把子"根本无法承受。张作霖的胆子不算小，但心实在没那么硬。

绑了票，就要设法使人家赎回去，不然就没意义，这叫"甩出去"。为了确保尽快"甩出去"以及防止肉票逃跑，"秧子房"每天要对肉票用刑，所用刑罚大多非常严酷，其中的"熬鹰"更是令人谈之色变。"熬鹰"时，"兰把子"会先命令肉票们围着一堆火坐下，然后交给他们一个拨浪鼓或者铃铛，让他们从一头开始摇，每人摇五下，摇完再传给下一个人，到谁那里停了，监视的"胡子"就从背后给谁一棍。有人几天几宿没睡觉，被熬得受不了，摇着摇着就扎到火堆里，重者当场被烧死，轻者也得被烧个"满脸花"。

张作霖耳闻目睹，觉得这些事真的是太缺德了，他干不了。于是很快他又率部脱离双程帮，回到了赵家沟。日后张作霖发了迹，上山为匪这段经历虽然无法回避，但他总是理直气壮："都说我张作霖当过胡子，我他妈的拿过谁一个笤帚疙瘩了？那时候我就是不服天朝所管！"

张作霖回赵家沟前，正值义和团运动兴起，东北也出现了杀洋人、焚教堂的义和团组织。1900 年 7 月，俄国以"护路"为名，出动十几万部队侵入东北，直接剿杀东北义和团。10 月，俄军将领阔比萨尔率部占领奉天，盛京将军（盛京为清代对沈阳的称呼）增祺被迫逃往辽西。

逃亡过程中，增祺所率仁字、义字两军在辽西溃散了两营，这些游兵散勇抵抗俄军虽不足，骚扰百姓却有余，当地有句俗语"兵匪一家"，就是说这些当兵的有时和"胡子"一样坏。在辽西一带，地方政府的运作完全失灵，清兵、"胡子"四下出没，到处抢劫，搅得乡里极不安宁。为了自保，地方士绅纷纷组织起由练勇所组成的"保险队"（也叫大团），通过"保险队"来为当地做"保险"。

什么叫"保险"？就是你这个村庄，他这个村庄，都由"保险队"负责保护，村里则每月付给"保险队"多少钱，以供练勇们吃喝穿用。有人套用戏曲中不太好听的说法，称之为"坐地分赃"。

"保险队"负责保护的区域叫作"保险区"，"保险区"付给"保险队"的钱就是"保险捐"，有钱的士绅多交一些，那些没什么钱甚至是赤贫的居民可以免纳。所谓拿人钱财，替人消灾，如果有兵匪抢掠"保险区"内村民的牛马车畜等财物，"保险队"必须派人追捕，乃至将祸首处死，就好像官府一样。那段时间内，辽西各地都呈现出"似无治安而有治安"的奇怪现象。

当大股"胡子"过境时，"保险队"首领还要率部到境外迎接，一半监视，一半备战，总之一句话，务必要确保其秋毫无犯。倘若对方缺乏江湖义气，不守江湖规矩，双方就免不了要大打出手，来一场恶斗。

说起真刀真枪的恶斗，除了官军，当然还是"胡子"比较在行，所以练勇一般都是被招募的游兵散勇或者"胡子"。张作霖这一回家可谓正逢其时，在岳父赵占元及其他乡绅的协助下，他也在赵家沟成立了一个"保险队"。

"万人喜"

由于鱼龙混杂，有的"保险队"非但不能很好地维护地方，反而还勒索乡里，成为一方祸害。赵家沟西北的金寿山"保险队"就是这样。金寿山原为北洋新军的一个哨官，因受不了军队的约束，便回到家乡做起了"胡子"。虽说眼下改做了"保险队长"，但他恶习不改，除对所在"保险区"征粮征饷外，仍旧公开勒索抢劫。

与他们相比，张作霖算是非常守规矩。他从不允许手下在自己的"保险区"内乱抢乱夺，如果有别处的兵匪前来抢掠，他就竭力联系说服，让对方停止骚扰。

村民们得到苟安，对张作霖大加称赞，张作霖也抓住时机，不断扩大自身在地方上的影响力。不久，一支官府驻军奉命返京。这支军队军纪很坏，沿途到处扰乱地方，掠夺民间财物，所以当他们经过赵家沟一带时，有人为免搅扰掠夺之苦，曾欲进行阻击并劫持带队官佐。

劫持朝廷命官乃是不赦大罪，到时官府进行报复，反而更要遗祸地方。深知其中利害的士绅们赶紧采取了一个办法，即把兵丁领到各处加以招待，以防止生变。张作霖听闻后自愿分担责任，把四十多名官兵领到他岳父家住宿，不过他对这些官兵都有言在先："吃喝是有的，但是杀猪宰羊是办不到的。"

官军走后，张作霖很快成了一方名人，"保险区"外的一些村庄也开始慕名请他前去保护。"保险队"能够得到的"保险捐"多少，主要由"保险区"的范围大小（称为"会圈儿"）以及区内民户的贫富而定，受张作霖保护的村庄多了，他拿到的"保险捐"自然就多了。

有利益就有争夺。自有了"保险"这个新生事物后，大小"胡子"们几乎全都"与时俱进"，成了各霸一方的"保险队"。张作霖把小日子过得红红火火，免不了遭到他们的忌妒，这其中就包括张作霖最早投奔的洪辅臣。一天，洪辅臣派人给张作霖送来请柬，邀他上门做客。张作霖虽然明知赴的是鸿门宴，可是又怕正好给对方留下大鱼吃小鱼的借口，无奈之下，只好硬着头皮答应下来。

张作霖打小就在社会上混，练出了一副好口才和善于察言观色的细腻心思，人送绰号"万人喜"。见到洪辅臣后，他有问有答，应对自如。洪辅臣见状，杀气反倒慢慢消减了下去。张作霖很会来事，赶紧又趁热打铁，掏出自己的镀银小手枪，连同枪套一起送到洪辅臣面前："此乃本人护身之物，今欲献出，请笑纳。"

洪辅臣对手枪赞不绝口，一边接过手枪，一边嘴里却说："此乃你心爱之物，我倘若收下，岂不是夺人之美？"张作霖双手一拱："如果嫌弃，就是看不起我。今后，我张作霖愿意听命于洪大哥。"

洪辅臣心花怒放，完全放弃了吃掉张作霖的想法。两人告别时，他破例送出很远，还对张作霖说："后会有期。"

在张作霖事业草创阶段，汤玉麟是另一个不能不提的重要人物。汤玉麟乃"胡子"出身，与张作霖一样，他之所以落草为寇，某种程度上也是受到了外界的强烈刺激。当年他做车把式，赶车行至中途，遇到一股"胡子"，结果不仅货物被洗劫一空，自己还挨了一顿打。汤玉麟咽不下这口气，就干脆自己也上山做了"胡子"，并且逐渐成为有一定影响力的辽西匪首之一。

能够在辽西一百多股"胡子"中闯出名堂，当然都不会是等闲之辈。除了枪法精准外，汤玉麟主要以膂力过人、勇猛凶悍著称，绰号二虎子，又称汤二虎（因在家排行老二）。据说他早年混迹赌场时，为了跟别人斗狠，曾以烧红的铁通条烫自己的肋骨，其间谈笑自若，连眉头都不皱一下，为匪后，汤玉麟继续了这种二愣子精神，悍不畏死，敢和围剿的官府兵丁直接对抗。

张作霖和汤玉麟结缘，是因为有一次官兵包围了张作霖，汤玉麟挺身而出，率部解围，救了他的命。张作霖遂与汤玉麟金兰换谱，结为兄弟，相互盟誓"不求同生，但求同死"。

有这样一首民谣描述当时辽西的江湖格局："冯麟阁占东山，洪辅臣半边天，抢官夺印金寿山，汤玉麟闹得欢，张作霖坐地保险要银捐。"在这其中，做"保险"的张作霖乃后起之辈，同其他大帮派相比也显得势单力薄，但他的发展势头却很快，其"保险区"以中安堡镇为中心，已由最初的七八个村庄逐渐增加至二十七个村庄。

中安堡原为金寿山的势力范围，由于金寿山为非作歹，称王称霸，百姓不堪其扰，才主动邀请张作霖前去办"保险队"。张作霖占据中安堡，就把金寿山的地盘分出去了一部分，对金及其部众的收入有不小影响。金寿山听到这个消息气得不得了，但是转念一想，他又觉得如果能够让张作霖亲俄，倒也可以从另一个方面弥补自己的损失。

砸窑

俄国派兵大举入侵东北，剿杀义和团只是一个借口，真实目的是要吞并东北。俄军高级参谋马德利多夫大校认为，要想真正把东北变为沙俄帝国的一部分，除使用正规部队外，还必须注意联络当地的绿林武装，使之辅助俄军的侵略行动。

马德利多夫的主张引起了俄国远东军总部的重视，于是便委托他在东北进行招募。按照俄军的要求，凡是应募的"胡子"都要在肩膀或手臂上佩戴"中俄旗式"的标志，老百姓私底下称之为"花膀子队"。金寿山最早加入"花膀子队"，并为马德利多夫穿针引线，拉皮条式地招降其他"胡子"。

当时马德利多夫对刚刚崛起的张作霖十分感兴趣，就把拉拢张作霖的任务交给了金寿山。金寿山合计下来，若是能够趁机说动张作霖，就便可以从俄国人那里领到更多的好处，强过与其动刀动枪。当下，他便带上厚礼，赶往张作霖设于中安堡的团练部。

见到张作霖后，金寿山直言不讳地让张作霖和他一道投靠沙俄，给俄军当眼线，同时承诺只要张作霖肯这么做，不但可以不再计较"抢地盘"的事，双方还能结成同盟。

至1900年年底，东北全境各主要城市及主要交通动脉均已被俄军占领，东三省全部沦陷。这些俄军军纪败坏，经常三五成群地从据点里跑出来为非作歹，而且每每闯入民宅中侮辱妇女，为老百姓所切齿痛恨。在这种情况下，张作霖可不愿意像金寿山那样没骨气，为了"金卢布"出卖自己的国家和乡亲。没等金寿山把话说完，他就顶了一句："我不参加俄军是我的自由，用不着你来操心！"

金寿山碰了一鼻子灰，顿时怒从心头起，恶向胆边生，没过几天，就把"砸窑"的目标对准了中安堡。

像很多假意上岸洗白的土匪一样，金寿山虽然表面上挂着"保险队"旗号，但从思维模式到实际做法，从来都没有脱离"胡子"的一套。"砸窑"乃黑道行话，就是指攻打村寨城镇，攻进去叫"砸响了"，没攻进去叫"没砸响"。

按照坚固程度和防御设施的配备情况，"窑"又可分为"软窑"和"硬窑"。"软窑"的外墙由柳条子、木板障子构成，寨内无炮台，只是在屋角、道栅、马圈、猪圈里设有"暗枪"。"软窑"相对来说容易"砸响"，比较难"砸"的是"硬窑"，不仅有砖砌或土打的外墙，寨内还有炮台。所谓炮台也就是碉堡，当然不是家家都有，只是有的人家有碉堡，但已能起到足够的警戒和防御作用。

由于男人们白天干活，晚上要休息睡觉，所以一般情况下，天黑后都是女人到有碉堡设备的人家待着，一旦发现有什么动静，立即开枪报警，这叫"响窑"。这时候，睡觉的男人特别是练勇就会赶紧起来御敌。

中安堡镇属于"硬窑"，有不少炮台，且防范较严，所以虽然张作霖的人马不多，但金寿山也很难"砸响"。这边张作霖一面组织抵抗，一面向自己的结义兄弟汤玉麟紧急求救。汤玉麟很讲义气，星夜赶到中安堡为张作霖解围，金寿山畏惧"汤二虎"的悍勇，只得撤兵而去。

前后两次被汤玉麟所救，张作霖的感激之情难以言表。两人的兄弟感情也得到进一步巩固，汤玉麟受邀进入中安堡，两帮自此合二为一。合并了当然还要再排一排座次，汤玉麟甘愿为张作霖鞍前马后地效力，在他的拥戴下，张作霖坐了新"保险队"的头把交椅。

没有吃掉张作霖，反而还帮助对方增强了实力，金寿山哪里甘心。"胡子"里有句话，叫作"砸窑先砸红窑"，那些有相当底气的"硬窑"为显示自己的武装力量，以便吓唬住"胡子"，往往会在烟囱上绑一面红旗，意思就是你要砸就砸，爷不怕，这就叫作"红窑"。"胡子"们固然知道"砸红窑"有多难，轻易不敢擅动，但一有机会总希望自己能砸下来，因为"红窑"的油水大不说，还能借此在江湖上扬名立万。

在金寿山眼中，中安堡已成为必须砸下来的"红窑"。对于如何"砸红窑"，"胡子"们也积累了一套经验和办法，其中很重要的一条就是收买村寨里的人，称为"内盘"，以便里应外合。

问题是金寿山一时找不到合适的渠道来安插"内盘"，就在他为此抓耳挠腮，无法可想的时候，干儿子马某献了一计，说不妨如此如此，金寿山听后连连称好。

"东亚义勇军"

这一天，马某率五名部下携械来到中安堡，声称敬佩张作霖的为人，不想再跟着金寿山干了，要求加入张作霖的"保险队"。张作霖正在招兵买马，扩张势力，就把六人全都收了下来。

张作霖当然也不傻，在接下来的几个月里，他对马某等人进行了暗中观察。观察下来，这六人让什么就干什么，非常听话，也不见有任何越轨行为，便放下心来。

其实马某等人就是来做"内盘"，当卧底的，他们本想直接暗杀张作霖，但始终无法下手。一直等到新年将至，张作霖吩咐预备吃喝，打算年底犒劳大家。六人私自商议，认为是个机会，便向张作霖告假，说要回家过年。张作霖不疑有他，就放他们回去了。

马某等人在充当卧底的日子里，早已将中安堡内"保险队"的防守情况摸得一清二楚。他们回去告诉金寿山，中安堡的西北角无人看守，可以从那里进行突破，而且"张作霖心中无事，正高高兴兴地杀猪宰羊，一心一意地张罗过年，没有什么防御准备。如果我们出其不意地攻打他们，肯定会旗开得胜，马到成功"。

金寿山听了大喜过望。就在1901年的除夕晚上，他带上所有部众，加上俄军的一个哥萨克骑兵中队，由中安堡西北角突入，包围了张作霖的团练部。

听到外面枪声四起，喊杀声大作，毫无戒备的张作霖慌了神，因为都不知道对方究竟来了多少人，只得手持双枪，率部边打边突。好在他对中安堡的环境十分熟悉，又有夜色掩护，其间钻胡同绕巷子，总算摆脱了追杀。

张作霖的结发妻子赵氏这时正好有孕在身，大女儿年纪尚幼，两人都行动迟缓，又幸亏汤玉麟和张作霖的另一个得力手下挺身而出，一人背上一个，才在张作霖的拖后掩护下脱离了虎口。

丢掉地盘也就意味着丢掉了"保险队"这个饭碗，张作霖只能重操旧业，带着少数亲信沿着辽河两岸"打野食"，也就是能偷偷点，能抢抢点，同时一面收留陆续逃回的残部，一面招收新人，以图东山再起。当年春天，就在他入驻辽阳西唐马塞村的时候，突然有一个姓花的人拿着"徐老帅"的名片求见。"徐老帅"

是辽阳东北的一个民团首领，名高望重，威震一方，他介绍的人张作霖自然不能拒之门外。

这位花某是个中等身材的小胖子，留着一条不长的辫子，他的两个随从则都是和尚头，主仆装扮显得与周围的人格格不入。同时花某虽然说一口山东话，但说话时总有一些口齿不太清楚的地方，而且往往前言不搭后语，让人不得要领。张作霖闯荡江湖多年，各色各样，奇形怪状的人物不知见过凡几，对此也没有太放在心上，听花某说来东北访友，需要借地住宿，也就一口答应下来。

晚上，两人促膝交谈，张作霖发现这个花某特别喜欢谈论国家大事，像什么俄军进占辽东、在奉天驻兵，盛京将军增祺被迫逃往辽西，中国皇家陵寝北陵（即昭陵）也驻扎了俄军炮兵等，都知之甚详。

张作霖对此大受触动。当时沙俄确实已成为中国政府及东北民众的心腹之患，《辛丑条约》签订后，中外争端本来已告解决，八国联军也陆续撤退，可俄军就是死活不肯撤出东北。

张作霖时年二十六岁，正是血气方刚的年纪，聊到激动处，大有国难当前，恨我徒手之慨。两人越谈越投机，花某便提议双方结拜兄弟，张作霖立即答应下来。

第二天互换谱帖，见花某的帖子上写的是花田林助，张作霖就笑着问他为什么会取四个字的名字，因为这样的人名在大清国殊为少见。花某这才道出真相，原来他并不是中国人，而是日本陆军少佐花田仲之助，剃发蓄辫是为了能够更好地隐蔽身份，以混入中国内地，两个和尚头的随从则是保护他的武士。

在花田道出自己的真实身份后，再谈话就不能不涉及甲午战争了，张作霖对此尤为敏感，因为当年他还曾作为毅军的一员，与日本陆军打过仗。花田对此的解释是中日两国在甲午战争中失和，纯粹是白种人从中作祟的结果，而且战后日本把东三省辽东半岛还给了中国，并未侵占中国土地。"白种的俄国人"不同，他们欺中国软弱，赖着不走的目的就是企图吞并东三省。

甲午战争毕竟已经是七年前的事了，事过境迁，中国的大敌变成了俄军。花田宣称，日本一向抱着亚洲是黄种人的世界的宗旨，决不允许白种人来侵略，现在就甘愿帮助中国驱除强俄，同时这种帮助纯属义务性质，绝不会因此侵占中国一寸土地。

据花田说，他本人实际为日本陆军省所派遣的"别动队"成员，来东北的目的，就是奉长官之命，组织反俄的"东亚义勇军"。目前已在辽东建立了两支队伍，辽西为第三队。

见张作霖及其手下听得入神，他又继续鼓动道："我邀请诸位来参加这个义勇军，将来立下了大功，诸位是有官可升，有财可发的啦。"

这时张作霖一共还有二十七名手下，大家一致赞成加入"东亚义勇军"，并公推花田为盟主，表示要在他的指挥下驱除俄军。花田则委任张作霖为招募官，负责为义勇军继续招募人员。

加入义勇军并不是光嘴上说说这么简单，每个人都用铁丝在头上烙了印，以作为同盟标记。花田又拿出一堆日本银币，每人赠予三元。另外还分送了辽帖（辽阳地方使用的纸币），张作霖拿到一百吊，其他人各五十吊。

花田办完事便告辞而去，临走时他给张作霖留下了暗号文件，并答应三个月后送来军饷、枪支、弹药和军服。

那一堆大缸不可以扣人吗

三个月的约定时间未到，有人却把张作霖与花田结盟，大搞"东亚义勇军"的事向俄军告了密，俄军立即派出十余名哥萨克骑兵对张作霖进行搜捕。

张作霖刚刚招了四十个新兵，但在花田送来装备之前，人员多半是有枪无马或有马无枪。步枪在当时的攻守作战中必不可少，同时也是最为实用的武器，张作霖部的枪支多为老式的单发步枪，与俄军可连发的新式"水连珠"大枪没法比，加上缺乏准备，仓促应战，他们很快便被打得落花流水，最后张作霖仅率四个人冲出重围，向白旗堡方向逃去。

哥萨克骑兵紧追不舍，眼看对方就要追上来了，张作霖等人只好弃马避入村庄，慌不择路之中，一头闯进了村里一座大院。当年东北农村盛行喝烧锅酒，差不多每个村子里都有酿酒作坊，那座院子就属于作坊的一部分。烧锅掌柜姓彭，见这五人跑得满头是汗，就知道后边必有追兵，他有心搭救，但又发现院子里无处藏身。

正待另想他法，一个打更的忽然指着院子里的空酒缸说："那一堆大缸不可以扣人吗？人蹲在里头，我再四下扫去脚印就行了。"一语惊醒梦中人，彭掌柜赶紧指挥众人将酒缸倒置，然后让张作霖等人藏到里面。

藏好不久，就有六名哥萨克骑兵入院搜查。彭掌柜把他们让到柜房，请他们喝起了烧锅酒。"老毛子"（东北人对俄国人的称呼）大多嗜酒如命，这几个家伙看到酒眉开眼笑，便再也顾不得在院子里仔细搜索了。那时正是冬季，天黑得特别快，天黑下来后，从村西传来狗叫声，"通事"（即翻译）认为可能张作霖等人在村西。哥萨克骑兵听翻译这么一说，就一边吐着酒气，一边跨上马，往村西奔去了。

俄军一走，大家都松了口气。酒缸被抬开后，张作霖等人爬出来，先到屋里暖和一会儿，吃点东西，彭掌柜又让人找来可供他们乘骑的马匹。能够绝处逢生，五人均对彭掌柜感激涕零，遂一齐跪下来叩头："你老就是我们五个人的再生父母，我们认你老为干爹。"

因为怕俄军再来搜查，张作霖不敢久留，匆匆辞别彭掌柜，冒着雪连夜赶往姜家屯，准备投靠在那里做"保险"的洪辅臣。

张作霖落魄之时，正是洪辅臣显赫之际，他的"保险队"有两百多人，"保险区"以姜家屯为中心，已扩大至周围六十几个村屯，锦州以东的"保险区"数他的范围为最大。人一阔，脸就变，洪辅臣虽因当初张作霖赠枪之谊，不得不予以收留，但见对方如此狼狈，就根本不把他放在眼里了，平日里总是一副趾高气扬的架势，还时常对张作霖加以辱骂。

张作霖不是一个没有肚量的人，也不是完全忍不得气，最主要的是相处时间一长，他发现洪辅臣与金寿山并无什么分别，也是一个胸无大志的人，除了一味勒索乡里外，没有什么更长远的目标和计划，跟随其左右实无前途可言。另外，洪辅臣对人粗暴，匪气十足，杀个人连眼睛都不带眨一下，他的副手对他早已切齿，张作霖怕就怕一旦发生内乱，自己会被卷进去。

若不早作退步，将来必招祸害。在洪辅臣处勉强待了两个多月后，张作霖便借口新年看朋友，挂印封金，脱离了他的地盘。

众人沿辽河一带南下，路上又收集了一些旧部，但总计也不过四十多人，枪械则既少又差。想到这一切都是拜花田和日本人所赐，而自从自己落难后，花田就再未露面，张作霖便气不打一处来，一路上大骂日本鬼子欺骗人。

饥者易为食

张作霖现在的摊子又恢复到了历史上最微弱的时候。靠这么一点人马，显然很难在弱肉强食的江湖中独立支撑门户，随便哪里来一个大帮，就能把他们给一口吃掉。

唯一的办法就是重新投靠一个大帮头，以作安身之计。张作霖打算去找冯麟阁，冯麟阁是张作霖进入绿林世界的引路人，同时又是江湖上尽人皆知的老前辈，手下号称千人，能依附于他的羽翼之下，起码先让自己缓口气是没问题的。

打定主意后，张作霖一行便动身前往冯麟阁所在的高坨子。天亮时，一行人到达了一座名叫雷家屯的村庄。雷家屯是一座小村庄，村民们怕张作霖等人"砸窑"，因此招待得特别殷勤，又是给他们包饺子，又是帮着喂马。

张作霖打听到，从雷家屯到高坨子还必须经过八角台。这八角台是个大集镇，镇上有五十多家商号，为了不被"砸窑"，他们除把土围子修得像城墙一般外，还雇用三十余名炮手（即练勇）组成团练。周围"胡子"们虽都将八角台视为一块大肥肉，但谁都不肯轻易染指。

张作霖估计，要从八角台通过很不容易，若不事先打好招呼，必然会遭到强力阻击。于是他就对村民说："请分神给我找个人去一趟八角台镇，向那里的负责人送个信，就说我张某要借道一过，经过八角台镇前往高坨子，与冯麟阁'会哨'（黑话，意思是两股或多股'胡子'会合）。"

村民依言派人拿着张作霖的名片，前往八角台接洽借道事宜。八角台的商会会长叫张子云，秀才出身，善于交际，见过不少世面，平时镇上的大事小情都由他说了算。听送信人报告来意后，张子云赶紧召集绅商们开会，商议此事。因为早就听闻张作霖做"保险"时纪律不错，保境安民，所以他在会上首先提出："张作霖的名誉很好，借道的问题可以商议。"

借个道当然没关系，可毕竟与张作霖从未谋面，万一对方以借道为名，行"砸窑"之实怎么办？张子云反复揣量后，把送信人叫来问道："张作霖有多少人枪？"

因为来之前，张作霖曾特地叮嘱送信人，要他吹嘘一下自己的实力，以免被八角台的人看扁，所以此人就夸大道："一共四十多人，每人一支枪。"

"背的什么枪？"

"不知叫什么枪，枪上都有疙瘩楼。"

当时的枪械分两种，一种是老式的单发步枪，一种是新式的连发步枪，后者又称快枪，"疙瘩楼"是快枪的一个明显特征。

得知张作霖竟然拥有四十多支快枪，张子云不免有些吃惊。他沉思了一会儿，就问炮头（也称团练长）张景惠："我们的力量怎样？"

张景惠手下的武器也算齐全，共有洋炮十支、洋抬杆三只、快枪数十支，其中的洋炮、洋抬杆都属于老式的单发步枪，而快枪数量又不及张作霖，所以张景惠只能回答："恐怕打不过他们。"

与会的绅商听后如坐针毡，有个性急的当即插话说："要是真打起来，我们又打不过，到时如果再放他们进来，肯定要被抢劫一番，那样我们的损失就大了。"

经过商议，没有人主张来硬的，张子云一咬牙，干脆人情做到底，于是拍板告诉送信人："我们不但借道，而且还欢迎他们进来。"

却说送信人走后，张作霖一直心情忐忑，不知道结果如何，听送信人回来一报告，不由喜出望外，立即率队前往八角台。当他们到达目的地时，八角台北门外鞭炮齐鸣，张子云领着十几个镇上的头面人物早已迎候多时。

张子云原本就对张作霖抱有好感，这一见面，发现对方果然相貌温雅可亲，跟一般的"胡子"或"保险队长"大相迥异，遂起结交之心。两人一个抱拳致谢，一个挽手寒暄，气氛十分融洽。

接下来两人叙谈。张作霖只在小时候念过一段时间的私塾，没有什么文化，但他"万人喜"的绰号到底不是白得来的，跟张子云这样的老秀才聊天，居然也能聊到一道去。张子云和他谈得很是投机，一高兴，就叫他休息两天再走。张作霖及手下一路奔波，早已人困马乏，面对主人盛情，自然乐呵呵地就答应了。

张子云身兼镇上烧锅酒作坊的财东，他把张作霖及其部众安排住在自己作坊的两座院子里，一座院子里住二十多人。住的条件虽然谈不上多好，但张作霖等人"饥者易为食"，有人肯让他们休息两天，已经感到非常满意，所以并无怨言。

真正让张作霖发愁的，是外面传闻冯麟阁已经马失前蹄，而且跌跤跌在了跟他张作霖相似的坑里。

以利相诱

事情还得从甲午战争期间的《马关条约》说起。按照《马关条约》，中国须将辽东半岛割让给日本，主持签约的清室重臣李鸿章为了保住国土，不惜引狼入室，联合俄、德、法三国，向日本施加压力。日本已在甲午战争中消耗了大量国力，根本没有与这三个欧洲强国直接对抗的实力和把握，这才不得不放弃了辽东半岛。

花田对张作霖说的甲午战争是白种人从中作祟，日本主动把辽东半岛还给中国等，不过都是钻了普通中国人愤恨俄军的横暴，但对国际关系的微妙复杂又缺乏了解的空子而已。

被迫归还辽东半岛后，日本并没有放弃向亚欧大陆扩张的野心，东三省也就此成为日俄入侵势力的角逐场。日俄双方都注意到了东北地方绿林武装的作用，也都派现役军官到东北充当间谍，通过施以小恩小惠来对绿林头目们加以笼络、收买。

作为日本间谍，花田在东北的活动还不算最出色，他的一个同伙绰号"王小辫子"，甲午战争前便在旅顺口和威海卫一带刺探中国海军的情报，战后又混入了东北绿林，对各帮派极尽拉拢之能事。

"王小辫子"也黏上了冯麟阁，想把他拉过去，但有明眼人已经识破了"王小辫子"的真实身份，便劝告冯麟阁说："王小辫子是一个日本间谍，他所以要混到我们这里来，是不怀好意的。我们过去不得已走上了土匪的路，这已经是很难看的了，再要受其利用，那岂不是留骂名于千古吗？"

不久，冯麟阁又把别人劝他的这些话告诉给了金寿山。在绿林这个圈子里，金寿山尚属于中等级别，打张作霖可以，实力与冯麟阁一比，却还差着老鼻子，所以他便拜冯麟阁为老大哥，平日里对冯麟阁也是点头哈腰，一副唯其马首是瞻的样子。

这金寿山本是个有奶便是娘的人，先前亲俄和加入"花膀子队"纯粹都是为了个人私利，但是随着日本在东北实力的不断增强和渗透，他又觉得投靠日本人可能更靠谱。听了冯麟阁的话后，他一边在表面上对冯进行敷衍，一边对"王小辫子"不但不加以戒备，反而更亲近起来。

金寿山的心思很快被"王小辫子"摸得一清二楚，后者趁势将他笼络到了手中。在"王小辫子"的指使下，金寿山专门跑去"启发"冯麟阁，说："人生在世，总得有个出人头地的日子吧，我们总搞这种勾当（指从事绿林生涯），到什么时候才是个头啊？这样子下去能有什么好下场呢？"

知道冯麟阁已识破了"王小辫子"的身份，金寿山在不得不干脆挑明的同时又重新编了一套瞎话："不错，王确实是个日本人。他因为在军队中犯过错误，不愿回日本，就流落到这里和我们混在一起。我虽然和他认识在后，但是他很相信我，对我无话不说，可以说是彼此相印以心。"

比"相印以心"更重要也更有效的，当然还是以利相诱。金寿山对冯麟阁说："他（指王小辫子）过去在陆军中当过将官，有好多同学同事和三井洋行老板有关系，我们和他多接近，不但现在的枪械子弹容易解决，而且将来我们也可以做到缺钱有钱，缺人有人，哪里有这么好的借重呢！"

话说到这里，凡是有点头脑的，都已能够听出弦外之音。人与人毕竟不同，对张作霖这样的，趁他热血上涌，爱国激情爆发的时候，你或许还可以用日本义务帮助中国的一套来蒙骗他。冯麟阁是老江湖，这一套不会好使，因此金寿山接下来用的是单刀直入法："日本和我们中国固然是仇敌，但这和我们个人又有什么相干呢，我们不也是和官府作对吗？我们要为自己的前途打算，不要三心二意，摇摆不定，更不要听别人胡说八道。"

金寿山一番鼓动唇舌，终于成功地把冯麟阁的利欲之心给挑动出来。此后，他便按照日本人的要求，率部到辽阳大高岭一带进行活动，专扒东清铁路（又称中东铁路，沙俄在东北修建的一条铁路），而且还扬言除非沙俄拿出巨额代价，否则决不停止扒路活动。

冯麟阁由此进入了俄军的黑名单，但由于他在江湖上地位较高，势力不小，直接捕杀不易。直到有一次冯麟阁在辽阳为部下庆功摆宴，俄军在事先掌握这一情报的基础上，派一股便衣队前往辽阳，用诱捕的方式才捉住了他。

冯麟阁被捕后，沙俄一心想把他拉过去为己所用，便没有立即予以处决。冯麟阁起先被关押在奉天，他的旧部计划到奉天劫狱，俄国人得知后赶紧又用船把他解往库页岛（俄译萨哈林岛）加以关押。

张作霖本来想投冯麟阁求得庇护，万没想到他也上了日本人的当，做了"老毛子"的阶下囚。正是通过这些事例，张作霖逐渐明白了这样一个现实，即日俄都不是什么好东西，组织"花膀子队"也好，搞"东亚义勇军"也罢，无非都是要拿中国人当枪使，替他们火中取栗，以达到自己不可告人的目的。以后跟这两边的人打交道，必须多长心眼，否则一定会吃亏上当。

第二章／

我就是张作霖

事到如今，张作霖也没有别的办法，只能走一步看一步。两天后，他向张子云辞行，不料张子云却不让他走了，并且还对他说："你们走到哪里还不是保护地面？你们做保护地面的事，我们放心，你就保护我们这个地面吧，我们给你按地抽饷，保你够用就是了。"

张作霖一听，真有喜从天降之感。因为感激张子云对他的信任和雪中送炭般的收留，他后来便以同姓是一家的由头，拜张子云为义父，两人关系更加亲密。

张作霖在八角台落脚后，其部与张景惠的团练合并，张景惠为大头领，他为二头领。张景惠从前以做豆腐和卖豆腐为生，村里人都喊他"豆腐匠"，此人性格上有耿直豪爽的一面，但也有人评价他"不学无术，头脑简单，胸无大志，没有作为"。要说后面的这几句评价，谁听了心里都不会舒服，可是在与张作霖接触后，张景惠倒真的自惭形秽起来。

有一天晚上，二张秉烛夜谈。张作霖很诚恳地对张景惠说："大哥，现在你只有多收拢人才，广交官府和地方士绅，扩大自己的实力，才能保持住位置。"

张景惠听后很以为然，同时他打心眼里觉得，张作霖从相貌气质到言谈举止都不是一般人物，将来跟着他干必有发展，于是便提议让张作霖坐头把交椅，自己甘愿让贤做二把手。张作霖没有心理准备，不由大吃一惊，连忙加以推辞，张景惠则一再坚持说："你的才能胜过我十倍，这头把交椅非你莫属。"

让贤

在《水浒传》中，宋江第一次上梁山，曾受过他救命之恩的晁盖便要拜他为山寨之主，坐第一把交椅。宋江坚不肯从，说："哥哥原是山寨之主，如何却让不才？"他甚至还声明，如果晁天王硬要让贤，那他情愿去死。

后人评《水浒传》，评到这一段的时候往往就有一种意见，认为宋江十足虚伪，明明心里高兴，却还要假惺惺地扭怩作态。其实这种分析反而是违背了《水浒传》的本意，因为宋江在书中乃是正面人物，绝对的男一号，从这个角度上来说，他的所有言行都不能逾越作者所认同的江湖道德规范，而这种所谓的江湖道德规范，核心的东西其实就两个字：义气。

行帮各派，义气为重。晁盖让贤是"义"，宋江推辞也是"义"，他们都是在巨大的利益和好处面前互相进行推让，以此证明自己的价值观。

作为一个长期闯荡江湖的绿林中人，义气二字同样为张作霖所认同和尊重，所以不管他心里对做一把手究竟有没有意思，嘴上一定会坚决推辞。

张景惠不肯罢休，第二天，他把部下都召集起来，对众人说："张雨亭（张作霖字雨亭）年富力强，志向远大，我情愿拥护他做团练的领袖，大家跟着他图个好的前程。"

张景惠这么讲义气，张作霖只能向宋江老前辈学习。当下他不仅执意不从，而且还吩咐手下收拾行李，表示如果张景惠一定要这么做，他就只能离开八角台了。

事情惊动了张子云，他亲自对张作霖进行挽留。在二张互相推让这件事上，则主张从全镇利益出发，让全镇人商议决定究竟谁来当民团的一把手。

在八角台，数张子云的面子最大，他一站出来，二张都无话可说。接下来一切顺理成章，在张景惠的竭力推荐下，镇上的人都同意张作霖坐头把交椅，张作霖实在推辞不过，这才接受下来。

得马者未必为喜，失马者未必为忧，经历挫折后的张作霖意外捡到金元宝，从此在八角台站稳了脚跟。这里也成为他恢复元气和进一步发展的基地，凭借八角台相对充裕的财力物力，张作霖开始招兵买马，扩大团练规模。

随着实力的增强，张作霖同周围其他帮会的矛盾也日益突出。一个绰号"项傻子"的"胡子"与金寿山等联合，对八角台实施了夹攻。见对方人多势众，张作霖忙派汤玉麟带一部分人到镇外驻扎，与八角台形成掎角之势，自己则与张景惠一道在镇上坚守。

对于八角台这样的"硬窑"加"红窑"，"胡子"通常都是要么不砸，要砸就往狠里砸。因为都知道窑里油水足，一旦"砸响"（打进去）便可以进去花天酒地，纵情享乐，所以在八角台"枪头子硬"，即便硬攻进去，也要死许多"崽子"（即喽啰）的情况下，"项傻子"等仍不肯收兵。

就在这一节骨眼上，张作相来了，立刻局势大变。

张作相是泥瓦匠出身，原来住在锦州柳条边墙一带。那一带在地理上是汉蒙两族居住的边界，民风彪悍，向有聚族械斗的传统习惯。家族中谁被人打死了，如果停灵不葬，就预示着他们要集合整个家族的力量继续进行复仇。

有一天，张作相的本家族弟遇上土匪，被打死了。族人便停灵不葬，并公推张作相带队复仇。张作相到处打听仇人的下落，后来得知对方已经入军营当兵，便紧追过去，找机会干掉了他。仇人的家属在当地也很有势力，马上到县衙鸣冤告状，为躲避官府的捉拿，张作相只得带上十几个本家兄弟浪迹江湖，带着人马前来八角台投奔张作霖。

张作相的人马虽然不多，但都很能打，又是在双方势均力敌的时候，因为他的加盟，张作霖终于挡住了"项傻子"的进攻。

张作霖与张景惠、张作相皆为海城老乡，且一见如故，有着相当好的私谊。三人于是结拜为兄弟，按照年龄顺序，张作霖居于老二，他称张景惠为"我大哥"，称张作相为"我三弟"。

加上汤玉麟，张作霖帐下已拥有三员颇为强悍的大将。有人分析认为，张作霖在东北绿林既是晚辈，初起时其力量同其他帮派相比也十分薄弱，后来实力之所以能够扩展得那么快，和手下这几员大将其实有着很直接的关系。

北霸天

在部下的襄助下，张作霖逐步对"项傻子"展开主动进攻，并在对方率部抢劫时将其予以包围，一场鏖战下来，"项傻子"被当场击毙。这一仗不仅为张作霖和八角台去一强敌，也对其他蠢蠢欲动的"胡子"和游兵散勇起到了震慑作用，自此再没有人敢来碰硬钉子了。

由于成功地保住了八角台，张作霖在绅商们心目中的地位越加高大，他们每月支付近三千两银子作为军饷，帮助张作霖购买枪械，招募人马。张作霖的团练步马队迅速扩充至两百多人，而且有马有枪，并配有洋鼓、洋号和鲜明旗帜。所部列队绕村行走时，阵容甚为雄壮，与正规军队相比，气势上有过之而无不及。

彼时辽西绿林中有"四霸天"一说，张作霖位列"北霸天"，这标志着他已一跃成为像过去冯麟阁那样的江湖老大。不过与冯麟阁等山大王不同的是，张作霖还拥有一个未来枭雄所必须具备的眼光和气度，其中很重要的一点就是喜欢结交名士。

除义父张子云外，八角台的士绅和文人都是张作霖的座上客。举人刘春烺位列"辽东三才子"，虽在官场上不甚得意，却是个很有见识的人。他和张作霖相交甚笃，常常无话不谈，有一次他对张作霖说："当今之世，民生凋敝，十室九空，商旅不行，将至抢无可抢，绑无可绑之势。不如趁早改变办法，先使农民得活，将来清廷恢复原状时，你可以受到招抚，岂不为善？"

张子云与刘春烺观点相似，认为养兵毕竟是国家大事，民团只是应付于一时的地方武装组织，随着社会秩序的恢复，民团终将失去存在的条件。听了他们的建议，张作霖连连点头称是，他也感到"不和官家合作，成不了大事"，只有跟从大清政府，才能拥有强大后盾。

张作霖开始为"和官家合作"进行准备，比如训练和管理练勇时，都要求保持与官军一致的纪律。"保险区"内，除盗窃案自行管理外，所有民事刑事案件一律解送官府裁决，这些都是为了给官府留下一个好印象。

就像当年宋江日夜盼着朝廷招安一样，张作霖巴巴儿地期待着政府降旨。让他感到高兴的是，没过多久，好消息真的来了。

身为东三省政要，盛京将军增祺实在是倒霉透顶，调任这个职位不过才一年光景，就让俄军占领了奉天。他刚逃到新民府附近，便被哥萨克骑兵给追上截回，并在沙俄的逼迫下，与其签订了《奉天交地暂且章程》，答应将奉天交给俄国军管。此事并未报经北京政府批准，朝廷为此进行了追究，准备将他革职。

要说真革掉也就算了，可是因为无人敢出关接替，增祺又只能暂留原职，继续维持地方治安。这可不是一件好干的活，因为他发现，辽西"胡子"（也包括那些打着"保险"旗号的队伍）既多且强，仅靠官军武力剿伐根本就消灭不了。

增祺的下属、新民府同知（同知为知府的副职）廖彭亦有同感，因为他手中能调动的巡捕队仅有一百六十人，而所要对付的匪盗则多如牛毛。为此，廖彭向增祺上书，建议招抚地方"保险队"，将私团招为公团，他认为通过这种办法既平了匪患又壮大了官军，乃是一举两得的好事。

增祺看到后觉得未尝不可以一试，便授命新民府知府增韫具体承办招抚事宜。增韫不敢怠慢，当即派人向各"保险队"宣抚收编。收抚的办法是先是有当地士绅出面担保，保证安心归顺，不出尔反尔。通知一出，各帮却并不像想象中那么踊跃，原因是大家都不知真假，害怕官府以收编为由，趁机将他们解决了。

张作霖平时广交官府和地方绅商，内部消息非常灵通。当其他帮派还在犹豫观望的时候，他已经认定这是一个出头的好机会，下决心归顺朝廷，听候改编。张作霖的决定得到了张子云的支持，在张子云看来，地方太平了，团练就该遣散，但要让练勇们立即放下武器回家种地，也很难安分守己，反而对治安不利，更何况，张作霖这几年在地方上表现不赖，彼此间的私人关系又不错，于情于理都应该帮他找一条出路。

张子云找来另一名当地士绅杜绊林商议。杜绊林是个秀才，与张作霖的关系很好，当下便答应与张子云一道为张作霖作担保。当年关外有文化的人不高，读书人因此很受尊敬，那些有一点功名的，更被认为是了不起的人物，在社会上的名望和地位都很高。秀才这样的身份，若放到关内也许不值一提，在关外就不一般了。知府增韫对于张子云、杜绊林这两位老秀才一向都特别尊重，有他们两位共同做担保人，起码取得官府的初步信任是没什么问题了。

对于张作霖而言，仅仅拿到入场券还不够，入场之后，你知道人家会让你坐哪里？那些边角旮旯儿，谁都不待见的地儿，你愿意去？

就在张作霖思忖着如何再找点门路，下点功夫的时候，他突然得到了一个重要情报：增祺当初逃往辽东时，曾先把家眷送走。如今他被截回且与沙俄达成了和约，社会秩序也渐渐安定下来，他便打算把家眷重新接回奉天。

京奉铁路当时只通到沟帮子，剩下的路要从新立屯经过，而新立屯就在张作霖的控制范围之内。张作霖由此心生一计，他将张景惠等部下召集到一起，鼓动他们说："我们总在绿林中吃黑饭，前途是暗淡的，是毫无出路的。我看不如借助我们现有的这点实力作本钱，向官家讨价还价，混个一官半职，总比这样继续干下去有出路。"

好胡子

听张作霖这么一说，几个人都点头同意。汤玉麟说："只要当家的有好办法，打定了主意，我们无不唯命是听。"

张作霖一拍桌子："好，只要大家愿意，我自有道理。不过在未实现以前，必须严守秘密，如果泄露出去，不但事情要失败，而且更要被绿林朋友耻笑。"

按照张作霖的设计，当增家眷属从新立屯经过时，大家就要分工演一场好戏。他特地嘱咐道："这就是我们的大好机会，但不准乱动，到时听我的命令行事。关于这一点必须同众弟兄讲清楚，违者就要以手枪相见。"

过了不久，负责打探的手下来报，增家眷属乘坐十几辆马车，果然已行至新立屯附近。张作霖闻讯大喜，马上布置展开行动。

增家车队刚刚走到一条河边，就落入由汤玉麟率众扮演的"劫匪"所设的伏击圈内。车队被团团围住，护卫们急忙进行抵抗，但哪里是"劫匪"的对手。"劫匪"们开枪打死了两名护卫，在收缴车队人员所携带的枪械子弹及其数十件箱柜后，便开始假装大分金银细软。

这时作为真正主角的张作霖上场了，他骑着马鸣着枪，率领部属们冲了过来。汤玉麟见状佯装不敌，一边扔下收缴的东西，一边"落荒而逃"。

车队被连人带物一并送往新立屯街上。在以"保险队"的名义安顿好人员车马时，张作霖还单独给增祺的夫人及贴身侍者提供了一座很好的房子，并拿出最好的鸦片烟款待他们。

曾家人先认为劫数难逃，接着意外被救，最后再一看，救他们的人并不是官军，也是"胡子"（曾家人搞不清"保险队"与"胡子"有何分别），而且没有马上放他们走的意思，不由又惊恐失色起来。到现在，发现接待他们的"胡子"竟如此温和体贴，又有些莫名其妙，那心情真的跟玩过山车一样。

张作霖干脆也把自己当"胡子"，不过是那种被逼上梁山的"好胡子"。他亲自招待车队中几个重要的随行人员，陪着众人一道躺在床上吸鸦片烟。就在这种貌似很放松的环境中，他突然叹了口气，说："唉，现在我们的国家是如此地软弱，毫无国际地位，受尽了外人的欺凌，致使国内人民的生活竟达到这般境地，真使我有说不出的伤痛！我们所以当上土匪，也是被逼上了梁山哪。"

这些人想不到一个"胡子"能够如此忧国忧民，谈吐还这么文雅抒情，便料定其中必有文章，他们中间一个地位较高的人便试着搭讪道："我们很同情你的处境，我想我们将军来到奉天一定会有办法的，你们也一定会有出头露面的一天。"

见张作霖的样子确实很容易接近，此人又接着说："请原谅我不懂规矩，不知道应该怎样称呼，大胆请问您的贵姓？"

"我就是张作霖！"

几个人过去听说过张作霖，知道对方乃是辽西著名的绿林首领。现在得知张作霖就在面前，他们都不由倒抽了一口冷气，但同时又更加愕然，因为在他们的想象中，张作霖一定是生得高大威猛、面貌凶恶，怎么也没法跟眼前这个儒雅温和、文质彬彬的青年对上号。

你们觉得诧异？那就对了！接下来，张作霖便把自己的身世以及为什么会走上绿林这条路的前因后果，都一五一十地讲了一遍。其间，他有意在话中对增祺流露出一股愤懑不平之意，说增祺到任不久，也不先弄清真假虚实，就要对他们这些守法的"保险队"严拿法办。

"保险队"本身良莠不齐，既有像张作霖这样比较规矩、捍卫乡里的，也有像金寿山那样乱抢乱夺、胡作非为的，所以别说平时高高在上的增祺，就算是普通老百姓，有时也弄不清"保险队"与"胡子"到底有什么区别。增祺接受廖彭建议对"保险队"进行招抚，就是视他们为"胡子"，要平的是匪患。

俗话说得好，别人家的肉煨不热，官家一旦有这种心思，即便使用招抚的手段，也只是在用另一种方式圈住你。这正是张作霖所担心的，他不是真的认为增祺招安是假，怕就怕招过去之后还被盯贼一样盯着，那样的话，除非在娘肚子里重新翻个跟头，否则今生做梦也别指望"转正"成为真正的官军了。

为了把戏演得更为逼真，张作霖继续做悲愤状，说如果增祺一意孤行，仍然要来硬的，"使我们有口难辩"，就只能破罐子破摔，"我们干这个勾当，个人的生命早已置之度外了！"

若要好，大做小

张作霖如此一说，可把大伙吓坏了。你想啊，此时此刻，谁是不经摔的"罐子"？不就是他们这些肉票吗！刚才与张作霖搭讪的那名随员赶紧说："依我愚见，长期同官家作对，毕竟是没有好处的。现在我们将军也同意招抚了，为了个人的前途，我看你们弃暗投明，才是正路。"

张作霖想走的就是"正路"，但他偏偏还要欲擒故纵，装出一副低头沉思的样子。随员则早就沉不住气："假如有这样的机会（指招抚），尊意如何呢？"

张作霖料到他有这一问："我已说过了，我们都是良家子弟，因为迫不得已才不得不落草为寇。假如真有机会为国家效力，当然求之不得。不过听说增将军这个人很固执，我们想受招抚恐怕没有门路。"

接着，他又一本正经地反问道："你们究竟是哪一部分的呢？那位太太又是谁呢？请放心，我们保证不会加害你们的。"

带队随员起先不敢暴露曾太太的身份，但看张作霖这样子，确实无加害之心，于是在思索片刻后对张作霖说："待我回禀太太一声，取得她的吩咐再同你谈。"

张作霖点头应允，他心里明白，自己的计策至少已经成功了一半。

随员找到增太太，向她讲述了张作霖的谈话经过。增太太也是见过点世面的女人，她和众人商议了一下，考虑论公论私都应该和张作霖取得相互之间的信任和沟通：一者，需要解除眼前危难；二者，就算从维护增祺的角度，也可以替他去掉可能危害地方治安的一个大患。

随员得到明确指示，随即出来告诉张作霖："不瞒你说，我们太太就是增将军的夫人，有些话你不妨跟她唠唠。"

"若要好，大做小"，一听这话，张作霖少不得还得扮出惊讶、歉疚、惊喜等各种复杂表情。之后，他跟着随员前去拜见增太太，一入室，先行大礼参拜，然后才低头站立着说："张作霖冒犯夫人，愿听吩咐。"

见对方对自己如此恭敬，又那么谦逊，增太太把最后的一点心理包袱都放下了：“我明白地告诉你吧，我就是增将军的夫人。我们这次是由京城来到奉天，路过此地。我原在省城时，就听说绿林各帮与将军为难，特别是你的声名最大。现在路上巧逢，想不到你这样对待我们。”

张作霖时年只有二十八岁，增太太无论如何不会想到，眼前这个青年不但是绿林大佬，而且在耍心计斗心眼方面也出类拔萃，乃是个“不由科举的状元，不作文章的秀才”。她这时候倒真的有点提拔和帮助一下这个年轻人的意愿了：“适才听跟班的谈了你过去的一切和你的愿望，我很同情你，我看你是一个很有为的青年，而且又有这样一部分力量，假如你能很快地改邪归正，弃暗投明，前途一定是不可限量的。”

张作霖继续保持着恭敬和谦逊的态度，以鼓励增太太继续说下去：“只要你能保证我们一行平安到达奉天，我也一定保证在增将军面前保举你，让你们这一部分力量为奉天地方效劳，这样既有利于地方治安，你们也有了出路。你看这样好吗？”

还会不好吗？我费尽周折，要的就是这个啊！张作霖当即表示感谢不尽，说：“假使我张作霖能带众弟兄投到增将军麾下，为朝廷效命，有生之年，决不忘掉增太太的大恩。”

从增太太处辞出，张作霖告诉张景惠等人事情已经办妥。他命令喽啰们将劫得的东西“完璧归赵”，同时又送了一份厚礼给曾太太一行。曾太太和随行人员过意不去，特地拿出五锭纹银要赏给张作霖的部众，张作霖哪里肯收，婉言谢绝后还亲自护送车队走出新立屯地界。分别时，他又再次对增太太说：“只要我们有出头露面的一天，您的大恩没齿难忘。”

这出高质量的情感甚至还带点悬念的大戏，彻底把增太太给征服了。她平安回到奉天后，便把途中遇险的经过以及张作霖诚心接受招抚的愿望，都告诉给了增祺。自然，在讲述自己耳闻目睹的客观事实的过程中，她也没忘记加入浓烈的个人感情色彩，比如张作霖的实力有多强，为人有多好等。

增祺是个有城府的老官僚，但枕边风的威力却也不容易抵挡，加上增太太的几个随员也帮着鼓吹，遂一边奏明朝廷，一边给新民府知府增韫下令，要求有条件时将张作霖部收至奉天省巡防营中，给予正式军官待遇，但仍驻在新民地方负责维持治安。

决斗

得道夸经纪，时熟好种田，既然已经铺好道路，新民这边便可以开张了。1901年9月，受张作霖之托，张子云、杜绊林作为担保人，一同到新民府拜见知府增韫，说心甘情愿把八角台"保险队"这股人马交给政府。

增韫本有招抚之责，又得到了上峰的命令，听后满口应承，说："二位地方士绅既以身家性命担保，本府当然深信不疑。"

张、杜随后又把张作霖大加称赞了一番。因为盛京将军有言在先，张作霖部将暂时维持新民的地方治安，所以增韫也颇有见这位新部下一面的兴趣，便提出把张作霖领去给他看看。

张、杜返镇后，把经过情形转告给张作霖，过后三人一同拜见增韫。张、杜是以新民府考中同年考取的秀才，府考由知府主持，所以两人都称增韫为老师。张作霖何等机灵，他也不管自己是不是秀才出身，便跟着叩头行大礼，并拜增韫为老师。

增韫见他相貌儒雅，样子挺聪明，言行举止又如此乖巧，对他很满意，便问他手下有多少人。张作霖信口回答："一营人。"

按照清朝兵制，一营要有五百人，少说点也得四百人，张作霖当时只有两百人，但他为了抬高自己的身价，给以后扩充力量提供余地，就来了个以少报多。增知府也不细察，只是告诉他："回去赶快整顿，整顿好即带到新民点编。"

点编就是点验人数，列入编制。张作霖一回八角台就忙开了，除八角台的原有班底外，他又吸收了辽西一带其他小股帮派，凑足四百之数，开到新民府点编。

点编完毕，增韫成立了一个游击马队，张作霖被任命为马队管带（相当于现代军制中的营长），以下张景惠、汤玉麟、张作相等人各有职务。大家摇身一变，全都成了堂堂正正的大清军官。

俗话说"人要衣裳马要鞍"，尤其张作霖，待到他把军帽往头上一戴，制服往身上一装，洋式军枪往腰间一佩，薄底军靴往脚上一穿，那个精神，整个人都显得威风凛凛、气宇不凡。

旧时官员拿到委任状后必须谒见上司致谢，名为"谢委"。张作霖到奉天巡防营务处"谢委"，由于当时还没有"胡子"敢主动接受招抚，张作霖是吃螃蟹的第一人，所以营务处的人都想看看这位声名在外的绿林豪杰到底是怎样一个人。这一瞧，几乎完全颠覆了"胡子"在人们头脑中的印象，但见张作霖相貌清朗俊秀，双目灼灼有光，根本不像是山大王的样子，倒十足像个文雅书生。

一定要说张作霖在形象上有什么缺陷，就是身材还不够高大，因此大家都称呼他为"小个子"。"谢委"时，营务处的负责官员问"小个子"为什么愿意受抚，张作霖的回答立刻暴露了他与书生的区别："我想升官发财。"在场众人听惯了报效朝效之类的官话，没想到张作霖会如此直言不讳，顿时一个个瞠目结舌。

马队成立后奉命继续留驻八角台。这时敢于侵扰八角台的"胡子"主要来自热河，其中最为凶悍的是一个绰号"海沙子"的巨匪，麾下有百余之众，里面一半为蒙古人。他们常常骑着快马，一晚上就朝辽西呼啸而来，十分吓人。

有一次，这伙边外盗匪又入境侵扰，还绑走士绅常家的老太太作为肉票。张作霖与其进行了一场恶战，张景惠率先将肉票解救出来，接着张作霖又亲自指挥马队予以包围。

两边首领喊话，张作霖对"海沙子"说："你不能在此处收过路钱，这地方属我管。""海沙子"情知今天靠跑是跑不出去了，便梗着脖子叫嚷："不给钱？那我就要打！"

张作霖说："我在这村庄负责安全，我拿人家的钱，咱俩一打，村庄不就遭难了吗？不行，你不能打！"为了减少附近村庄的损失，他给"海沙子"提了个建议："这样吧，咱俩对打好不好？你人站那边，我人站这边，咱俩开枪对打，如果我被你打死了，这地方就归你。如果我把你打死了，你的部下就归我，好吧？"

所谓没有金刚钻，不揽瓷器活，张作霖提议决斗并非完全意气用事。当年的东北"胡子"都以枪法好著称，不单单是大小头目，就是最下面的"崽子"，都首先要求"管硬""管直"（黑话，意思是枪法准）。他们平时吃饱喝足了之后最主要的娱乐之一就是玩枪，也即练枪法。通常是大伙坐在屋里大炕上，把窗户敞开，窗外的墙头上挨排插蒿子或酱杆（高粱的秸秆），众人开枪射击，比谁用枪"掐得齐"（黑话，意思是打得多和准）。

很多"大当家的"都是靠玩枪玩出名的，他们使"双家伙"（即双枪），能够做到"左右开弓，骑马点射，空中打飞物，夜晚打香头，说打鼻子绝不打眼睛"。张作霖多次持双枪冲锋陷阵，但他平时更习惯使用一支八厘米套筒步枪，由于长年枪不离肩，甚至造成了右肩高、左肩低的体形特点。

与"海沙子"的决斗开始后，两人几乎同时以闪电般的速度举枪和扣动扳机，结果是"海沙子"被当场击毙，而张作霖只受了一处并不致命的枪伤。按照决斗时达成的君子协定，"海沙子"一死，他的部下也就放弃抵抗，或归顺张作霖，或四散逃去。消息传出，热河一带的盗匪惊恐失色，再没有谁敢随随便便跑到八角台来滋事了。

"窦尔敦"

八角台时期的张作霖可谓英气勃发，一抽出空来，他就扛着那支套筒步枪，骑一匹白马，不要任何人护卫和跟随，单枪匹马地到赵家沟去探望老母，他也因此得了一个绰号"白马张"。

八角台与赵家沟相距约九十里，张作霖每次都是在吃过午饭后动身，在太阳偏西时到达赵家沟。那路上要经过一个一望无际、方圆数十里都没有人家的大草甸子，他在途经此处时，曾遭遇一股敌对势力的伏击。当时他一看，所处区域地势开阔，又是白昼，人马目标太大，不易走脱，就赶紧下马跳进一条沟里，用步枪与敌人对抗。对方有一二十个人，但都打不到张作霖，反而被他打死打伤了好几个。

一直对峙到"撂帘子"（黑话，意思是天黑了），张作霖这才翻身上马。他的白马久经战阵，训练有素，打仗时寸步不离主人，一旦跑起来，又速度飞快。依靠白马和步枪，张作霖突出重围，安然无恙地回到了赵家沟。

张作霖对他的套筒步枪非常珍视，认为这是自己创业的家伙，陪着主人打过很多胜仗，已称得上是一个"功臣"。在马队多数人都已换用快枪的情况下，他依旧不愿更换，一直到死，这支步枪都被他妥善地保存着。

绿林是靠本事混饭吃的，在这个圈子里，像张作霖这样既有生死不惧的胆子，还拥有一身过人武艺的好汉，可以说是一抓一大把，然而话又说回来，由于长期浸润其中，也让相当一部分人养成了滋事扰民的恶习。他们以前过惯了这种生活，积习难改，人少时尚可管束，多了便很难控制。有人就曾为此告上省府，指责张作霖名义上剿匪，实际却纵兵焚烧民居、抢劫财物，"从各村抢来的财物装了十几大车"。

奉天将军增祺闻报大为震怒，便打算另派亲信接替张作霖的职务。张作霖早已在新民府编织好了关系网，得到风声后赶紧请官员们替他求情。1902年10月，新民府同知廖彭向增祺禀称："张作霖投靠朝廷已经快一年了，肯定没有再回去做土匪的可能，他是忠心耿耿效忠朝廷的。如果另外派员接替张作霖，恐怕他底下人不服，万一要是有什么事处理不当，反而对地方稳定不利。"

增祺听后觉得有理，加上夫人也在一边为张作霖说好话，就决定见他一面，但要求张作霖必须到省城进见。张作霖害怕增祺借机将他扣留，便托故让张景惠代他前去接受召见。

增祺的左右对此很是不满，主张对张作霖进行处分。增祺倒是知道张作霖有所顾虑，因此反而能够谅解，他抚慰张景惠："只要你们真能为朝廷效命，我就一定准许你们戴罪立功，决不会欺骗你们的。"

增祺让张景惠密告张作霖："现在奉天省还有杜立三等几个匪帮为害地方，应相机图之，如能为地方除掉这些巨患，那就是你们的大功，将来一定还要重用你们的。"

张景惠回去后向张作霖做了汇报，张作霖又羞愧又感动，也暗暗记下了增祺的话。

与其他绿林头目大多家境贫寒不同，杜立三出身于豪强世家，父亲专劫"皇杠"，几个叔叔都是著名的"马胡子"或坐地分赃的寨主。此人紫红脸膛，穿着上也偏好紫色，出行时一般都是头扎紫红色头巾，脑后垂一尺多长的紫红飘带，身穿紫红宁绸上衣，民间一谈起杜立三，都爱把他当成京剧和公案小说里的窦尔敦、单雄信。可是真实生活中的所谓江湖好汉，其实远没有戏曲中那么可爱，杜立三生性狠毒，杀人不眨眼，不但地方上的老百姓闻名丧胆，就是其他帮派头目也都怵其三分。

张作霖在没有就抚前，杜立三的一小股人马曾跑到他的"保险区"境内抢掠。

事情发生后，张作霖缴了这些人的枪支，杜立三闻报大怒，集齐全部人马要与张作霖拼个你死我活。张作霖打不过这个"窦尔敦"，只得落荒而逃，杜立三则穷追不舍，由辽阳一直追到了镇安县十七户。

十七户有一个被称为"汤二爷"的庄主，势力很大，属于黑白两道都吃得开的人物。"汤二爷"是汤玉麟认的本家，在张作霖等人的请求下，他出面进行了调解。张、杜遂言归于好，张作霖把所缴的枪支归还给杜立三，杜立三也表示对此事将不再追究。之后，两人又共同认"汤二爷"为义父，彼此间还焚香拜把，结下了金兰之好。

虽然拜了把兄弟，但张、杜之间并无任何惺惺相惜之意，张作霖纯粹是畏惧于杜立三的凶狠强悍，而不得不使出权宜之计。从内心上来说，他与杜立三仍然势不两立，真要有条件下手，他完全可以做到毫不犹豫。

增祺更是迫不及待要除掉杜立三，他除命张作霖对本区进行清剿，严防杜立三窜入外，又把官军和地方豪绅的武装集中起来，采取步步为营、稳扎稳打的策略，对杜立三进行联合进剿。

齐天大圣

至当年秋季，近千名官军乡勇逼近了杜立三的老巢后插拉村。这个村子的陈、于两家大户都有院墙和炮台，且地形险要，便于攻守。除此之外，便只有十几家孤零零的小户了。官兵进村后，全部驻扎在陈、于两家，准备休息一阵再寻找杜立三。

孰料杜立三用的不过是一招诱敌深入而已，当官兵进村时，他已率领精选的五百悍匪钻入那十几家小户里，官兵刚要休息，他们就从四面八方包围过来。顿时，枪声四起，炮火纷飞。

杜立三为了将官军一网打尽，颇花血本。他亲画图样，让人把大树干挖空，外面裹铁皮，里面放火药，再加入铁钉、铁砂、碎石等，制成了一门门土炮。军官乡勇几次欲强行突围，都被枪炮打了回去。

三天后，院中粮食断绝，只得杀马代食，饮水断绝，只得拿马尿当饮料。得悉剿匪部队陷入绝境，后方指挥官赶紧组织救援，一时却又无兵可调，情急之下，只好向附近的俄军炮兵求援。俄军炮兵架起大炮，向后插拉村连发数弹。

俄造大炮的威力自非土炮可比，当炮弹掠过村庄上空时，村民都十分惊恐。不过其实杜部并未受到什么损失，因为他们都散处于各小户中，反而陈、于两大户受到的震动更大，官军人人自危，都害怕炮弹正中落到院里来。

杜立三见俄国炮威力强大，又不知道俄军到底来了多少兵，在村民的再三恳求下，遂撤兵离去。官军虽然绝处逢生，但已狼狈不堪，之后他们便偃旗息鼓，收兵回营，自此再不敢和杜立三进行直接较量。

在官军与杜立三大战的过程中，张作霖只是个旁观者，但是看到杜立三如此不好惹，就算他的邀功之心再迫切，暂时也只能先退避三舍了。

1903 年，朝廷对地方军进行整编，张作霖所部由八角台移驻新民府街，并与新民街巡捕队合并。张作霖依旧出任管带，继续与昔日的绿林同行们演着兵捉匪、猫捉鼠的游戏。在这一整年里，他就像是那个被释出五行山，跟着唐僧取经的齐天大圣一样，不惜使出浑身解数，对辽西的各路"妖魔鬼怪"东征西讨，被他击溃的大小"胡子"不计其数。

当然，剿从来都不是官军对付盗匪的唯一手段。有个叫侯老疙瘩的"胡子"，长期在新民西北和彰武边界一带窜扰，居民甚以为苦。他见张作霖做了受抚的榜样，也想学着升官发财，便通过一个中间人告知知府增韫，说自己要投诚。增韫答应下来，让侯老疙瘩做好准备，将所部开到新民府听候点编。

点编那天，增韫令张作霖率众站堂，以防不测。随即，侯老疙瘩带着四十余人进入大堂，看到他们身上都带着武器，站堂的兵丁忙喝令他们把枪放下。不料侯老疙瘩见大堂内外戒备森严，以为官军要强行缴械，竟然在增韫升堂时操起了枪。张作霖及部下早有防备，一阵乱枪打过去，当场击毙侯老疙瘩，还缴获了二十多支俄国快枪。

增韫受了一场虚惊，对张作霖大加称赞。事后，他除了将侯老疙瘩的手下全部交给张作霖改编，缴获的快枪也归其所有外，又从府库里拨出一部分银两，买了两百多支枪械送给张作霖，以示奖励。

与"侯老疙瘩案"相似的还有"五大哨案"。所谓"五大哨"，是五股绿林武装的别名，他们事前也同意接受改编，双方相约在新民府的大堂进行点编。由于有了经验教训，张作霖不待增韫吩咐，就已早做准备，在大堂上埋下了伏兵。

"五大哨"进入大堂后，循例要跪在地上，听知府宣读点编命令。可是这些人听完命令，却认为与接洽时所谈条件不符，竟然立即翻脸，并当堂鸣枪。增韫这回吓得躲到了公案底下，又幸亏张作霖及其部下开枪还击，对方抵敌不住，除当场死伤者外，其余人全都逃之夭夭，"五大哨"也从此瓦解。

张作霖逐渐成为增韫不可缺少的左膀右臂。锦西有一对"胡子"兄弟苑四、苑五，领着四百多人在当地烧杀抢掠，锦州官府束手无策，就请新民府派兵助剿。增韫命张作霖前去扫平，张作霖出手不凡，开到锦州不久就把苑氏兄弟打了个灰飞烟灭。

顺风转舵

张作霖再怎么表现得英勇无敌，终究还是不敢碰杜立三，而增祺也无法再对他下这样的命令了，因为这位将军早已自身难保——俄军又一次占领奉天，对东三省进行强制军事管制，增祺被囚禁了起来。

沙俄有一个"黄俄罗斯"计划，其主旨是通过实施殖民政策，将东三省变成它的"黄俄罗斯"。至1903年年底，俄国在东北的武装移民已超过三万人，"黄俄罗斯"计划距离大功告成也只剩下最后一步，即迫使中国将东北名义上的主权交给它。

在自身无力直接对抗的情况下，中国和朝鲜都不约而同地采取了大国制衡的策略，中国是"以日制俄"，朝鲜是"以俄制日"。日俄虽然有时也想各取所需，达成妥协，但双方在贪心欲念的驱使下，就好像老米饭一般，怎么捏都捏不成团，最后终于翻脸打了起来。

日俄之间开打，陆战战场却在中国东北境内，中国究竟应该采取何种态度，让朝廷上下颇费思量。以北洋大臣袁世凯为首的一派意见认为，中国不能参战，也不能帮着日俄任何一方：如果帮助日本，俄国就会以此为由派陆军在中国西北采取行动，同时一旦俄军战胜后，作为战败国的中国就只能将东北的名义主权乖乖割让给俄国；如果帮助俄国，日本海军会对中国东南沿海构成威胁，一旦日军战胜，东北又将沦为日本的口中之食。

经过反复斟酌，中国政府决定保持中立。1904 年 2 月 12 日，慈禧太后以光绪皇帝的名义发布圣旨："日俄两国失和用兵，朝廷轸念彼此均系友邦，应按局外中立之例办理。"

日俄战争爆发后，日俄双方一边拼命厮杀，一边延续以往政策，对"胡子"竭力进行拉拢和训练，以使之作为本国正规军的辅助力量。被它们拉过去的"胡子"也依照原名，亲俄的称之为"花膀子队"，亲日的称之为"东亚义勇军"或"满洲义军"。

同样是招人，俄国不管是手段、战术还是投资，都远远落后于日本。一般俄国官兵将东北人一律蔑称为"满子"，即便是对待"花膀子队"亦不例外，对方稍有不顺从或不满情绪流露出来，他们就会当众拳打脚踢，施加侮辱，致使这些"花膀子队"也在不知不觉中对俄国人产生出强烈的不信任感。日方间谍人员正好利用这个矛盾，乘虚而入地将一些"花膀子队"拉过去，又将他们变成了"东亚义勇军"。

日本人也没忘记昔日的绿林魁首冯麟阁。战前冯麟阁已被从库页岛解往西伯利亚的一个苦力营关押，每天要下矿挖煤，干着牛马一样的活。不久，"王小辫子"收买中国通事（即翻译），把他从苦力营里营救了出来。冯麟阁回到奉天后重操旧业，而且从此铁了心要跟"老毛子"干到底。

日军在辽阳南首山遭到俄军抗击，屡攻不下，部队伤亡惨重。冯麟阁和金寿山遂将所部的几千骑兵组成"义勇军"，从辽河以西挺进，抄袭首山俄军阵地的右侧背。俄军措手不及，只得放弃首山，向北败退，日俄战争的胜败之局也由此奠定。

对日方来说，冯、金是为他们立下了很大的战功。日本军事当局特地奏明天皇，奖给两人各一枚宝星勋章，过后又电请中国政府对这两大帮派予以收编重用。

除了"胡子"外，东北地区凡握有兵权的中国军官同样受到日俄的关注和拉拢，张作霖自然名列其中。只是张作霖曾经在这里面吃过亏、上过当，早就已经学得精明无比。他既不像有的地方官那样谨小慎微，除了恪守中立，不敢越雷池一步，又不肯像冯麟阁和金寿山那样，明目张胆地为日俄某一方出力，而是把算盘珠子打到啪啪响：你们都有求于我，这事没错吧？好，废话少说，先把好马好枪和粮饷送来！干什么？吃好睡好装备好，才能为你们干活啊！

战争初期，俄军的实力看上去更为强大，按照张作霖的估计，"小日本不能打败俄国大鼻子"。基于这一判断，他虽然也天天把政府的中立政策挂在嘴边念叨，但实际却阳奉阴违，跟俄国人套起了近乎——一边接受俄军贿赂的钱财和军械，一边暗中帮助俄军搜集粮草，或者供应一些情报，有时甚至还会让手下人冒充"花膀子队"，对小股日军进行偷袭，趁火打劫地从日军手里抢夺一些枪弹马匹或者粮秣柴草。

当时受日本参谋本部之命，日本驻满洲军司令部参谋福岛安正专门负责东北的情报工作。他很重视拉拢张作霖，为此派遣了司令部翻译黑泽兼次郎率"特别任务班"到新民府进行活动。可是黑泽兼次郎可以明显感觉到张作霖对他们不抱好感，有时根本就不把他们当一回事。

随着战争的逐次展开，日军开始占得主动。张作霖马上顺风转舵，对黑泽兼次郎的态度又似乎变得热情起来，还安排对方住到自己家里。那段时间，黑泽兼次郎送给张作霖不少枪支弹药和金钱，而张作霖则投桃报李，把在俄军身上做过的事，重新复制一遍给日军。

张作霖后来回顾道："日俄打仗，洋鬼子打算利用我们。我们为了得武器，有时也被他们利用。那时我是得抢就抢，得骗就骗，都是为了武装自己。"

张作霖非常清楚日俄的用心以及自己的定位，不管日本人给多少好处，他都没有选择向日方一边倒。有一天晚上，在和几个得力部下讨论时局时，他还特地谈道："我们要把握好风向，小日本虽然取得暂时的胜利，但俄国大鼻子在东北待了这么多年，而且凶猛好战，最后可能还是大鼻子要赢。"

万没想到，隔窗有耳，黑泽兼次郎是个高级间谍，这段谈话居然被他偷听到了。对于从前在张作霖那里受到的冷遇，他本来就很是不满，现在一听，才知道张作霖实际一直在脚踏两只船。

吃客、用客，你还要耍客，当我们全是二傻子！黑泽兼次郎越想越恼火，决定找机会杀掉张作霖。回到满洲军司令部后，他向福岛安正透露了这一想法。福岛安正老谋深算，听后赶紧说："现在张作霖正为我军效犬马之劳，要留着他加以利用，不可对他轻举妄动。"

按照福岛安正的指示，黑泽兼次郎不但暂时打消了原先杀掉张作霖的念头，而且又在对张作霖进行拜访时，送去银币一千元，以坚定张作霖为日军效劳之心。当然他们也没有忘记防患于未然，此后黑泽兼次郎便留在了新民，专门负责监视张作霖的一举一动。

官场关系学

1905 年初，日俄展开奉天会战，这是双方在陆地上进行的最后一次大会战，俄军在会战中伤亡惨重，被迫撤出奉天。战后，获胜的日军控制了新民地区。有些亲日派"胡子"头目早就看张作霖不顺眼，这时便趁机指控他："雨亭伪装中立，暗中与俄军通谋。"

派驻新民的日本宪兵听到传闻后进行调查，确认张作霖有充当俄军间谍的嫌疑，因而将其秘密逮捕，并呈请"新民屯军政署"署长井户川辰三少佐，欲将张作霖处以死刑。

所谓"军政署"是日俄战争期间，日军在实际占领的东北南部所设立的一种殖民机构。日本人后来自己也承认："名为军政署，实则为纯粹的民政厅，特别是施政方针等，如同视满洲为新占领地。"井户川辰三考虑到张作霖虽然只是一个小小的营官，但手下有很多精锐的骑兵，这些骑兵都可以为日方所用，杀了未免可惜，对日军有效地控制新民一带不利，于是便一再向满洲军总参谋长儿玉源太郎请示，要求豁免张作霖。同时，他还请满洲军司令部参谋福岛安正、田中义一从中斡旋，张作霖这才得以免于一死。

免死金牌不是白拿的，在把张作霖放出来之前，井户川辰三交给他一份写着"愿为日本军效命"内容的誓约。张作霖其时羽翼未丰，说被抓就被抓了，说要被杀头马上就会人头落地，所以他十分乖觉，誓约一递上来，连想都没想，二话不说，就在上面按了手印。

在日俄之间"踩钢丝"固然惊险万分，然而对张作霖而言，收获也是满满的。

通过两边获利，至 1905 年，他的游击马队已从一个营扩编至三个营，若抛去个人风险因素不算，真可谓是骆驼骨头卖了象牙的价。

日俄战争的结果是日胜俄败，沙俄用于吞并东北的"黄俄罗斯"计划宣告破产。根据战后双方签订的《朴次茅斯和约》，日俄将在十八个月内，即 1907 年 4 月之前，从东北陆续撤走他们的军队。为此，朝廷特派张锡銮为奉天巡防营务处总办，到东北整理军务。

张锡銮奉命之后，即乘坐京奉铁路兼程赶往奉天，但京奉铁路只修到新民府，奉天和新民之间不通车，这样他就不得不在路过新民府时在当地暂住。就巡防营这个系统来说，张锡銮乃是张作霖的顶头上司，现在对方自己送上门来，这样的天赐良机无论如何不能轻易错过。

自设法被招安之日起，张作霖就无师自通地掌握了一套官场关系学，其中最重要的是三个要点，即巴结、应酬、馈赠。只要把这三点做到位，不怕不能给上司以好印象，从而确保今后仕途坦荡。

张锡銮为人清廉自守，官声颇佳。你要单纯送他财物，人家未必肯收，这就需要投其所好，另找突破口了。张作霖打听到，张锡銮早年就随军习武，骑术和枪法都很精湛，尤其擅长马术，绰号"快马张"。

张锡銮爱马，乘马生了病，他便舍马不坐，徒步在新民府下榻。张作霖得知这一情况后，立即从自己的战马中挑选了一匹最好的战马相送。

第二天早晨，张锡銮从下榻处走出，一眼就看到了门外所备之马。他一边上前抚摸，一边忙问随从这是哪里来的好马。随从答道："张作霖管带说特为将军壮行敬送此马，如蒙乘用，不胜荣幸之至……"

张锡銮听了一愣："张作霖？迄今未听过此名啊！"

虽然此前对张作霖完全不了解，但就凭这匹比自己的病马还要高出几等的好马，爱马至深的张锡銮在心情大悦的同时，对张作霖已经产生了很深很好的印象。以此为由头，两人也有了更多的接触机会，彼此交谈中，张作霖从大家都爱马这一兴趣点出发，与新上司大谈起马经，他有医马、相马的经验，也称得上是一位医马御马的好手，张锡銮和他谈得很是投机。

"馈赠"说到底还是为了"巴结"，趁张锡銮高兴，张作霖引用"同姓五百年前是一家"的俗套，提出要拜张锡銮为义父。在张锡銮眼中，张作霖早已不是一个土里土气的地方管带，而是一个才智双全的奇才了，于是当即就答应下来。

张作霖的套路还没有结束，他把手下召集到一起，从中选出二百五十名高大俊朗的骑兵，十人一排，组成二十五排，由自己亲自带队，前呼后拥地护送张锡銮去奉天城。人都是有虚荣心的，何况是新官上任，更需要下属给捧着，张作霖由此成了张锡銮到东北后培植的第一个亲信。

这时除盛京将军增祺已因故被免职外，原新民府知府增韫已升至奉天府府尹。朝中有人好做官，有张锡銮、增韫等人的多方提携关照，张作霖想不发达都难。张锡銮抵奉后不到三天，张作霖的部队即扩编为马步五营，他被任命为五营统带。如此高速度大幅度的提拔，颇具中国特色，旁人除了诧异和眼红，也莫可如何，而张作霖则眉开眼笑，满心欢喜。

东三省向被满人视为龙兴之地、陪都所在，在内忧外患不断，尤其关内随时可能爆发革命的情况下，慈禧太后对经营东北表现出了极大的热情。1907 年 4 月，清廷下诏在东三省实行官制改革，吉林、黑龙江各设巡抚分治其事，原先奉天的盛京将军改为东三省总督。

第一任东三省总督是身兼钦差大臣的徐世昌，他带着军队上任，并且上任伊始即对地方治安进行强化。处于这种高压之下，各路中小绿林武装纷纷或亡或降或隐，原先盗匪蜂起的情况得到很大改观。剩下来的大鳄中，洪辅臣帮内发生内讧，他本人被刺死，余部被张作霖所招抚。冯麟阁和金寿山等因在首山之役中助日有功，经日本建议已由朝廷收编为省防营，不能算是江湖人物了。这样一来，实力上本就与冯麟阁处于伯仲之间的杜立三水涨船高，成了辽西独一无二的绿林老大。

鸿门宴

自从江湖地位跃升后，杜立三越发骄横傲慢，目空一切，他除了尚把冯麟阁看成老前辈，给予特别尊重外，对其余头领均不屑一顾。

杜立三也确实有嚣张的资本，不但官军不敢上门来剿，就连俄军看到他，都得绕着走。日俄战争期间，由于曾遭受过俄炮兵的轰击，杜立三选择了专打俄军，他常常对俄军人数较少或未加戒备的地区进行袭击，而且一打就跑。俄军在蒙受很大损失的同时，对这种忽隐忽现、出没无常的打法又束手无策，毫无办法。久而久之，他们在心理上都有了阴影，以至于每到一处，就会操着生硬的中国话问："杜立子（俄军对杜立三的称呼）有没有？"老百姓成心吓他们，于是也用刚学会的俄国话回答："也西（俄语有的译音）！"俄军一听，立时惊逃。

辽西的老百姓对"老毛子"又恨又怕，可是日俄战争结束，杜立三又代替了"老毛子"，成了辽西的一大公害。据说杜立三不仅肆意掠夺民财，而且还霸占民女，因而民愤极大，各地控告和要求对他绳之以法的状纸在奉天公府中已经堆了厚厚一摞。

和他的前任盛京将军增祺一样，徐世昌将杜立三视为必除的大患，他在给朝廷的奏折中说："杜立三等以积年巨匪，屡与官军接仗，恶贯满盈，久为地方之害。"

杜立三当时主要活动于"三界沟"一带。"三界沟"所以得名，是因为它处于辽阳、新民、海城三地交界处，乃典型的"三不管"区域。三地官员对杜立三向来都抱着装聋作哑、能推则推的态度，一旦发生案发，则相互进行推诿和指责。徐世昌这次决定专责一地，受其委派，奉天营务处提调殷鸿寿来到新民，向新任知府沈金鉴和张作霖传达密令，要求他们限期剿灭杜立三，逾期不成，唯两人是问。

对于张作霖而言，擒杀杜立三已不仅仅是邀功请赏的问题了，它还关系到自己能不能在官场上继续混下去，所以这事不是能不能干，而是必须干。简单一句话，机会就这么点，你有戏我就没戏！

可是擒杀杜立三说起来容易，做起来难，以前是这样，现在依然如此。杜立三本人彪悍善战，所部武器精良、人多势众，官军与之交锋，从未能够占到便宜。除此之外，"三界沟"山高林密，地形复杂，杜立三又在那里修筑了不少碉堡和地道，沟内还设置重门深巷，是个易守难攻的贼窝。张作霖和沈金鉴再三研究，认为派兵进剿没有太大的成功把握，最后很可能又落得个损兵折将、徒劳无功的下场。

硬攻不成，智取怎么样？智取的关键是设计捉住杜立三，张、沈都相信，只要杜立三落网，其部必然沦为一盘散沙，到时就算要端他的老巢，也易如反掌。

张作霖首先以结义兄弟的名义，派专人到"三界沟"向杜立三道喜，一面伪称奉天总督府派使来向他招抚，而且给他的官衔比自己还高，一面诓骗杜立三速来新民晋见"招抚委员"，以便筹备受抚事宜。

张作霖精心编造的这套东西，却并没有能如愿以偿地立即打动杜立三。杜立三长年纵横江湖，早就修炼成了个妖精，岂是那么容易上当受骗的，而且他其实从心底里很鄙视张作霖：就知道抱粗腿，顺杆儿爬，官府一招手，你就欢天喜地地奔了过去，反过来与我们这些昔日的黑道兄弟作对。就你这样的，还配叫江湖好汉？没骨头！

印象不好，说话的诚信度也就打了很大的折扣。同时杜立三的母亲和弟弟也都认为张作霖是在设"鸿门宴"，此行风险太大，凶多吉少，力劝他不要去。既然如此，杜立三便打定主意不去新民，他对张作霖派来的人说："张为官，我为匪，我们已经是走两条路的人了，当然也就谈不上什么朋友和交情。我们是有骨头的，我们看他升官好了。"

哄骗不成，反遭到一顿奚落，张作霖又沮丧又生气。想来想去，他只得求助于和自己关系亲近的老秀才杜绊林。

捕生不如捕熟

过去人们对于读书人尤其是有功名在身的人普遍都抱着一种尊崇的态度，结识者往往引以为荣，即便杜立三这样杀人如麻的魔王也不例外。只是书生们大多对他望而生畏，不敢过于接近，唯有杜绊林没有这些顾虑，一直以同宗的关系与杜立三常来常往，不仅如此，杜绊林还很看重杜立三，常用一些历史上侠义英雄的故事来激励他。杜立三觉得碰到了知己，遂认杜绊林为同宗叔父，对他非常信任，遇事必向其请教。

杜绊林亲眼看着张作霖由"胡子"转到"保险队长"，又由"保险队长"升为朝廷要员，他希望杜立三也能走这条路，并认为杜立三若受招安，其地位和成就必不在张作霖、冯麟阁之下。为此，他对杜立三以宋江相期许，还亲书"忠义家风"四字相赠。杜立三也很能体会他的良苦用心，特地将四字制作匾额，悬挂于家里的大门之上。

张作霖知道杜立三很听杜绊林的话，就把杜绊林接到新民府自己的家中，一边优礼相待，一边展开攻心战。

古语道："未角智，先练品。"既是古语，那就是很遥远的事了，如今大伙儿真要斗智，比的都不是什么品德高低，其实比的就是谁更鸡贼更腹黑。谈话间，张作霖脸不变色心不跳，堂而皇之地把自己摆到了与杜绊林一样的出发点，说他对杜立三这位结义兄弟也是寄予厚望，常想劝对方改邪归正，"（一旦被招抚），以立三的才干和力量，何愁不青云直上呢？"

就在杜绊林频频点头赞同之际，张作霖话锋一转："可是立三始终不肯回头，前几天因徐总督（指徐世昌）带兵到省，我觉得他这样干下去太危险了，特设酒席请他来，再进最后忠告。可惜他反而误会了，不但拒而不来，并且说些闲话。"

即便不看画面，也能想象得出此时张作霖脸上的表情，当然这只是个引子，他真正要让杜绊林感觉到的，其实是"举世无不争之家""我决不会计较自己兄弟的态度"。杜绊林被告知："这次请你老人家来，就是为了此事，仍想请他筹叙共商进止。现在徐总督带重兵来奉天，决心要消除地方匪患，不像自家朋友，彼此可以相安无事，心照不宣了。"

软硬兼施之后，张作霖又开始用上煽情这一必杀技："立三不能再继续干下去了！趁徐总督还没有动手的时候，他和沈知府力主招安，他投降是有把握的。你老人家如果同意，能否亲自出名邀他前来，以免再发生误会？"

说到动情处，他干脆双膝跪下，认杜绊林为义父，同时捶胸发誓："若有三长两短，拿我张作霖是问。"

这一番旁人看上去恨不能挖心肝掏五脏般的表白，很耗当事人的体力，但也真有效。杜绊林听了大为动容，认为张作霖很够朋友，招抚杜立三完全是出于诚心善意，加上之前为证明朝廷确实是诚心招安，绝非欺骗，张作霖已带他引见了殷鸿寿，于是就很爽快地答应了张作霖的请求。

正是捕生不如捕熟，当下张作霖便假模假式在新民街上为杜绊林另设招待处，请杜绊林在招待处稍事休息，说等杜立三来到后，可以一同晋省"谢委"。杜绊林则修书一封，邀杜立三速来新民会晤。

杜绊林的这封亲笔信果然起到了效果，尤其是当杜立三读到"游侠非终身之事，梁山岂久居之区，一经招安，不仅出人头地，亦且耀祖荣家"这些句子时，更是怦然心动。

俗语说得好，"当一天胡子，怕一辈子兵"，盗匪的最大心病是什么？就是"剿匪"！一个黑道大哥就算混得再好，都怕这两个字，也不免要为自己的结局做些打算。应该这样说，大多数人还是愿意投降和受抚的，想想看，只需换套衣服，然后便可以首领当官，喽啰当兵，又不愁吃穿，又不怕官捕，何乐而不为？

在此之前，杜立三并不是真的不想受抚，只不过是"小孩子放鞭炮，又爱又怕"罢了，现在杜绊林帮他消除了疑虑，没有"怕"，光剩下了"爱"，就没有不去的道理了。

毕竟是个老江湖，杜立三在动身前往新民之前，仍然做了严密布置。他首先通知附近和留守的亲近部卒两百多人，让这些人马做好准备，一旦发生意外就驰往救援。其次是在"三界沟"到新民的两百里路途中，以西佛牛录镇为重点，设置哨所四座，每座哨所都派驻十名骑兵。一有风吹草动，骑兵就可以快马传报，让他的弟弟杜老疙瘩率队对自己进行接应。

所有这一切布置完后，杜立三才精选出十三名贴身护卫，由"二当家的"、人称"宋帮带"的宋庆濂带领，随自己一同前往新民府。

送客

杜立三自以为精明干练，布置妥帖，不知道狐狸遇着了虎狼，那张作霖更不含糊。还在杜立三动身之前，他就密令张景惠领五百骑兵绕道到达八角台待命。在探得杜立三动身后，张景惠兵分两路，骑兵主力进驻"三界沟"附近，一面做好进剿准备，一面防止外面的"胡子"增援。所分出的另一部分骑兵潜伏于辽河岸上的卡力马，对杜立三设于西佛牛录镇的重点哨所进行牵制，同时防止杜立三逃逸回窜。

在新民街上，张作霖把一家饭店作为接待杜立三的招待处，殷鸿寿则住在一家当铺的后院内，执行抓捕任务的士兵都藏在这家当铺里。

里面已经布下天罗地网，外面仍是风和日丽。当杜立三一行到达新民府城郊外时，张作霖即派人迎接，将他们引至招待处，一如所承诺的那样热情周到。杜立三在稍事休息之后，也派宋庆濂去向张作霖报到，并约期会面。

宋庆濂一到张作霖处便发现落入了对方陷阱，不过张作霖并没有强行将其拿下，而是来了个晓之以理，动之以情。

此时宋庆濂明知众寡悬殊，若要反抗的话可以说是毫无益处，只有吃亏的份儿。更何况他似乎也没有为"大当家的"无条件殉职的必要——杜立三平时为人残暴，待属下苛刻，相比之下，张作霖性格和善，处事较为厚道，倒更像一个值得跟随的"明主"。权衡利弊，宋庆濂当即决定"弃暗投明"，归顺张作霖。

这边杜立三尚蒙在鼓里，那边张作霖已随同宋庆濂亲自来招待处拜会。让杜立三感到惊讶和释然的是，张作霖便衣简从，居然随身仅带了两名护卫。

接下来，大家共进午餐。席间张作霖频频向杜立三举杯，预祝对方在晋省后能够一帆风顺，升官耀祖。当时一般规矩是官招待官，兵招待兵，随杜立三前来的十三名护卫另有人招待，而且也全都是大酒大肉，招待得殷勤备至。

饭后，张作霖邀杜立三同去"招抚委员"殷鸿寿处拜会。杜立三的护卫们大多已是酒醉饭饱，人困马乏，而且既然张作霖仅带两名护卫，杜立三要是再带上一大堆人未免丢份儿。护卫中有杜立三的内弟和族侄，这两人是他的心腹，对他忠心耿耿，因此杜立三决定只带上这两人，其余人等由宋庆濂指挥，在招待处静候。

杜立三一离开招待处，潜伏在店内的便衣队就展开行动，将店里的人全部包围起来。有人想要反抗，立即被宋庆濂制止，让他们不要动手，听凭处理。在宋庆濂的配合下，杜立三留在店内的护卫被悉数解除了武装。

张、杜来到殷鸿寿所在的当铺后，下马并肩入内。殷鸿寿将他们迎进后院北房，护卫则留在外屋。按照原定计划，张作霖和殷鸿寿等人本打算请杜立三上炕，趁他吸鸦片时，让人在炕上将其按住后予以擒拿。可是杜立三不吸鸦片，而且他久闯江湖，非常机警，一进屋就拣背墙面向其他人的位置坐下，同时两手不时插入兜内抚摩枪柄，使得暗藏的抓捕士兵根本没法下手。

见此情景，张作霖和殷鸿寿只好自己先上炕吸烟，以便借机行事。两人一边吸烟，一边恭维杜立三，说杜立三敢于和俄国兵交锋，给国家出了气，替老百姓报了仇，是了不起的英雄好汉，又说朝廷由于爱惜人才，不但赦免杜立三过去的一切罪恶，而且还要将他升为军官，为国家出力。

对这些试图转移注意力、让他放松警惕的恭维话，杜立三始终抱着唯唯诺诺的态度，不做任何肯定答复，只是连说"再商量"。非但如此，在发现不断有人进进出出，而且门外还有杂沓的脚步声和低语声后，杜立三的疑心还更大了起来，一再要起身告辞。

眼见炕上擒拿这一招已经失败，张作霖、殷鸿寿只得使用预定的第二套方案。在预料门外业已布置就绪的情况下，两人假装不再够挽留杜立三，一同起身送他出门。随着殷鸿寿一声高喊："送客！"门外已有人揭起了门帘。

杜立三走在前面，因为即将离开，戒备和紧张情绪也一下子放松了许多。可是就在他跨出门，转身请殷鸿寿"留步"的时候，话还没说完，便有人从背后伸过手来，将其紧紧抱住！

杜立三立刻明白了是怎么一回事，他一边破口大骂，一边想要拔枪反抗，无奈两手已被人死死压住，一动也不能动。这时又有几名壮汉冲上来，将杜立三按倒在地，摘下手枪后捆绑了起来。

杜立三叫骂，也是为了向留在外屋的两名护卫发出信号，但张作霖早就布置好了监视兵，那两名护卫刚刚拔出枪，就被打中手腕并遭到生擒活捉。

在将杜立三拿住后，张作霖、殷鸿寿和知府沈金鉴经过商议，确定将其处死。当晚，殷鸿寿宣读省法令，公布了杜立三的罪状，在奉天营务处警务人员的监视下，杜立三被就地正法。

"黄天霸"干掉了"窦尔敦"

接到杜立三业已伏法的消息，潜伏于卡力马的骑兵立即出动，收拾了杜立三沿途布置的所有哨所。张景惠更是一分钟都不敢耽搁，率队争分夺秒地驰往"三界沟"，将杜立三的老巢予以层层包围。

张景惠先礼后兵，派人拿着所缴获的杜立三本人的枪马以及省令，到杜家劝降："杜已伏法，有其枪马为证。余者不究，愿回乡务农者，缴枪发价，愿当差者，受抚。"

树倒猢狲散，得知"大当家的"已经身首异处，杜立三的部属大多已无顽抗之心，只有杜立三的弟弟杜老疙瘩要为哥哥报仇，一心想着拼命到底。杜母虽是女流，但能说善道，经常周旋于各帮派之间，为他们排忧解难，是各帮派公认的"老干妈"。她见大势已去，便劝小儿子暂且忍耐，等以后有机会再徐图报复。

在杜母的主持下，杜部打开大门，迎接张景惠的人马进院。后者进院时持枪布岗，如临大敌，杜老疙瘩一时忍耐不住，拔枪就射，一些忠于他们兄弟的帮会人员也跟着射击。双方一场混战，最终因士气已丧，杜老疙瘩及其所部还是被张景惠给打垮了，他本人也被拉到院外砍了头。

杜绊林尚在张作霖为他安置的招待处内，还等着和杜立三一道晋省呢，直到杜立三被杀的消息传来，方才如梦初醒。

京剧里面有一个著名的人物，叫作黄天霸，他和绿林好汉窦尔敦相对，乃是个"外表人畜无害，内心扭曲狰狞"的朝廷鹰犬，专干卖友求荣、靠哥们儿的血来染自己红顶子的事。在杜绊林眼里，张作霖赫然就是个翻版黄天霸，更让他无法接受的是，自己还受到利用，生生让杜立三上当受骗中了圈套。

老先生悲愤万分，追悔莫及。他气冲冲地找到张作霖，指责对方无信无义，言下恨不能和张作霖拼命。

对诱杀杜立三可能带来的舆论反响，张作霖当然能够预想得到。消除了这样一个地方上的隐患，朝廷高兴，那些曾经受害的百姓也会拍手称快，可是在更多素有梁山情结的民众心目中，就完全不同了，"黄天霸"干掉了"窦尔敦"，会说你好吗？

大丈夫做事，当行则行，当止则止。能够想到，还一定要去做，就是做好了所有心理准备。张作霖很镇定地对杜绊林说："杜立三凶横残暴、恶贯满盈，我奉总督之命为地方除害，这正是大仁大义。事前所以不同你老人家说，是怕事机不密，一旦泄露，就免不了要大动干戈。我这样做所全者大，所伤者小，老人家为了侄儿，情固有所难堪，如从大义灭亲的道理看去，也就可以心安理得了。"

张作霖这话说得很有高度，让平常都爱把这些大道理放在嘴边的杜绊林顿时语塞。张作霖又接着说道："这次兵不血刃而为地方除一巨患，完全是老人家的力量，我张作霖决不能贪天之功为己功，一定要报请徐总督从优奖叙。"

杜绊林听了，情绪稍微平和了一些，对张作霖说："我没料到你会这样欺骗我，我已老了，苟全性命，不求显达，所最痛心者，是我诱骗了我的侄儿，我的侄儿虽不是我亲手所害，却死于我手。"言毕老泪纵横，泣不成声。

张作霖再怎么做大义凛然状，毕竟心里也觉得亏欠。他极力安慰，并保证将对杜绊林的晚年生活尽全责。

事已至此，眼见得对张作霖拽又拽不得，打又打不着，杜绊林只得强抑悲痛，说："算了吧，为奉天除害，你是做对了。死者不可复生，还有什么话可说呢？只希望你对他（指杜立三）的身后加以照顾，对于他的部众有所安抚。"张作霖忙又安慰一番，答应对杜立三的家属一定要尽到朋友之情。

临走时，杜绊林给张作霖留下的最后一句话是："你赶紧向总督报功去吧，前途远大，好自为之！"

不单单是杜绊林，大概当时稍有点眼力见儿的，都能看得出张作霖"前程远大"。得悉张作霖已剿灭杜立三，东三省总督徐世昌立即上奏朝廷，为其请功，在奏折中，他力赞张作霖："赴机迅速，实属异常出力，奋勇可嘉。"

剿匪得花钱，徐世昌上任后用兵频繁，短时间内，前任留下的七十万两白银就花得精光，地方财政因此出现了数十万的赤字，巡防营甚至一度连薪饷都开不出了。

按照当时的情况来说，两个月不给官军发饷，就有化兵为匪的可能，也就意味着所有剿匪方略都将前功尽弃。徐世昌和主管营务处的张锡銮都因此愁眉不展，在张作霖前来拜见时都不约而同地面露难色。察知他们的难处，生财有道的张作霖第二天便派人拿来一万两白银，以帮助上司应急。

中国的潜规则向来是，光有能力有功劳不行，还得上司真正认可才行。张作霖的机敏反应让徐世昌、张锡銮十分满意，不断向朝廷进行保荐。1907 年 8 月，张作霖终于接到圣旨，他被晋升为奉天巡防营前路统领，仕途上又前进了一大步。

第三章

最关键的一步

从 19 世纪末开始，出于巩固边疆，缓和关内人地矛盾等原因，中国政府实行了"蒙地开放，移民实边"政策，下令在蒙古"放荒招垦"，允许和鼓励汉人进入蒙地并耕种土地。

蒙地开放虽是大势所趋，但在客观上也确实让很多不善经济的蒙古人感受到了生存危机，由此便出现了"反垦起义"。蒙古有两首传唱度很高的民歌，一为《嘎达梅林》，一为《陶克陶胡》，歌中的主人公都是"反垦起义"的领导人。只是陶克陶胡发动起义的背景更为复杂，当时沙俄正在蒙古收买上层王公和匪首，积极策动以武装叛乱为主的所谓"独立运动"。陶克陶胡在此期间与俄国人有一定的联系，一些史学家认为，他实际被沙俄所操纵，为其分裂中国充当了马前卒。

在一次武装反垦的集会上，陶克陶胡说："我们蒙古族人要把移入蒙地的汉人驱逐干净，保持我们蒙古领土完整，没收在蒙的汉族商店的财产。"1908 年，他率部进入洮南府境内，不但对汉民进行大肆劫掠，而且还把垦务局的官员抓起来，将蒙古人牵狗用的铁链子套在他们脖子上，逼着他们吃狗食。

为了壮大自己的力量，陶克陶胡又与蒙古土匪白音大赉、牙仟驱等部结成了联军。这些草原上的"胡子"人人乘好马，带刀枪，凶悍异常，牧民见到他们都非常害怕，其烧杀劫掠的范围也远远超出了反垦的范围，据说连陶克陶胡都对白音大赉等人有所不满，因为他们"军纪极坏，常常不加分别地劫掠汉人财物"。

陶克陶胡、白音大赉、牙仟驱三股人马成掎角之势，屡次袭击官府和汉人居住区，令奉天地方政府极为不安。奉天当局曾多次组织官军进剿，奈何对方出没无常，"此剿彼窜，滋蔓难除"。

徐世昌出任东三省总督时，西北沿边两千余里的地方已几成蒙军乐土，没有一处可以真正安宁。鉴于张作霖在剿除杜立三时的出众表现，徐世昌在与张锡銮商量后，决定任命张作霖为蒙古剿匪总指挥，所部由五营扩为七营，急速进兵洮南。

在张作霖看来，徐世昌委以大任，是对自己的器重，此次剿匪是继杜立三之后，又一个"功成名就之天赐良机"。可是令他没有想到的是，要想抓住并实现这一"良机"，其难度却超过了以往任何一次。

一块烧饼

洮南一带是一望无际的干燥草原，夏天蚊子既多又大，有的个头几乎跟蜜蜂相似，叮人特别厉害，名为"瞎虻"。一到黄昏，"瞎虻"等蚊虫成群飞来，糊到不加防备的人身上，一夜间就能把人血吸干。张作霖所部在草原上行军，大热的天都不得不用棉花把头包上，否则便寸步难行。

比蚊虫更具威胁的是狼。"跑拔子"（军队里的通信人员）一个人骑马外出送信，往往就会被狼吃掉，最后仅剩一匹马跑回来，因此"跑拔子"不离开大队便罢，要离开的话必须几个人在一起，而且还得全副武装，就这样，有时仍免不了遭到狼群的包围。

这是夏季，到了冬季，草原上冰雪载途，人烟寥寥。官兵们晚上露宿寒林，光把手指冻掉的就有二十多个，其他人脸上手上也都不同程度地有冻裂伤。由于军粮接济不上，大家只能吃些干粮，捧雪为饮，张作霖本人亦不例外。有一次，徐世昌派员前来赏银犒师，来使在河岸边碰到张作霖，其形容之憔悴，几乎令他不敢相认。过后，他向徐世昌进行了报告："（剿匪部队）艰苦情形，可以想见。"

张作霖所部面临的困难，蒙军当然也会遇到，但后者的适应能力显然要强上许多。首先，蒙军出动时会预先带上大群空马，这些空马既是交通工具，可用于换乘，同时亦是其主要给养来源，每当断粮，他们就会杀掉几匹，以马肉充饥。马肉热量高，每天吃一顿基本就可以一天不饿肚子。其次，因为反垦，陶克陶胡等部得到了不少蒙古族民众的支持。随张作霖一同出征的张景惠曾说："我们军队所到之处，蒙古人都搬家躲得远远的，所以我的部下人马住食十分困难，就想找个蒙古人领路也办不到。"与之形成鲜明对比的是，这些蒙古族民众视陶克陶胡为英雄，会随时予以接济和帮助。

官军在草原上备受苦楚，每个人都希望早一日收工打道回府，可是接仗并不顺利。蒙军全都精于骑术，有着不俗的枪法，纵马冲锋时他们会将头贴在马脖颈上，以减少伤亡，当驰近目标时才一跃而起进行射击。官军若意志不坚，准备不足，随时有被蒙军冲垮的可能。

要说光这样还好应付，张作霖马队成员有不少是以前辽西的"马胡子"，骑射作战的技术也不赖，加上具备人数武器上的优势，双方真要是立住阵脚，你一刀我一枪地比拼，蒙军自然不是官军的对手。

问题是人家偏偏不跟你这么比。蒙军所用战法多为奇袭，也就是先出其不意地来一个攻击，给你造成损害，然后打马就走，溜之乎也。

蒙军每个人都有两匹马，骑一匹休息一匹，骑的那匹如果被打伤或跑乏了，可以立即换上备用马，以此保证他们的马儿有足够脚力。除此以外，草原上没有正规的道路，不像辽西平原上有村落、树木等作为据点或标志，不常来往这些地方的人简直没有办法走路。因为这些因素，蒙军要么不想逃，只要他们想逃，常见的情况往往都是：官军这边刚刚整顿好准备追击，蒙军那边早已杳如黄鹤。

其实有时候若干脆不追还好，怕的恰恰是若即若离，部队被诱得紧追不舍。那样的话，一旦跑到很遥远的地方，各部就很容易和本队脱离，从而导致严重后果。

张作霖亲身经历过这样的险情。那一天，他和蒙军一场鏖战，蒙军故技重施，打了就跑。张作霖带着全部人马跟踪追击，走了一两天后，他才蓦然发现指挥机构与各队脱离了，周围杂草遍野，各队皆不知所往。

张作霖当时身边不过才十几个人，吹集合号没人听得见，鸣枪又怕被蒙军发现，他们只好慢慢地找。过了不久，大家把干粮差不多吃光了，饿了一天多，连困带饿之下，人人都有些承受不住。张作霖年轻时餐风宿露，挨饿也是常事，他最担心的是"总理"陶历卿吃不消。

"总理"是指挥部门办文案的人员，指挥机构内凡一切不直接属于军事作战的事宜，例如公文、粮饷等，都由其负责，所以职位还是很重要的。张作霖非常尊重和关心文人，在他的思维里，文人与武人不同，忍饥挨饿的生活是过不惯的，也决不能任由其挨饿。

张作霖身上还藏着一块烧饼，于是他骑着马走到陶历卿旁边，把这块烧饼悄悄递给了陶历卿。

陶历卿一看是烧饼，哪里肯要："统领（指张作霖）也一天多没吃东西了，留着统领吃吧。"

张作霖摆摆手："你不用管我，你吃吧。"

陶历卿又要让给别人吃，张作霖也不允许，一定要亲眼看着他吃下去。陶历卿没办法，只好一个人把烧饼吃掉了。

就这样苦挨苦熬，他们才在一天下午找到各队。聚齐后，大家在一个四面高、中间低的区域集合休息，因为认为这样的地形能遮蔽敌人的视线，当下便决定就地过个夜。

就在其他人忙着搭帐房和埋炉造饭的时候，张作霖亲自上马，到附近绕了一圈。回来后，他召集所有管带开会，说："不能在这里宿营，赶快上马开拔！"

过人之处

一连三四天奔波下来，众人已经累到了两脚打飘，能够过夜休息，没有人不高兴。现在一听要开拔，各营管带、哨官、军士都不乐意，但在张作霖的一再坚持下，又只好勉强动身。

约莫走了一百多里，天亮时他们到达了一个汉蒙交界的地带，可以看到有土房子和蒙古包，张作霖这才传令"住下"。紧接着，后面的监视兵报告："昨夜蒙古兵果然前来奇袭。"

凡是和张作霖打过交道的人，都会留下这样的印象："身材短小，然而两眼炯炯有神，精悍之色见于眉宇。"后来据说法军元帅福煦（一说是霞飞）到访中国，在奉天见到张作霖时，也称他"两只狐眼，机警过人"。正是凭借这种精悍和机警的性格，张作霖又一次摆脱了危险。

晚上宿营，张作霖和陶历卿一个住在土房子的里屋，一个住在外屋。陶历卿认为到了新的地方，没有什么事情发生了，就想安心地睡个好觉，但张作霖偏不让他睡，一个劲地催着他写信。

陶历卿写了一封又一封，一共写了七八封，直熬到深夜才结束。这时勤务兵都已睡着了，张作霖却还没有睡，正在屋内抽大烟玩呢。见陶历卿写完了信，他就把大烟盘子端出来让陶历卿吸。陶历卿推说"不会"，他不让，非得吸，还亲自倒在炕上，给陶历卿打烟泡。

陶历卿推辞不得，只好吸了两口，但他到底困得不行，很快就晕晕乎乎地倒在炕上，头塞在枕头下面睡着了。睡梦中，他迷迷糊糊地听到耳边有"扑哧扑哧"的声音，转过头来，赫然看到有人正用刀砍他的枕头。

陶历卿这一惊非同小可，脑子立刻清醒了，他迅速拔出枪，向持刀之人射击，然而子弹并没有射中对方。千钧一发之际，由里屋冲出一人，他把陶历卿拉下炕，用膝盖将其压倒在地上，随之甩手就是"一连六响"（即六颗子弹连发），而且连续打了好几连。与此同时，外面也枪声大作。

原来部队到新地点后，蒙军还是跟了过来，并且在夜晚实施偷袭。张作霖虽不知道这些，但他直觉危险未过，而在有危险预感的情况下，他是不会睡觉的。让陶历卿写信和吸烟，也是为了让陶历卿警醒一点，以准备应付意外情况的发生。

蒙军偷袭时不用枪，只用刀，在他们砍陶历卿的枕头前，外屋的两个警卫兵已经被砍死了。陶历卿虽然还是睡着了，但幸亏把头放在了枕头下面，又因为被张作霖干扰，所以睡得不是太沉，否则也难免一死。最后从里屋冲出，救陶历卿一命的正是张作霖。他射出的子弹把闯入屋内的两名蒙古兵都给打死了，同时枪声也唤醒了屋外的大部队，参与偷袭的其余蒙军见行动已经暴露，赶紧骑马逃走了。

在草原追剿的那些日子足可以称得上是艰苦卓绝，若是一个不善于带兵或缺乏江湖经验的人，可能还没过几天，麾下官兵就会逃得一干二净，让指挥官变成光杆司令。张作霖在洮南一干就是几年，部下始终对他不离不弃，的确有其过人之处。

苦和险，都已渐渐习以为常，让人无法接受的还是迟迟难以建功。在这片宽阔无垠的草原上，成天就只能眼看着蒙古骑兵像闪电一般出没，官军除了干着急，还是干着急。张作霖压力很大，他对部下们说："如果不能把蒙匪消灭，我还有什么脸面干呢？"

听了张作霖的话，大家都坐不住了，便一起寻思究竟该用什么法子才能把事情办好：想剿平这伙"蒙匪"，必须一部一部地消灭；要消灭其中的任何一部，必须知道这一部的老巢在哪里，这样就非得派人去挖底；被派去挖底的那个人，又非得与"蒙匪"有内部关系不可。

众人想来想去，一致认为只有八角台的安遇吾能办这个事，而且除了他谁都不行。

安遇吾身材高大，经常穿一身不扣纽扣的袍子，系一条布带子，平时好骑快马，骑马时不拿马鞭，拿的是绳拂，这是当时东北有钱人的典型装束和做派。安遇吾很有钱，但绝不吝啬：朋友有急，挥金如土自不在话下；朋友有难，别说钱，要他拿命相抵都没有问题。

这种比《水浒传》中"及时雨"还要更慷慨好义的性格，在江湖中最受推崇，在八角台一带，凡是"耍混钱的"，无不把安遇吾敬得像个头儿一般。有人甚至说安遇吾不是"胡子"，但却能指挥"胡子"。

过去，"胡子"里面有一类人，名为"插千的"，专门负责在"砸窑"前潜入"窑"内做卧底或进行侦察活动。"插千"非常危险，一旦被对方发觉，重者被立即处死，轻者也会被打成残疾，所以"插千的"除了需要"管直"（枪法好）外，还必须机智勇敢、忠诚可靠。安遇吾不是"胡子"，当然更没有做过"插千的"，但是"插千的"所需要的技能和品质，他全部都具备。更重要的是，牙忓驱那里有个名叫鲍老疙瘩的头目，过去在安遇吾家里做过事，两人交情不错，安遇吾可以利用这一关系打入对方内部。

张作霖与安遇吾是至交好友，听了众人的意见后深以为然，遂派人给安遇吾送信，约他前来一聚。

路线图

尽管张作霖在信中只是说老朋友聚会，但安遇吾读过信后，还是立即意识到张作霖一定是军事上遇到了什么困难，非自己去不可。

张作霖是何等样人，那也是过五关斩六将后杀出来的豪杰，他都办不了，可想而知有多凶险。这同时意味着他安遇吾要么不去，去了能不能再回八角台就说不定了。安遇吾对信使说："你回去告诉统领，我随后就到。"信使一走，他在家中杀猪宰羊，宴请邻里和好友，为的就是当着客人的面托付后事。

安遇吾赴约后，张作霖不仅设宴款待，还亲自陪同游玩，只是对深入虎穴一事仍未有一言涉及。这样过了一个月，安遇吾终于有些忍耐不住了，他对张作霖说："雨亭，究竟有什么事情，快快讲。如果有用得着我的地方，我是万死不辞。"

张作霖这才说出了行动计划，并且说除了你安大哥，谁也无法把这件事办好。安遇吾听后立即答应下来："好，我明天就去。"

第二天，安遇吾独自一人，骑着马向草原深处如飞奔去。在他身后，张作霖一直目送着，直到再也看不到他的影子，方转身回去。

安遇吾很快就找到了鲍老疙瘩。他现编的一套话是说冯麟阁夺去了他的地盘，使他在八角台一带站不住脚，所以不得不来投奔牙仟驱。鲍老疙瘩信以为真，就带他前往牙仟驱老巢，并将他引见给牙仟驱等人。牙仟驱听鲍老疙瘩说安遇吾如此了得，自无不予以接纳之理，这样安遇吾便在牙仟驱那里住了下来。

过了一段时间，张作霖大营附近突然来了一群蒙军骑兵，张作霖闻报立即率部迎击。这些蒙军骑兵打了几枪就逃走了，不过临走前却在树上挂了一件东西。大家近前一看，发现是一个包袱，取下来一瞧，竟然是安遇吾被卸成几块的尸体！

安遇吾遇害了，显然蒙军是在用这种方式向张作霖示威：你派来的侦察员不中用，我们已经把他给杀死了，看以后还有谁敢再来冒这个险。

张作霖见状如遭雷击，不由得放声大哭起来。哭罢，他赶紧让人把安遇吾的尸体洗净，再用针线缝在一起，以便装入棺内，送回原籍安葬。

就在刷洗尸体时，有人发现安遇吾的腿上有一处已经溃烂的刀伤，而且伤口里似乎还藏着什么东西。掰开一瞧，里面有一个小油纸包，打开油纸包，呈现在众人眼前的是一张手绘的路线图。

原来安遇吾打入敌营不久，就摸清了蒙军老巢的位置以及外界通往其老巢的道路。在将这些记好画下来后，本来已经完成了任务，可以逃回来了，但他还想再刺杀一名蒙军头目，以便瓦解其力量。

为了避免逃回来的途中发生意外，安遇吾将路线图藏在伤口里，随后才去进行刺杀。不料尚未展开行动，他的意图就被蒙军发现了，后者将他杀死，又大卸成几块送来张作霖处示威，但唯独没有对安遇吾的伤口处进行仔细搜查。

路线图仿佛给黑暗中的张作霖送来了一盏明灯。1908 年 6 月 12 日，他按图索骥，率部突袭蒙军老巢。蒙军猝不及防，慌忙溃逃，却又在溃逃途中遭遇伏击。白音大赉手下得力干将巴塔尔被俘，张作霖下令将其斩首示众，以振军威。

6 月 28 日，张作霖再次分四路发起攻击。牙仟驱和他手下头目黑虎窜地龙等人被击毙，他的两个儿子被俘。白音大赉虽然逃走，但是也顶不住张作霖的穷追猛打，不久受伤被捕，几天后即因伤重身亡。

牙仟驱、白音大赉这边一垮，陶克陶胡遂陷于孤掌难鸣的境地，被迫逃往大兴安岭北部的索伦山区。1909 年 1 月，正值朝野上下欢天喜地庆贺新年之际，张作霖率军深入索伦山区，在林海雪原中对陶克陶胡部发起猛攻。

这是张作霖在剿匪过程中所经历的最激烈一仗，蒙军设置了多处险要工事，火力也非常猛烈。张作霖在此役中身先士卒，冲锋在前，虽然尖兵队员纷纷中弹倒下，仍坚决不肯后退，最后他终于一鼓作气，亲自率队冲上了山顶。蒙军残部难以抵挡，遂丢下山寨，向巴林旗方向溃逃。

1910 年 4 月，在沙俄特务和俄国驻哈尔滨总领馆的安排下，陶克陶胡绕道外蒙逃入俄境，当时他身边仅剩下了几名护卫。至此，内蒙局势趋于稳定，沙俄分裂中国的图谋也宣告破产。

张作霖深知安遇吾在其中所建之功，他除了派人把其灵柩送回八角台风光大葬外，还将安遇吾的两个儿子一人补一个哨官，带到洮南进行安置。可是安遇吾留下的这两个孩子在性格上都随父亲，不愿受差事约束。他们几次故意犯错，希望张作霖能够开除他们，而张作霖始终记着大哥的恩情，总是一味包涵，不肯加责。

最终，两孩子还是开小差离开了军营，去往哪里，谁也不知道。一直到九一八事变后，东北局势混乱，重又盗匪蜂起。一股土匪打进八角台，向当地商会勒索十万元。就在这时，突然又杀出一股土匪，把先前的土匪给打跑了。商会代表想把钱交给新来的这一股，谁知那位"大当家的"听了却哈哈大笑，说："我回来是保护家乡的，谁拿出来的钱就还给谁，我是拿不起的。"

说完之后，这股人就走了。有人认识"大当家的"，说他就是安遇吾的儿子啊！

你把我张作霖当个什么人了

张作霖征蒙大获全胜后，即派"总理"陶历卿护送其家眷先回洮南府。家眷中有张作霖新娶的第五房妻妾寿夫人，寿夫人是旗人，乃黑龙江将军寿山的一个外室（即妾）的女儿，受到一定的文化教育，同时又年轻貌美，因此最受张作霖的宠爱。寿夫人恃宠而骄，平时很有些跋扈。

洮南地处偏僻荒凉的辽北，环境和生活条件都与辽南相差甚远，寿夫人对食宿不满意，就迁怒到陶历卿身上，认为对方照顾不周，为此她把陶历卿叫到跟前，打算当面申斥，耍一下官太太的威风。陶历卿有着文人的耿直性格，哪里肯买账，寿夫人一发火，他就拿起茶碗泼过去，泼了寿夫人一身水。

寿夫人丢了面子，后来见到丈夫时便寻死觅活、连哭带喊地闹。陶历卿知道后颇有些后悔，他找到张作霖，表示自己脾气不好，不便在张府干下去。张作霖听了马上对他说："你把我张作霖当个什么人了？她（指寿夫人）年轻，闹就闹吧，没有什么关系，我们的事情要紧。"知道陶历卿可能觉得不自在，又说："既是你为此不愿意在这里，先到叙五（张景惠字叙五）那里也是可以的。"

还没等陶历卿调到张景惠营中，张景惠自己倒已经接到了调令。原来当时各省均设立了讲武堂，用以提高中下级军官的军事知识，东三省一共只设立讲武堂一处，校址就在奉天省城。按照规定，张景惠、张作相、汤玉麟等巡防营军官都需进入讲武堂学习一年，入校时带原部队的底薪，毕业后再返回原部队。

借着这个机会，张作霖便也安排陶历卿前去受训。当全体受训人员由洮南起身时，张作霖又特意前往送行，鉴于洮南信息较为闭塞，他在席间特意嘱咐众人，务必随时把省城形势通过写信的方式告诉他。

正因为时常可以通过这种渠道得到报告，所以从此以后，张作霖虽远居洮南，但对于奉天的情形却非常明了，而这时奉天的形势也已变得非常复杂微妙，革命党人四处活动，尤其在新军内部的活动十分频繁。

甲午战争之后，许多人总结战败教训，认为中国陆军之所以不敌日本，乃是武器装备和编制训练不行之故，换言之，以前的湘军、淮军也包括毅军都落后了，得建立新的陆军。新军于是应运而生，按照政府计划，全国计划编练常备陆军三十六个镇（镇相当于现代军制中的师），但到清朝灭亡时，建制完备的新军一半都不到，只有十六个镇，其余都只有一协或不满一协（协相当于现代军制中的旅）。

奉天的新军包括一镇一协，即陆军第二十镇和第二混成协，这两支部队都是徐世昌任东三省总督时带来的。不过新军指挥官的任免权却并不掌握在徐世昌或任何一个地方官手里，镇统（相当于师长）和协统（相当于旅长）均须由中央政府直接任命。到了宣统年间，也就是小皇帝溥仪登基之后，朝政主要由一些八旗子弟所把持，其中载涛任军谘府大臣，荫昌任陆军部大臣。这两人都曾考察或留学德国，对德国军事很是服膺，又由于日本正是在学习德国军事的基础上才练成了陆军，所以他们对士官生，也就是毕业于日本陆军士官学校的学生格外重用。

在载涛、荫昌等人的荐拔下，张绍曾、蓝天蔚分别出任第二十镇镇统制、第二混成协协统。张绍曾是日本士官学校第一期保送生，蓝天蔚第二期，他们和另一位士官同学吴禄贞并列，在校期间成绩优异，被称为"士官三杰"。张绍曾、蓝天蔚业务上可能无可挑剔，但若翻到另一面却绝对可以让载涛等人瞠目结舌——早期的中国士官生有很多与革命党有联系，或本身就是革命党人，"士官三杰"皆属此列。

除张绍曾、蓝天蔚外，同为士官生的张榕也是东北革命党人的领袖。不过与张、蓝因手中握有武装而享有威望不同，张榕之所以受到党人拥戴则更多是缘于他身上的传奇色彩。

"乡巴佬"

张榕的父亲是辽东有名的财主，广有田产、商号、烧锅和当铺，仅在奉天就置有房产一两百间。和张作霖的"安大哥"安遇吾一样，张榕虽然家财万贯，但却专爱行任侠尚义之事。他很早就在关外进行革命活动，1905年更与吴樾联手谋刺出洋考察的五大臣，在那次轰动一时的谋刺案中，吴樾当场牺牲，张榕逃脱后化名潜往天津，但随即被侦探识破身份并遭到抓捕。张榕的姐姐张焕桂闻讯，赶紧通过关系向太监李莲英贿送重金，经李莲英跪求慈禧太后，才将死刑改为永久监禁。被监禁期间，又由其姐姐重金买通狱长，从而得以成功越狱。

越狱后，张榕东渡日本求学。他本人精通剑术，曾为了给一名下女争取自由，而同日本武士比剑，最终比剑获胜，使那名下女得到了解放。当然，张榕不会仅满足于当一名普通的江湖侠客，在日本的时候，他会见孙中山并加入了同盟会。从士官学校毕业后，张榕即奉孙中山之命回国，与张绍曾、蓝天蔚等共同策划反清事宜。

当时以大连为跳板，可以北往奉天，南达上海或远赴日本，交通非常便利，所以同盟会在东北的活动主要以大连为中心，张榕也一直在大连对革命党人和关外的武装力量进行联络。

1911年9月，也即武昌起义爆发前一个月，张绍曾的第二十镇被调入关，驻扎于滦州一带，奉命与驻石家庄的吴禄贞所辖第六镇一齐进行秋操演习。按照计划，张绍曾、吴禄贞将借秋操的机会发动起义，而张榕则率部从大连出发，经锦州入关袭击北京。因武昌起义突然爆发，清廷临时叫停了秋操，原计划被迫变更，张榕遂来到奉天倡言革命。

辛亥革命开始时，东三省总督赵尔巽正在黑龙江视察防务。赵尔巽是翰林院出身的老臣，因其身材瘦小，且生活俭朴，平时如果不着官服的话，很容易被别人误认为是个"乡巴佬"。在清末官僚中，"乡巴佬"官声卓著，尤其是首次执政东省期间更是为人所称道。

在清朝前期，作为所谓的龙兴封禁之地，汉人被禁止移住东北，这成了奉天省人烟稀少、财政困难的一个主要原因。到了清朝中叶，封禁政策被逐渐打破，"闯关东"的汉人多了起来，政府也开始实施课税，然而财政上仍是入不敷出，每年国库用于补助的资金都高达百余万两。

历任奉督均在改善财政上动过脑筋，但都没有什么成效。赵尔巽继增祺之后出任盛京将军，他在那一任上着力整顿财政，除设置财政局外，还创办了东三省官银号，用于铸造银圆、发行纸币。因其措施有方，且为政清廉，在任两年间，便使奉天省的财政得以根本改观。当他离职转任中央时，奉天省金库储藏现金已有六百多万两。

可问题是，你前面即便留下一座座金山，也吃不消后面那些败家的折腾。接替赵尔巽的徐世昌虽然表面提倡新政，开发实业，但却也被外界指责为"用人不当，贿赂横行"，加上频繁用兵剿匪，赵尔巽留下的库存很快便被挥霍一空。

接班徐世昌的锡良一看财政又困难了，赶紧采取极度紧缩政策，一边设立奉天清理财政局，对财政进行整理，一边裁汰冗员，以节约经费。可就这样，财政上仍大大超支。锡良挽救乏术，回天无力，只得辞职而去，这才有了赵尔巽的第二次督奉，他也成为清代最后一任东三省总督。

赵尔巽上任后尽其所能要拯救经济，重现昔日辉煌，但他这次的运气不好，在任期间，奉天连遭自然灾害，当时中央国库又一贫如洗，无力对地方财政进行弥补。赵尔巽巧妇终究难为无米之炊，非但不能改变财政窘迫的状况，眼看着连地方政府的日常开支都没法维持了，最后他被逼得没有办法，只好向日本正金银行借款二百万两，以资补助。

尽管如此，海内外对赵尔巽的评价仍非常高，认为他在财政困顿并被俄日两国包夹的情况下，"既敢于抵抗沙俄的横暴，又不甘居日本下风"，是一位"屈指可数的硬骨权臣"和"顶天立地的人物"。

得知爆发了武昌起义，赵尔巽料定奉天一定会人心动荡，于是连夜就赶回了省城。从1911年10月15日起，他下令拒收密码电报，并将最早公开披露起义消息的奉天《大中公报》予以查封，以便尽可能隔绝内外消息，同时不断召集会议，传见文武官员，力图稳定人心。可是东三省的革命浪潮不但没有因此平息，反而声势越来越大，蓝天蔚、张榕迅速成为领导这场革命运动的中流砥柱。

上策

革命党在奉天拥有很多有利的条件，除掌握着驻扎于城外北大营的新军外，一旦起事，更可以在南满车站附近继续招兵购械，张榕也不再遮遮掩掩，而是毫无顾忌地公开活动，甚至于他还与赵尔巽分庭抗礼，面对面地向对方提出了奉天要独立的要求。

早在辛亥革命前，革命党人就常用刺杀清廷重要人物的手段来营造恐怖气氛，官场对之无不"谈虎色变"，更何况张榕还曾在谋刺五大臣案中担当过重要角色，所以就算老练沉稳如赵尔巽，也不由得对此提心吊胆，深恐对方一不如意就给他来个"伏尸二人，流血五步"。

能令东三省总督退避三舍，自非寻常之人，张榕由此在奉天轰动一时，连妇孺都没有不知道他的大名的。屋漏偏逢连夜雨，此时赵尔巽又得到情报，在南满铁路附近，一些日本浪人勾结本地盗匪，正阴谋进行破坏活动，这些破坏活动一旦得逞，日本便可以假借保护日侨之名，向满蒙伸手。

赵尔巽是汉军旗人，即便在如此风雨飘零之时仍倾向于王室。为此，他把亲近僚属召集起来密议，以征求挽救时局的措施。

还在 1905 年的时候，赵尔巽任盛京将军。那时朝廷为挽救垂危时局，诏谕各省督抚励行新政，作为新政的措施之一，是准许下级官员破格陈奏。在送上来的各种陈奏中，有一份引起了赵尔巽的注意，上面洋洋千言，陈述的各项改革建议均能引起他的共鸣。出于爱才之心，赵尔巽立刻召见条陈者并认为门生。

几年后，赵尔巽由川督回任东三省总督，这位门生遂正式加入其幕府，此人就是袁金铠。袁金铠被赵尔巽视为东三省难得的人才，一心要加以重用。当时清廷颁布预备立宪诏书，在各省设立谘议局。谘议局是政府机关的监督机构、日后省议会的前身，从政府人员的升迁补调到财政收入支出，均须其通过才能产生效力。谘议局人员主要由地方士绅选任，经赵尔巽授意，袁金铠也参加了谘议局选举并被选为副议长。

当着袁金铠等人的面，赵尔巽特意声明自己要为清廷保存东三省，给王室留出最后挣扎的余地，从而"不负累代食禄之恩"。袁金铠也先来了一下官样文章，说："公能行古人之事，功书竹帛，名传千古，铠实钦之。"

随后，他便实打实地说出了自己想好的三条对策，供赵尔巽进行选择。

自辛亥革命爆发以来，袁金铠这些幕僚都在一刻不停地关注和分析着外面的局势。在袁金铠看来，"武昌军变"（即武昌起义）之所以发作，纯粹是因为湖广总督瑞澂、第八镇镇统张彪没有控制好部队所导致的，不过革命军在揭竿而起之后并不可能走得太远。

袁金铠这么说的依据之一，是革命军缺乏强有力的指挥者。黎元洪虽被推举为都督，但却是被革命军硬推上去的，他本人缺乏意愿，只是出于个人生命安全的考虑，勉强服从而已。孙中山、黄兴倒是革命党人当仁不让的核心领袖，而且正从海外赶回，然而他们只是机会碰得好，"武昌军变"并非他们两人的功劳。袁金铠推断"尔诈我虞，久必生变"。

内部不稳定，外部还有强敌。袁金铠得到消息，袁世凯已被朝廷重新起用，正统兵南下。袁氏久握北洋兵符，门生故吏遍于天下，袁金铠认为，只要袁世凯真打，"民间实鲜对手，胜负之分在指顾间耳"，也就是说革命军可能很快就会败北。

滔滔不绝地论述这么多，都是为了给自己的上策做铺垫。袁金铠照应赵尔巽的开场白，指出关外为朝廷发祥重地，倘若失陷，"岂独为朝廷根本之忧，亦公负世代食禄之恩"。

要替朝廷保住东三省，没有兵不行。奉天之兵可分为本兵和客军，本兵是指五路巡防营，他们是奉天省地方部队，故称本兵，客军是指驻于北大营的第二混成协。袁金铠将他的上策概括为"充实本兵，联络客军，使市面不惊，地方安谧，使革命党人无隙可乘，东省可保无虞"。

如何"充实本兵"？得看五路巡防营的不同路数。中路巡防营统领由赵尔巽自兼，算是最可靠的近卫军，但该部驻防于铁岭一带，要用来拱卫奉天，而且光靠这一路部队显然也不顶什么用。右路巡防营统领马龙潭是秀才出身，恃才傲物且城府较深，要想在关键时候使用他并不容易，而且右路巡防营主守辽东的山林地带，那里情况也很复杂，需要部队镇慑，不能轻调。后路巡防营统领吴俊升虽是行伍出身，作战勇敢，且本人嗜利无远略，但其部驻地与张作霖一样，同在与内蒙相邻的洮南。虽然蒙古叛军已被张作霖扫平，但若不以重兵威慑，仍不免会死灰复燃。

剔开右后两路，剩下的前左两路统领才是袁金铠觉得可以加以重用的："前路统领张作霖、左路统领冯麟阁系土匪出身，脑筋简单，公（指赵尔巽）但示以优遇，勉以忠义，必能出力。"他请求赵尔巽，若认为此计可行，应赶快调张、冯来省，以资拱卫。

至于"联络客军"，袁金铠表示将和其他幕僚一起策划，竭力对之拉拢。按照他的想法，"充实本兵"和"联络客军"一有眉目，赵尔巽就能在奉天稳操胜券，到时只要召集军政人员、地方士绅在谘议局开会，当众宣布奉天中立，保境安民即可。袁金铠相信，如此布置，"一切党派人士不敢再存异志，省城当能如磐石之安"。

黑夜中出现了一盏明灯

"整军保境，镇慑革命"的上策之外，尚有中策和下策。袁金铠的中策是建议赵尔巽将巡防部队集中于省城，然后亲自统领，进兵榆关，以遥作勤王之师，后方则令地方士绅倡办团练。这是一个讨巧的计策，用袁金铠的来说，可以做到左右逢源，进退自如，"倘袁项城（袁世凯）得手，公（赵尔巽）以勤王之故，不失为忠臣；若民军（指革命军）得势，公可奏请朝廷东迁，可当偏安之元勋，不失忠节"。

袁金铠也提到，若实在不行，只有响应革命军，树起白旗，宣布独立，并请皇帝退位。这就是"响应民军，甘当叛逆"的下策。

对着三策，赵尔巽思考再三，下策是他暂时根本不愿考虑的，中策似乎还没到那一步，所以可行一半，也就是没必要先率部勤王，但可以先让地方上办团练。只有上策，马上就能完全施行。

赵尔巽决定采纳袁金铠的上策，让张作霖、冯麟阁整军来省，但是这两大巡防营都有专守区域，短时间内调来并非易事。就在他为此费尽心机地对部署进行调整的时候，又被接下来发生的一系列事件打乱了步骤。

赵尔巽固然在积极筹谋，奉天的革命党人却也从没闲着。张榕率先行动，与谘议局议长吴景濂进行联络，吴景濂毕业于京师大学堂（北京大学前身），属于拥有新思想的立宪派，他见清廷大势已去，就与张榕商定在谘议局举行各界代表会议。届时，他们将在会上逼走赵尔巽，转而推举蓝天蔚为关东大都督，吴景濂自己为民政长，以袁金铠为民政副长。

　　吴景濂虽然知道袁金铠与赵尔巽的关系，但既然在新政府里已为他留了位置，便认为对方会识时务者为俊杰，而且谘议局既要举行会议，不可能完全避开副议长，于是他就试探式地将这一意图告诉了袁金铠。袁金铠听了一边假装赞同，一边赶紧将此事报告给赵尔巽。

　　用谘议局开会的方式定局，本是袁金铠上策中的一个内容，未料对手竟会先下手为强，但令赵尔巽感到惊惧的还不是这个，而是"客军"也出了问题。

　　蓝天蔚与张榕同时行动，他在北大营召集秘密会议，准备发动第二混成协的士兵入城占据各机关，直接宣布奉天独立。第二混成协由两个标（标相当于团）和步、马、炮等几个兵种混合组成，其中第二标标统（标统相当于团长）聂汝清毫无革命思想，也并不拥护革命，会议一散，他就跑到总督府向赵尔巽告了密。

　　密报意味着袁金铠"联络客军"的措施尚未真正着手就已失败。第二混成协是驻扎奉天的唯一新军，如有变故，别无其他可靠之兵。黑、吉两省虽还有新军，但这两个省的新军向来都唯蓝天蔚马首是瞻，只要蓝天蔚在奉天举义，黑、吉两省只会紧紧跟随。

　　客军不但不能依恃，反而成敌，至于"充实本兵"，根本八字还没一撇呢。有人说彼时的赵尔巽已准备身穿朝服，以身殉主。如果仅仅是形容他的绝望之态，无疑配得上形象逼真四个字，但赵尔巽实际也没有愚忠到那个地步，他是想三十六计走为上，保命回京的。

　　临走前，赵尔巽召集亲信开会，在讲清楚所面临的严峻形势之后，说："我早就知道新军靠不住，担心他们与革命党发生联系。现在他们果然密谋造反，我手头又无可靠的军队，所以只好出走入关了，事已至此，实属无奈。"

　　众人听了一阵骚动，就在他们议论纷纷的时候，袁金铠突然扑通一声跪倒在赵尔巽面前，声泪俱下地说道："请大帅为我全省民命着想，不要入关。革命党完全是虚张声势，蓝天蔚部下既然来告密，说明军心依然归属大帅，谅不能有大问题。大帅这样轻易出走，不是更便宜了那帮乱党吗？"

　　能不走赵尔巽哪里肯走，这不是没办法嘛。他双手搀起袁金铠，叹了口气："说归这么说，可没有自己的军队是压不住乱军的。蓝天蔚部署得那么周密，他是一定要起事的。他的目的无非是撵我走，我让开这个位置好了。"

袁金铠见状又再次跪下，拍着自己的胸脯说："现在还不到绝望的时候，有个人就能挽回局势，就看总督你能不能起用。"

仿佛是黑夜中出现了一盏明灯，赵尔巽的眼睛亮了，赶紧追问是谁，然而一问才知道，袁金铠说的还是上策中提到的那个张作霖。

奉天要革命了

张作霖不是远在洮南吗？赵尔巽一阵失望，还没等他开口动问，旁边已经有人插嘴道："张作霖是土匪出身，他驻兵洮南期间，时常有地方百姓告他纵兵劫掠。若引他入奉天，恐怕会引狼入室，反而对总督不利。"

袁金铠立即反驳："不错，张作霖的确是土匪出身，但这正是他的长处。他头脑简单，不会受革命党蛊惑，只知道忠心耿耿为上司卖力。如果大帅对他给予优厚待遇，以忠义勉励他，这个人必定能为大帅效犬马之劳。"

赵尔巽原本对张作霖的出身就不介意，所着急的还是张作霖一时赶不过来。他对袁金铠说："现在张作霖远在洮南，远水解不了近渴，这可如何是好？"

未曾想袁金铠却站起说道："张作霖已在府门外等候多时了。"一听此言，包括赵尔巽在内，与会者全都大吃一惊。

众人都想知道的是，洮南距奉天不下数百里，张作霖怎么可能话到人就到？

事实上，张作霖早就来奉天多日了。把他召来的是正在讲武堂受训的张景惠，张景惠一次和新军的军官闲聊，偶然探知省城的革命党人正蓄机采取行动，要驱逐总督赵尔巽。言者无心，听者有意，张景惠连忙打电报给张作霖，告知他奉天城可能要出大乱子，请他迅速进省。

张作霖接到电报时，还没有收到省府的调令，他只能先率一哨马队紧急赶往奉天。若论路的远近，吴俊升大营距奉天还要更近一些，在经过其驻地时，护卫请示张作霖是否需要拜访吴俊升，张作霖照旧马不停蹄，对护卫说："你拿我的名片去约吴俊升到省城相见，我这次就不去拜访了。"

张作霖快马加鞭，兼程疾进，仅用不到三昼夜的时间就到达了奉天。入城后，他找到张景惠，说："我刚才看奉天城也没什么乱子呀。"张景惠说不是已经出乱子，而是将要出乱子："咱奉天要革命了！"

张作霖长在洮南，连革命这个词都没听说过，于是连忙问张景惠什么是革命。张景惠用对方最能理解的方式解释道："要是革命，我们就没有地盘了，那么饷银也没法领了，请您快去见总督合计对付办法。"

张作霖虽不懂何为革命，但对怎样在官场上打交道却是再精通不过。因为没有接到正式调令，所以他没有冒冒失失地直接去见总督，而是先找到袁金铠，请袁金铠为他引见赵尔巽。

却说赵尔巽得知张作霖就在府门外，顿时精神大振，他对袁金铠说："你既苦心为大局，那么先传张统领入府一见。"

听到总督召见，张作霖立刻三步并作两步，从府门外直奔正厅而来。见到赵尔巽后，他马上行礼，并且大声说："作霖愿为总督效犬马之劳，赴汤蹈火在所不辞。"

看到张作霖奇迹般地出现在自己面前，赵尔巽如同抓到了一根救命稻草，心中大喜，但当着众人的面又不便表露出来，于是就故意训斥张作霖："阁下不守边疆，擅自到省城，可知罪吗？"

张作霖知道赵尔巽的这一套都是做给人看的，遂也赶紧顺着对方的路子答道："因局势十分紧张，下臣唯恐总督陷入危险境地，因而迫不及待率兵勤王。如总督认为在下未奉命令，擅自行动，甘愿接受惩处。"

张作霖没什么文化不假，但他善于应变和辞令也是真的，这一回答不仅给足了赵尔巽面子，也使得他擅自进省的举动有了一个名正言顺的理由。

有了张作霖及其"保卫大帅，镇压地方"的保证，赵尔巽心里就有了底。两人私下谈话时，他对张作霖说："你来得正好，我明天就准备去死！"张作霖有些不解："总督为什么要去死呢？要死，大家一起去死。"赵尔巽幽幽地说："奉天的文武官员们要独立，但我绝对不干。如果他们得逞，那我就去死。"

弄明白赵尔巽说话的用意，张作霖赶紧说："总督给我下命令吧，把我的军队全部调来。你赶快把城门关上，再把我那三十多名学员（即张部在讲武堂受训的人员）召来，给他们发些枪，我来保护这座城。"

赵尔巽听了心花怒放，说："很好。不但这样，我还要把我的卫队和警察也全都交给你，统统归你指挥。你把他们放在城门那儿，叛军来了，打就是了！"

赵尔巽要的是张作霖再一次的表态。至于巡防营，因涉及面大，以及怕打草惊蛇等原因，暂时还不能调来，能调来的只是另一个巡防营统领，即冯麟阁。

发现张作霖、冯麟阁先后来省，吴景濂觉得奇怪，他问袁金铠："张、冯何故调省？"袁金铠假装漫不经心地回答："大帅因为时局动荡，恐怕张、冯在外联络一气，对省城造成威胁，况张、冯是土匪出身，实不可靠，所以才调他们到省城。这样可以就近监视，同时也使其势单力孤，免生意外。"

张作霖、冯麟阁等人也积极配合，在公开场合，当有人问起为何来省城时，他们就说是与巡防营务处接洽业务。党人们对赵尔巽一方的反击能力本身就估计不足，听了之后也就不以为意了。

谁也别想活着出去

得到张作霖、冯麟阁的支持，赵尔巽气壮了许多，也再不提及出走入关的事了。1911 年 10 月 20 日下午，他更在奉天主持召开东北新旧两军将领会议，希望自己的主张能够首先得到军队方面的支持。

会议一开始，赵尔巽就开宗明义："武汉叛乱，朝廷正派大军剿办，不久即可平定。东三省为皇上老家，我们必须拥戴朝廷。现在朝廷还没有谕旨下来，我们的要旨是保境安民。"他接着提议道："我们今天应当郑重地表决一下，谁赞成我的意见，就请举手。"

与会的新军代表除第二混成协外，还包括黑吉两省的新军军官。旧军主要是指巡防营，几名统领尽皆与会。赵尔巽话音刚落，张作霖就举起了手，其他旧军统领也跟着举手赞同，可是新军那边的镇统、协统和参谋长们却都端坐不动，没一丝反应。原来在开会前，蓝天蔚就与其他新军将领商量好，要趁这次会议将赵尔巽一军，逼迫他发表东北独立的电文。

会场一片寂静，赵尔巽顿时陷入难堪之中。就在他不知如何才能下台收场的时候，张作霖忽然起立吼道："总督劝告诸位保境安民，可谓苦口婆心，仁至义尽。大家如不接受总督的好意，举手赞成的话，那我们今天在这屋子里的人只有同归于尽，谁也别想活着出去！”

众人再一看，只见张作霖双手还紧握着两个类似炸药包的毛巾包，且两眼喷着怒火，看起来确实是一副要同归于尽的样子。

见张作霖已镇住全场，赵尔巽趁势说道：“各位听我的准保没有错，也许我上了年纪，话没说清楚，大家没听明白。现在我再说一遍。”

在赵尔巽重述一遍自己的主张后，新军中一位姓卢的协统率先举手，其他人见有了带头的，迫于形势所逼也相继举手。赵尔巽喜形于色：“全体通过了，大家总算给了我一个老面子。”

一散会，蓝天蔚就抓住卢协统的袖子说：“你这个家伙，在外头我们是怎么说的？说话不算数，到里面又举手！”

卢协统被说得面红耳赤，只得辩解道：“老兄，有命才能革命。张某那两颗炸弹，你难道没有看见？若是放响了，我们还能有命吗？好汉不吃眼前亏，我是救了大家。”

话到此处，他还抖了个机灵，说：“我的手仅举到耳根，只算一半赞成，一半反对。你们不看清楚，稀里糊涂地就随着把手全举了起来，这怎么能怪我呢？”

东三省新军的联手“逼宫”至此夭折，蓝天蔚在东北新军中亦因此陷入孤立。然而谁都没有想到，张作霖手里的毛巾包并非炸药，他事先也没有准备。只是看到赵尔巽处境窘迫，为化解危机，才灵机一动，从赵尔巽随从手里拿来小茶壶，用毛巾包起来，以此充作“诈弹”。曾有后世学者这样形容张作霖超人的胆识和气魄：“遇事剖决如流，机警过人，及其怒也，须发毕张，辟易千人（意谓可吓退千人）。”

张作霖在会上一出头，便把自己摆到了蓝天蔚及其革命党的对立面。随他进入奉天城的马队仅有四五十人，人数上没比他在讲武堂受训的部下多出多少，合起来百人还不到，即便再加上赵尔巽的卫队和警察，兵力也仍然不足。那些天里，张景惠等几名管带每天轮流在张作霖所住的万福客栈值班守卫，为的就是怕蓝天蔚动手或党人行刺。与此同时，张作霖还施出虚张声势的空城计，在东西南北关的各处客栈、商号和大民宅，他都派人在墙上贴出“前路巡防营哨兵房间”的字条，给人以数千兵马源源来到的气势。

当时张作霖的原配赵氏及大儿子张学良都住在新民府，虽然新民府也驻有张作霖的一小部分军队，但若是蓝天蔚派兵袭击，根本就是小菜一碟而已。张作霖做"胡子"的时候，曾经干过绑票的事，他当然不会想不到蓝天蔚可能劫持其家属以为人质，只是在他自己都处于危境的情况下，也实在无法再顾及家人了。

有一天，赵氏不知从哪里得到消息，说蓝天蔚当晚要打进新民府。她赶紧把十岁的张学良叫到身边，对他说："今晚上可能会出事，今晚上要是打仗的话，你就跑！"说着，便用白布将三十块大洋包起来，系在张学良的腰上。

张学良一看母亲的表情就知道了事情的严重性，他很着急地问："妈，那你呢？"赵氏回答道："你别管我，也别问，你赶快跑。等事情稍微平息了，你看到哪个老头儿好，就跪下给他磕头，把银子给他，叫他带着找你爸爸去。"

后来张学良才知道，他母亲让他跑而自己不跑，是准备等新军打过来时自杀的。幸好那天晚上并没有打仗，蓝天蔚也没有袭击新民府，长大后的张学良一直想不明白，蓝天蔚为什么不动手。

若真要探究这件事，可能还是蓝天蔚的思维方式与他们不同。党人喜欢行刺要员和发动起义，但殊少像"胡子"那样绑架人质，自然更想不到、干不出用"诈弹"来恐吓别人的事。也正是这个不同，导致蓝天蔚等人在占尽优势的情况下，仍然一步步开始落入下风。

这就是我的胆子

1911年11月初，革命党的行动计划突然受挫。与蓝天蔚相呼应的第六镇统制吴禄贞被刺于石家庄，第二十镇统制张绍曾调任长江一带的宣抚大臣，实际被剥夺了军权。这些不利情况加剧了党人的危机感和紧迫感，他们决定立即在谘议局召开大会，以便实施"不流血革命"和宣布奉天独立。

筹备好后，吴景濂亲自登门邀请赵尔巽出席会议。赵尔巽情知这是一次请君入瓮式的会议，在己方未完全准备好的情况下，贸然前去恐怕脱不了身，于是就推托说由于最近一段时间许多大臣被激进的革命党人刺杀，所以他不方便公开露面。

赵尔巽若不出席，会议就不会有结果，吴景濂自然要再三规劝，并答应绝对保证其人身安全。赵尔巽觉得事已至此，不去不妥，这才答应出席。

与此同时，蓝天蔚把第二混成协的炮兵开进了省城，但炮兵并未按其命令把炮口对准总督府，而是对准了谘议局。之所以出现这一微妙变化，是因为赵尔巽、袁金铠在"联络客军"方面动了手脚，按照他们的布置，第二混成协士兵的菜金已改由督署支付，中下级军官也交由反对革命的标统负责疏通，让他们反蓝拥赵。也就是说，蓝天蔚已经部分被架空，包括炮兵在内的一些官兵已不听从他的指挥。

即便在这种情况下，党人对赵尔巽一方背后的活动仍然一无所知，他们认为要逼赵尔巽出走不过是件轻而易举的事，有人干脆把庆功宴都提前摆上了，蓝天蔚对炮兵掉转炮口一事也未能予以足够重视。

相反，赵尔巽一方则进行了精心准备。赵尔巽传令嘉奖张作霖、冯麟阁，以鼓其勇气，袁金铠在传达嘉奖令时对张、冯说："大帅对二位非常重视，将来打算拟专折特保。此次会议有客军将领和地方士绅，恐临时产生争执，二位可保护大帅安全，以报知遇。"张作霖一听马上表示赴汤蹈火，在所不辞，冯麟阁没有先前与赵尔巽、袁金铠的那种私下接触，关系上要生分许多，但张作霖既有如此表示，他也随声附和。

1911年11月12日，谘议局大会如期召开。在场外，已被赵尔巽控制的第二混成协炮兵架起火炮，以资威慑。场内，张作霖践其承诺，把在讲武堂受训的张景惠、张作相、汤玉麟全都调了过来，加上其他一些军官，一共二十多人，全部穿着便衣，分布于会场各处。他自己也身着轻装短衣，腰别自来得手枪，紧随赵尔巽身旁进行护卫。

当天各界出席会议者达两百余人，这些与会代表包括一些革命党人，对场内外发生的这些变化都未稍加留意，他们只以为己方人多势众，所以表现得情绪激烈，咄咄逼人。会议一开始，议长吴景濂发言，说明开会以及革命的意义，场下喝彩声不断。

赵尔巽在主席台上如坐针毡，轮到他发言时，他就说自己前后两次来关外，没有做过对不起民众的事，而且东三省处于日俄两强之间，如果有个风吹草动，前途不堪设想，所以希望大家各安生业，静观时局变化。

老爷子说得恳切，话中也不无道理，但问题是来开会的这些人并没有耐心来听人讲道理，他们要的是结果，不是过程。在赵尔巽发言时，台下便嘘声四起，不断有人高呼"赵尔巽滚回北京去"等口号，甚至还没等赵尔巽把话全部讲完，革命党人赵中鹄就站起来直接打断了他的发言："赵次珊（赵尔巽号次珊），今日不是你报功的时候，就以奉天粮食问题来说，现在老百姓已经活不下去了。你要讲真话，不要光说官场上的一些废话。"

赵尔巽执政奉天期间，厉行改革，政绩有口皆碑。虽然那两年奉天连续遭灾，但并非赵尔巽之过，赵中鹄这么说，颇有点"欲加之罪，何患无辞"的意味。当然，他的主要目的也不在此，而是为了下面这句："摆在你（指赵尔巽）面前的只有一条路，那就是宣布东三省独立，响应武昌起义。"

赵尔巽还试图对自己的立场进行解释，未及数语，议员席上已经群起呼叫，都是逼他立刻服从民意，宣布独立。就在赵尔巽有口难辩、窘迫万分的时候，旁边的张作霖霍然站起，厉声说："赵大帅是朝廷命官，服从的是朝廷命令。我张作霖是带兵的官，也只知道保护总督和地方百姓。如有胆敢破坏省城秩序者，我便以铁血对待之！"

议长吴景濂没有搞清状况，说张作霖胆大包天，让他赶紧从主席台上下来。张作霖一听大怒，他掏出腰间手枪，"叭"的一声拍在桌上，然后大声喊道："这就是我的胆子！我张作霖身为军人，只知听命保护赵大帅，要是谁对赵大帅轻举妄动，我张某虽好交朋友，但我这把枪，它是不交朋友的！"

赌博性的讹诈

看到张作霖把枪都掏了出来，不仅吴景濂瞠目结舌、哑口无言，议员们也都被吓得纷纷起立。其他与会代表则多半是教育界人士，很多还是青年学生，哪里见过这种阵势，胆小者已经逃出了会场。

革命党人吃的就是冒险的饭，当然不至于吓到立刻败下阵来。蓝天蔚赶紧站起发言，先讲了一番满汉的民族仇恨，接着对赵尔巽说："东省距京较近，又居清军后方，大帅首先独立然后统兵南下，直取幽燕，推倒清廷，报累世压迫之仇，成大帅不世之功，蔚（蓝天蔚自称）当执戟先驱以遂宿愿。"

张作霖先后两次镇住全场，靠的不是"诈弹"就是手枪，这让他尝到了动嘴不如动枪的甜头。一看蓝天蔚还想重新控制局势，他一不做二不休，干脆拿起桌上的手枪，直接对准蓝天蔚："你丧心病狂，满口胡言，背叛朝廷，罪不容诛！张某深受国恩，决不叛逆，尔敢再言独立，以此从事。"

汤玉麟等人也纷纷掏出身上暗藏的手枪，朝蓝天蔚怒目而视，大有现场火并之势。蓝天蔚没想到张作霖这一伙人会这么"撒泼"，一时无言以对。其他人则被吓到不轻，吴景濂一句话都说不出来，更有心理素质差的，甚至已经倒在了桌子底下，会场一片大乱，空气极为紧张。

一旁的袁金铠见状，赶紧上前打圆场，半哄半劝地把蓝天蔚拉出场外，接着吴景濂也溜走了。会场门口早已有人把守，许出不许进，这使革命党人和民意代表在会场上迅速败下阵来。

发现场面已被完全控制住，张作霖又继续说道："我张作霖有枪有人，只要是对地方有利的事，我张某是天不怕地不怕的。今天，我们一定得尊重总督的意见。"

会场在乱了一阵后终于又安静下来。袁金铠以副议长的身份宣布继续开会，此后的会议进程和结果完全符合赵尔巽一方的愿望：成立保安会，赵尔巽任会长，当场宣布东三省中立，保境安民。

革命党人原想通过成立保安会这一机构，来挟持赵尔巽，逼他出走，并推举蓝天蔚为关东大都督，不料事与愿违，反被赵尔巽所窃据，这正应了那句话"拿来防贼的，反做了贼的招牌"。在保安会的成员名单上，革命党人只有张榕得到了一个参谋部的副职，这还是因为他与袁金铠私交不错，赵尔巽、袁金铠有意拉拢的缘故。

吴景濂虽然也被选为挂名性质的副会长，但这与他原来预想的民政长一职相去甚远，而且奉天中立也非其本意。更主要的是，吴景濂终究不是带兵的武人或革命党人，经历此次惊心动魄的会场风波后，开始变得寝食难安。这时他已经明白自己上了袁金铠的当，接着又听到风声，说是张作霖、袁金铠密谋要将他除掉。吴景濂又恨又怕，于是决定离开奉天。因为怕张、袁中途暗算，他都没敢前往车站直接上车，而是先化装步行到皇姑屯，然后由皇姑屯乘车至天津，再转赴南京。

随着吴景濂的离去，东三省独立之议完全烟消云散。张作霖通过不惜与蓝天蔚拼命的方式，换来了己方的胜利，但他在会场上的举动实际有点类似于"赌博性的讹诈"，因为他的大部队仍远在洮南，能够在谘议局布置的兵力不到百人。蓝天蔚虽部分指挥失灵，但毕竟已在第二混成协经营多年，军队中有不少他的心腹，何况党人又普遍激情高涨，若抵死不后退，张作霖至少不可能赢得盆满钵满。

问题在于蓝天蔚不会像张作霖那么豁得出去，此人在性格上与张榕有相似之处，即生性豪爽、喜交朋友，但他做事缺少主张，决心很容易动摇，说通俗一点，就是对自己对别人都不够狠。

直到回营之后，蓝天蔚才慢慢回过味来，对自己被张作霖当场羞辱后，不仅没有予以有力反击，还主动退出会场的举动很是后悔。他当即召集本协将佐开会，将在谘议局开会的经过说了一遍，为了将部下们鼓动起来，他还着重强调了赵尔巽如何忠清主张中立，张作霖如何野蛮反对独立，自己如何提议但未能通过等细节。

按照蓝天蔚的打算，他准备整军与张作霖决一胜负，若胜便电告全国响应民军（即革命军），败则退至榆关，与关内民军相呼应。可是在他充满信心地希望部下们"多加赞助，以成此功"时，却遭到一名管带的反对，其他将佐也不同意整军出战。

蓝天蔚这才知道部分部属已被赵尔巽策反。就在他为此一筹莫展的时候，又有人给予了他重重一击。

谘议局大会结束后，赵尔巽向清廷和袁世凯报告了保安会成立的经过情形，同时着重指出："协统蓝天蔚与两标素不相洽，全协皆不听从命令。"清廷复电："蓝天蔚著开去统领官，交赵尔巽差遣委用。"

赵尔巽没有明言蓝天蔚有革命党的嫌疑，是因为蓝天蔚在关外新军和民间中仍有相当威望。当时因为成立了保安会以及先前部署就绪，张作霖的部队即将全部开来奉天，张作霖遂向赵尔巽请示到时是否要借机除掉蓝天蔚，赵尔巽答道："蓝天蔚的潜在势力不能不考虑，如果采用极端手段，就怕激出兵变来。我看把他逼走就算了。"

1911年11月14日，赵尔巽正式发表命令，解除蓝天蔚协统一职，其职务由反对革命的聂汝清兼代。之后，他又邀请蓝天蔚入署，对蓝天蔚说："因南方风潮日烈，请君去调查，据实以报。"随赠旅费两千元，以打发蓝天蔚速速离奉。

调虎离山

有人说，如果蓝天蔚能够借助于自身的威望，向第二混成协的士兵们晓以大义，则仍有掌握军心的可能，一旦高举义旗，聂汝清等将佐也起不了多大的阻挠作用。到那时，即便张作霖的大部队开来奉天，先不说兵员数量，单单武器弹药及兵员素质就远不及新军，蓝天蔚完全可以靠击败对方而重新扭转乾坤。不过这只是局外人的一厢情愿，站在蓝天蔚的角度，可以说从退出会场那一瞬间起，他就已失去了坚持到底的勇气。

蓝天蔚趁夜只身离开奉天前往大连，接着又渡海前往上海。离奉后，他给赵尔巽写了一封信，说他并非怯懦之人，之所以甘心放弃一切悄然离奉，只是"不忍视生灵涂炭，我公（指赵尔巽）危险"云云（都已经出局了，还要写信向对手进行解释，党人身上固有的那股书生气和要面子思想可谓暴露无遗）。

作为这一轮争斗的胜利者和最大功臣，张作霖、袁金铠声名鹊起，二人在赵尔巽心目中的地位也更高了。在保安会的成员名单上，赵尔巽安排袁金铠为总参议长，张作霖为军事部副部长。同时他还保奏张作霖为总兵简放（即朝廷派任的总兵），特派其为巡防营务处总办。

能够当上巡防营务处总办，对张作霖而言，其意义非同一般，因为他的义父张锡銮以前兼的就是此职，这意味着他张作霖在官职上已跃居各巡防营统领之上。

赵尔巽本身是个极有头脑的老官僚，他很清楚，在革命怒潮频繁爆发的非常时期，昏聩的中央政府已不足恃，新军则更不可靠，唯一能够依赖的只有原本作为地方部队的巡防营，而巡防营将领中跟着他最紧，表现也最为突出的又唯有张作霖。因此之故，赵尔巽特将中路巡防营统领一职也交由张作霖兼任，使他直接指挥的兵力达到十五个营以上。从这时候起，张作霖俨然成为掌握奉天省城大权的军事首领，外界也都普遍认为，这是他爬上高位最关键的一步。

成立保安会后没几天，张作霖的前沿巡防营便开入奉天，加上蓝天蔚的被迫出走，奉天革命活动趋于低迷，力量也有些涣散。为挽回颓势，张榕积极联络其他同盟会会员，于11月17日，也即蓝天蔚出走的第三天，在奉天成立了"联合急进会"，张榕本人被推举为该会会长。

"联合急进会"势力发展很快，入会者达十余万人，很快便与赵尔巽所控制的保安会形成彼此抗衡之势。趁着这股势头，张榕约赵尔巽谈判，对他说："现在形势发展已非你我所能控制得住，请你速悬白旗，以靖民心。"赵尔巽身后有张作霖带兵拱卫，新军也已被他控制在手里，因而一口便拒绝了张榕的要求。

赵尔巽有恃无恐，党人在省城内又很难活动，张榕等人决定采取调虎离山之计，即先在各地招募民军，举行起义，借以引诱省城军队出城讨伐，然后再乘虚在省城起事。为此，除张榕等少数人留在省城坐镇中枢外，其余革命党人皆分赴各地进行组织。

辛亥革命后，辽西地区重又出现大乱迹象，曾经为张作霖等人剿平的"胡子"这里一股、那里一股，又重现江湖。革命党人在招募民军的过程中，很重视对这些"胡子"进行吸收和改编，杜立三的夫人郑梅生要为亡夫报仇，加入的就是民军。

赵尔巽、张作霖为了避免"胡子"加入民军和扩充官军实力，也积极进行招降收编，这使得"胡子"俨然成了官府和党人竞相争取的香饽饽。八角台附近刚刚出现了一股千余人的"胡子"，张作霖的义父、原八角台商会会长张子云此时已被推为资政院候补议员，正式走上政坛，他借鉴先前为张作霖与官府之间牵线搭桥的经验，与"胡子"头领直接面谈，终于促使对方答应接受收编。

可是就收编尚未正式着手进行的时候，张子云却被人刺杀了。这股"胡子"本可被编成三营，但由于刺杀事件发生后大部跑散，最终仅能勉强编成一营，张子云的儿子担任了管带。获知刺杀事件乃党人所主谋，张作霖十分吃惊，这才发现党人也不好惹，同样会使出许多非常手段。

在此期间，革命党人在东北多处地方发动武装起义，各地也都出现了要求保安会脱离清廷的呼声。赵尔巽很是紧张，但并未将省城军队全部派出去讨伐，他只是令当地武装就地弹压，最多也只是抽一部分军队前去助剿。被他倚为护身符的张作霖一直集中巡防营主力于省城，以防备民军进行袭击，张榕的调虎离山之计始终无法实现。

杀秃子

　　袁金铠在纵论天下大势时，认为只要袁世凯真打，革命军就很难找到取胜机会。让他们这些人失望的是，袁世凯还就不想真打，而南方革命军也继续向自己认准的目标挺进。1912 年元旦，孙中山在南京就任中华民国临时大总统。之后不久，蓝天蔚就被孙中山任命为北伐军都督，率部誓师北伐。

　　留在奉天的张榕积极响应北伐，随时准备接应已攻至山东的北伐军。他与袁金铠在生活中是好友，经常一起吃饭喝酒，过从甚密。当时因吴景濂逃离奉天，袁金铠已稳操谘议局大权，张榕便想把袁金铠发展为自己的同志，居然将其委任为急进党部参谋部长，对他毫不避嫌，以至于袁金铠对一些党内机密了解得一清二楚。

　　张榕性格豪爽、敢作敢为，然而终究年少缺乏经验，他浑然忘记了吴景濂吃过的亏，忽略了"朋友有时就是用来被利用的"这句古训。张榕"调虎离山"以及响应北伐的举动和计划，都被袁金铠一一报告给了赵尔巽，他同时对赵尔巽说："张某，人杰也！留着他，恐于大局不利，须遇机会除之，以免后患。"

　　赵尔巽深以为然，遂授意袁金铠与张作霖定计，相机除掉张榕。1912 年 1 月 23 日晚，袁金铠出面邀请张榕到德意楼饭店喝酒。酒酣耳热之后，袁金铠又撺掇张榕到妓院消遣，张榕开始先不同意，经不起袁金铠再三相劝，这才勉强前往。

　　两人在妓院刚刚坐定，还什么都没干呢，外面突然响起了枪声。张榕很是惊疑，袁金铠就骗他说，只是军警在查夜，枪支走火罢了。可是紧接着又传来几声枪响，张榕意识到绝不是走火这么简单，一定是情况有变，便再不肯留在妓院。

　　将张榕堵在妓院杀害，或者是把他放出来枪杀，都在袁金铠与张作霖所定计策的范围之内，因此袁金铠也不拦阻，只是说："此院外通南北二街，君可北行，我可南往，这样查夜的军警就不会怀疑了。"

　　张榕听了觉得有理，便与袁金铠分道而行。哪里知道张作霖在南北两个口子都埋伏了人，袁金铠往南口，守南口的人立予放行；张榕去北口，守北口的杀手举枪就射。张榕连中三枪，枪枪都是要害，当即倒地身亡。

当晚，张作霖实施全城大搜捕，同情革命、曾帮助张榕策划一切的满洲旗人宝昆，以及急进会秘书田亚赟均被搜出杀害。第二天早晨，包括张榕在内，三家人院中自晨至晚挤满了来看死者的人。

紧接着，张作霖又下令"杀秃子"。他派人四处巡查，看到有形迹可疑及"秃头"（即剪去辫子的人）着西装的人，马上抓获并押到他的住所万福客栈，查明确实是革命党人或与革命党有联系后，即行枪决。一时间，城内气氛极为恐怖，凡剪发青年和由日本回来的留学生，全都躲在家里不敢外出，一定要出去也非得戴上假发辫，以便躲过侦探的耳目。

其时不少日本人对以孙中山为首的革命党都持支持或同情态度，有日本记者采访张作霖，对他说："统领应恩威并施才好，太多杀戮于民心不利，况且张榕等辈也没必要处死。"张作霖很干脆地答道："张榕不除，最为危险。我不下手杀他，他必下手杀我。我是为了加强防卫，才把他处死的。"

不管外界如何评论，反正赵尔巽很高兴，因为这样一来，奉天城内的党人势力基本都被消灭了，他不但借以自保，稳渡难关，而且创下了一个绝无仅有的先例——辛亥革命后，各省的常见情况都是革命党联合军队以驱逐旧官吏，甚至于赵尔巽的弟弟、四川总督赵尔丰还丢了性命。只有奉天一省，是旧官吏联合军队驱逐了革命党，有人这样评述赵尔巽的厉害之处："（东三省）号称革命党者，皆销声匿迹十有余年，此皆老官僚之手腕。"

没有袁金铠和张作霖，赵尔巽所谓的厉害也会大打折扣，因此他对二人极为信赖。赵尔巽曾说，袁金铠才大心细有似李鸿章，张作霖骁勇善战过于张国梁，一文一武，乃自己须臾不可或缺的左右手。

张国梁是镇压太平天国的清军名将，此时的清廷日暮途穷，奄奄一息，急需有更多的"张国梁"出来替它维护江山，赵尔巽请求予以嘉奖的专折特奏一递上去，很快就有了回音：张作霖被封为关外练兵大臣，赏戴花翎，所辖的原前路、中路巡防营改编为第二十四镇，镇统制由张作霖升任，同时兼巡防营务处总办。

此时在东北军界，张作霖的威望和权力已无人能出其右，但他在镇压党人，维护地方治安的同时，仍不忘招兵纳将，扩充实力，这其中就包括吸纳与他有着多年深仇的金寿山。

日俄战争后，同被官府收编的金寿山不像冯麟阁混得那样好，只能在长春充任一个小差使。金寿山的心理极不平衡，他见奉天政局动荡，就暗中召集余党，并和日本浪人勾勾搭搭，想假借革命名义在奉天捣乱，顺便报复一下如今已飞黄腾达的张作霖。

张景惠正好探知这一消息，他知道金寿山和张作霖势不两立，于是便劝张作霖不要再对过去的私仇念念不忘，而应着眼长远，笼络金寿山为己所用。张作霖觉得张景惠说得很对，同时也怕日本浪人掺入捣乱事件后，成为日本出兵干涉中国内政的借口，因此便让张景惠从中设法联系。

张景惠找到金寿山后，向他剖明了利害关系，使金寿山同意去见张作霖。两人见面时，张作霖开口就说："咱们俩不打不成交，现在搞合作，如果以后合不来，再打也不迟。"

金寿山当时听了沉默不语，以为张作霖只是拿话敷衍他而已。不料第二天张作霖便向赵尔巽禀明一切，接着又亲自带他谒见赵尔巽。赵尔巽当面鼓励金寿山几句后，即按照张作霖的意思，委任金寿山为巡防营管带（相当于营长）。

金寿山愧悔交加，对张作霖更是感激涕零，一回去他就将所部编为巡防营正式军队，并和日本浪人断绝了关系。张作霖以他的宽宏大量，不仅为奉天政局消去了一个祸根，而且化敌为友，给自己添了一员得力部下。

有刺客

尽管在外人看来，张作霖事事通达，几乎没碰到过什么不顺的，但他的日子其实并不好过，这主要还是因为外部形势太难以捉摸，就连袁金铠那样的头脑，一时都很难看清，比如袁世凯明明可以镇压革命军，却始终藏着掖着，以至于政治风云变幻莫测，几乎是一天一个行情。

从张作霖的角度和立场来说，他从被招安那一天起，一门心思想的就是卖力干，然后得到上司的认可和朝廷的赏赐。朝廷待他也的确不薄，一份份请赏报告送上去，一顶顶官帽发下来，无论是为了个人升官发财的需要，还是照顾赵尔巽那种人所看重的"清誉",他都实在没有理由不跟在赵尔巽后面做个忠臣。更何况，在与革命党的明争暗斗中，他已经欠下了不少血债，别的不说，光是杀张榕一案，就已与党人结下了血海深仇。试问，若是以孙中山为首的革命党坐了天下，会有他张作霖好果子吃吗？

清廷在摇摇欲坠之际，曾严令赵尔巽，须从奉天的五路巡防营中拨出一半人马，移往山海关以南，以拱卫京师。张作霖知道后，一再请求赵尔巽让他亲自挂帅出征，并且语气铿锵地说："要用铁血对付革命党，以尽我们军人拱卫朝廷的责任。"

赵尔巽虽然坚决保皇，但他倚张作霖为身边最可信赖的武将，哪里能放他走："现在关内形势未卜，你这一离省，就等于离了根基，万一进关不妥，恐怕想回来都不行了。另外，你这一离开，必将人心浮动，万一革命党乘虚而来，反丢了自己的地盘。"张作霖想想有理，这才没有坚持。

其实赵尔巽、张作霖再怎么起劲也没用，因为舞台的主角不是他们。作为主角之一的袁世凯长袖善舞，把清廷和革命军都播弄得团团乱转。1912年1月22日，也即张榕被刺的前一天，孙中山发表声明表示，如果清帝退位，袁世凯宣布赞成共和，自己可以辞去临时大总统的职务，让袁世凯来当大总统。

看到南京临时政府做出了让权保证，袁世凯决定牺牲掉清廷。在他的指使下，四十七名军事将领联名通电，要求清廷同意共和政体以及让清帝退位。张作霖没有参与这次通电，不仅如此，他还认定"共和必招大乱"。

这时蓝天蔚已率北伐舰队在辽东半岛登陆，杀入了东三省。主守辽东的右路巡防营统领马龙潭惊慌失措，连连向奉天发电告急。有人问张作霖该如何应对这一紧急局势，他说："南方军队北伐之类，何足挂齿？就是袁世凯总理（袁世凯时任清廷内阁总理），如有确实迹象证实其已附和共和，本人亦绝不听从其指挥，必将我行我素。"

张作霖由此被革命党人视为眼中钉、肉中刺，必欲除之而后快。张作霖有一个跟随多年的护卫，绰号梁二虎，被党人所争取。有一天晚上，张作霖在其公馆宴请各巡防营的军官，席间梁二虎见卫兵们离得较远，是个出手的好机会，便伸手掏枪，准备射杀张作霖。也是张作霖命不该绝，前来赴宴的金寿山正在照镜子，看到梁二虎拔枪，连忙大叫一声："有刺客！"

金寿山一边喊，一边拔枪，他是"大当家的"出身，拔枪和开枪速度比梁二虎还快，而且打得准，梁二虎当场就被他打死了。

杜立三的夫人郑梅生加入革命党后，经人介绍与张作霖的部下刘景双结婚。郑梅生从未放弃过要为前夫报仇雪恨，在她的动员下，刘景双也加入到了行刺张作霖的行列。夫妻二人率骑兵两百，时刻想对张作霖发起袭击，但因为曾遭到梁二虎的行刺，张作霖加强了防范，两人一直都未找到合适的机会。

党人的行刺或许可以吓住那些居于省城的满人官僚和八旗子弟，但要吓住过惯刀口舔血生活的张作霖，却还不是一件易事。真正让他改变立场的，不是别人，正是张作霖曾口口声声，只要"附和共和"，就视之为敌的袁世凯。

第四章

说破英雄惊煞人

官场向来都是名利场，讲的是顺风使舵、随机应变，张作霖若要真是那种我行我素，一条道走到黑的主，又怎么可能在这里面混得如鱼得水？袁世凯是官场老手，岂能捉摸不透同僚们心中的小九九，同时他又深知东北的重要及其问题的复杂性，所以非常舍得在里面下本钱。

赵尔巽、张作霖虽然都是"勤王"的支持者，但赵尔巽是文臣，只能动动嘴和笔，奉天军事大权实际已完全操于张作霖一人之手。于是袁世凯就给张作霖写去一封密函，劝说他归顺即将成立的共和政府，并且许愿一旦事成，"共和政府成立之日，任卿为东三省防务督办"。

张作霖只是眼看着清廷不中用，可一时之间又抱不到合适的大腿而已，现在袁世凯主动抛来橄榄枝，岂有不乖觉之理？对袁世凯的提议，他马上表示赞同，此后便改变态度，转而用袁世凯跟他讲一套，对赵尔巽、聂汝清、冯麟阁等人进行说服。见自己唯一能够依恃的张作霖都已转向，赵尔巽也只有认命服软，他致电袁世凯称："东三省之事无足为忧。"

是个做大事的人

1912 年 2 月 22 日，在袁世凯的逼迫下，清廷颁下退位诏书，令袁世凯组织临时共和政府。同一天，孙中山履行政治诺言，在南京辞去临时大总统一职，转而举荐袁世凯相代。

清帝退位后，黄兴电令蓝天蔚停止进攻，蓝天蔚将所辖军队交由袁世凯接收改编，之后选择了出洋游历。虽然表面的军事攻伐已经停止，但这并不表明革命党人与张作霖的恩怨可以一笔勾销。张榕的姐姐张焕桂、大哥张焕柏多次向新成立的北洋政府及其最高法院提出控告，要求法办张作霖。

张作霖乃手握东北兵权的封疆大吏，连袁世凯都得哄着骗着，政府自然也不能拿他怎样，只能批示让张作霖发还当年从张家抄没的财产。张作霖顾及脸面，宁愿以赠送的名义，拿出比抄没时更多的财产给张家，而不肯承认抄家的事。张家兄妹也同样憋着一口气，拒绝赠送，坚决索讨。

当年 4 月，黑龙江省军方代表团入关参加全国南北军统一会议，回省路过奉天时，张作霖予以了盛情款待。代表团成员刘德权告诉张作霖，南方各省对他十分痛恨和鄙视，上海舞台上演戏剧，竟然还有演员扮成"三花脸版张作霖"，加以讥笑和丑化。张作霖听后并不感到吃惊，说："无论他们怎样毁谤我，也不能动摇我的事业，只要他们敢来，我决以铁血对待之。咱们东三省保护地方和百姓，应当成立铁血团。希望你和我时常通信联络。"

刘德权是士官生，听到他路过奉天，几个同学便相约来找他。因为张作霖曾经在省城"杀秃子"，外界都风闻其最恨留学生，听刘德权说张作霖就在现场，几个同学怕撞见，赶紧匆匆离开。不料正好又被张作霖看到了，他回头问刘德权："这不都是你的同学吗？"

因为同样担心张作霖对士官生这个身份敏感，刘德权便回答说的确是自己的同学，不过都是规矩的人。没想到张作霖不但不在意，反而对刘德权说："你可以告诉他们，千万不要走，我们奉天讲武堂就要开办（辛亥革命爆发后，讲武堂已经停办），都要用他们。军队没有教育哪能行呢？"

刘德权知道张作霖以前做过"胡子"，像他这样年纪轻轻就从日本留学归来的人，其实骨子里对张作霖的这种出身是很看不起的。然而张作霖的一系列言论却让他不由得刮目相看，特别是张作霖关于军队教育的认识更使他认识到，此人胸有大志，绝非一个等闲的草头王。

刘德权等人回省后，把自己的所遇所见向都督宋小濂（辛亥革命后，各省督抚均被已改为都督、民政长）报告，宋小濂也惊叹张作霖见识不凡，是个做大事的人。

几个月后的一次兵变更加证实了张作霖的魄力和能力。这次兵变起自于驻北大营的第二混成协，协统聂汝清目不识丁，平时比较倚重二等书记官朱道南。朱道南不是革命党人，但同情革命党。第二混成协的官兵以皖籍为主，安徽人占到七成，朱道南常利用同乡的关系对他们加以启发。

清朝灭亡后，一群遗老组成宗社党，把东北作为复辟基地。奉天城内时有他们活动的身影，赵尔巽、张作霖在政治态度完全改变之前，与宗社党也有联系和合作。朱道南就对官兵们说："保皇党起来，我们汉人都是死。"

除了认为赵、张与宗社党勾结外，"客军"常受"本兵"欺压也成为官兵不满的一个重要因素。1912 年 6 月 18 日是端午节，当晚一些士兵携枪出营，发动了兵变。这些士兵一路奔军械局，一路奔造币厂，余下的人在奉天省城北门外抢劫商店、银行、钱庄。一时间，枪声震耳，火光冲天，奉天城内陷入一片混乱。

第二混成协是徐世昌入奉前，从北洋陆军第二、第四两镇中挑选出来的精锐，步、炮、工加一起有十一个营，并且拥有当时最先进的二十四生大炮（生是厘米的音译，指德造二十四厘米口径的克虏伯火炮）。连日本领事都认为，在事发仓促的情况下，张作霖难以守住奉天城，因此以保护侨民为由，派人向省府要求派日军进城参加防守。

赵尔巽、张作霖自然不能干这种引狼入室的事。张作霖一边下令紧闭奉天的八座城门，一边亲自率部坚守北大门。混成协的士兵目标分散，各干各的，形不成重点，要攻城也被守军死死堵住攻不进去，气恼之下，放了把火就返回北大营去了。

聂汝清也身不由己地被裹挟到兵变中，稀里糊涂地成了兵变的指挥者。天亮后，赵尔巽派人请他进城会商善后事宜，表示今后"客军"与"本兵"可以充分合作，争取立功赎罪。

聂汝清召集全旅官兵开会，众人都认为赵尔巽是在使诱杀之计，力阻他进城。朱道南更是鼓动大家："千载难遇这个升官发财的好机会，大家愿干，唾手可得。只要我们二十四生的大炮两响，就可以吓死赵尔巽，活捉张作霖，举聂旅长为奉天都督，大家不是都有好处吗？要是迟疑不决，大祸立至。"

官兵们听后果然都决定放弃会商，造反到底，然而聂汝清却不是一个能赌得起的人，还没等二十四生的大炮响起来，他就失踪了。朱道南见势不妙，也托词逃走。主心骨一失，军心大乱，张作霖趁机率部包围和击溃了哗变士兵。此后，他对混成协进行清洗，共擒杀变兵两百多人，两千多名有参与兵变嫌疑的官兵被陆续遣散。

生财有道

随着兵变被镇压，省城秩序得到恢复。赵尔巽奉报袁世凯，极力称赞张作霖的表现，这使得张作霖在袁世凯的心目中又增加了一层分量。1912 年 9 月，全国陆军进行改编，张作霖被任命为第二十七师师长。虽然冯麟阁、吴俊升也同时被晋升师长，但袁世凯明显对张作霖更为欣赏和器重，曾专召张作霖进京觐见，并在京城为他大摆宴席。那一天，张作霖在毅军老帅姜桂题的引领下入席，席间袁世凯不仅对他赞勉有加，还给了许多赏赐。

自此以后，张作霖在奉天不仅掌握军权，其政治声望和权威也逐渐超越了赵尔巽。他的公馆俨然已成全省政治中心，每天宾客如云，文武官员络绎不绝，这些官员遇到事情，不管与张作霖本人有没有关系，都会与之相商或征求他的意见。到后来，即便不住省城的官员来奉时，遇事也必定要和张作霖通一通气。

长此以往，赵尔巽几有被架空的感觉，加之他年纪大了，心念旧朝，也不太愿意当民国的官，于是便向袁世凯称病辞职。11 月 3 日，辞职获准，赵尔巽就离开奉天，到京城出任清史馆馆长，专心修清史去了。

十多天后，袁世凯任命张锡銮署理奉天都督（民国成立后，东三省总督被撤销，改为奉天都督，不再对吉林、黑龙江两省拥有管辖权）。张锡銮此次是二度赴任东北，上次他来东北是在巡防营务处做总办，除了对张作霖多有提携外，冯麟阁也曾得到过他的好处。袁世凯对官员们之间复杂的人事关系相当熟稔，曾经讲过："张锡銮于张作霖、冯麟阁均有旧恩，因而能保证他在奉天任上不会出乱子。"

果然，张作霖对张锡銮的赴任极表欢迎。张锡銮自己手里没有队伍，对张作霖也很依赖，为了进一步拉近与张作霖的私人关系，他还在义父子之外，让自己的儿子与张作霖拜了把子。

张锡銮和赵尔巽一样，都是对官场关系学钻研极深的老官僚，非常善于处理人际关系，虽然张作霖是他的下级，但他仍非常注意对张作霖的控制尺度，有时甚至到了迁就和纵容的程度。

张作霖虽然当上了师长，但财政上要光靠政府给他的部队发军饷，实际是不够的，而且张作霖向来反对"喝兵血"，克扣官兵的军饷。为了找到财源，他灵机一动，想到了一个办法。

民国官员中，以县长、税捐局长、警察所长油水最多，称为三大肥缺。谁要想得到这三项肥缺，就必须有势力的人推荐。在奉天省城，张作霖是举足轻重的实权派，当然人人都想巴结，也都在打听如何才能接近这名显贵。张作霖便利用自己的身价，很"贴心"地让人放出风来：张作霖喜欢赌钱，你要跟他套近乎，唯一的办法就是到他的公馆去跟他赌钱！

一传十，十传百，到张公馆赌钱的人趋之若鹜。对初次上门的赌客，张作霖向来是不问姓名，坐下就赌，而且赌什么都可以，只要你想得出来——在"耍混钱"之前，张家的主营业务就是"耍清钱"，对各种赌博玩法，什么推牌九、打麻将、押宝，没有一样不精通。

到张公馆赌钱的规矩是去赌的人钱不输光不能散，其实也就是张作霖不赢够钱不能散。这种赌局每次的输赢都很大，动辄就要现大洋几千元乃至几万元。有的人未带足现钱，但张作霖也不怕他赖账，因为在东北这个地面上，没有什么输赢账是他要不回来的。长春道尹（道尹相当于专员）孟秉初在张公馆赌钱时输给张作霖两三万元，回到长春后装聋作哑，很久都没有还钱的意思。张作霖就毫不客气地派人到长春去要，最终要来了事。

张作霖当然不是光靠设赌来赚人家的钱，他会观察。如果你前前后后来赌过好几次，每一次都输了很多钱，他就知道你是真为跑官来的，并且囊里的银子也给得差不多了。这种情况下，他会主动请你吃饭，吃饭时问你姓甚名谁，做过什么事，以及哪有这么多钱可拿来输。

此时你得赶紧要求他栽培，同时说明自己的愿望。张作霖听后会让你当着他的面写一个简历表，有时还问问你希望到哪一个县去，最后来一句："待我说说看，可不一定保准，你听候回信吧！"

第二天，张作霖就拿着这个输钱人的简历去找张锡銮代为介绍："这个人是我的好朋友，很有能力，可以当县长或税捐局长或警察所长。"末了还不忘叮嘱："这个人请都督提前发表，请注意不要忘了。"

一般而言，对于张作霖要介绍的人和所要的缺，张锡銮都是立即照准。偶有例外的时候，张作霖看到三五天都没回音，就着急了，往往会跑到张锡銮的住处，质问他为什么还不发表，于是请托也就很快通过了。

张作霖以设赌为由，代人谋事，其伎俩日久便被人们看穿了，他这个生财有道的办法也因此被称为"大吃县局"。

自己人

张作霖平时对张锡銮恭敬谨慎，但涉及地方要政，是决不肯让出发言权的。张锡銮每次召开军警会议，研究有关地方治安问题，如果事先未与张作霖商量，或未取得他的同意，张作霖就经常拍桌子打板凳，气势汹汹地加以反对，当众让张锡銮下不来台。

遇到这种情况，张锡銮只好拿出长辈的身份和涵养，和蔼地对他说："雨亭，你又喝醉了吧？不要上火，请到小客厅里休息休息。"一边说，一边亲自把张作霖陪到小客厅，劝他："这次会议都是为的你，因为我们都是自己人，你干好就是我好，我干好就是你好。"如此这般说好话，张作霖才肯顺顺当当地回到会议室重新开会。

事实证明，袁世凯用人确实很有一套，张锡銮和张作霖之间再闹别扭，也都是自己人内部的矛盾，而这正是袁世凯所希望的"在奉天任上不会出乱子"的重要前提。处理金寿山一案就是一个最好的例子，民国成立后，金寿山驻防铁岭、开原等地，此人身为官军头目，仍旧匪性难移，经常在驻地劫掠绑架，滋扰百姓，省府不断接到地方上送来的状纸。

张锡銮深知金寿山不是好惹的人，如果正式捉拿，不但不能乖乖就范，而且很可能引起哗变。经过考虑，他决定采用调虎离山之计，将金寿山骗到省城再伺机除掉。

这样的事必须靠张作霖来执行，也必须和他商量。说起来，金寿山已算是张作霖的部下，当初护卫梁二虎刺杀张作霖，也幸亏金寿山出手格杀刺客，但在张锡銮说明此人对地方治安造成的危害后，张作霖还是答应对行动予以配合。

计议已定，张锡銮即以研究防务为名，电告金寿山到奉天开会。金寿山也知道下面告他状的人很多，迟疑着不敢去，但不去又怕遭到上司责怪，为此他特地派亲信到省城向张作霖打听动静。张作霖对来人说："你让他（指金寿山）亲自来就行，有什么事都有我张作霖承担。"

金寿山见有张作霖作为保人，以为无忧，就只带了几个护卫赶到省城，并先在张作霖公馆住了下来。到了传他的那一天，张作霖亲自陪金寿山走进都督府。等金寿山行礼后，张锡銮便从袖中掏出一份电报，单刀直入地说："这份电报是袁大总统专门为你的事打来的，金首领知道自己做的事情吗？"

原来袁世凯也收到地方上送去的报告，特地发电催促张锡銮对金寿山采取行动。金寿山一听，心中已明白了大半，这时他唯一的希望就是旁边的张作霖可以替他说个人情，但张作霖却把目光转向厅外，装得跟个局外人相仿。

张锡銮一摆手，几个卫士上前将金寿山绑了。到此生死关头，金寿山只得哀求都督饶命。张锡銮摇摇头："我和你有什么呢？这是袁大总统的命令。"

金寿山随后押上囚车，送到奉天模范监狱关押。在他被关押期间，其手下和家属拿出来劫掠来的金银财物，向奉天省的大小官吏行贿，希望能将金寿山放出。张作霖担心夜长梦多，遂赶紧做了一番布置。

一天早晨，狱中的金寿山起身后，在走廊里走来走去消遣。突然，他看到一个人站在楼下盯着他看，不免有些诧异，但随即认出这是张作霖手下一名枪打得最准的神枪手，名叫高金山。

金寿山还以为张作霖要给他送什么信息，一边活动手脚一边问高金山："你这小子，到这里干什么来啦？"高金山回答："我来侍候统领。"话音刚落，金寿山就随着枪声倒在了走廊的地板上。

应该说，袁世凯是一个有经验的治国者，如果他不鬼迷心窍，突然想当皇帝的话。自从他有了这个心思后，就派人四处游说，征求封疆大吏们的意见，其实也就是希望疆吏们能够拥护他黄袍加身。来人到奉天询问张锡銮的意见，张锡銮极不赞成，说："今天不论在人民的心理还是整个形势上，都不能办这种事。"

说客回京对袁世凯一讲，袁世凯就觉得张锡銮不可靠，难免成为他登上龙椅的障碍，于是便想派一个心腹坐镇奉天，以免他以后要做皇帝时生出枝节。

我怎么能给人当儿子

袁世凯打算派出的这名心腹是段芝贵。段芝贵在前清时就是要员，但官声不佳，此人为了升官，什么不堪的事都做得出来。当初慈禧太后欲任命庆亲王奕劻之子载振为东三省总督，圣旨公布之前，先派他到东北考察，以便熟悉一下当地情况。

载振是个花花公子，在东北吃喝玩乐一番后就打道回京复命，路上他接到段芝贵盛邀，让他到天津玩上两天。载振到天津后，迷上了津门名伶杨翠喜，段芝贵投其所好，用重金将杨翠喜买下并送入载振府中。

段芝贵醉翁之意不在酒，他知道载振将主政东北，希望能从对方手中得到黑龙江巡抚一职。载振乐不可支之余，满口答应。不料此事遭到御史的参奏揭发，慈禧闻讯大怒，立即将已经赴东北上任的载振、段芝贵革职，这就是著名的"杨翠喜案"。

进入民国，国体虽变，但世故人情和官场的本质未变，段芝贵靠着他的钻营术又成了袁世凯帐下红人。得知即将派来接自己位置的竟是这种货色，张锡銮非常郁闷，他作诗自遣，其中两句道："庭前古树老于我，窝上斜阳红满楼。"

1915 年 8 月 22 日，袁世凯正式颁下文件，让段芝贵到奉天当将军（之前都督已被改为上将军或将军），并重新节制吉黑两省，而张锡銮则被调湖北署理军务。

和他的前任赵尔巽相仿，离职前的一刻，张锡銮变得心灰意懒，只不过不是对前清，而是对民国。离开奉天前，他和张作霖道别，张作霖说："干爹去到湖北又可大展宏图了。"张锡銮却淡淡地说："我此番回去就不做事了，两湖潮湿，我人老了，不能去的。"后来张锡銮果然没有赴任两湖，而选择滞留北京，直到完全退出政界。

段芝贵与张作霖之前的几任上司都不同，他习惯于媚上欺下，一开始，对张作霖、冯麟阁等草莽出身的将领更不放在眼里。去将军府请示的人很难见到段芝贵本人，大部分都是由其参谋长代见，张作霖也不例外，这让他对段芝贵很是不满。

1915 年 12 月 12 日，袁世凯复辟帝制，建立"中华帝国"，年号洪宪。称帝后，他论功行赏，大封爵位，段芝贵被封为公爵，是所有爵位中最高的。古代分封诸侯时要举行仪式，称为"分茅裂土"，段芝贵俨然以享受"分茅裂土"之尊的诸侯自命，让人称其为爵帅。张作霖看在眼里，气在心头。

　　张作霖得到的爵位是二等子爵，他问来宣布爵位的使者："这个子爵是怎么一回事？"来使答道："子爵下于伯爵一等，再往上为公为侯。"张作霖因为心里不痛快，便当场见机发作，大骂道："他妈拉个巴子，我怎么能给人当儿子？"

　　张作霖马上派人向段芝贵请假，说自己病了。段芝贵一打听，才知道他得的是心病，这才有些着急起来，连忙亲自来张公馆进行探望。按照张作霖的吩咐，守门的卫兵也不让他入内，说："我们将军身体欠安，谢绝一切来访。"

　　段芝贵碰了一鼻子灰，就把经过情形用电报向袁世凯进行了汇报。袁世凯听后很生气，因为师长一般只授轻车都尉，小省的将军才能授以子爵，他对张作霖已是破格恩宠，没想到对方居然这么不给他面子。

　　袁世凯遂调张作霖为绥远都统，可是张作霖来了脾气，偏不挪窝。张作霖不是赵尔巽、张锡銮等手无缚鸡之力的文臣，对于这样手握重兵、拥有实权的武将，袁世凯知道不能用强，尤其这时蔡锷等人已经在云南宣布独立，发起了反对他复辟帝制的护国运动，袁世凯顾此失彼，暂时也就顾不得料理张作霖了。

　　正当张作霖在家中气得哼哼乱叫的时候，袁金铠突然来访。自赵尔巽卸职奉天都督后，在东北已无职衔的袁金铠也只能随老幕主前往北京，出任清史馆编纂。他是个对名利极其热衷的人，要不然在奉天时，也不会做出先欺骗吴景濂，继而诱杀张榕这样等同于卖友求荣的勾当。孤影一只、清灯一盏那样的生活，对于已看淡政界风云的赵尔巽、张锡銮或许没有什么，袁金铠又怎么可能熬得下去？不久，他就耐不住寂寞，扔下《清史稿》，跑出来"扛私活"了。

　　最初，张作霖的部队要由镇改编为师，袁金铠主动请缨，为其在京城内四处奔走。当时他住在前门某客栈内，恰好被张榕的姐姐张焕桂打听到了。张焕桂将赵尔巽、张作霖、袁金铠都列为杀害弟弟的主凶，眼见得袁金铠脱离了官府保护，独自居住在外，自然不肯放过，一份状纸就递到了法院。吴景濂时为国会议长，也对袁金铠恨之入骨，听闻后给法院、警察厅施加压力，要求即刻逮捕和法办袁金铠。

国会议长发话，警察厅不敢怠慢，迅速派出便衣侦探缉拿。侦探经过侦查，发现袁金铠确在张焕桂所说的那家客栈内，便准备第二天予以逮捕。不料他白天的侦查活动都被客栈老板看在眼里，老板挺为客人着想，他第一时间就把情况密告给了袁金铠。

袁金铠有袁金铠的做事方式，得到消息后，他没有马上溜之大吉，而是先将被褥放下，帽头置于枕上，被内又用茶壶支起，这样让别人从窗外看到后，会误以为他还在床上睡觉。如此这般伪装好后，他才化了个装，从后门溜出，连夜逃到奉天去了。

张作霖也是张榕案的主角之一，把袁金铠抓走会牵连到他，所以绝不会容许中央的人跑来奉天办案。有了这张护身符，袁金铠的人身安全算是有保障了，但舆论却饶不了他，自逃回奉天后，奉天各界对之口诛笔伐，报社用插画形容他是猪狗一类的东西，党人则发表论文指他为东省败类。袁金铠知道自己为公众所不容，便躲在家里哪也不敢去。

时势造英雄

过了一段时间，发现风声不太紧了，袁金铠又重新潜入京城，准备在袁世凯称帝一事上捧一把臭脚。可惜的是，那时争先恐后上来捧袁世凯的实在太多，他都挤不到前面去。

无法接近袁世凯，自然也就不能得志，袁金铠只得再找过去的老幕主想办法。经赵尔巽特荐，他先当上了约法会议委员，不久又改为参政院参政。不过这些职位都没有什么实权，不是袁金铠真正想要的，他想要的是黑龙江省巡按使，为此费了不少心思和努力。无奈要争得有实权的乌纱帽，其难度不比为袁世凯捧场低多少，最终由他出任的提议未能在国会会议上通过。

赵尔巽毕竟已经过气，如何能够指望得上？袁金铠痛定思痛，认识到自己要想在官场混出名堂，还是得投靠和依附于一个有实力的当权派幕主才行。

投靠谁呢？张作霖！

张作霖知道袁金铠前段时间到京城为袁世凯捧场去了，还没等他开口，就笑着揶揄道："洁珊（袁金铠字洁珊）将为洪宪功臣，请勿忘昔日之交，遇机提携。"

袁金铠早有准备，不但不以为意，还笑着对张作霖说："师长不要误会，请容我给你详细道来。"

袁金铠给张作霖说的，是他了解到的袁世凯称帝内幕。尽管袁金铠去京城的本意是攀龙附凤，想从中分一杯羹，但既然最终没捞着什么好处，那可就别指望他说什么好话了。袁金铠对袁氏来了个批倒批臭，全盘否定："项城（袁世凯是河南项城人，故人称袁项城）藉革命而推倒清廷，假民意而阴谋帝制，不顾舆论而欲家天下。"

自蔡锷等人在西南发起护法运动后，各省纷纷响应，袁金铠也看好反袁的前景，他认为虽然袁世凯的门生故吏遍天下，但是原先的一些心腹手下态度不一，都在不约而同地进行观望，像徐世昌、段祺瑞等人都不赞成其称帝，冯国璋则更有异议。

袁金铠还得知，袁世凯黄袍加身这件事尚未有定论，但家里已经不安宁了，他的两个儿子袁克定、袁克文各树党羽，有争储的迹象。在袁金铠看来，这些都非"佳兆"，说明只要战争持续不绝，袁世凯即便调兵遣将，亦难以挽回颓势，也难免落个众叛亲离的下场，他的皇帝宝座注定是坐不长的。

见张作霖已渐渐听得入神，袁金铠不忘用大话给自己身上披一层金，说他所以入京城活动，是为了窥破这些人的底细，乃别有心机，并非一味贪图富贵。

袁金铠是不是贪图富贵，张作霖倒不在意，毕竟大家在官场上这么辛苦地跑来跑去，哪一个人又是在无私奉献？让他佩服的是袁金铠对时势的分析和见解，这让他联想到，辛亥革命刚刚爆发那会儿，若不是此人给他引见赵尔巽并多方设谋，自己也不可能有现在的成就。

想到这里，张作霖突然很激动地对袁金铠说："辛亥之役，颇资臂助，耿耿在怀，今日之事，能为我再设一谋否？"

袁金铠原为打动张作霖而来，发现他的三寸不烂之舌还真让张作霖动了心，不由得暗暗高兴。不过他接下来要说的不是计谋，而是大略。

自被改编为官军起，张作霖先扫荡辽西匪盗，继而经历日俄战争时的风云诡谲，接着在冰天雪地中带兵追剿蒙军，一路走来备尝艰辛。辛亥革命后，照袁金铠的讲法，张作霖又有保全东三省之功，从而使得"市廛不惊，黎民安堵，可谓劳苦功高"。

张作霖功劳之大，袁金铠说不但他感到钦佩，"东省父老莫不讴歌"。此时，袁金铠话锋一转，搬出了一个自古到今最为国人所熟悉的英雄史观——

"夫大丈夫处世，须默察时势，顺应时变，岂可郁郁久居如此，不为前途久远计乎？历观古之英雄豪杰，顺时应变而能成大业者，何堪指数！所谓时势造英雄，良非虚语。"

什么叫时势造英雄，用袁金铠的话来说，就是既然你张作霖手握重兵，在东北有举足轻重之势，这时候就应该趁袁世凯即将失势，中央陡失重心之机，在东北树起大旗，打造自己的天下！

一拍即合

真是一语惊醒梦中人，袁金铠的话一下子就把长久以来潜藏于张作霖心中的一个念头勾了起来。那还是他在八角台当团练长的时候，有一天和汤玉麟喝酒，喝着喝着，兴致上来，他放出豪言："当今之世，满洲无主，我等不应安居一方，而应将小股流匪合并在一起，形成强大势力，而后称霸满洲。"汤玉麟被他激起雄心壮志，也随声附和道："我也有这种想法。"

站在当年的时空，旁人若听到这段对话，十之八九会认为他俩是在做白日梦：说难听点，你俩也就是商人雇的保镖，如果东家不雇你们，没准还得回头吃黑社会的饭，居然都扯到称霸满洲去了，想什么呢，你们？

人在微贱的时候高言如何如何，看起来荒诞不经，但因为没有束缚，其实都是真心话。只不过后来位置越来越高，事情越来越忙，与兄弟朋友一起喝小酒谈理想的机会也就越来越小，张作霖自己倒已经淡忘了曾经的梦想。

现在因为袁金铠的一句"时势造英雄"，张作霖忍不住怦然心动：是啊，跟未来的东北王相比，再大的官又算得了什么？

这边袁金铠还在不停地说，他提到两个人，都是清末时的人物，一个叫李世忠，一个叫陈国瑞。李世忠、陈国瑞原先都是土匪，后向官军投诚，两人在与太平军、捻军作战中都屡立战功，然而结局一个是被朝廷下诏诛杀，一个是被发配黑龙江。袁金铠的意思是，做东北王，称霸满洲，不仅是追求和梦想，也是最好的安身之计——历来是鸟尽弓藏，兔死狗烹，像你张作霖这样的出身，中央用得着时用，用不着时第一个就会拿你开刀。李世忠、陈国瑞即为前车之鉴，到时岂独升官无望，即算是想重回市井当个小混混都不可得了。

张作霖最初只是对袁世凯、段芝贵不满，希望袁金铠给出出主意，以便改善自己的境遇，或者在仕途上更进一步，根本没想到袁金铠居然会"说破英雄惊煞人"。他虽是"胡子"出身的武人，但历来心思缜密，不想好的事情绝不会轻易出手，所以在袁金铠正着反着说一大堆后，反而有些踌躇，说自己兵单饷薄，恐怕做不成这样的大事。

看到张作霖忽然犹豫迟疑起来，袁金铠担心他打退堂鼓，急忙一边对奉天的军政格局进行剖析，一边提出相应的对策。

这时奉天握有兵权的人，除张作霖外，尚有冯麟阁、吴俊升、马龙潭等人，尤其冯麟阁几与张作霖形成鼎足之势。不过按照袁金铠的分析，冯麟阁的部队编制不全，以师来说，总共缺包括炮骑在内的四个营，而且其内部也不和谐，旅长汲金纯对冯有芥蒂。更重要的是冯麟阁这个曾经的江湖老大城府过深，顾虑过多，如果张作霖先动，他必不敢轻动。

冯麟阁是不敢动，吴俊升、马龙潭是很难动，他们的部队都是巡防营编制，没有重炮，又分散各地，要在短时间内集中起来非常不易。就指挥官来说，吴俊升作战奋勇，但贪而无厌；马龙潭颇有城府，可又老而无能，二人都缺乏深谋远志，因此不足为虑。

除去这三强外，省城中剩下的文武官员，均非段芝贵的亲信。袁金铠确信，就算这些人暂时把立场放在段芝贵一边，只要许之以重利，也一定可以收买过来。

袁金铠最后告诉张作霖，经过这番精心布置，加上"我省土地肥沃，矿产丰富"，"师长（指张作霖）必能展平生志愿，将大有为于天下也，岂独久居方面已哉"！

张作霖顿觉眼前豁然开朗，认识到他乘机而起，掌握东省军政大权，雄霸满洲的时机确实已经到来。二人一拍即合，张作霖以古代君王求贤的语气邀袁金铠入幕："若事付君，祸福共之！"

当年赵尔巽离开奉天时，曾语重心长地对张作霖说："你要想做一番事业，对国对民有所作为，不能单凭军队的武力，同时还要注重政治，特别重要的是使用人才。"接着，赵尔巽又列了一张名单，上面都是他认为的奉天可用之才，他让张作霖赶快把名单上的人都延聘起来。

赵尔巽走后，或因张作霖重视程度不够，或因时机还不成熟，他并没有完全按照赵尔巽的嘱咐去做，直到袁金铠入幕，而袁金铠正是列在人才名单上的第一人。

敲山震虎

1916 年春，奉天一家钱庄派人将数万元羌帖（沙俄在中国发行的卢布纸币，当时在东北通用）送往其他商号。送钱的人在大街上遭到一名士兵的抢劫，他当即报告岗警，岗警赶紧吹哨，召集邻岗进行追捕。抢钱的士兵慌不择路，结果掉进了一口枯井，被警察逮个正着。

警察随即将这名士兵押往警署，署长见此案不同于普通抢劫案，乃是军人白日行抢，便亲自进行审问。正审着，旅长汤玉麟带着十几个士兵闯入警署，硬将抢钱的士兵带走了。署长马上向省警察厅厅长宋文郁报告，宋文郁听后通过电话质问汤玉麟，并向汤玉麟要人。汤玉麟答复说那名士兵是他部队的，而且已经枪毙了。

这个事情本来已经结束了，但段芝贵得知后却认为有机可乘。原来他由京来奉就任时，就将他带来的同乡张宏舟发表为奉天警察处处长，不过他们很快发现，警务处只是个空架子，并无实权，于是段芝贵便打算让张宏舟兼任警察厅厅长。可是厅长位置上已经有人，这就得找点碴儿把现任给免掉，钱号抢劫案一出，段芝贵认为正好可以从中大做文章。

这天段芝贵亲自主持召开军警治安会议，省城驻军营以上军官以及警察署长以上人员尽皆与会，分左右对坐两旁。宣布开会后，段芝贵首先气势汹汹地朝宋文郁开炮："青天白日发生抢案，你警察厅长应不应该负责？"宋文郁老实作答："应当负责。"

宋文郁是张作霖的连襟，同时对段芝贵、张宏舟觊觎警察厅厅长之位的事，外界已有传闻，张作霖也有所知。当下，张作霖听得很不入耳，忍不住一拍桌子，大声对段芝贵说："你不知道奉天的情况，出抢案这是常事，不但警察厅长负不了责任，就连我当师长的也不能包干呀！"

段芝贵此时还没有充分领教到张作霖的厉害，所以仍然继续打他的官腔："雨亭（张作霖字雨亭），那么抢钱案应该怎么办呢？"张作霖腾地一下就被惹火了，他抬起屁股便走出会场，一边走还一边气呼呼地说道："这个会议是找我晦气，我不参加！"

张作霖的部下见他走出，都跟着走了。宋文郁一看，也和各署长一起退席，并跟着张作霖到了他的师部。见宋文郁跟来，张作霖说："他（指段芝贵）休想摧残我的人，这次我不把他赶走，我不姓张！你以后遇事不要理他。"

这边段芝贵被一个人冷落在了会场里，立刻感受到了孤家寡人是什么滋味。他赶紧把一个姓张的青年叫到身边，让张某赶快到张作霖处进行转圜。

张某是河北人，科举出身，很有才学，原来在北京政府任职，以前因公来奉天时与张作霖见过面，很得张作霖的赏识。当天下午，张某来找张作霖，对他说："今天上午开会，由于发生了误会，才导致不欢而散。事后上将军（指段芝贵）很觉抱歉，特意派兄弟来请师长到军署吃晚饭。"又说："因兄弟素蒙师长青睐，故敢冒昧前来，想师长是不会拒绝的。如果师长不肯赏脸，我也没有颜面待在奉天，只好今天晚上坐车回北京去了。"

张某把话说到这个份儿上，张作霖也就应约随他一同赴宴。再次见到张作霖，段芝贵早已换了态度，还直解释："我们与宋墨林（宋文郁字墨林）都是一家人，不过在会议桌上，不能不稍严肃些，为的是他对下边好约束一些。不想你未等我把话说完，就发生了误会，发了脾气，这个事应该由我负责，还请你原谅才好。"

晚宴结束，张作霖回到公馆，宋文郁正在公馆等他。他对宋文郁说："这下子他已叫我治住了，你回去安心干吧。"

一招敲山震虎之后，在袁金铠的策划下，张作霖又出新招。奉天东边道（管辖辽宁东边和长白山西南部一带）原有匪患，已被军警击溃，张作霖即向段芝贵建议说，土匪虽被击溃，但其党羽尚潜伏于东边山林地带，如果不以重兵镇慑，恐怕还要乘机复出。经过段芝贵的同意，张作霖从本师抽出一部分兵力编为混成团，由张景惠统率，名义上用以剿抚，实质是通过此举补充武器装备。

此前内蒙再生乱象。在沙俄的支持下，郡王乌泰与其弟葛根活佛等人合谋，并串通外蒙活佛哲布尊丹巴，阴谋建立"满蒙帝国"。乌泰集合蒙军分三路进攻洮南等地，驻兵洮南的吴俊升率部奋起迎敌，乌泰不是对手，被打得逃到外蒙去了。因在防边和剿匪上战功卓著，吴俊升在辽北声望日高，袁世凯特晋升其为洮辽镇守使。

吴俊升除了没有当过"胡子"外，其他地方颇能找到与张作霖的相像之处。比如因为他的父亲在蒙古马市上当过马贩子，熟知马的习性，对他产生过影响，以及他小时候放过马等经历，使得吴俊升习马性、识马行，以善相马闻名于军营内外。据说他的马术也极高，多么烈性的马，他只要骑上去就不会摔下来，不过后来因为身体太胖太笨重，上马时必须有两名侍从先将他抱持上去。

又比如，吴俊升虽然是个没文化的老大粗，但处事圆滑，八面玲珑，而且很会"来事"，每每见到别人，总是抢先握手："哦，哦，老弟你好！"甚至对于年龄上比他小二十岁的人，只要知道对方位高权重，他也会降下身份，在拜年时给对方跪下叩头。由此，他把上上下下都弄得一团和气，人缘上直追张作霖这个"万人喜"。

身为一员酷爱军旅生活的猛将，吴俊升作战英勇，身先士卒，可又屡屡能化险为夷，在这方面也神似张作霖。就在与巴布扎布的那次战斗中，吴俊升身受重伤，然而却死里逃生，以至于众人皆惊呼他为"福帅"。

从张作霖的角度来看，一个"新张作霖"的出现只会给他带来竞争的威胁，实际上，袁世凯也有意识地用吴俊升来对他进行牵制。尽管袁金铠起初在分析大势时，把吴俊升视为同马龙潭一样不足为虑的人物，但落到细处时，还是不敢掉以轻心。在袁金铠的筹谋下，张作霖调孙烈臣旅出驻辽北的新立屯，名为防止内蒙蠢动，实为防备冯麟阁和吴俊升。与此同时，汤玉麟旅、张作相炮兵团被集中于省城，以便与外部人马遥相呼应。

时机已到

在将相当一部分人马调入省城后，张作霖就开始虚张声势，把这些部队调来调去。段芝贵并不掌握军队，来奉天时只带了一个营的卫队，见张作霖如此频繁地在城内调兵遣将，不知道他要干什么，免不了疑惧不安。正好此时各省讨袁声浪越来越高，袁世凯本人束手无策，作为他的亲信，段芝贵也深感危机，时有朝不保夕之忧。

自在前朝为官起，段芝贵就靠拍马奉迎而扶摇直上，自然不是个清官。他的父亲更为贪婪，趁儿子在奉天上任，便在东北狠狠捞上了一笔，总共搜刮了上百万元的东西，其中单是张作霖就送给了老头子许多珍贵古玩。在张作霖的指使下，奉省的一些官员出面指责段芝贵贪污，到处宣扬说："段芝贵挪用奉天公款数百万元，这些全都是奉天人民的血汗钱，我们要求查查段芝贵的账。"

段芝贵怕就怕查账，闻讯十分紧张，急忙请张作霖从中调和。张作霖便出来扮好人，替他圆场。段芝贵既从内心里惧怕张作霖，同时又有求于对方，从此便在张作霖面前低了一头。

段芝贵错就错在媚上欺下惯了，刚到奉天时过于自以为是。想当初张锡銮未来奉天时，就有人告诉他说，关内有一个张冯（张勋和冯国璋），关外也有一个张冯（张作霖和冯麟阁），两边的"张冯"都不是好打发的，所以关里要处好这个"张冯"，到了关外也要处好那个"张冯"。张锡銮马上领会过来，一至奉天，就叫张作霖和冯麟阁各保荐两个人到都督府当差，结果张作霖派来以前的"总理"陶历卿，任都督府军务课长，冯麟阁派来白运昌，任都督府副官处长。张锡銮之所以把张冯的人放在身边担当要职，为的就是通过他们打通府（都督府）与部（师部）的联系，以便处好与张冯的关系。

段芝贵来了之后，慑于张作霖在奉天的声望和所掌握的兵权，没敢动陶历卿，但是却拿自己带来的人换掉了白运昌。除此之外，他一如既往地保持着对冯麟阁这位"前胡子"的轻视，冯麟阁去省城很难见到他一面。

冯麟阁对此非常生气，曾经恨恨地说："早晚必报复，走着瞧吧。"遇到张作霖，也发牢骚："早晚要把姓段的撵走。"张作霖一听正中下怀，赶紧投其所好："咱东北的事还得东北人干，要是赶走姓段的，我们拥护冯大爷当将军。"

此前，张作霖早已与冯麟阁、马龙潭、吴俊升、孙烈臣、张景惠、汤玉麟、张作相结拜为盟兄弟，当时称为"奉军八虎"。八个人按年龄排序，张作霖排老七，称张七爷，冯麟阁排老五，称冯五爷，但因为他是张作霖进入绿林圈子的带路人和引荐人，张作霖平时对他非常尊重，所以称其为冯大爷。

冯麟阁虽然年龄不是最大，但却是绿林中资格最老的，张作霖还未正式入草为寇时，在江湖上就已经赫赫有名了，所有现存的江湖大佬之中，也没有一个在资历上能超过冯麟阁，因此当张作霖说出要推冯麟阁为首，取段芝贵而代之时，大家都无话可说。与此同时，众人也没有觉得张作霖做此表示有何虚假之处，都认为他情真意切且义气过人，冯麟阁更是非常高兴，引张作霖为知己。

这时护国运动又进入新的高潮，各省为反对帝制纷纷独立，北京政府政事堂统率办事处密电各省军政长官，要求每晚必须给该处发一个"安谧如常"的电报（称为安电），可见袁世凯及中央政府的处境有多么困难和尴尬。在此期间，惩办帝制祸首的呼声也一浪高过一浪，而在被点名的帝制祸首名单中，段芝贵赫然在列。

已被众人推为带头大哥的冯麟阁认为时机已到，他在自己的师办公处摆宴，请奉天各界要人吃饭。宴罢客散，他单独留下张作霖密谈，说："上将军段芝贵是清末官吏败类，秽史劣迹人所共知，今为东三省帝制祸首，却仍然居于奉天人士之上。我辈决不甘心，应该驱逐他，由奉天人来干一干。雨亭以为如何？"

张作霖自然没有异议，随后便问冯麟阁想到了什么驱逐的办法。冯麟阁很得意地说："这个不难，由我们二十八师演黑脸，和他作正面冲突，由你们二十七师演白脸，用'吓'字诀逼他畏罪逃走。这样演一幕不费一兵一文的滑稽剧，岂不妙哉？"

到底姜是老的辣，冯老大那么多年黑道还真不是白混的。张作霖暗暗叹服，立即鼓掌赞成："对，就是要让各方面的人也知道奉天人不是好惹的。"

欲擒故纵

密谈结束，一回大营，张作霖即召集军官们开会，研究具体办法。旅长孙烈臣提议应以人民团体的名义赶段芝贵走，这样一来名正言顺，二来可以保证不把自己卷进去，以后在段芝贵面前好做人。张作霖认为言之有理，决定依计而行。

第二天天黑后，在张作霖的预先安排下，一群士兵朝天鸣枪。人们听到枪声后赶紧向张作霖报告，张作霖亲自跑进将军府向段芝贵报告，并且正经八百地透露说："外边二十八师军官联络奉天各界团体，正与二十七师部分军官进行密谋。据臣下调查，他们是要以惩办帝制祸首为名，计划闹事，这恐怕对上将军人身安全不利。"

段芝贵一听心惊胆战，连忙拉着张作霖的胳膊问："那我该怎么办呢？"张作霖假意拍拍胸脯："上将军不要紧张，我有防备他们的力量。"

张作霖这个叫欲擒故纵。段芝贵刚刚把心放下，他又跑来将军府告急，说："不好了，冯麟阁把兵全开来了，要进城找上将军理论！"

之前冯麟阁已经在递送省府的公文上对段芝贵出言不逊，故意让他难堪，段芝贵知道自己得罪了冯麟阁，无奈悔之晚矣，眼见得已无法补救。现在听说冯麟阁竟闹上门来了，急得他团团乱转，不知如何是好。

张作霖不忘在旁边继续补刀："这次冯麟阁说是要惩办帝制祸首，而且有各个人民团体的声讨书，我也没办法了。"

可怜段芝贵在无计可施的情况下，又只好央求张作霖替他想办法。张作霖见段芝贵确实已无路可走，于是用手指蘸了茶水，在桌上写了个大大的"走"字："三十六计走为上，现在奉天是个是非之地，将军还不如一走了之。"

东北于清末时建立行省，当时文武大员都是由外省人充任，直到民国初年，本省人渐渐参与行政，1914年初，吉林人齐耀珊担任吉林巡按使（巡按使相当于省长），首开本地人做本省首长的先例。与此同时，本地人开始滋生排外思想，奉天虽然也有巡按使一职，不过却是由段芝贵自兼的，这引起了一些地方文人士绅的反感和不满，他们以段芝贵发行五百元地方公债为由，纷加责难，令段芝贵很受刺激。

可以说，段芝贵本身官就做得很不舒畅，如今又碰到这码子事，真是心塞透了，即算是张作霖不暗示，他也已经有了引退之意。当着张作霖的面，他表示他将回北京，而且再不回来了，问题是冯麟阁已经兵临城下，不知该如何走法。张作霖忙说："这事不要紧，包在我身上。"

段芝贵随即电请北京政府，说他要回京述职，暂时离开奉天。因为做好了不回来的打算，在准备行装时，他让手下从官银号库存中取出两百万元及军火若干，全部装入私囊，同时调京奉铁路局的专车一列，作为赴京之用。

尽管段芝贵回京看上去已是板上钉钉，但他一天拖着不走，事情就有可能起变化。为了逼他快走，张作霖突然想到了一个主意——段芝贵刚到奉天就任时，因为没有带军队来，曾有意拉拢张作霖的旅长汤玉麟和冯麟阁的旅长张海鹏。张作霖的主意是以此事为由头，派代表当面指责段芝贵阴谋分化两师，这样做，就等于直接把刀架在了段芝贵的脖子上，不怕他无动于衷。

此议一定，张作霖马上通知冯麟阁，让冯麟阁把张海鹏派来进行配合。按照计划，汤玉麟、张海鹏作为两师将领公推的代表，同去见段芝贵，但是去之前，张作霖特地密嘱汤玉麟，要求他见到段芝贵后不要讲话，让张海鹏一个人讲。

见到段芝贵后，汤玉麟整个过程都做闷声葫芦，在旁边默无一言。唯有张海鹏不明就里，只知道冲在前面给人当枪手，他疾言厉色地对段芝贵说："你分化我们、拆散我们，这是不行的！请你赶快离奉，保证你的生命安全。"

段芝贵只好答应立刻离奉。由于汤玉麟没有出头，这使段芝贵仍以为与他为敌的是冯麟阁，张作霖是保他的，最多不过为了应付冯麟阁，在公开场合让部将站出来做做样子而已。在汤玉麟、张海鹏走后，他又向张作霖问计，张作霖岂肯给他留下后路，马上说："这些人（指汤玉麟、张海鹏等）天不怕，地不怕，什么都干得出来……"

第二天，段芝贵一刻不敢耽搁，带上家眷细软，坐着专车就奔北京方向去了。临行前，他向北京政府申请，要求将奉天的军事管理权交由张作霖代行。北京统率办事处复电，令张作霖暂行督理奉天军务兼办理巡按使的事务。

段芝贵真要走了，张作霖闻讯赶来送行。除了向段芝贵赠送许多礼物，以及一再邀请对方"病愈"后早日返任外，他还派孙烈臣率一个营的部队专程护送其进京。

对张作霖而言，尽管段芝贵发誓不会再回奉天，但这都是非常时期的非常之词，万一以后形势变化，谁能保证他不会真的"病愈返任"？要知道，政客的誓言、商人的承诺、妓女的贞操，可都是世上最无可信度的东西。

所以这一幕剧还不能就此结束。

黄雀在后

当段芝贵的返京专车路过沟帮子车站时，照例要停车添煤上水。此时他接到左右的报告，说车站附近发现有一个团的军队，全部轻装，呈战斗姿势，机枪口也斜对着车站。

段芝贵没有意识到这支军队是奔着自己而来，只认为反正已经卸任，多一事不如少一事，便让部下不要理会。哪知不一会儿，对方就有一个军官拿着名片来到了车站。军官自称是冯麟阁第二十八师的团长邱恩荣，名片上是他的顶头上司旅长汲金纯。

邱恩荣说他要欢送段芝贵，段芝贵的部下知道来者不善，连忙一边表示谢意一边婉言谢绝。见遭到挡驾，邱恩荣突然变了脸，他拿出两封电报，要求代为呈递段芝贵。

两封电报，一封是以奉天各界法团发出的，另一封是以省议会和二十八师全体军官名义发出的。段芝贵忙让人译出电文，两封内容一致，都是说段芝贵身为帝制祸首，本要受到奉天人民的处罚，未想竟敢携两百万元官款及大宗军火畏罪潜逃，"奉天人民无不发指痛恨，电请汲金纯旅长就近截留，押赴沈阳依法处理"。

看完电文，段芝贵被惊得不知所措，连忙把电报拿给孙烈臣看。孙烈臣看后，大声说："岂有此理，等我问问。"他走下车，和邱恩荣一起到票房谈话去了。

段芝贵不知道，这其实是张作霖和冯麟阁在继续演戏。原来张作霖还在前往车站为段芝贵送行之前，就给冯麟阁发去电报，把段芝贵私取官款与军火的事告诉了他，让他把专车截住后要回这些东西。冯麟阁一听能落得这等好事，岂有不应之理，于是马上答应再扮一回黑脸。

孙烈臣的一举一动都是照着"脚本"来的，他下车后便故意拖延时间，许久都不露面。段芝贵看不到他，却见车站上邱恩荣的士兵排着队拥到站台附近，大有剑拔弩张之势。

段芝贵不是个笨蛋，他终于醒悟到，冯麟阁可能是在搬他的"胡子"老戏码，即留财不留命，留命不留财，换句话说，人家就是冲着官款和军火而来。无奈之下，段芝贵只得下令左右将官款银箱从车上卸下，堆放在站台上。

看到段芝贵自觉地留下了财，孙烈臣这才返回专车，一本正经地向段芝贵报告说，奉天各界民情汹汹，一定要截留专车押回沈阳，只是在"张代督"（即张作霖）的一再恳求下，才答应不扣专车，但官款和军火必须留下，且要电请中央查办。

段芝贵心惊胆战，哪里敢有丝毫反对，当下便点头认可，于是命左右将军火也一同卸下。到了这个时候，邱恩荣方肯撤兵，由孙烈臣继续护送专车前行。

段芝贵人财两空，庆幸的是总算保住了项上人头，而冯麟阁拿到官款和军火，也以为是捡了个大便宜，殊不知螳螂捕蝉，黄雀在后，真正赚到了的并不是他们二位，而是张作霖。因为靠着这一幕戏，当众出丑的段芝贵将再无脸返回奉天，至于冯麟阁，他得到的那一点官款和军火，能跟奉天最大的乌纱帽相提并论吗？

段芝贵到京后即正式提请辞职，不敢再回奉天，这时候袁世凯也已被迫取消帝制，主仆二人几乎都是一样的狼狈和落魄。袁世凯虽然退位，但余威还在，各级官员的任免也仍然需要他来主持，让他感到特别伤脑筋的是，既然段芝贵不能返任，派谁去接替好呢？

在逼迫段芝贵离奉的同时，袁金铠与奉天的地方士绅文人以及法团联络，猛力鼓吹奉人治奉，加上此次段芝贵的遭遇，袁世凯认为，若再派一名外籍大员，一定会遭到地方上的激烈反对，大员不仅会面临尚未赴任就丧失威信的尴尬，还可能遭到意外。基于这些考虑，他只能从奉天本省有威望的人士中拣选一人，而在当时的情况下，又只能从张作霖、冯麟阁两人中挑选。

演戏，必须是认真的

在袁金铠的串联下，奉天各界早就为拥张上位大造舆论，段芝贵离开奉天后，众人更联名致电中央，要求拥张治奉。当然，袁世凯不能光看所谓的民意，他还得听听身边人怎么说。

这个身边人就是从奉天仓皇逃回的段芝贵。段芝贵吃够冯麟阁的苦头，自然对他大骂不止，特别是沟帮子车站"遭劫"，更让他对冯麟阁恨之入骨。尽管汲金纯、邱恩荣事后辩白说他们既未伤人，也未抢夺财物（指官款和军火以外的财物），仅仅是吓唬段芝贵不准再来奉天搜刮而已，但段芝贵可不这么认为，他到北京后就向袁世凯哭诉，说冯麟阁的军队化装成土匪，大肆劫掠其财物，弄得他官囊如洗，仅存一命。

对于一直演白脸的张作霖，段芝贵说的都是好话（也以此衬托他段某在奉天不是没人缘，而完全是"冯胡子"太坏的缘故）。在他的极力推荐下，袁世凯下决心以张作霖督奉。1916 年 4 月，张作霖被任命为盛武将军，督理奉天军务（不再节制吉黑两省军务）兼奉天巡按使。

接到任命，张作霖既喜又忧。喜的是自己的目的达到了，多年媳妇熬成婆，从此奉省军政大权将全部归于他一人之手，忧的是何以应付冯麟阁，要知道他当初可是口口声声，说要把第一把交椅让给"冯大爷"的。

张作霖立即把所有结义兄弟都尽可能请到一起，当着大家的面痛哭流涕，并指天发誓自己是清白的，对做一把手绝无任何企图。那这一切到底是谁造成的呢？——段芝贵！这厮在奉天时吃够了我和冯大爷的苦头，回京后就想使用离间计，靠一纸委任状来挑拨我们弟兄之间的感情。

演戏，必须是认真的。一散会，张作霖即时发出电报，坚辞北京政府的任命，并力荐冯麟阁当盛武将军，说奉天局面非冯不能领导。

袁世凯既已定下张作霖，自然不能随意更改，况且"坚辞""力荐"之类也向来都是官场俗套，在他已见怪不怪，因此复电不准。张作霖再请辞，仍不准。

汤玉麟是张作霖的部将，深知攀龙附凤之理，看看差不多了，他赶紧对张作霖说："你一定要坚辞，北京要是另派一位外省人来，我们怎办？我看还是就了（职）罢。"其他人随声附和，认为汤玉麟的看法很对，张作霖确实不宜再辞，对"冯大爷"的安排可以另想办法。

在这种情况下，冯麟阁也不能不违心地朝着张作霖说上两句场面话："兄弟，你比我精明强干，你当头，哥哥捧你。"张作霖见冯麟阁终于松了口，急忙接过话茬："如果大哥捧我，我就遵命吧。"他迅速致电北京政府，要求必须任命冯麟阁为军务帮办，他才肯就职。

担任军务帮办，也就是做张作霖军事上的副手，袁世凯乐得送给张作霖做人情，马上批复同意，任命冯麟阁为奉天军务帮办。

这边张作霖心安理得地准备就任，那边圈子里却传开了"冯大爷就这样被干掉了"的议论。冯麟阁的部下都对他说："您受了张作霖的愚弄了，他表面上对您毕恭毕敬，实际上您得着了什么？"冯麟阁自己也越想越不是味，由于心理严重失衡，他非但不向张作霖道贺，甚至连到奉天就帮办职都不肯了。

张作霖只得请马龙潭、吴俊升出面，劝冯麟阁来奉天上班，可冯麟阁听说马、吴为张作霖做说客，干脆叫手下人挡驾，让两人吃了闭门羹。如此一来，张作霖更加无法下台。第二天，他穿着便服，带上几名护卫就亲自来拜见冯麟阁。冯麟阁不能将张作霖也拒之门外，但架子摆到十足，明明看到张作霖也权当没看见，磨蹭了好一会儿才慢慢地站起身，冷冷地说了声招呼："失迎。"接着又带着一股醋味儿说："老弟，你高升了。"

张作霖不得不赔着笑脸："大哥，你这么说就见外了。我张作霖能有今天，还不是都靠大哥和弟兄们捧场吗？当年咱弟兄一个头磕到地上，如同一奶同胞，今天也不能分心眼儿呀！"

不提"一奶同胞"还好，一提冯麟阁更来气，当下也顾不得什么"哥哥捧你"之类的场面话了，直接朝着张作霖开起了火："此一时也，彼一时也。如今你成了盛武将军，而我冯某却闹了个他妈的军务帮办，这能让我过得去吗？"

张作霖连忙给他戴高帽："论能耐，大哥你比我高。可这是上头硬派到我头上，我推了两次都不行，我也是没招了。再说，官面上的公事，就是这么回事。兄弟我还是当年那句老话，有福同享，有难同当。"

说"哥哥捧你"的时候，冯麟阁曾经被张作霖接过话，现在他以其人之道还治其人之身，也顺势接过话茬："好，那我就提几个条件吧。"

说着，冯麟阁将一张早就拟好的文稿取出交给了张作霖。

肚量

张作霖接过一看，上面写着两个冯麟阁的条件，其一是要另外为他的军务帮办设一个公署；其二公署内要参照张作霖的将军公署，设立参谋长及各课，并且组织、编制和开支还要和将军公署一模一样。

条件非常过分，这哪是在设什么帮办公署，几乎就是想另开一个将军公署了。张作霖暗暗叫苦，但嘴上还只能含糊其词地应承着："这事得请示上边。"

回去向袁世凯一报告，袁世凯回电认为，冯麟阁的要求与体制不符，不能这样设公署，而且将军署内已有参谋长及各课设置，也没必要重复。他只答应每个月另拨十五万元作为帮办的办公费用。

拿着袁世凯的回电和十五万元费用，张作霖又来拜见冯麟阁。没想到冯麟阁不依不饶，干脆向袁世凯提出要辞职不干了。

在袁世凯看来，如果冯麟阁这老刺儿头真的卸甲归田倒好了，怕就怕他给你来阴的。为了缓和冯麟阁的情绪，调解他和张作霖之间的矛盾，袁世凯曾想请张锡銮赴奉。张锡銮虽然于冯、张都有恩，但他知道此事非同一般，居中调解乃是一件吃力不讨好的事，因此无论如何不愿掺和进来。

那段时间，袁世凯正处于凄风苦雨之中，自己的生命都时日无多，实无精力再应付如此棘手的事。既然找不到人调解，他也就只好撒手不管，任奉天的这帮人折腾去了。

袁世凯不管，张作霖与冯麟阁过招时就少了块挡箭牌，自然更加困难。转眼张作霖的将军就职仪式就到了，他硬着头皮，特派孙烈臣携现款三十万元和大宗礼物，前往冯部驻地北镇劳军。受张作霖之托，孙烈臣在献上礼物后，即再次邀请冯麟阁回奉天就帮办职，冯麟阁未置可否。

1916 年 5 月 20 日，张作霖在省城就任盛武将军。当天，冯麟阁忽然率马部五营开入了奉天。看到冯麟阁真的来了，张作霖喜出望外，以为双方的心结已经解开，于是立刻来到城南风雨台冯部办事处拜会冯麟阁，同时盛邀对方到他的将军府赴晚宴。

可是冯麟阁并没有这么好打发。他向袁世凯辞职是假，要的只是在他面前撒回娇，不料袁世凯自顾不暇，连搭理他的时间都没有，娇也就撒不成了。撒不成娇，还可以撒气，这次冯麟阁率部回省城，可不是来和解的，而是要向张作霖炫耀武力，告诉他，老子就是这么有尿性，偏偏不听你的，你能拿我怎么着？

张作霖满腔热情，换来的是一盆冷水——冯麟阁既不回拜，也不赴宴，横竖没把他这个新任将军当回事。

要说张作霖有肚量是真有肚量，你冯麟阁不是不来赴宴吗，那行，我把酒席抬到风雨台办事处，由你自斟自饮。是不是还觉得不够热闹，我这里还送来歌伎数名相陪，费用都不需你掏，全是我出的！

冯麟阁来省城没别的事干，就是提条件，什么拨款、招兵，一堆难如登天的条件。之后他只在省城住了一天，就借口视察防务，又回到北镇去了。

十几天后，在张作霖的相邀下，冯麟阁才重新带着两营人马回到省城。当天下午，张作霖前去拜会，冯麟阁居然不但不见，还让人传出话来，说是他听闻张作霖生了病，怕会面受传染。

其实在督奉这件事上，冯麟阁还真不能指责张作霖什么，俗话说得好，心肝都不能托着五脏，有了利益谁都免不了去争去抢——设若把他"冯大爷"放到张作霖的位置上，他会单纯因为义气，就将交椅拱手相让？

再说了，你就算是心里有气，我都退让到这种程度了，你总还得给我三分薄面吧，何至于老是为难人？不过到了这个时候，张作霖也看出来了，只要他坐着将军这个位置，冯麟阁就不会善罢甘休，他越忍让，对方可能还越起劲。

张作霖倒也时有跟冯麟阁翻脸的冲动，但冯麟阁的北镇大本营背靠大山，前抚平原，进可攻退可守。在这种情况下，且不说双方实力相当，就算是上边调兵相助，要击败冯麟阁也极为不易，这也是冯麟阁始终不肯离开北镇的重要原因。

过去张作霖擒杀杜立三、金寿山，用的是请君入瓮之计。冯麟阁不愧是老江湖中的老江湖，他比杜、金滑头多了，即便短期来省城，也一定要住在自己的办事处里，而且决不赴你的宴，你能奈我何？

张作霖左不成，右不是，弄得十分苦恼。一气之下，他向北京政府拍发电报，要求辞职。可就在他拍发电报的时候，袁世凯病死了，北京政府内部乱成一团，辞职电根本没人搭理。

将计就计

张作霖、冯麟阁继续别扭着。一天，张作霖正在房间里午睡，他最宠爱的五太太寿夫人突然发现有两个女人在门外瞅来瞅去，形迹十分可疑，连忙叫来卫士。卫士将两个女人抓住后进行搜身，但又没能搜出什么东西。尽管如此，张作霖仍怀疑冯麟阁已经派出了刺客，要对自己下黑手。为了加强防范，他在将军署后门修筑了一座炮台，炮口直指冯麟阁的风雨台办事处。

冯麟阁一天到晚想的就是如何在张作霖身上找碴儿，一听还有这事，当即派人责问张作霖，并且留下话来："限于当日给予合理答复，否则后果自负。"

要真打起来，张作霖并无一战而胜的把握，所以冯麟阁一下通牒，他就又悔又急。正好吴俊升在张府做客，他就请吴俊升做和事佬，前去向冯麟阁进行解释。

在"奉军八虎"中，吴俊升排老二，人称吴二爷。这位吴二爷虽与张作霖"张七爷"在性格上有颇多相似之处，但他是军旅出身，并不被张作霖视为一个圈子里的人，加上在防边和剿匪方面战功卓著，锋芒毕露，所以最初张作霖对他是排斥的。吴俊升也很有意思，不管是年龄还是资格，都不落于张作霖之下，可他就认张作霖，好像张作霖天生就是他大哥一样，有人甚至讥笑他对张作霖是"卑躬屈膝，忍辱求全"。见吴俊升一心要做自己的小弟，张作霖对他也就渐渐地从"不好意思下手"，过渡到了有所信任和亲近。

按照张作霖的意思，吴俊升来到风雨台拜见冯麟阁。见到冯麟阁后，他满脸堆笑地说："这炮台的事，雨亭上将军……"

吴俊升口吃，而且说话时满口唾沫，人送绰号"吴大舌头"，他也知道自己有这毛病，所以常常有意把话拖长了慢慢说。可是还没等他说下去，冯麟阁张口就骂了起来："什么上将军？妈的！"

吴俊升一看不妙，急忙改口，并且对着冯麟阁打躬作揖："大哥息怒，雨亭对修炮台一事，事情根本不知道。"

吴俊升的年龄比冯麟阁还大，他把姿态放到这么低，冯麟阁也就不太好继续发作了，只好哼了一声："不知道？他当了上将军，咋没有忘掉呢？"

眼瞅着是鼻子里喷了一碗酽醋，一溜儿酸将下来，话一出口，冯麟阁自己也有些不自在起来，于是改换话题："事情已经发生了，你说怎么办吧。"

吴俊升赶紧说，张作霖已将修炮台的负责人撤职，炮台也要拆掉，保证一块砖也不会留下。又说，张作霖本打算亲自来赔罪，但因怕冯麟阁生气，才让他前来代赔不是。

好话说尽，冯麟阁总算松了口，让吴俊升给张作霖带话，必须满足他的条件，事情才能算完。跟以前一样，冯麟阁这次提出的条件依然非常苛刻，吴俊升急出一身汗，可是看冯麟阁一副无价可还的样子，他也只好如此回去向张作霖复命。

听完冯麟阁转达的条件，张作霖不但没有勃然大怒，反而哈哈大笑——不笑别的，单笑冯麟阁虽然老谋深算，然而醋吃多了，也难免会出昏着。

原来冯麟阁的条件中有这么一条，要张作霖领着二十七师营以上军官，到他二十八师办事处正式道歉。

你老冯头朝着我姓张的骂也好，毁也罢，哪怕是真的搞暗杀，我都拿你没办法，因为在外人看来，都是咱两个为争"奉天王"弄出来的恩怨。可你硬要扩大范围，惹众怒，激公愤，那事情就好办了。张作霖立即把二十七师营以上军官全部叫到上将军公署，一五一十地说了上门道歉一事。

不出张作霖所料，军官们一听就炸了，大家一边对冯麟阁破口大骂，一边摩拳擦掌，争吵着要与二十八师拼个你死我活。

张作霖制止了众人的冲动之举，决定上门道歉。他说："大丈夫能屈能伸。今朝去弯弯腰，来日要砍掉他的脑壳当尿罐用。"说完，他亲自喊口令，带着军官们徒步前往风雨台。

冯麟阁只顾着泄愤出气，他没想到张作霖会真的亲自带队前来道歉，一时尴尬万分。张作霖则仍然一板一眼，郑重其事地向他致歉："小弟我平日对部下管教无方，惹大哥生气了。"冯麟阁只得连声说："哪里，哪里。"

张作霖将计就计，在突出自己器量的同时，把冯麟阁衬托得更加得理不饶人。为了挽回脸面，冯麟阁也不能不做出已与张作霖重归于好、捐弃前嫌的样子，曾以吴俊升、马龙潭相陪，拉着张作霖打了几圈麻将。

事情还没完，冯麟阁的条件中有一项"今后用人行政，必须征求我同意"，张作霖就真像古书中说的那样"乔张致"（意思是装模作样），遇到一切公事，必得先向冯麟阁请示或打招呼。冯麟阁哭笑不得，也知道张作霖做这些就像上门道歉一样，都是给世人看的，而他不但从中得不到什么实际利益，反而会很难堪，因此忙不迭地对张作霖说："有什么事只要兄弟看着对，就放手做去，不必问我。"

冯麟阁渐渐安定下来，不再像原来那样折腾了，但他对张作霖仍然保留着戒心和恨意，平时都是长居于北镇，来省城的次数和时间很少。

第五章 ／ 我自有办法

张作霖得志，首出于袁金铠之谋。张作霖本人对此也相当领情，在就任盛武将军时曾特地对袁金铠表示谢意，说："我有今天，皆兄之谋。今后有关军政各事，更望多加帮忙，富贵与兄共之。"作为回报和认可，袁金铠被任命为军政两署秘书长，等于是承认了他作为张作霖首席幕僚长的地位。

袁金铠让张作霖真正懂得了智囊的重要性，掌握奉天政权后，他更加极力延揽人才。凡袁金铠所介绍和推荐的奉天知名人士，尽被他罗致于自己府中担任秘书，其秘书数量之多，超过了自徐世昌至段芝贵以来的历任奉督。

有一天，张作霖与袁金铠闲谈，突然问道："奉天人才以谁为最出色？"在张作霖想来，袁金铠可为人选，即便自谦，也定会推说是幕府里的其他同僚，不料袁金铠的回答却是："我们这些人中哪一位也赶不上王岷源。"

袁金铠提到的这个王岷源，原名叫王永江，岷源是他的字。王永江的样子粗粗大大，颇像个军人，但他其实是个文人。袁金铠说王永江有才也绝非虚言，清代制度，每三年要从各省选拔成绩特别优秀的秀才，进入国子监（古代最高学府）进行深造，这叫作优贡。王永江在清末时考中过优贡，其国学功底可见一斑。

袁金铠推重王永江并不仅仅是因为他的优贡身份，毕竟在那个时代，前清留下的秀才举人不少，但很多人早已完全隔膜于时代，成了死在沙滩上的"前浪"。王永江厉害就厉害在中外兼通，当新的大浪涌来时，照旧能在其中担当弄潮儿角色。

大耳如何慢凤雏

王永江深明医理，最早时曾开过一家中药店。日俄战争爆发后，日商侵入东北，东北的工商业不同程度受到冲击，王永江的药店也因此亏损停业。以后日本人在东省创立书院，慕其文名，曾聘王永江为书院的汉文教员。可是这座日本人开的书院虽然也教汉文，却不准学生课余阅读中国书籍，王永江对此很是不满，于是愤而辞职，自己砸掉了自己的饭碗。

与那些喜欢口头发泄或诉诸非理智行为的愤青不同，王永江是个崇尚"师夷长技以制夷"的实干家。药店关张和书院的遭遇在给他造成强烈刺激的同时，也促使他开始投入精力对日本进行关注与研究。在研究过程中，他对于日本的村屯制度、警察制度最感兴趣，且深得其旨。

袁金铠很早就认识王永江，两人有不错的私谊。有一段时间，袁金铠奉命在辽阳试行警政，那时警察在中国还是新生事物，大家都不了解。袁金铠知道王永江对此有研究，就写信给他，委托其调查日本在租界实行警政的具体做法。

王永江经过一番考察，写出报告交给袁金铠。袁金铠看后大加赞许，遂正式邀请王永江到辽阳警务学堂当教员。教学期间，王永江参照日本警政制度，并结合中国的社会情况，编出了包括警政法规、章程、制度在内的十几种讲义和教科书，很受校方肯定。

因教学有成，王永江不久就被擢升为辽阳警务所长。转入警政实战后，他同样成绩斐然，当时的东三省总督锡良特予嘉奖，称其为"奉省办警政的第一人"。

王永江的医术在其仕途中也起到过作用，辛亥革命爆发的前一年，东三省流行鼠疫，王永江凭借胸中所学组织防疫，成效很大。经辽阳知州推荐，他被提升为候补知县。清代有官员籍贯回避制度，一般情况下，本省籍官员不能在本省为官，王永江是奉天人，按理也不能入奉天官场，但在锡良的奏请下，他仍然被按特例调进奉天省城，入总督府民政司、礼学司参预机要。

武昌起义后，铁岭爆发革命党起义，继锡良之后的东三省总督赵尔巽调他率部前往镇压。经三天激战，起义军不支退走。书生亦能带兵，文官也会打仗，这是王永江很为之得意的一段经历，他在自己的诗集中曾专门记述此事。

王永江自此在省城逐渐崭露头角，赵尔巽和锡良一样，对他器重有加。可是王永江与袁金铠不同，他不但不喜欢钻营、谄媚这一套，而且身上还有一股文人的倨傲和清高。当初张作霖在省城初掌大权，人人趋之若鹜，以能见其一面为荣，唯独王永江从不主动上门奉迎，他每天处理完公事后，最喜欢做的事只是回家闭门品读《易经》而已。

《易经》中讲，"天行健，君子以自强不息"。王永江不可能对张作霖的上升势头视而不见，他也希望能通过为张作霖出谋划策来施展平生抱负，可是因为不像其他人那样会看眼色和投其所好，张作霖对他不是很重视。王永江很失望，便写了一首诗，诗中道："士元竟以酒糊涂，大耳如何慢凤雏？才得荆襄宁志满，英雄通病是轻儒。"

"士元"指的是三国谋士庞统庞士元，他与诸葛亮齐名，诸葛亮号卧龙，他号凤雏，"大耳"指的则是刘备。按照《三国演义》的说法，刘备占据荆襄后张榜招贤纳士，庞统前去投奔，可是刘备因为他颜值低，长得丑，起初只给了一个县令干。

庞统赴任后闷闷不乐，整天以喝酒为乐，不理政事，刘备闻讯派人前去督责。庞统当着来人的面现场办公，不到半天时间，便将所积公务全部处理完毕，至此，刘备方知他是个大才。这段故事还被民间编成歇后语，叫作"刘备轻看庞统——以貌取人"。

王永江以诗言志，借三国故事狠狠地讥讽了一下张作霖。张作霖听闻后，却只认为王永江是未得升迁，所以乱发牢骚。他那时对智囊的作用认识得还不是很清楚，想想你要升官也不是不可以，来我家跟我赌，给我送够银子，我不就能给你官做了吗？为什么要酸不拉叽地在下面嘀咕我，毁我名誉？

未几，赵尔巽欲任命王永江为署理奉天民政司使。张作霖逮着机会，就故意问赵尔巽："王永江是什么人？他能胜任民政司使一职吗？"赵尔巽见他脸色不好看，赶紧说："这事与你无关，你不要追问了。"

张作霖并没有就此放过出语讥讽他的人，回去后便扬言："如果王某敢就职，我一定让他好看！"

王永江听到知道自己得罪了张作霖，只得干脆向赵尔巽称病告假，暂回家乡避祸。不久，赵尔巽重又授之以别的职务，但都不是很得意。

直到赵尔巽离奉，给张作霖开列的人才名单中，都还把王永江列了进去。张作霖倒也不是不知道王永江才堪大用，他就是受不了王永江的那句"英雄通病是轻儒"——我"轻儒"怎么了，你一玩玩笔杆耍耍嘴皮的，还真把自己当回事？就是不用你！

公来何迟

《史记》中说，有头戴儒生帽子的人求见刘邦，他会把人家的帽子摘下来，往里边撒尿。不过那说的是起兵初期，等到他立定取天下的志向，想往"汉高祖"的目标进军的时候，人家可是把有才的儒生当神一样供着的。

同样，张作霖也经历过这样的心理变化，最早他不但曾轻视王永江这样的"大儒"，还经常把一句话挂在嘴边："法律是人造的，怎能约束我呢？"一副浑不吝、我行我素的模样。后来他就知道这样不行了，也明白"儒"是个好东西，他用刘邦式的口吻对手下亲信们说："我这个位置（指督奉）是得自马上，然而马上得之，却不可以马上治之。如果地方上有贤俊之士愿替我效劳的，我们应当不辞卑辞厚币以招之。"

正是了解张作霖态度的变化，所以袁金铠才会再一次在幕主面前引荐自己的老友："岷源（王永江）乃天下奇才，将军幕下诸君无出其右者。将军应直释小嫌，以就大业。"

张作霖本来也有要起用王永江的念头，只是因为原先轻慢和威胁过对方，怕王永江记恨在心，不肯投于麾下，当下就笑着说："我哪是不愿意用岷源，主要是岷源不屑来屈就罢了。"他知道袁金铠与王永江的关系，因此又试探着追问道："人家肯到咱们这里来吗？"

袁金铠等的就是这句话，赶忙回答："只要咱们对他优礼相待，言听计从，他也能来。"

张作霖一听大喜。这时王永江正充任辽康税捐局局长，张作霖先让袁金铠写封信给他解释原委，继而又将王永江调到奉天任税捐局局长。

为了充分做到"优礼相待"，王永江一到奉天，张作霖就派人上门邀请他到府中做客。虽然有袁金铠预先做了铺垫，但王永江对张作霖如此高规格的接待仍有措手不及之感，也不免疑心张作霖会在门口做点文章，为难为难他什么的，于是就对来人说："张公门前戈戟森列，我这样的小官到了门口，万一门卫不让我进去，那该怎么办？"

使者回禀张作霖。张作霖就像是那个已发现庞统是大才的刘备，早就迫不及待地要见到对方了，他立刻让使者转告王永江："不要担心，我已经预先跟门卫讲过，你不会受到任何阻拦。"

既然张作霖诚心诚意，王永江便放下顾虑，收拾整齐后前来将军署拜会。当他走到门口时，果然有人主动上前迎接，刚刚进入中门，等候多时的张作霖急步走下台阶，对王永江说："公来何迟？"

张作霖一边说，一边亲切地握着王永江的手，就像是多年不见的好朋友一样。随后，他又把王永江拉进内室，密谈了一天。虽然外人并不知道他们谈话的所有内容，但有一点是肯定的，那就是两人已尽释前嫌，王永江正式加入了张作霖的核心智囊团。

当时由于张作霖所属军队很大一部分出自绿林，所以经常有不法军人胡作非为，欺行霸市。城内虽有警察，但根本不敢管或管不了，比如段芝贵督奉时期，汤玉麟的士兵公然抢劫，警察出动抓住劫犯，而汤玉麟竟然会亲自带人把劫犯又给抢回去。长此以往，导致奉天的治安状况十分混乱。

取得奉天省的军政大权后，张作霖即宣布军人不能干政，军队应严守军纪，不准扰民害民，如果有谁敢故意违反，就以军法惩治。问题是再严的制度，最终都得靠人来执行。原省警察厅厅长宋文郁虽与张作霖是亲戚，又支持张作霖多年，但他与军队的高级军官大多认识，在维持省城秩序和纠察军队风纪方面，难免碍于情面，不能严格执行命令，汤玉麟士兵抢劫案即典型例子。

王永江初到奉天，张作霖就明确说明，请他到奉天不是专办税务，而是办理一切政治。鉴于王永江在警政方面既有理论又有实绩，张作霖很快做出决定，用王永江替换宋文郁，主抓全省警务。

王永江甫一上任，就将他在辽阳试行警政的经验推广于全省，开始在省城各处设立警务分驻所。警务分驻所相当于现代的派出所，原先军人横行街市已成习惯，自从有了"派出所"，他们的行动便处处受到限制和干涉。这些出身绿林的军人对此十分反感，他们骂警察为"巡警狗"，将"派出所"称之为"西瓜棚"，军警冲突事件因此一再发生。与此同时，以冯麟阁为首，一些军官也纷纷要求张作霖取消"派出所"，有人因此劝张作霖说："你犯不上为王某得罪很多的人，请把王某调开吧。"

张作霖在跟冯麟阁争"奉天王"时可以百般忍让，但在这件事上却不肯让步，尤其是看到经过一段时间的治理，省城治安情况已得到极大改善后，他反而对王永江更加信任。反对者们见状，也就只好把反感情绪都咽到肚子里，暂时敢怒不敢言了。

在张作霖的支持下，王永江一面对不法军人采取严厉惩处措施，一面对奉天省各县警务长的职权重新做了规定，并且要求认真执行，不得敷衍了事。

王永江不徇私情的强硬态度最终让张作霖的那些老部下们坐不住了。在他们看来，军警是一家，警务处长、警务厅长都应该由军人担任，况且天下原本也是军人用枪杆子换来的，王永江凭什么功劳可以高高在上地来管辖军人？

你们懂得什么

所有老部下里面，要说最不服气的还得数汤玉麟。作为张作霖患难时期的结义兄弟，汤玉麟为张家立下了汗马功劳：金寿山进攻中安堡，他先是替张作霖解围，接着在金寿山的人马突入堡内时，又背着张作霖的大女儿逃出；辽西剿匪，无役不从，特别是剿灭陶克陶胡，张作霖两次被困，都是由他率敢死队舍生忘死给救了出来；奉天告急，又是他率马队跟着张作霖星夜赶到省城，从而为张作霖夺得大权奠定基础……

正因为倚仗着是张作霖的老兄弟和大功臣，汤玉麟一向有恃无恐。他曾屡次向省内各行政机关强行荐人，大有效法张锡銮督奉时代张作霖"大吃县局"的作风，行政机关的主官们又不敢向张作霖报告，致使其越发无法无天。只有王永江完全不理会他那一套——你想往我的警厅塞人，弄个某某县警察所长的职务？对不起，门都没有！

汤玉麟的要求得不到满足，自然十二万分的不爽。同时他当时身兼奉天省城密探队长一职，与王永江的职权有些重叠，因此他除了认为王永江态度傲慢、目空一切、不买自己的账外，还视之为是与自己争权，两人之间的矛盾变得越来越激烈。

汤玉麟这人从好了说，叫作心地宽厚，他对部下很少谩骂，带兵三十年更是从未杀过一官一兵。部下犯了错误，他最大的责罚不过是驱逐，过了些日子，被驱逐的部下重返军营，仍然会照旧录用（宋文郁任省警察厅长时，他抢去并声称枪毙的那名士兵，自然也不可能是真被枪毙了）。汤玉麟如此放纵，致使部下扰民事件层出不穷，各处发生的劫案，要么不查，一查几乎全都是他手下官兵干的，有知情者批评他是"有奖无罚，最误事"。

汤玉麟有一个部下公开在省城设赌抽头，原先谁都不敢管，王永江断然下令将其逮捕送警务处关押。汤玉麟闻讯气势汹汹地来到警务处要人，王永江不予理睬，汤玉麟竟派兵包围了警务处。王永江大怒说：张作霖叫我整顿警政，我就要秉公办理，汤玉麟要包围我的警务处，我就和他拼！

王永江随即命令警察荷枪实弹，准备进行反击。汤玉麟这时候还只想吓王永江就范，没想到对方敢来真的。他之前已经多次向张作霖进言，想搞掉王永江，但每次都遭到拒绝，而且总要挨上一顿臭骂。这次因为骑虎难下，他只好又硬着头皮去找张作霖告状，坚决要求撤王永江的职。

王永江知道后，自忖汤玉麟与张作霖关系至深，为了不让张作霖为难，便以到温泉地休养为由，向张作霖递交了辞呈。见王永江要走，张作霖着急了，他一边对王永江极力挽留，一边大骂汤玉麟："枪杆子能打天下，不会治天下，你们懂得什么？给王岷源（王永江）牵马扶镫都不配！"

张作霖这句过了头的气话让张景惠、张作相、孙烈臣等一众高级将领都不淡定了——居然骂我们给人牵马扶镫都不配，那你当年被仇敌追杀，需要我们舍命辅佐时，为什么不说？

汤玉麟更是气炸了肺。有一天，他去军署请张作霖赴宴。张作霖正和王永江等几个人打牌，于是头也没抬地对汤玉麟说："你们先走，回头我和岷源（王永江）晚点去。"

汤玉麟横了王永江一眼，说："谁他妈请他。"

张作霖不听则已，一听怒不可遏，他一把将牌桌掀翻，咣咣咣地就和汤玉麟大吵起来。王永江见情形不对，赶紧悄悄溜走了。

一直到1917年春节，按照惯例，二十七师和二十八师都要请省城文武长官们吃年茶。初五这天，二十八师做东，张作霖前去赴宴，他在席上没看到王永江，心里很不高兴，但二十八师是冯麟阁的部队，又正值年关，也就没有说什么。

初六是二十七师请客，还是没请王永江。张作霖忍不住了，说："我为地方考虑，才用了王处长，诸位对王处长不敬，就是对我不敬。"

话说完无人吭声，张作霖情知众人不服，更加来气，当下便厉声质问道："为什么没有请王处长？"仍然没人搭腔，张作霖接着又说："二十八师不请王，我不说什么，怎么你们也不请呢？"

见场面尴尬，孙烈臣赶紧出面对张作霖说："我们把王漏掉了，改日再请他吧，您甭生气。"

有孙烈臣这句话，张作霖本来可以找台阶下了，未料张作霖反倒来了劲，他愤愤地训斥道："我看上的人你们就反对。我用定这个姓王的啦，谁反对谁辞职！"

说者无心，听者有意，汤玉麟腾地跳了起来，对张作霖说："你甭骂街，辞职那算不了什么。要是姓王的这狗东西不去掉，我们不敢奉命。"

从来是只有张作霖训别人，没有别人朝着他吼的，汤玉麟此举惹得张作霖勃然大怒，顿时就拍着桌子骂了起来："这么说，你们是反对我呀！"

众人一看不妙，赶紧上前劝解，宴会不欢而散。

分道扬镳

知道因自己秉公执法，已经惹了众怒，为了缓和与武将们的紧张关系，王永江特地预备丰盛宴席，邀请省城高级官吏联欢，可是汤玉麟、孙烈臣等人谁都不去，让他大丢脸面。张作霖知道后又头疼又恼火，他把汤玉麟等人找来，除了痛骂不止外，还要求这些人向王永江道歉。

汤玉麟等人退下来一起商议，没人肯向王永江道歉。他们拟了一张呈文，内容是要求将王永江撤职，否则的话，就全体一致，都辞职不干回老家去。

诸将公推孙烈臣为代表发言，一起去找张作霖请愿。可是见到张作霖后，还没等他们开口，张作霖先妈长爹短地骂了他们一通。众人面面相觑，自己不敢说，都指着孙烈臣说。关键时刻，孙烈臣也尿了，他把头扭过去，别说发言了，连正眼都不敢看张作霖。

汤玉麟憋不住了，催促孙烈臣："赞尧（孙烈臣的字），你倒讲话呀！你手里拿的呈文呢？"

孙烈臣仍然说不出话来，但好歹还有勇气把呈文掏出来，交到张作霖手里。张作霖那暴脾气，呈文接到手里，略扫了一眼，就不分青红皂白地将呈文撕了个粉碎。他刚刚见汤玉麟鼓动孙烈臣，便猜到肯定又是汤玉麟带的头，于是把火都发到了汤玉麟身上。只见他一边用手指着汤玉麟的脸，一边破口大骂，差不多把汤玉麟的祖宗三代都掘了出来。

汤玉麟哪里能够忍受，当即与张作霖对骂，张作霖骂他什么，他就回骂什么，之后张作霖跳起来，他也一蹦三尺高。

看到汤玉麟一点没有肯让步的样子，张作霖愈加暴跳如雷，举起拳头就要揍他。一同前来请愿的人顿时全都变成了拉架的，你推我搡，好不容易把汤玉麟给拉出了门外。汤玉麟都已经出了门，还听见张作霖在背后不依不饶地骂他，让他滚蛋，说："没你有这个鸡子，我也能做出槽子糕。"（槽子糕是流行于中国北方的一种传统糕点，以鲜鸡蛋为主原料烘烤而成，也称鸡蛋糕。）

听到这句话，汤玉麟回过头放开喉咙叫道："你叫干，老子也不干了，哪里都能吃饭。"

在此之前，得知张作霖、汤玉麟公开在宴席上大吵大闹，一直与张作霖面和心不和的冯麟阁就已派人联系过汤玉麟。来人劝汤玉麟不要辞职，并且对他说："一切有冯帮办给你做主，将来奉天的天下不定是谁的呢！"回到自己的军营，汤玉麟越想越气，加上倚仗冯麟阁的支持，就真的有了和张作霖从此分道扬镳乃至发生兵谏的打算。

汤部全部驻扎于省城，同时又是张作霖所有部队中军纪最坏的一部分，与警察发生直接冲突的概率自然也最多。汤部官兵都害怕汤玉麟真被张作霖给骂得不敢动弹，从而导致自己以后也栽在"巡警狗"手里，或者被关进"西瓜棚"，因此他们纷纷撺掇汤玉麟脱离张作霖单干。

汤玉麟本来就是个没多少头脑的莽汉，给众人一激，果然就冲动起来。一次王永江下令整肃风纪，逮捕了汤部的一名不法士兵。汤玉麟乘机挑衅，枪杀了两名执法法警，酿成了"军警冲突案"，以此向张作霖施压。

又有一次，汤玉麟亲率数十人，利用晚间突袭警务处，打算生擒王永江。王永江在无准备的情况下急忙从后墙逃出，跑到张作霖处进行报告。张作霖听后当即给汤玉麟打电话，劈头盖脸一顿大骂，并让他速来军署相见。可是汤玉麟这回一反常态，表现得就像个犟驴一样，不但不服，而且死活不肯出来见面，两人的关系立刻出现僵持状态。

张作霖脾气暴躁专断，过去同他的几个拜把子弟兄之间发生意见分歧，也是轻则动嘴，重则动手。不过那个时候，他的原配赵氏尚可以起到调解作用，每当张作霖发火动怒时，赵氏总会第一个出来劝解他的那些兄弟们："他（指张作霖）那个熊脾气，你们还不知道？好兄弟，不要和他一般见识，三天别理他就好啦。"

像汤玉麟这样绿林好汉出身的人，大多吃软不吃硬，被赵氏这么一说，肚子里再有气往往也就平息下去了。汤玉麟因此对赵氏赞不绝口："老嫂子贤惠，雨亭兄（张作霖）多少大事，都多亏了老嫂子啊！"

如果赵氏还在，可以想见大家绝不会闹到这一步，可惜的是，赵氏早已不在了。

此风万不可长

赵氏与张作霖是患难夫妻，嫁给张作霖后一度过着颠沛流离、惊险动荡的生活，后来日子渐渐安定下来，可是随着张作霖陆续娶进其他妻妾，对她也逐渐疏远起来。

赵氏一直带着子女住在新民府，有一年带着二儿子张学铭来奉天探亲。其他家人对她都很尊重，唯有五太太寿夫人言语怠慢，不亲自来问候，而以自己的母亲王老太太代替。王老太太以前在妓院做老鸨，她倚仗着女儿受到张作霖宠爱，言语上没规没矩，令赵氏很是生气，感觉自己唯一能够聊以慰藉的正室身份也受到了挑战。

在几个儿女中，张作霖又特别不喜欢张学铭。那还是张作霖做统领的时候，有一年，张府的看门人午睡做梦，突然梦见一个小喇嘛跑进院里。看门人醒来后将梦境当成真的，就跑到院里面去追，正好遇见了张作霖。张作霖问他："你跑进来做什么？"看门人就说如此如此，张作霖骂道："胡说，你做梦吧！"

就在此时，赵氏生下了张学铭。这使张作霖吃了一惊，原来他早年办"保险队"时，曾枪杀过一个充作喽啰的小喇嘛。张作霖是个比较迷信的人，他认为是死去的小喇嘛要进行报复，所以投胎转世变成了自己的儿子，于是便恨恨地骂道："这小子，找我算账来了。"

那一年赵氏携子来奉天，母子住外间，张作霖住里间。张学铭晚上哭闹，把张作霖吵醒了。张作霖就从里间跑出来，把张学铭给打了一顿。赵氏触景生情，气恨交加，她对张作霖说了一句："我的孩子我会管！"第二天便赌气带着儿子返回新民府，回去后没过多久就病死了，死时年仅三十八岁。

赵氏性格异常刚烈。病危时，张作霖前去探望，赵氏只是在看到儿子张学良时掉了几滴眼泪，但至死都不肯原谅丈夫，也不开口和他说一句话。

没了赵氏这个贤内助，张作霖和他的结义兄弟一旦闹僵，便再无人可以从中转圜了。张作霖这时也已明白了事情的严重性，他几次派自己的夫人和张学良到汤处请汤，但汤都避而不来。

在对待王永江一事上，张景惠、张作相、孙烈臣等人原本都和汤玉麟穿一条裤子，但这并不意味着他们也反对张作霖。现在一看，汤玉麟真的要拉起架子和张作霖干了，又都齐刷刷地站到了张作霖一边。就在张作霖和汤玉麟吵翻的第二天，孙烈臣主动对张作霖说："我打算找阁忱（汤玉麟字阁忱）打打圆场。"张作霖求之不得，连忙说："可以。"

孙烈臣见到汤玉麟后，竭力劝说他打消辞职的念头，与张作霖重归于好。汤玉麟把头摇得像个拨浪鼓："我辞不辞职都不能找他，看他能把我怎么样！"

谈话间，孙烈臣从怀中掏烟盒。汤玉麟一看，还以为他是要取枪对自己不利，当即喝问道："你打算怎的？"而后发现孙烈臣只是掏烟盒，汤玉麟这才放松下来，但仍不肯听从规劝。

孙烈臣不得要领，继他之后，吴俊升、马龙潭也来调停，不过依旧归于无效。

听说张作霖为了他和汤玉麟闹得天翻地覆，"家务"不和，王永江深感内疚和无奈，便直接回了家乡，同时派他的秘书将一封辞呈送交张作霖。

张作霖的态度是立场不变，维护王永江到底，他让秘书许泮香转告王永江："王处长要辞职不成问题，但是现在绝对不准。此端万不可开，此风万不可长。如果我部下的武将看谁不顺眼就闹，一闹我就把人家去掉，那太不像话。"

见许泮香还要替王永江请辞，张作霖不由分说："说什么我也不准王处长辞职，快请他回来。事过之后，随他尊便。"

事实上，此时张作霖所面临的形势极其严峻。为防患于未然，他不得不调集部队，远远地对汤玉麟的第五十三旅旅部进行包围监视，汤玉麟不甘示弱，也在门前筑起了防御工事，随时准备与张作霖硬拼。奉天城里由此谣言四起，人人为之惶恐不安。地方团体急忙派代表求见张作霖，请求不要在省城内打仗，以免殃及池鱼。

身为一省之长，张作霖没有理由拒绝代表的要求，于是他点头应允，随后便下令包围部队撤去一面，让五十三旅部移防新民。

在与张作霖相持不下之际，汤玉麟的外甥、营长刘景双曾给他出主意，说如果张作霖不让步，就先出兵打日本的车站，惹起中日外交纠纷，从而使张作霖在现在的位置上干不成。

汤玉麟尽管没多少头脑，但也知道此事非同小可，便没有同意。这也从一个侧面说明，汤玉麟与张作霖的争执主要还是出于意气用事，而没有明确的政治图谋。现在张作霖让他到新民去，汤玉麟考虑一者可以免受包围，二者还能依托北镇的冯麟阁作为后盾，所以也就依言带着随从离开奉天，到新民去了。

四面楚歌

汤玉麟一走，省城人心安定下来。当然只要汤玉麟一天不改变态度，张作霖的心还是不安，他决定用多少的兄弟情谊来打动汤玉麟，给对方写一封信。

张作霖的嘴皮子利索，给军士们讲话常常一讲就是两三个小时，中间滔滔不绝，言之成章。可是要让他把这些口水大白话整理成有腔调的白话文，那就作了难，所以一般情况下，张作霖都是口述大意，然后由文案执笔。在他的授意下，秘书给汤玉麟写了一封长达千余字的信，信中说他和汤玉麟作为十余年患难与共的老弟兄，千万不要因为几句不投机的话便割袍断交。

信写得可谓是真情意切、感人至深，但汤玉麟最想了解的信息，即如何处置王永江，却一个字都未提及。汤玉麟也不傻，知道张作霖还是要死保王永江，一想到这个，他就气不打一处来，于是对张作霖的信来了个置之不理。

事态不但没有平息，反而往更棘手的方向发展。见汤玉麟率部出走新民，人在北镇的冯麟阁认为有机可乘，遂由暗助转向明帮，他全力支持汤玉麟的对抗行动，并向张作霖提出，由他本人兼任奉天省长（袁世凯死后，巡按使已改称省长），由汤玉麟任第二十七师师长。冯麟阁还威胁张作霖，说如果不答应这些条件，他将采取自由行动。有冯麟阁撑腰，汤玉麟气势大增。他也假借第二十七师全体官兵的名义，致电北京政府，对张作霖提出了控告。

处于如此四面楚歌的困境之下，张作霖被迫使出以退为进的策略，他宣称会将省长和二十七师师长让出，只担任督军（袁世凯死后，各省将军也都改称督军）。可是这种表面的让步并没能如其所愿地换来妥协。汤玉麟在新民的驻兵为刘景双营，营长刘景双的火气比汤玉麟还大，他对汤玉麟说："我帮助您干，将来万不得已咱们再进山。"汤玉麟听从其言，除派刘景双到彰武、阜新一带招募"胡子"外，又派人潜入省城四处捣乱。

冯麟阁所部集中于北镇，留在省城的人不多，但他们也暗中策动二十七师的人反张，而且策反了好几个人。当时张作霖已经掌握了被策反者的名单，有人建议将这几个人监视起来，张作霖反而镇静下来，他说："用不着，我自有办法。"

第二天，张作霖在督军署召集全师营以上将领会议。身为团长的张景惠首先发言说："我们今天开会，对于这种局面要表明个人的态度。"炮兵第二营营长阚朝玺随后站起身问道："我们营长级的小官能否说话？"

大家说："凡出席的人皆可随意发言，你说吧。"于是阚朝玺说："卫国保民是我们军人职责，若是因为闹意见彼此对立，打起来不但殃民，而且误国，是我们军人莫大的耻辱。"由此出发，他认为："张将军没有做误国殃民的事，我们应该拥护他，况且军人以服从为天职。"

在汤玉麟这件事的态度上，阚朝玺主张："至于汤旅长辞职不辞职，是个人的事，没有多大问题。如他有轨外行动，或者有人借此活动牵及大局，就应绳之以法，我就请命讨伐他！"

阚朝玺一番慷慨之词，立即得到了与会者的随声附和："阚子珍（阚朝玺字子珍）说得好说得对。"

按照阚朝玺的提议，会上形成了决议案，每个参加会议的人都在决议案上签名盖章。签名盖章的人里面中有许多是汤玉麟五十三旅的团营长，这表明汤玉麟因为行动过激，已失去多数军官的支持。而后，张景惠、张作相又联系全师官兵向北京政府发去电报，揭露以前给中央发去的所谓控告张作霖的电报，均系汤玉麟所捏造，现全师官兵一致拥护张作霖。张作霖以一个近似于冒险的举动（召开全师会议），重新团结了内部，使汤玉麟在二十七师中陷入孤立。

这时吴俊升也赶到奉天，他向张作霖表示："若大帅想打，俊升带队打前敌，我去揍这些兔羔子去。"张作霖闻言大喜过望："大哥，您把队伍集中候命吧。"

形势转瞬之间便发生了变化，汤玉麟一看处境不利，马上决定离开新民去北镇投奔冯麟阁。张作霖接到情报后，忙派张景惠等人去做最后一次努力，试图劝冯麟阁不要离开新民，但当张景惠等人赶到新民时，冯麟阁已经到达了北镇。

汤玉麟直接与冯麟阁合流，对张作霖而言并不是一个好兆头。他急派邹芬团和阚朝玺炮兵营进驻新民，以加强对北镇方面的防卫，也就在这个时候，总统黎元洪派出的一名特使也来到新民，要求面见冯麟阁。

密电

自从和张作霖有了隔阂后，冯麟阁即派白运昌充任二十八师驻北京办事处处长，专事联络北京政府高层。白运昌常给冯麟阁发电报，报告各方面的接洽情形，冯麟阁也常有复电给白运昌。

北京没有直达北镇的通信线路，这些往来电报都须由奉天电报局转拍给北镇电报局，而奉天电报局局长吕永恩乃张作霖所派，也就是说是张作霖的人，他总是先将这些电报译出，拿给张作霖看过之后再拍转。正是通过这些电报，张作霖了解到冯麟阁与黎元洪的关系比较密切，对此早就留了心眼。

黎元洪支持冯麟阁，当然也想拉拢汤玉麟。只是他对于汤玉麟退出新民一事并不知晓，所以才会派特使带着自己的亲笔信来新民找汤玉麟。

邹芬、阚朝玺知道特使来新民的目的，又得知他先前并没有见过汤玉麟，于是临时决定设个圈套，将黎元洪的亲笔信骗到手。编排好之后，阚朝玺就对特使说："我带您去见我们的汤旅长。"

假称的"汤旅长"由邹芬冒充，他装模作样地接见特使，并收下了信件。特使当面转达了黎元洪的意思："大总统将来要借重您，二十七师的事情请您多负点责任。""汤旅长"顺着他的话回答："一切事我会随时与冯帮办（冯麟阁）联系，请您回去转禀大总统放心。因恐沿路检查与您不方便，我不写回信啦。"

特使走后，阚朝玺连夜把黎元洪的信件送到奉天交给张作霖。张作霖写了一封信，连同黎元洪的信件一齐送给自己的驻京代表曾有翼，并让曾有翼赶紧在中央进行周旋。

曾有翼另有一个身份是国会议员。在当时的国会中，东北籍国会议员占有六十六席，若集体发力，在政治上能够起到相当大的影响。张作霖很早就授意曾有翼以同乡名义，将他们组织起来。曾有翼于是奉命成立了一个叫尚友会的党派，主要用于吸纳东北籍议员。

张作霖每月给尚友会发一千元经费，负责会内事务的曾有翼很快就感到经费不足。正好国务总理段祺瑞对国会各党各派很重视，多有经费补助，而发放经费的负责人是段祺瑞的幕僚靳云鹏。曾有翼便通过中间人介绍与靳云鹏结识，从而又从段祺瑞那里得到了每月五百元的补助款。从此，尚友会或者说是张作霖就与段祺瑞发生了关系。

接到张作霖的指示后，曾有翼立即拜访靳云鹏，向靳云鹏详细说明了汤旅"叛变"以及冯麟阁联合汤玉麟意图倒张的经过情形。当着靳云鹏的面，曾有翼表示张作霖绝对服从中央，但现正处于危难之中，还得请中央设法消弭战端。

靳云鹏听完后说事关重大，需要请示段祺瑞裁决，结果如何，只能明天再来听信。

原来那时北京政府内部也分成对立的两派，即所谓的"府院之争"，其中"府"是指黎元洪的总统府，"院"是指段祺瑞的国务院。两派在各方面都不对付，下面一有事就对着干。段祺瑞听了靳云鹏的转述，尤其是读完张作霖送往北京的那两封信后，果断决定支持张作霖。

第二天，靳云鹏即向曾有翼报喜：政府已经电令张作霖、冯麟阁各守原防，不准擅自行动。如有争执事件，应呈报中央，听候解决。

靳云鹏信心满满地向曾有翼保证，有了这个政府电令，冯麟阁的二十八师绝不敢轻动，而冯麟阁不动，汤玉麟也就不成问题了。

事实上，段祺瑞在下发电令的同时，还动员了归其控制的第九师、第十三师，要求协助张作霖戡乱。此事很快传到白运昌耳中，他急忙向北镇冯麟阁发去十万火急的密电，谓："段助张两师已动员，我方对汤事千万勿加入，千万勿加入为要。"

这封密电和以前的电报一样，首先被奉天电报局送交张作霖，张作霖看后又让电报局照常转发给冯麟阁。冯麟阁看到电报傻了眼，如果说对于政府电令他尚可以阳奉阴违，那两个协助戡乱的师他可不敢小觑。在明知已失去胜算的情况下，他赶紧中途取消与汤玉麟合谋驱张的计划。

诚如靳云鹏所言，冯麟阁不动，汤玉麟也就不成问题。张作霖传令撤销汤玉麟五十三旅旅长一职，由邹芬代理，被其带走的部队听候改编。

汤玉麟在北镇也待不下去了，只能去徐州投奔张勋。他的外甥、部下中最有力的支持者刘景双带着数十人准备到南方投奔革命党，结果还未登船，就在营口被张作霖的部队逮捕，之后全部被解至省城处死。

有百利而无一害

在不到两个月的时间里，一场可能让张作霖阴沟里翻船的特大风波终告平息，企图与张作霖作对的两个人，一个在成为光杆司令后远走他乡，另一个虽然实力未受损伤，但也已偃旗息鼓，暂时不再能够与张作霖继续角力。

遭遇此次挫败后，冯麟阁一度心情沮丧，意志消沉，长期蜗居于北镇无所作为。其间，北京政府曾拟定他为黑龙江省督办，但又因时局不稳而作罢。

1917 年 6 月，张勋密谋复辟。张勋与张作霖本是老朋友，两人还结成了儿女亲家，但张作霖认为张勋的复辟计划风险太大，一直持观望态度。这时袁金铠给他出主意，说为什么不让冯麟阁替咱们去蹚这趟浑水呢？

"冯麟阁因大帅升任奉天将军，时有不平之色，久恐生变，须早为计，"袁金铠认为现在就到了设计的时候，"莫若令其（指冯麟阁）入京，暗中参加复辟，事成大帅不失戴翌（即襄助复辟）之功，不成则以冯当之。"

在袁金铠看来，这样做有百利而无一害：彻底的话，可使卧榻之侧从此免去他人酣睡，即便就眼前来讲，亦可起到调虎离山的作用。

张作霖认为袁金铠所言极是，于是就同冯麟阁商量，拟委任他为奉天驻京全权代表，与张勋接洽办理奉军问题，也就是允许他打着驻京代表的旗号，暗中从事复辟活动。

同一时期，张勋实际已派人运动冯麟阁参加复辟，并答应事成之后升其为东三省总督。这边张作霖不反对还支持，那边张勋又提出了丰厚的条件，冯麟阁想都没仔细想一想，就高兴地答应下来。

6月20日，在三十名卫士的护送下，冯麟阁以奉天全权代表的身份进京。进京后，他立即拜见张勋，支持复辟并表示愿为其效忠，接着又下令调二十八师部分官兵进京"赞襄复辟，保卫皇室"。

在入宫进谒复辟的小皇帝溥仪时，冯麟阁对溥仪行三拜九叩大礼，溥仪赏赐他"穿黄马褂，紫金城内骑马，御卫大臣头衔"。虽然都是虚衔，但也已经让冯麟阁乐得合不拢嘴了。

在此期间，张作霖一直是见机行事，随风转舵。张勋复辟后封他为奉天巡抚，他不仅来者不拒，表示谢恩，还通令奉天省城各机关一律悬挂龙旗，以庆祝溥仪登基。与此同时，他仍在往来公文中继续沿用"中华民国"的字号，以便万一复辟失败可以留有余地。

就在张勋、冯麟阁等人踌躇满志、飘飘然的时候，风云突变，已经下野的段祺瑞通电全国，打起了反对复辟、兴师讨逆的大旗。自段祺瑞在马厂誓师后，云集在京津一带的约五万讨逆军，迅速对张勋形成了两路夹击的态势。

一看这个情况，张作霖料定张勋必败无疑，于是一边立刻通电支持讨逆，一边竭力为自己之前拥护复辟的一些言论举止洗白。他后来曾一再对外界声称："说我要复辟，那全是报纸放屁！我张作霖在前清是个小小的武官，并没有受过什么样浩荡皇恩，我又何必复辟？而且就算前清于我有恩，世界的潮流也不能不看一看，现在世界政治的趋势，还允许由共和变为君主吗？报纸上的浑诌胡扯，不可听信。”

被张作霖骂为"放屁"的报纸当然也不是省油的灯，《盛京时报》就讽刺说，张作霖"以高骑墙头为其本领，嗣见何方强盛，转而去彼就此"。

不过结果也正如张作霖所料，张勋的"辫子军"根本就顶不住讨逆军的进攻，这场复辟闹剧才演了十二天便狼狈收场。冯麟阁傻了眼，他原先的算计是，自己若能在这个时候参加复辟，是立了勤王救驾之功，值得干一下，但唯独忘了这背后的风险会有多大——若论当年闯荡江湖的资历，冯麟阁足称张作霖的前辈，但要比观察时局的能力，张作霖这个晚辈可就要甩他好几条街了。

预感到一场厄运即将到来，冯麟阁只好厚着脸皮向张作霖求救。张作霖复电："永居北京甚为危险，速从陆路沿长城单骑来归，当于适当地点出迎，乘火车归来危险。"

张作霖脾气暴躁、杀伐果敢，但他对昔日兄弟同人乃至部下，又有着很温情感性的一面，所以张景惠、张作相、孙烈臣这些人才会至死不渝地跟随着他，这就是所谓的"人畏其威而怀其惠"。对于冯麟阁，他也没有因为对方曾是苦苦相逼的政敌而落井下石，复电中所设计的逃跑路线，都是真心实意地在替冯麟阁考虑。

可是冯麟阁的左右不这么认为，他们觉得张作霖的话应该反着看，比如张作霖说陆路安全，可能陆路反而不安全，张作霖说乘火车危险，可能乘火车反而不危险。

听左右的，还是听张作霖的？冯麟阁选了前者。他和旅长张海鹏及下属官兵两百多人穿上便服，乘火车出京东行。当火车行驶至天津车站时，被讨逆军的侦缉人员发现，冯麟阁随即落网。

张作霖接到北京电报，得知冯麟阁被捕，赶紧联名二十七师、二十八师军官，致电段祺瑞，集体为冯麟阁求情。冯麟阁因此获得赦免，但原先所有的官职和勋位都已被剥夺，可谓从天上一下子跌到了地上。

奉天王

沦落为平民的冯麟阁暂时住在北京棉花胡同，生活非常贫困。后来经过老部下的斡旋，他才与张作霖重归于好，并得以重返奉天。张作霖保他做了三陵的副都统，专司奉天三家皇陵的守护以及有关地亩管理等事宜；虽无实权，但颜面上算过得去，而且每年收入也非常可观，晚年生活可以无忧。

冯麟阁仍然很少去奉天见张作霖，不过只要去了，一定会事先在长袍马褂的袖子中藏一支枪。有一次，枪从袖子里掉了下来，被张作霖看到了，他愣了愣神，然后对冯麟阁说："大哥，你到我这还带这个？"经过那次之后，冯麟阁就不好意思再带枪了。

除冯麟阁外，汤玉麟也已与张作霖言归于好。在暂无实缺的情况下，汤玉麟被任命为军署高等顾问，每月可以得到五百大洋的津贴。以后直皖战争爆发，张作霖身边急需人才，又特别提拔他为奉军侦察队长，并派往北京活动，为其重新在军界担当实职做铺垫。

世人熙熙，皆为利来，世人攘攘，皆为利往，置身于利益场中，张作霖和他这些江湖老兄弟免不了要为此争夺，但他们终究都不会置对方于死地。某种程度上，这也可以说是当年绿林生涯留给他们的印迹——就算做不到"江湖中人，义气为重"，也得遵守"万事留一线，江湖好相见"的规矩。

冯麟阁是张作霖在奉天境内的最大也是最后一个强敌，在其落马后，张作霖先是任命孙烈臣为第二十七师师长，自兼第二十八师师长。后来因为风闻有些人要运动冯麟阁复职，他又将冯麟阁的老部下、旅长汲金纯升为二十八师师长。

汲金纯尽管原来在冯麟阁帐下效力，但对冯麟阁并不服气，还在冯麟阁栽跟头之初，他就已向张作霖靠拢。张作霖做此职务安排，也就意味着冯麟阁完全没有复职的可能了。

在与冯麟阁角力的过程中，吴俊升表面标榜中立，实际始终在为张作霖鞍前马后地效力。为了对他进行酬谢，张作霖特将吴俊升的后路巡防营与骑兵第二旅进行合并，创立第二十九师，以吴俊升为师长。吴俊升非常感激张作霖的提拔，当着面对张作霖表示"虽不能同生，但愿同死"，心甘情愿为张作霖继续舍命打拼。

至此，奉天军政大权为张作霖所一手包揽。有史家评论道："作霖以一匹夫，起于草泽，啸聚十数不逞之徒，振臂一呼，竟得据辽东……不可谓非豪杰之士也。"

往前追溯，和张作霖情况相似的，仅有东汉末年的公孙度和明末的李成梁。后者也均为辽东土著，不过公孙度属于完全的封建割据，且占据的地域也较小，只有李成梁以臣子身份完全据有辽东，"隐然如一强藩"，和张作霖最为接近。有人甚至做出假设，认为如果当初袁世凯破格封张作霖为公侯，使之代段芝贵节制东三省，则可大得其助，洪宪帝制也许就不会失败得那么快了。还有人说，要是张勋复辟时也以东三省总督一职授予张作霖，充分满足其愿望，那么他的复辟之举也不至于昙花一现。这些假设是否成立姑且不论，但至少说明了张作霖在政坛举足轻重的影响力。

身为"奉天王"，在奉天省这块地方，可以说已无人能与张作霖争锋，能让他伤神的只剩下了财政问题。说起奉天财政，其实也就是赵尔巽出任盛京将军时好过两年，至赵尔巽二次督奉，出任东三省总督时，连他都得从日本银行借钱度日了。接下来的两任奉督，无论张锡銮还是段芝贵，面对这个问题同样都是一筹莫展，拿不出什么有效的解决办法。整个奉天省负债累累，每况愈下，除负外债一千万元外，每年还要再亏损二三百万元，开支方面完全靠继续借外债补充。

1916年当张作霖就任盛武将军兼巡按使时，奉天财政已困难至极，当年全省收入一千万元，财政赤字却高达一千三百万元，净亏三百万元，这还没有算欠的那一千万元外债。为此，张作霖在自己就职一个多星期后，即任命幕僚王树翰为奉天财政厅长，对财政进行整顿。

约法一章

危乱之邦偏多人才，从清末到民国，东北动荡不安，但同时期人才也大批涌现，他们与活跃于中原政坛的那些厉害角色相比，可谓毫不逊色。王树翰即为其中之一，他是书吏也即普通文书人员出身，记忆力超强，文章看过一遍之后就能背诵下来，因此很早便以"长于案牍"著称。张作霖督奉之初选贤举能，王树翰自然而然就进入了他的首批幕僚行列。

前东三省总督锡良曾设立奉天清理财政局，王树翰历任科员、科长，从中积累了一定的理财知识和经验。他出任财政厅长后，召集有关部门成立财政研究会，针对财政危机提出了"筑堤叠坝"的应急办法。

当时奉天省通行的货币是"现小洋"（一种小面额银币，与被称为"现大洋"的银元相对），与此同时，东三省官银号和奉天省官商合办的兴业银行还发行一种小洋纸币，称为奉票，二者可以随时兑现。由于市场上银价高涨，一些小钱庄看准有便宜可占，便以低价收买奉票，然后再到银号兑换"现小洋"，以便从中渔利。

发现这一情况后，官府赶紧严令取缔，不准商民持票挤兑。可是上有政策，下有对策，这些不法商人自己不敢明目张胆出头搞，就买通或与日本人合伙，让日本人代替他们去进行兑换，从而掀起了新的挤兑风潮。

当挤兑风潮爆发时，官银号和兴业银行紧急设法，委托驻天津官银分号在当地收购"现小洋"，运到奉天来应付这种兑换，但仍然供不应求，紧张得很。几次一来，官银号穷于应付，纸币与银币之间的差价也越拉越大，奉票价格已跌到了惨不忍睹的程度。

王树翰认为，只有首先稳定奉票价格，财政危机才有缓解的可能。从1916年6月12日起，他按照"筑堤叠坝"之法，对奉天金融市场实施行政干预，下令奉票每日公兑以四万元为限。这样一来，就算是日本人来挤兑，忙上一天，也只能零零散散地兑到几万元。

哪怕是一日兑几万元，那也还是挤兑，何况日本人几乎个个都是劳碌命，人家积少成多，不嫌麻烦。张作霖于是亲自上阵，他拿出自己的看家本领，派人暗中对兑换"现小洋"的日本人进行跟踪调查，结果查明有好些日本人都是由银钱庄事先买通的。让张作霖感到震惊的是，兴业银行副经理刘鸣岐也是参与者之一，这哥们儿三天两头向本银行挂借两三万元纸币，随后就拿去让日本人替他兑换"现小洋"，得利后再把借款还上。据说他本人从中得到的好处不下十几万元。

张作霖怒不可遏，马上把刘鸣岐叫来，对他说："现在财政秩序混乱，外面流言四起，所以我想借先生一样东西用用。"

刘鸣岐不知东窗事发，还稀里糊涂地问要借什么，张作霖的一句话顿时把他吓得魂飞魄散——

"今天要借你的脑袋用用！"

听到张作霖要杀他，刘鸣岐连喊冤枉。张作霖说："如果你觉得冤枉，可以跟阎王爷那里告状去，反正要我饶了你是不可能的。"说完之后，即让人将刘鸣岐拉出枪毙。

其他几家涉案的银钱庄人员也全部被抓了起来，张作霖下令严加审讯，不得宽纵。作为前清的过来人，张作霖蹲过冤狱，深知官府办案方面的黑幕。当着文武官员的面，他告诫几个办案人员说："汉高祖刘邦约法三章，我只有约法一章，那就是你们几个必须好好办事，否则的话，我一定送你们一个字。"张作霖虽没有明言是哪一个字，但大家都能听出是"毙"，一时人人为之悚然。

查证清楚后，文案把所有审讯记录抱到堂上，并请示张作霖处理意见。张作霖略加沉吟，就随手拿起笔，在上面批了"死"字。文案大惊，连忙争辩说这些人虽然犯了罪，但罪不至死。张作霖笑了笑："我在军中杀人如麻，杀人的时候眼睛都不眨一下。你们这些书生要是看到了，还不得吓死？此本常事，不要再啰唆了。"文案还想再说什么，秘书长连忙在旁边示意，让他不要说了。

最后涉案银钱庄的负责人被一律判处死刑，张作霖还特地让银钱庄的伙计以及在钱庄学习生意的人陪绑，在刑场亲眼看着他们的老板或掌柜被枪毙。

经过这次血腥味极重的压制，短时间内，各银钱庄皆噤若寒蝉，无人敢于以身试法，但在其中尝到甜头的日本人却选择了独自兑换"现小洋"，然后熔化成银块进行贩卖。涉及外交纠纷，对待他们又不可能像对待国人那样逮捕法办，为了进行遏制，经省公署批准，官银号和兴业银行遂按银块价格比例，采取多掺铜铸造"现小洋"的方法，以便减少日本人可得之利。

问题是利少不等于完全无利可图，就像肯积少成多地进行挤兑一样，日本人连这一点点薄利也不肯舍弃，致使挤兑活动照旧。张作霖对此很头痛，继王树翰之后，他请出了自己的另一个幕僚、高级顾问于冲汉。

你只管干

于冲汉系前清秀才，其特长是曾留学日本，不仅精通日、俄、朝三国语言，而且对日本的情况很了解，称得上是个"日本通"。张作霖和于冲汉商议对策，决定由侧面入手，通过与日方协商来解决此事。

于冲汉先与日本驻奉天总领事落合谦太郎约了个见面谈话的时间。见到落合后，于冲汉开口就说："在奉天，有些贵国人太给你们强大的日本帝国丢脸了！"

接着，他便把一些日本人如何代中国商人挤兑，以及将"现小洋"化成银块贩卖的事叙述了一遍，最后表示："此事不但伤及贵国体面，而且贻笑国际列强。张作霖阁下本想直接向贵总领事提出交涉，以取缔这些不法日本人，但怕损及贵国的体面，所以派我来同您协商。"

落合自然要站在其国民利益的立场上。他针锋相对地说，最近有一个"奉天居留民"（即东北的日本移民）某某向领事馆递了一封请愿书，上面写道，中国最近制造的"现小洋"在成色上与先前不同，铜质增多，实有损于日本人的利益。落合还提到，那人还列出了前后的成色化验表，以证明他没有说谎。

落合以此反过来向中方提出交涉。于冲汉听后忍俊不禁，他笑着对落合说："给贵总领事馆上请求书的这位居留民，恐怕就是违犯中国法律的人。他若不是常常把'现小洋'化成银块贩卖，怎么能知道这前后成分的不同呢？这无异于是自己在招供。"

落合顿时哑口无言，脸上一阵红一阵白。于冲汉缓和语气，趁势又说道："请您帮帮中国的忙，答应我的请求，这对中日亲善是有益的。"

落合也觉得没必要因为这件事把中日关系搞僵，从而影响日本在东北的长远利益。经过协商，双方最后达成协议，官银号和兴业银行向日本朝鲜银行存放三十万日元，作为兑换"现小洋"的准备金，而手中凡持有奉票的日本商民只要有证明书，叮直接到朝鲜银行兑换金票（奉天流行的一种日本纸币，又称老头票，为朝鲜银行发行）。

经过此次协议后，便几乎再没有日本人去兑换"现小洋"了。念及于冲汉在办理此次交涉中所起到的关键性作用，张作霖特委任他为东三省官银号总办，以酬其功。

挤兑没有了，原先混乱的金融秩序也得到整顿，但令人沮丧的是，这些措施手段有如扬汤止沸，都无法使财政危机得到根本解决。在王树翰任职期间，由于无法维持开支，只得仍向朝鲜银行奉天支店借了两次总共两百万元的款。

据说古代鲧治水时使用了堵塞河道、修筑堤防的办法，最后历时九年而以失败告终。"筑堤叠坝"似乎也与此类似，弄了个治标不治本，到头一场空的结果。王树翰深感自己理财无方，加上与张作霖出现了不同意见，遂向张作霖提请辞职。

收下王树翰的辞呈，张作霖也挺无奈，毕竟理财跟做"胡子"不是一码事，就算你再舍命再发狠，钱还是不会自动跳到你口袋里。一抬头，正好看到王永江站在面前，他嘀咕了一句："东北这么大，为什么会穷得没钱花？你去接财政厅长，看看毛病在哪儿？"

说这句话，张作霖完全心中无底。王永江先前只是在警政方面富有经验并做出成绩，试想一下，如果连王树翰那样的理政专家都束手无策，你让一个新手把脉会诊，怎么可能马上就查出病因？

未料王永江脸上未露出丝毫难色，他对张作霖说："我接财政厅长可以，只要巡阅使（指张作霖，虽然巡阅使已改为省长，但王永江仍沿用了旧称）信任我，二三年内，便可自给自足，外债亦可还清，只是怕有人说闲话。"

对王永江把话说到如此之满，张作霖颇感惊疑，然而在整理财政俨然成为烫手山芋的情况下，王永江敢于接过重任，已令他很是满意，于是很爽快地向王永江做出保证："你只管干，我什么也不听。"

王永江虽没有在财政方面当差的履历，但他做过税捐局长，对税务利弊知之甚详，通过调查，他更认定财政紊乱的根子还是在税务环节出了问题，所以理财亦以整理税务为中心。由此入手，他对税务系统的吏治进行了大力整顿，将那些惯于浑水摸鱼、到处营私的税捐局长尽行撤换。

王永江同时下令清丈土地，针对各税捐局辖区的耕地面积、生产状况定出实征税额。对于占有土地的富户和一般农民而言，清丈土地是他们普遍不太愿意接受的，自然立刻引起了一片抱怨之声。曾有翼此时已从北京返回奉天任清丈局局长，他字子敬，便被依谐音骂为"整之净"，王永江本人字岷源，则依谐音被骂为"万民怨"。

尽管周围怨声四起，但既然事先得到了张作霖会鼎力支持的承诺，王永江便毫不动摇，顶着压力继续推行自己的改革。在清丈土地的过程中，少报的耕地面积均被一一查出，既增加了政府的税捐，也进一步杜绝了过去县知事（即县长）与税捐局长虚报贪污之弊。

报恩不报仇

在东北政界，人们将王永江、王树翰并称为"二王"，实际上王树翰尚视王永江为后起之辈，因为他任厅长时，王永江还是地方上的税捐局长，可以算作他的部属。然而终其一生，王树翰的成就却远不如王永江，这不能不说是性格使然。王树翰的长处是谨慎小心，且善于观察细枝末节，缺点是气魄不大，气象窘迫，不像王永江那样勇于任事，敢作敢为。换句话说，即便王树翰找对症结，他也不可能如此大刀阔斧，所以有人评价王树翰只是一个"吏才"，意谓他以吏起家，非宰辅之器。

王永江并不是只会用蛮力，他也善使巧劲，尤其知道如何调动人的积极性。他规定每个税捐局只要超额完成征收税额，就可以从超出部分中提出若干作为奖金，多收多提，从局长到科员人人有份，财政厅的人员亦有提成。在此政策的激励下，人人工作卖力，税捐局长也不用再偷偷摸摸虚报贪污了，因为只要干得出色，当年光奖金就可以拿好几万，而一个普通财政厅人员每年拿到的奖金也往往能超过他的一半薪水。

王永江除弊虽严，但只要哪一项规定有碍于政府收入，即便有人认为是陋规弊政，他仍然会网开一面。比如商人持税单将货品由甲地运至乙地，中间经过各税捐局的关卡时，要进行查验，查验完成后关卡人员要在税单上盖一个"验讫"的戳，并征收若干费用，这笔费用叫作验讫费。

验讫费不是税种，财政厅也有一些人主张按陋规废除，但王永江坚决反对，理由也十分简单明了：若是裁去此费，哪个关卡人员还肯在黑夜冬日跑出来，眼巴巴地等着商人的车辆通过并进行查验呢？

王永江认为税务系统环环相扣，相关人员稍有懈怠，偷漏必多，因此就算验讫费被指责为"弊政"，只要有存在的必要，"虽弊不除"。

捐税归根到底还是来自实业。王永江规定官有财产中凡有民营必要的，应速交民营，以免造成损失，在其任内，他废止了省内没有收益希望的官营事业，同时将收益情况良好的矿山开采权完全收归官营。除此之外，他还广开财源，一面奖励移民开垦荒地，一面扩张商业。至1917年，奉天省所拥有的商会、会董、会员数量都超过了吉黑两省，为东三省之冠。

张作霖以王永江接替王树翰，本来是抱着一种死马当活马医的态度，不料王永江居然还是一位理财能手。过去奉天省历任执政者几经努力，尚不能根本解决财政问题，他仅用数年就已大功告成。截至1920年冬，除将所有外债完全还清外，奉天省库尚存一千一百万结余。

奉天省大权在握和财务上的渐渐充裕，令张作霖离"称霸满洲"的梦想又进了一步。常言道，富贵不还乡，如锦衣夜行。发达之后的张作霖不止一次荣归故里，其中就包括回到曾随母亲一起生活过的赵家沟。

当年在赵家沟时，张作霖曾被官府冤枉为打劫官饷的大盗，差点人头落地。如今才知道这背后其实是还被人摆了一道，原来张氏兄弟那时在外经常打架斗殴，因此得罪了二道沟子村的李老恒，正是李老恒向官府控告，说张氏兄弟"通匪"，从而让张作霖蒙受了一场不白之冤。

听说张作霖又回到了赵家沟，李老恒深恐他翻起前账，记恨前嫌，于是赶紧带着老伴到张的行辕负荆请罪。见到李老恒，张作霖一笑置之，说："我张作霖向来不记仇恨，你虽然告过我，但并未把我怎么样，反而使我发奋向上，才有了今天。"他又拿出两百元钱送给李老恒夫妇，并且安慰他们："你们老两口不要害怕，好好回家过日子去吧。"

在张作霖的青少年时代，高坎对他影响甚大，也是他必回的"第二故乡"。听说张作霖要回来，由街上的头面人物牵头，高坎人便在凤凰甸村到高坎镇之间修了一条又宽又平的路。当天，张作霖率领一个卫队，一行三四十人踏上归乡之旅，当来到凤凰甸时，他特地命令随从下马，除他自己外一律步行进入高坎。他还不忘嘱咐："到高坎不准碰一草一木，不准有任何不轨行为，这是我的第二故乡。"

张作霖来到高坎街上，众人迎上前来，毕恭毕敬。张作霖很客气地与大家一一相见，但绝口不提过去的事，概因当年有很多高坎人得罪过他，他怕在公众场面突然提起别人会尴尬和为难。之后，他才单独把几个和他有过恩怨的高坎人请到自己的会客室，被邀的几个人中，有曾把他绑在大榆树上，准备晚上活活冻死的于六，有拎着口杀猪刀，追得他满大街乱跑的于二爷，还有因讨债不成扇过他两耳光的黄木匠。这些人被请去时个个心情忐忑，未料张作霖不咎既往，以诚相待，并且很恳切地对他们说："咱们哥们儿，年轻时闹过摩擦，算个什么？早忘了，我早忘了。老实说，没你们打我，我还没有今天。"

仇早已忘，恩则始终牢记在心。张作霖这次回高坎，一一看望了那些曾帮助过他的干爹干妈及其乡亲。回忆在高坎开大车店的常掌柜几次救过自己的性命，直至最后离开高坎，也还是常掌柜送的行，张作霖专门让人赶到常家，把常掌柜请了过来。见面之后，他给老爷子敬了个军礼，表现得分外亲热。常掌柜看了半天，才把张作霖给认出来，于是急忙上前拉住张作霖的手："老三（张作霖在家中排行老三），你还真出息了，我以为你早死了呢！"

回到奉天后，张作霖自己出钱，将街上的大客店和一家当铺一并买下来，让常掌柜做经理，常家因此拥有了长工三四十人，土地二百五十多亩，成了高坎一带的富户。考虑到常掌柜已经年迈，儿子又少不更事，张作霖就让自己岳父那边的人过来管事。常掌柜不用烦心，只需坐享股金即可，晚年生活十分安逸富足。

对待"漂母"孙老太太也是这样，张作霖为了让老太太安心，把老太太的儿子也带回奉天安排事做。后来老太太过世，他还派人专程赶回，为其送钱立碑。

张作霖回乡之行很受赞誉，人们都说："张作霖有度量，报恩不报仇。"

第六章

明人不做暗事

包括张作霖在内，每一任奉督都明白一个道理，那就是要想在东北保持并发展个人的权势，日本轻易得罪不起。

　　说起日本势力在东北的存在和发展，就不能不提到日俄战争。按照战争结束时日俄签订的《朴次茅斯和约》，除俄国之前从中国租借的旅顺、大连被转租给日本外，俄国还将中东铁路南段（也即南满铁路）以及沿线的行政、司法、警察及驻军权转让给日本。这些权益被日本统称为"满洲特权"，日本人对此非常在意，认为是他们花了数十万人命才从俄国老毛子手中抢得的战果。

　　《朴次茅斯和约》达成时间不久，日本军政界就发生了激烈争论。以"满洲军"总参谋长儿玉源太郎为代表的一批军人主张，应当以战争期间设立的"军政署"为基础，尽量扩大"满洲特权"，而以伊藤博文、西园寺等人为代表的政坛元老们则认为东北毕竟还是中国领土，不顾条件地霸王硬上弓容易引起国际社会的干涉，他们的意见是只要维护好既有的"满洲特权"即可，没必要扩大。

　　当时元老派对日本军队还拥有很大的控制力和影响力，连儿玉这样在日俄战争中打出名堂的军人也不得不服，以后"军政署"便被全部关闭。日本陆军当局虽在"军政署"问题上败给了元老派，但一些人并不肯善罢甘休，他们仍企图通过"满蒙独立"来达到自己的目的。

顾问

　　到辛亥革命爆发的前夕，有人宣传说中国虽然要发生革命，但与日本利益相关的"满洲"万万不能有革命，"满洲有张作霖、冯麟阁、张景惠等绿林头目，如果领导这些人，令满洲独立，则可防止革命"。

　　一个叫町野武马的日本政客听了这话后，就赶往奉天去扶植张作霖，其间共在张作霖家住了一个月之久。与此同时，另一群日本人也在奉天上蹿下跳，为首者名叫川岛浪速，甲午战争和八国联军镇压义和团运动时，据说他在日本陆军当过翻译官。川岛这些人的胃口更大，他们不仅想让"满洲独立"，内蒙也在其计划之内，此即所谓的"满蒙独立运动"。

在"满洲独立"上，町野与川岛有着共同点，二者的不同之处在于，町野要抬出的是张作霖，川岛寄予希望的却是宗社党，他与宗社党骨干肃亲王善耆关系密切，善耆甚至还把自己的一个女儿给川岛做了养女，这就是后来臭名昭著的大间谍川岛芳子。

大家都要抢生意做，自然就会产生冲突，川岛一群人中甚至有主张要杀掉町野的。有一天，町野偶然在奉天碰到了他们，他们对町野说："你不要妨害我们的工作。"町野矢口否认："我并不是来妨害你们的。"

"如果是那样，你能不能帮我们？"

"我不干办不到的事情，对不起，我先走一步。"

就这样，町野被挤出了奉天，但川岛及宗社党也未能成事，"满蒙独立运动"很快便落了个一败涂地的下场。

民国登场，袁世凯所任命的奉督又成了日方关注的对象。从张锡銮督奉起，日本政府就提出要在他身边设置日籍顾问，起初张锡銮当然不愿意，但是吃不消对方一再逼迫，在答应只需付薪水，无任何其他附加条件的前提下，才同意雇用町野等日本人为军事顾问。

袁世凯在任末期，中日围绕"二十一条"进行交涉，战事一触即发，因为害怕中日开战，东北的日本人都集中到了附属地（日本对南满铁路和旅大的称呼）。身为军事顾问的町野接到上级的训令，告诉他一旦发生战争，必须搬进张锡銮家，"俘获张锡銮，不要让他逃跑，使其统治满洲"。于是他就真的跑到张锡銮家，说要搬进去住，张锡銮问为什么，町野也不隐瞒，当下就把训令的内容告诉给了他。

张锡銮原本对町野并不信任，但町野能够实话实说，而且还要力保他，让他一下子对这个日本顾问有了好感。自此以后，日本顾问便都可以住在督军公署，和督军的家人一样出入起居了。

当时附属地内中日双方的军民经常发生冲突，张锡銮为此很头疼，就试探着问町野："有没有什么办法避免这种冲突？"町野一拍胸脯："这很简单，只要我出去走个十来天，一定可以办到。"

町野从张锡銮领了三万元经费，然后前往各附属地，每到一个附属地，就宴请和招待中日双方的要员，协调彼此间的关系。经过他的一番斡旋，冲突事件果然大为减少。

早在甲午战争前，日本人就发现中国社会存在着一个致命弱点："公然行贿受贿，这是万恶之源，但清国人对此毫不反省，上至皇帝大臣，下到一兵一卒，无不如此，此为清国之不治之症。"民国其实也没比清国好上多少，某些方面可能还更差。倒是日本的政客除了不顾一切要达到其政治目的外，很少沾染行贿受贿的恶习。町野对于经费就非常节省，有时在活动中还自掏腰包，十多天过去，一共只花了四千多块钱，其余都交还了会计，这一点无疑也增加了包括张锡銮在内的中方官员对他的好感。

张锡銮去职后，町野闲了一段时间，直到张作霖就任奉天省督军，他被派去给张作霖当顾问。

当年町野期待张作霖的两件事，一为赶走革命党人，一为发起"满洲独立"，前面一项张作霖做了，后面一项却没做。在町野看来，张作霖其实是"接受了革命军的任务，做它的师长（指担任二十七师师长）"，背离了初衷，因此拒绝去见张作霖，还说："我不想到绿林出身、没有大志的人那里去。"

张作霖深知对付日本人不是一件容易的事。他跟町野相处过一段时间，又看到町野在替张锡銮方面确实肯出力且见成效，便很希望这个日本人能去帮他，即便对方说了不好听的话亦不以为意。

在张作霖的坚持下，町野来到督军府，不过当着张作霖的面，还是冷笑着讥讽他没出息。为了把町野留住，张作霖当场表示他是有大志的人，而且要么不立志，要立志就干到底。按照町野的说法，张作霖和他约定了要"共生死，取天下"，这样他才最终同意给张作霖当顾问。

此时对在促使"满蒙独立"过程中究竟应培植、使用哪一类人，日本内部的意见仍不一致。特别是在民国建立后，宗社党在东京重新成立，善耆、川岛等人继续试图复辟，他们通过游说，将仇恨汉人、向往"蒙古独立"的蒙人巴布扎布也拉进了宗社党。刚刚上台的大隈内阁见有机可乘，便开始支持军方干掉张作霖，以便乘乱造成"满蒙独立国"。于是在袁世凯称帝期间，日本一边派人到华南去出钱援助国民党及其他反袁力量，一边派现役联队长土井市之进大佐等人进入东北，计划伺机暗杀张作霖。

1916 年 5 月，在奉天满铁附属地内，土井召集日方有关军职人员开会，具体密商如何干掉张作霖，町野也应邀出席。町野一贯主张扶持张作霖，他认为通过张作霖来实现"满蒙独立"，要比发动没有把握的暗杀和暴动更靠谱。

我头一个不依

尽管遭到町野的极力反对，土井仍选择了将暗杀行动进行到底。5 月 27 日，日本天皇裕仁的弟弟闲院宫载仁亲王从俄国返回日本，途中必须经过奉天，张作霖和日本驻奉天代理总领事矢田七太郎一同前去迎接。之后，两人分头坐马车离开，就在途经小西边门时，埋伏在那里的杀手突然投出炸弹，当场炸死了五六名警卫——事后矢田察看现场，看到爆炸现场惨不忍睹。他捡到一颗没有爆炸成功的炸弹，拿去给一位日本将军看，那位将军马上辨认出来，说："这是日本特制的火药。"

幸免于难的张作霖见势不好，急忙跳下马车，戴上警卫的帽子，并骑上警卫的马，在马队保护下绕道回署。结果当他们跑到奉天图书馆时，又再次遭到炸弹袭击，由于张作霖策马飞奔，炸弹在其身后爆炸，爆炸掀起的气浪仅仅只炸飞了张作霖的帽子。

这次未遂的谋刺案在迫使张作霖加强戒备的同时，也增强了他对町野的信任和亲近，因为他很快就得知，町野不仅在土井主持的暗杀会上持坚决反对态度，而且还曾声言："谁要动张作霖一根毫毛，我头一个不依。"

自此以后，张作霖便把町野视为自己的日籍幕僚兼亲信，每年必定派他去日本一次，主要任务是联络日本朝野各派要人，以争取日本在把他视为"忠实外藩"而不是敌人或障碍的情况下，少找他的麻烦。每次张作霖都依张锡銮例向町野提供三万元交际费，而町野剩余多少，也会把结余下来的钱全部缴还给替张作霖管钱的五太太寿夫人。

可是町野等人在当时只是少数派，大隈内阁的主流意见仍是要建立"满蒙独立国"。在谋刺张作霖的同时，巴布扎布又亲自率部南下，准备攻打奉天城。

就好像当年的陶克陶胡一样，从整个中华民族的角度来说，巴布扎布分裂国家，罪在不赦，但因为打着"蒙古独立"的旗号，又使他在部分蒙人中有着一定的号召力。就在巴布扎布部南下途中，不断有蒙古人参军，使其兵力迅速扩充到了三千多人。

蒙军一路上跟奉军打了很多仗，屡屡攻破城池。1916年7月中旬，蒙军进逼洮南，形势十分危急。张作霖闻讯急派吴俊升统兵前往突泉进行阻击，突泉一战，吴俊升肩部受伤，但击毙了蒙军达五百余人，并成功阻击其南下。因在突泉受阻，巴布扎布转而谋攻郑家屯，张作霖立派奉军前往郑家屯进行防守，蒙军只得继续东窜。在此过程中，双方交战多次，蒙军受到重创。

见几条南下路径均被阻住，8月初，巴布扎布指挥蒙军向南满铁路上的要站郭家店开进，欲通过郭家店一举攻下奉天省城。鉴于军情紧急，张作霖要求日本允许奉军经过南满铁路，乘车前往郭家店，但被日本以严守中立为借口予以拒绝。

至此，对于"此次蒙匪南犯确有日本从中计划主持"的背景，张作霖已经十分清楚，也知道对付巴布扎布必须面临可能开罪日本人的风险，但他仍令部队由长春徒步行军至郭家店。

奉军开到郭家店附近后，立即对蒙军进行围追堵截。在十多万奉军的猛烈进攻下，蒙军终于力不能支，最后被迫逃入郭家店据守。正当奉军要对被围的蒙军发动歼灭性攻击时，张作霖突然接到报告，郑家屯爆发了由日军挑起的武装冲突。

事情发生在8月13日当天，直接起因其实只是一个小小的民间纠纷：郑家屯的一个儿童误将瓜水泼在了路经此处的日本商人吉本的衣服上（还有一种说法是，吉本想从那名儿童手里买鱼，因儿童嫌他出价太低，不肯出卖），吉本出手打了儿童。当地奉军第二十八师骑兵团的一个士兵上前劝解，吉本蛮不讲理，跟士兵扭打起来。

要打架，吉本自然很难从士兵身上占到什么便宜，于是他就恶人先告状，向当地日本警署提出控告。听说中国士兵打了他们的人，日本警察河濑即向其守备队求援。日军守备队队长井上大尉派二十余名士兵随河濑去奉军骑兵团寻仇，当他们走到团部门口时，遭到守门卫兵阻拦。日军用刀砍伤了卫兵，又开枪打死了两名奉军士兵。奉军被迫实施自卫还击，与日军展开枪击，双方互有伤亡，日军共被打死十二人。

段子

张学良晚年回忆父亲的事迹，说张作霖驻军新民府时，当地也驻有日军，两边军营都有人逛妓院，因为一言不合，发生群殴。张作霖的士兵被打死了两个人，张作霖为此火冒三丈，非要对方偿命不可。日军方面自知理亏，便提出给每个被打死的中国兵各赔五百两银子。张作霖不听犹可，一听更火了，过了三天，他也派人打死了三个日本人。对方闹上门来，他双手一摊，说那我还是按照前例，一人赔五百两银子："我拿一千五百两银子不就完事了嘛！"

张作霖驻兵新民时没有与日军发生直接武装冲突的记载，有据可查的便是郑家屯事件，很可能张学良自己在回忆中把二者混淆了。郑家屯事件爆发时，正值奉军与蒙军激战于郭家店，于是日方就趁机对这一事件进行扩大化，以便转移张作霖的注意力，对已处于被动和劣势地位的蒙军进行掩护。秉承日本参谋本部的旨意，井上先是提出"凡中国军队均须退出城外三十里"，继而照会张作霖，要求驻郑家屯至四平街沿线三十里内的奉军全数撤离。

中国驻军撤离后，日军占据了奉军的所有营房，并非法架设军用电线电话。至1916年8月底，从各方增兵开进郑家屯的日军已达一千五百余人，日本还计划调集八千人开赴郑家屯，其意图显然已不仅限于为蒙军打掩护。有证据表明，日本的最终目标是要趁西方列强忙于第一次世界大战，无暇顾及东北"门户开放"之际，以军事实力压迫中国承认"二十一条"，并进一步吞并"满蒙"。某种程度上，它甚至可以被看成是十五年后"九一八"事变的一次预演。

对郑家屯事件的背景和日方的真实意图，北京政府最初认识得并不是很清楚，"以为系偶然发生之冲突，且系地方上事件"，于是命奉天当局直接与日本交涉了结此案。张作霖派人与日本驻奉天代理总领事矢田进行交涉，但日本政府拒绝在奉天谈判，他们强硬要求由日本公使与北京政府直接交涉，北京政府方面这才知道事情的严重性。

当时袁世凯刚刚去世不久，中日关系尚未完全缓和，如果张作霖处置不当，轻者可能滚鞍落马，乖乖地把位子让给冯麟阁等政敌，重者将导致东三省沦丧，"九一八"事变提前上演。在这种形势下，张作霖恐怕不太可能意气用事，更无法轻率地说出"我拿一千五百两银子不就完事了嘛"一类的段子。后者倒与当时流传于东北民间的一些传说相辅相成，这些传说夸大了张作霖与日军对抗的行为，虽然听上去鼓舞人心，其实反倒显得当事人颟顸无知，毕竟国事不是儿戏。

事实上，张作霖既没有任着性子胡来，也没有消极等待，他急令奉天外交人员及郑家屯当地驻军调查事件原委，而后写成报告书送交北京外交部。在外交部对案情还茫然无所知的情况，张作霖提交的报告书不仅避免了自己成为事件的替罪羊，也为中央对日交涉提供了及时准确的依据。

在中央出面展开交涉的同时，张作霖也没敢闲着，他一面电致北京政府，请求增兵以备万一，一面派身边的另一名日籍军事顾问菊池武夫到郑家屯进行调查（菊池的军衔为中佐，町野只是少佐，所以由菊池出面）。说是调查，实际是让菊池做调停人，希望能够大事化小，把紧张局面缓和下去。当着菊池的面，日方不惜撕下"中立"伪装，公开出面保护蒙军，他们让菊池给张作霖带话，以奉军"扰乱租界及子弹飞入附属地"为由，要求奉军立即与蒙军停战，对巴布扎布也勿予追究，否则的话就将施以武力。

听菊池传达日方要求后，张作霖进行了审慎研究。他考虑到，郭家店确属南满铁路附属地，一旦奉军在此处与蒙军大打出手，即便没有郑家屯事件的影响，也很容易给日本人授以口实。为了不使东北局势进一步复杂化，他只得下令停战，同时派菊池再次与日方联络，表示同意日方提议，对蒙军不加讨伐，令其安全退回蒙境。

事情到了这一步，似乎张作霖跟其他人也没什么两样，该服软的时候还得服软。如果你真这么想，那你就太小看他了，因为他还给心腹部下们另外下了一道绝密命令："令该匪逃出，俟离站较远即行痛剿，免为外人藉口。"

什么意思？你总不能在车站里待一世吧，等你离开郭家店，到远一些的地方我再灭你，那样更干脆，还让日本人说不得闲话！

把柄

从 1916 年 8 月 19 日起，围绕郑家屯事件，北京政府外交部与日本新任驻华公使林权助展开谈判。谈判期间，张作霖并未袖手旁观，他采取了积极介入的态度。

郑家屯事件缘起的最关键问题，是谁寻衅在先。日方在谈判中恶人先告状，声称武装冲突是因"中国兵发炮挑斗"所致，且奉军对日军实施了"猛烈攻击"，为此他们曾将两名中国商人抓起来，逼其画押，以制造伪证。张作霖得悉后，于 8 月 28 日急电北京政府进行揭露，外交部据此发出声明，认为逼供不能作为证据，从而使日方制造伪证的行径未能得逞，己方也得以从最初的极度被动中慢慢摆脱出来。

不管谈判进行到哪一步，总之奉军在郭家店方面是没有再发动进攻。有日本人在背后撑腰，本已濒临绝境的巴布扎布和蒙军又来了精神，他们在郭家店竖起一面一丈多长的黄旗，有人把它看成是象征复辟的清朝国旗"黄龙旗"。一时间，这些人张牙舞爪，不知怎样显摆才好了。

配合着官方行动，日本国内的许多报章杂志也极力对巴布扎布进行吹捧，先把他描绘成一个"躯干高大，容貌非凡，具有将才霸气"的"常胜将军"，继而又称其"作为成吉思汗的后裔，雄才大略，有图谋蒙古民族复兴之壮志"。经过内外这么一包装，巴布扎布俨然成了"成吉思汗再世"、蒙古独立的英雄，善耆等宗社党要员脑子一热，干脆把自己组建的约八百"勤王军"也运抵郭家店，由巴布扎布统一指挥。

"勤王军"一出，立刻被张作霖抓住把柄。因为自民国成立以来，中央政府对宗社党人历来是严惩不贷，宗社党把"勤王军"拨给巴布扎布，就表明二者已经合流，当然也应与之同罪。张作霖遂正式通告日方："蒙匪既与勤王军联合，中国军队不得不大举讨伐。"随着他一声令下，奉军打破与日本刚刚订好的"协约"，对撤出郭家店的蒙军发起猛攻，并在 1916 年 9 月 2 日予蒙军以重创。

同一天，中日进行第四轮谈判。出面谈判的外交总长陈锦涛根据张作霖的八条意见，对日方进行逐条批驳。此前一直在事件的具体情节上反复纠缠的林权助立即陷入被动，只得以"此案实无深究之必要"进行搪塞，以后又承认事件中的日本警察河濑处理不慎，日军也"稍有过分者"。

虽然理屈词穷，但林权助倚仗着自己国家有实力，仍以郑家屯事件为借口，非常蛮横霸道地提出了八条要求。在这八条要求中，除对有责任的中方官兵予以免黜或惩处外，还包括向东北派驻日本警察、向东北各部队派遣军事顾问等。中国外交部自然不能同意，双方争执激烈，尤其在派驻日本警察一项上更是互不相让，后来该项也成为每一轮谈判的焦点所在。

日本政府一边在谈判中实施逼迫式打法，一边仍没有忘记继续维护自己的工具。9月3日，眼看蒙军即将被歼，日军开始直接对其实施援助。蒙军原先的武器主要由日本政府和宗社党偷运提供，南下这么多仗打下来，军械子弹已经十分匮乏。日军便从四平街方面运来武器进行补充，其中不仅有大量子弹和炮弹，还包括了四门青铜炮。这四门青铜炮均为日俄战争时日军使用的旧式山炮，一发射炮弹就要后退三米远，必须再上推到原地才能继续发射，怕蒙军不会用，一个退伍的日军炮兵少尉被专门派来充当炮手。

蒙军的武器弹药重新变得充裕起来，而由于无法使用铁路，奉军的给养则越来越接济不上。当天下午，因为缺乏子弹，奉军被迫转攻为守，黄昏时组织撤退。在这种情况下，张作霖只得再度与日方立约，准许蒙军安全退回蒙古大沙漠，而条件是日本必须解除"勤王军"的武装。

协约虽然订了，但各方其实都无守约的自觉性，日本嘴上答应着，实际对"勤王军"一个手指头都没动，与此同时，张作霖也在蒙军出发后不久，就通知奉军对蒙军及"勤王军"继续发动进攻。巴布扎布本身更不老实，他非但不肯就此偃旗息鼓，率部返回沙漠，而且还在与奉军交火的同时，不断对沿途的城镇村寨进行烧杀和劫掠。

从9月中旬起，中日双方在北京的交涉也逐渐进入白热化阶段。林权助为了逼迫中方让步，又无中生有地捏造事实，说尽管日军在事件中先闹上门，可是当他们在撤离时，却遭到了奉军的"包围追击"。参加谈判的外交次长夏诒霆因为对具体情节掌握得不是特别清楚，所以未能予以当面驳斥。

过后外交部紧急电询张作霖，张作霖再度进行详细调查，查明被打死的十二名日本兵中，十一人的致命处均在前面，剩下一人的伤口也在左腰眼。依据张作霖所提供的尸体检查报告，中方代表在谈判中据理力争，林权助无隙可乘，也自觉理亏，在以后的谈判中未再提及此事。

连回光返照的可能性都没有了

1916 年 9 月底，巴布扎布想出新招，准备向中国军队已撤出的郑家屯一线以东开进，乘虚攻入长春城。可就在他跃跃欲试的时候，派去与日军进行联络的信使却带回了一个惊人的消息——日军发出通告称，严禁蒙军及"勤王军"进入郑家屯一线以东，如果他们要强行进入，就解除其武装。

发现老大突然变了脸，巴布扎布整个人都傻了，他急忙与宗社党的川岛浪速进行联络，川岛答称："本国政府有改变方针征兆，目前正反复交涉，要求其继续执行前此之政策。"

原来大隈内阁的对华政策受到元老派的批评，早就维持不下去了，被元老派选定为首相继任者的寺内正毅主张"中日亲善"，以缓和中国国内的仇日情绪。虽然寺内尚未正式组阁，但大隈内阁成员已提前处于涣散之中，曾经积极支持所谓"第二次满蒙独立运动"的一帮军政要员，如参谋本部第二部长福田雅太郎、外务省政务局长小池张造、海军省军务局长秋山真之等纷纷离职。

巴布扎布见形势不妙，这才急急忙忙地率部逃往外蒙。当逃到内蒙林西境内时，一看林西是一座孤城，又没有多少守军，就想攻下林西抢劫一把。可是他们不知道林西的守军并不是一般部队，乃是张作霖早年加入的毅军，厉害得很，不管怎么死打硬撞，城池就是攻不下来。

也是巴布扎布这厮活该晦气，他攻城心切，亲自在山上进行指挥，正拿着一个望远镜往城里看呢。守军见了立即举枪瞄准，结果一发即中。巴布扎布一死，蒙军失去斗志，残部狼狈逃往索伦山区。

索伦山区就是当年张作霖剿灭陶克陶胡部的所在，蒙军残部退到那里后已是人困马乏，纷纷倒头呼呼大睡。不料天降大雪，雪有四五尺深，当地气温达到摄氏零下三十多度，一大半蒙军官兵就这样被活活冻死了。

还在蒙军进兵奉天的时候，一直组织对张作霖进行刺杀的土井大佐化装成中国人，准备带上他的"苦力队伍"（系从中国各地找到的游民所拼凑而成）乘乱占领奉天。只是奉天并没有出现他意料中的混乱，不久蒙军也败逃乃至溃灭，使得他的计划尚未能够实施就已胎死腹中。

土井很不甘心，便带上自拟的契约条件去与代理总领事矢田商谈，目的是让矢田支持他推翻张作霖。矢田本身和町野等人一样，属于保张派，又得知日本政府已改变对华方针，于是毫不客气地拒绝了他的要求。至此，"第二次满蒙独立运动"遭到了完全失败，连回光返照的可能性都没有了。

日方政策的变化也影响到了郑家屯事件的谈判，双方都不再针尖对麦芒，而是彼此寻找台阶，希望赶快收场，即便对于前面争执最激烈的派驻警察一项也是如此。1916 年 10 月 27 日，林权助突然在谈判桌上提出，奉吉两省"事实上已有日警派出所，并非新问题"。

林权助倒不是信口雌黄，早在日俄战争结束不久，日本即在东北设警所多处，郑家屯事件后，又在奉天各处设立警察官吏派出所。问题是它跟"军政署"一样，并没有得到中方的承认，日本政府自己也曾在相应条约上明文规定，非附属地的日人必须服从中国警察的法令。

北京政府向张作霖了解了具体情况，但到 1916 年末，却又有了在设警问题上对日让步的初步打算。征询张作霖的意见，张作霖表示坚决反对，他明确表示，设警问题属于内务行政范畴，国权所系，不容觊觎，如果在谈判中因顶不住日方压力答应其要求，必定会贻害无穷。

1917 年 1 月 22 日，经过多达十余次的谈判和反复交涉，中日双方终于就郑家屯事件达成协议，主要内容为中方应申斥第二十八师师长、惩处有责任的中国军官，以及对日人进行抚恤、道歉等。虽然仍很无理，不过与当初日方的原提案相比，已有本质不同，在至关重要的设警权等权益方面都未有丝毫让步。

无论是郑家屯事件，还是郭家店对付蒙军，张作霖都是其中重要的当事者。在这些事件处理的过程中，他虽有迫不得已的妥协，但更多的还是进行极力抗争，也因此从中积累了一定的能力和经验。比如对付蒙军，就是以软磨代替硬顶，表面可与日军立约，答应怎样怎样，但只要找到空隙和机会，照样我行我素。

又比如，郑家屯事件发生后，欧美国家曾对日本表示不满。日本政府极为不安，为此要求中国新闻界不得报道郑家屯事件及中日各轮谈判的详情。北京政府出于避免开罪日方的考虑，还真的以"于国交致有妨碍"为由，对国内舆论进行压制。张作霖则持有异议，他致电外交部，主张不仅应开放国内舆论，还要将实情通告各国公使，并通过欧美报纸的报道来给日方造成压力。后者实际成为张作霖的对日策略之一，即远交近攻——远交欧美，抵制日本。

说我抽手，我就抽手

自清末以来，奉吉黑三省都共戴一个最高行政长官，这是因为三省介于日俄两大强邻之间，设一个最高长官便于统一军事外交政策。又由于奉天在三省中实力最强，所以一般情况下，奉天长官就是三省最高长官，远者如清末的盛京将军、东三省总督，近者如民国的奉天将军、都督。

可是惯例在张作霖这里被打破了，尽管在他任内，奉天无论兵力还是财富都居于三省之首，可是吉黑却都各自为政，不受他的节制，张作霖也不能过问吉黑两省的军务和政务，这让他如鲠在喉，深感美中不足。

张作霖要打吉黑的主意，最早其实可以追溯到袁世凯当总统，他当二十七师师长的时候。那时吉林督军是孟恩远，黑龙江督军是朱庆澜，两人论资格都比张作霖老。张作霖虽是"胡子"出身的武夫，但自被招安之后，也是一步步循资格和战功晋升上去，资格观念在他心中根深蒂固，一旦对方资格在他之上，就觉得很难直接下手，于是只能考虑采取间接控制的方式。

孟恩远在吉林经营多年，一时很难从中设法，与之相比，朱庆澜上任的时间不长，而且他过去在奉天当统领时，很看不起张作霖，两人有旧怨，这也就为张作霖提供了一个他可以接受的驱逐对方的理由。正好驻黑龙江的第一师师长许兰洲与张作霖过从甚密，人称"黑龙江的张作霖"，张作霖就怂恿他取朱庆澜而代之，并且对他说："如江省你要用款，我可以把还日本的三百万外债晚一点还（其时奉省外债尚未完清），挪给你用。"

在张作霖的鼓动下，许兰洲与骑兵旅长英顺、步兵旅长巴英额合谋，制订了一个驱逐朱庆澜的秘密计划。有一天晚上，黑龙江省城内的旗人忽然到处散发传单，通知所有旗人于第二天集会闹事。次日，一些为首的旗人或乘马或乘车来到集会场所，却发现警察已有所戒备，只得与其他代表一起躲进了许兰洲的师部。

这就是许兰洲暗中策动的行动，他企图借此达到动摇朱庆澜的目的。见集会未能成功，他又假装出来调解，暗中则指示旗人代表联名致电北京政府，对朱庆澜的左右进行攻击。

江省由此人心惶惶。朱庆澜弄清都是许兰洲暗中捣鬼，很气愤地向袁世凯告了一状。袁世凯下令许兰洲不准胡来，说如果朱庆澜发生意外，即拿许兰洲是问。

许兰洲是袁世凯在小站练兵时的卫士，因会武术而被袁世凯赏识提拔，袁世凯一发话，他也就不敢再做出什么出格举动了。袁世凯最后做出决定，电调朱庆澜入京，另派毕桂芳代理军民两长。

既然是代理，就是属于过渡性质，其他人皆可上位。此时张作霖在奉天已大权独揽，在北京政府面前说话很有分量，所以许兰洲就托张作霖保举他。张作霖表面答应设法，实际想保的却是他的同乡兼后来的儿女亲家鲍贵卿——都是间接控制，但鲍贵卿显然比纯靠利益结合的所谓"密友"要牢靠得多。

许兰洲被蒙在鼓里，他急于求成，便派参谋长尚某为代表，长住奉天与张作霖联络。尚某侦察到了张作霖的两面派手法，就将这一内情用密电发送许兰洲。可是这封电报被奉天检查机关扣留了，他们将密电译出送到了张作霖那里。

张作霖看完电报后，对许兰洲派尚某到自己眼皮子下充当间谍一事很是生气。尚某的密电上有一句话"雨帅（张作霖）有袖手之意"，他把"袖手"误读成了"抽手"，就愤愤地说："我姓张的明人不做暗事，说我抽手，我就抽手。"

于是张作霖干脆正式保举鲍贵卿为黑龙江督军兼省长。鲍贵卿系北洋嫡系，连段祺瑞都很欣赏，自然是一保就准。为了避免许兰洲因不满而捣乱，在鲍贵卿委任状下达的同时，许兰洲及其第一师也被调到奉天，受张作霖节制。

当许兰洲到奉天拜见张作霖时，张作霖亲自穿马褂出迎，并且首先开口对他说："我对不起大哥，未能帮大哥的忙，因为我的队伍看着二十八师，腾不下手来，请你原谅。"

许兰洲离开江省后，既失根据地，又成了张作霖的下属，要想再发个脾气啥的，不过是自讨苦吃。明知这一点，他只好打碎牙齿和血吞，也跟着张作霖你好我好地客气了一番。

许兰洲虽走，江省还剩下英顺、巴英额两个刺儿头。这两个家伙没捞到什么好处，心里很不甘心，他们见鲍贵卿虽是督军兼省长，但并无实力，就合计着复制驱逐朱庆澜的一幕，将鲍贵卿赶走。

鲍贵卿毕竟是北洋出来的，可不像他的前任们那么好对付。就职江省不久，他就通过张作霖从奉天调去张鸣九四个营作为自己的卫队，此外在原江省部队中，张奎武六个营也拥护鲍贵卿。鲍贵卿决心跟刺儿头们干到底，但他担心仅靠十个营的兵力，解决不了英顺、巴英额，因此密电奉天，请求张作霖派兵援助。

在已确定鲍贵卿是自己人的情况下，张作霖当然不能容许江省出现任何闪失，他立刻以剿灭蒙匪的名义派吴俊升率二十九师援黑，即日开拔，同时致电张鸣九、张奎武，说在二十九师到达之前，"省城与鲍督军倘有差错，惟你二人是问，叫你二人提头来见"。

吴俊升率部一到江省，英顺、巴英额的部队就被震慑住了，没人敢当其锋。1917 年 12 月 2 日，根据鲍贵卿的请求，北京政府以挟制长官、吞没公款等罪名，下令免去英顺、巴英额的职务。

江省军界的骚乱至此得到彻底平息，军政归鲍贵卿掌握，张作霖也就此达到了间接控制黑龙江的目的。

张作霖本打算一鼓作气，通过如法炮制的手段，将吉林也顺势划入自己的势力范围，但吉林督军孟恩远身为老北洋将领，又在吉林任军事将领近十年之久，可谓树大根深，张作霖即便铆足了劲都撬他不动。

我识将军未遇时

暂时的碰壁并没有对张作霖的雄心壮志造成任何影响。在参谋长杨宇霆的辅佐和推动下，他开始不安于东北，一心向关内发展势力。

张作霖帐下幕僚人员，多为赵尔巽、袁金铠所推荐，杨宇霆并不在其列，可以说是张作霖所一手识拔。就在张作霖担任二十七师师长时，有一天他在街上看到一支队伍，见其军容整齐，风纪严肃，颇为诧异。因为当时由巡防营改编的部队主体是"胡子"，纪律很散漫，原来的新军又都调走了。

张作霖疑心是日本军队，后来一问才知道是军械厂的卫队连，而对他们进行训练的正是时任军械厂厂长的杨宇霆。说起来，杨宇霆之前其实与张作霖也有过一面之缘——还在张作霖担任师长的前几个月，曾宴请路过奉天的黑龙江省军方代表团。杨宇霆是代表团成员刘德权的士官同学，他和另外几个同学曾相约去看刘德权。因为当时风闻张作霖最恨留学生，所以他们曾有意避开张作霖，没想到张作霖很看重士官生，特地通过刘德权转告杨宇霆等人，说要起用他们到重新开办的奉天讲武堂当教员。

几个月过后，当张作霖看到部队也可以被一个士官生训练得如此之好时，他的想法有所改变，于是便把杨宇霆找到师部详谈。杨宇霆从刘德权那里知道了张作霖对士官生的真实态度，亦有心投效，交谈过程中，他口齿伶俐，对答如流，且态度谦恭有礼。张作霖很欣赏他，遂将其调到二十七师担任参谋长。

杨宇霆少时即有过目成诵之才，记忆力十分惊人，他十岁时入私塾读书，很快就能背诵和理解《百家姓》《三字经》《千字文》一类的启蒙书，其表现出的早慧能力令塾师都感到教他吃力。

杨宇霆人既聪颖，还刻苦好学，第一次参加科考就考中了秀才。可惜的是，那是末科秀才，也即清廷废除科举之前的最后一批秀才。科举一废除，杨宇霆就无法再像赵尔巽那样学而优则仕了。好在天无绝人之路，第二年奉天中学堂招生，杨宇霆便考入中学堂当了插班生。

时值中央政府准备选送一批学生去日本陆军士官学校进行学习，担任盛京将军的赵尔巽决定由奉天中学堂选送几名。当时挑选学生主要是测验外语，轮到杨宇霆时，他当场就把外语课本《华英初阶》从头至尾背了一遍，考员很是惊诧，杨宇霆得以成功录取。

到东京后，杨宇霆入士官学校第八期炮兵科学习。对于一个常年读古书的人来说，这意味着所有的学习环境和内容都被改变，初学入门阶段是很困难的。杨宇霆性格争取好胜，越困难越不肯服输，为了练习马术，他曾在半夜里偷偷地潜入马厩，想把马拉出来进行练习，但他不知道受过训练的军马是轻易不出马厩的，结果他不但没能把马拉出来，右腿还被马给咬伤了。半夜拉马是违纪之举，杨宇霆即便受伤也不敢言语。士官生每月要检查一次身体，结果检查时才发现咬伤处已经溃烂，杨宇霆因此还挨了处分。

就读士官学校期间，杨宇霆每期考试都名列前茅。几年后毕业回国，正赶上赵尔巽第二次来奉天任东三省总督。当初他们这批留学生出国前，赵尔巽曾予以接见，当时杨宇霆代表全体留学生致答谢词，赵尔巽对杨宇霆的仪表及其发言时所表现出的激情很满意，所以在他们回国时，又再次接见了他们。

赵尔巽的重视，为杨宇霆等人回国就业打下了基础。杨宇霆先是被分配至吉林孟恩远部当见习排长，民国建立后升任营长，不久又调东三省都督府任军械科长兼军械厂厂长。他治军严格，经常在深夜搞紧急集合，士兵站好队后，他总要从中挑出不穿袜子的人，当场进行处罚。有一次他外出归来，哨兵听到是他的声音，未问口令就迅速开门放人，想不到他勃然大怒，厉声训斥道："进门要问口令是一再宣传的军令，你竟敢不遵守，倘若敌人模仿我的声音，你把他们放进门来，军械厂就被断送了！"

在邀杨宇霆入幕之前，张作霖对自己的部队并不满意，经常说："目前的军队，我虽然可以统一指挥，但官兵良莠不齐，很多军官是行伍出身，没有文化，甚至还有败坏军纪，扰民害民的情形。"如其所言，奉军中军纪败坏的现象确实很普遍，即便是张作霖嫡系的二十七师也是这样，该师的老底子是张作霖在八角台建立的"保险队"，从没经过正规训练，纪律相当散漫。

在被张作霖任命为二十七师参谋长后，杨宇霆沿用训练军械厂卫队连的做法，首先对二十七师进行了改造。经过一段时间的训练和整顿，二十七师等部队开始变得规范整齐，军容焕然一新。

对杨宇霆整顿奉军之功，东北各界向有公论。张作霖的幕僚之一、"日本通"于冲汉写道："棘门霸上如儿戏，我识将军未遇时。"此句典故出自《史记》中所记载的周亚夫故事：匈奴进犯北部边境，汉文帝急调三名大将率三路兵到长安附近进行防御，其中刘礼屯兵霸上，徐厉屯兵棘门，周亚夫屯兵细柳。为鼓舞士气，文帝亲自到三路军队犒劳慰问，他到霸上、棘门时，两处军营都不用通报便主动放行，只有细柳营非得使者拿出天子符节才肯打开寨门，而且周亚夫在迎接文帝时，仍穿一身戎装，以军礼相见。文帝感慨万千地称赞周亚夫："此真将军矣！"他说霸上和棘门的军队简直都是小孩子玩家家，倘若遭到匈奴偷袭，恐怕刘礼、徐厉这两位将军都会束手就擒。

于冲汉的意思是说，张作霖在未遇到杨宇霆之前，奉军和霸上、棘门的军队也没什么两样，都是儿童嬉戏，哪里能放到正规战场上去打仗？然而自从遇到杨宇霆，奉军就好像周亚夫的细柳营一样，别的不说，起码可以拿到战场上去练练了。张作霖当然也看到了这一点，曾很感慨地对左右说："我们武人不懂政治，要想国富民强，必须选用人才，特别是行政部门。就是军队，我们也需要请人才。"

对杨宇霆，张作霖由赏识发展到信任，并渐渐倚之为军中须臾不可缺少的左右手，在执掌奉天大权后，即升任其为奉天督军署参谋长。

借花献佛

除了帮助张作霖改造和训练军队外，杨宇霆的另一个重要使命是作为张作霖的代表，往返京津，与中央政府，或者更准确地说与段祺瑞一方进行联络。

士官生是民初不容小觑的一股军政势力，在杨宇霆崭露头角的时候，他的同期或不同期同学也多已居于显要位置，段祺瑞的首席幕僚徐树铮就是一个。徐树铮是第七期士官生，比杨宇霆要大一期，但两人在性格、能力、经历上极其相似，也特别气味相投。同时，徐树铮受段祺瑞信任和依赖的程度，甚至还要超过杨宇霆之于张作霖，所以有段祺瑞的灵魂之称。有了这层关系，杨宇霆联络段祺瑞，便只要与徐树铮打好招呼就行了。

此时北京政府正爆发新一轮"府院之争"，以总统冯国璋为首的府方与以总理段祺瑞为首的院方针锋相对，政争激烈。段祺瑞的国策主张是，在国际问题上积极参加欧战，在国内南北统一问题上用兵以武力解决。对于前者，冯段无异议，后者则存在严重分歧，冯国璋主张和平解决，同时也是在假和平与段祺瑞争权。

因段祺瑞是安徽人，所以他们这一派当时被称为皖系，相对而言，冯国璋那一派多为直隶人，故称直系。在直系的紧逼下，段祺瑞被迫再次辞职，时任陆军次长的徐树铮亦随之辞职下野。

之后段祺瑞、徐树铮反守为攻，通过召集督军团会议，利用皖系和接近皖系的督军之力，对冯国璋施压。张作霖与段祺瑞关系密切，因此杨宇霆代表张作霖参加了督军团会议，张作霖本人也致电冯国璋，认为"南方已无媾和之诚意，政府应下堂堂正正的讨伐令，以挽救千钧一发之危局"。

冯国璋吃不消主战派督军的压力，只得不情不愿地发布了湖南讨伐令，但实际仍在暗中与南方进行和谈。在这种情况下，徐树铮想到了引奉军入关助战的策略，他对段祺瑞说："仅靠我们皖系自己的力量是难以制止直系和南方和谈的，我看不如来个借刀杀人，借奉打直。"

徐树铮随后秘密前往奉天，他先与杨宇霆接洽，商量如何促成张作霖答应派兵入关，助皖打直。杨宇霆与徐树铮一样年轻气盛，一心要帮助幕主扩张势力，张作霖虽然也有此意，但他相对来说则要谨慎得多，毕竟出兵入关和站队呐喊还是两码事，弄得不好极可能偷鸡不着蚀把米，把部队乃至自己的前途都扔进去——想当初张勋复辟，要是他张作霖也像冯麟阁那样傻乎乎地跑进关内，下场如何真不可想象。

显然，要想打动一个政坛老狐狸的心，光靠三寸不烂之舌是不够的。徐树铮想起一件事，从前"府院之争"相持不下的时候，冯国璋的谋士曾向冯国璋献计，说只有拥有足够的军队，才能在与段祺瑞的争斗中占据优势，也才能保住总统之位。冯国璋只听了他的话后，便向日本购买了大批军械。这桩买卖是徐树铮在任时敲定的，合同约定日本人先将军械运至秦皇岛交付中国接收，然后再运至北京，不过直至徐树铮卸任，军械尚未起运。

为了打动张作霖，徐树铮遂决定借花献佛，他将军械购买计划告诉了杨宇霆，并让杨宇霆鼓动张作霖截械。

当时张作霖所辖奉军只有二十七、二十八、二十九军三个师，且所有装备均很陈旧，张作霖久欲扩军，只是苦无军械。听杨宇霆一说，他立刻产生了浓厚兴趣，但同时也不免犹豫：且不说徐树铮必定会有所索求，就是单单劫械一桩，就注定要和冯国璋及直系撕破脸了，以后再无退路。

玩政治有时候跟赌博也没什么两样，这一注下去究竟是好是坏，是福是祸，张作霖实无把握，一时间，他颇感左右为难。

见面礼

据传唐代李虚中精通五行之术，仅凭人的生辰八字，就能推算出一个人的吉凶祸福。韩愈称他为人算命，"百不失一"，可见准确性之高，李虚中也由此被后世奉为星命家之祖。

至清末民初，李虚中的徒子徒孙已遍及天下，奉天的星命业者更是为数众多，仅从生理现象上来看，他们可分为两类：一类是明目术士，也就是视力正常的算命先生；另一类是瞽目术士，都是盲人，此即俗称的"算命瞎子"。

在瞽目术士的高手中，流传着一门独特技能，名为"一掌金"。算命时，在问卜人报出出生的年月日及时辰后，一般算命先生必须查阅《万年历》，才能说出问卜人的生辰八字，掌握"一掌金"的术士不用查，只需屈指一算，就能立即报出八字，然后再判断吉凶，批算宿命。"一掌金"只在瞽目术士中进行师徒传授，绝不传给明目术士，而在奉天，也只有四五家能凭着"一掌金"的本事坐家算命，其中最负盛名的是包秀峰、张震洲。

张作霖每每遇到难以判断的疑难问题，总要找包秀峰、张震洲前去算上一卦。当然这两位专司觑破天机的术士也不会受到亏待，比如被称为"包瞎子"的包秀峰每月都能从张作霖那里得到两百元酬劳，张作霖还让手下称其为"包顾问"。

这次张作霖又决定召包秀峰算卦。包秀峰受召进府，经过一番推算后，对张作霖说："恭喜大帅，这次卦象得吉。"

既是天意，张作霖也就不再客气，马上让杨宇霆进行筹划。杨宇霆奉命带上军械厂厂长丁超、第五十三旅旅长张景惠前去劫械，在此过程中，他施展交际手段，与运械者花天酒地，结为友好，于不动声色中侦悉了所有运械情况。

等军械卸岸，装上火车，准备由秦皇岛运往北京时，杨宇霆手持徐树铮所送的领取军械的证件，率奉军将火车拦了下来。一边是黑洞洞的枪口的威逼，另一边人家还有证件，车站站长只好听从其指挥，将火车头掉头开往奉天。

　　奉军截械一案轰动一时，冯国璋盛怒之下，亲自署名给张作霖拍出一封电报，大意是把军械立即还给中央，如确实需要军械，当另行筹拨。张作霖自然不会听信"另行筹拨"之类的话，他以冯国璋自己发布的讨伐令为挡箭牌，说自己响应中央政府的号召，正要实施南征，但是因缺少军火，没法开拔，正好有这批军械，便拿着先用。

　　袁世凯当总统时，中央曾从奉天借过一批武器，一直没有偿还，张作霖这时也旧事重提，称抢来的军械可作为补偿，大家今后算两清了。总之一句话，就是根本不想返还。事已至此，冯国璋也无可奈何，只得以军械暂由奉省代为保管为由，把这件事敷衍掉了。

　　利用截得的两万七千余件军械，张作霖当即编成了三个混成旅。这些新旅装备精良、枪炮齐全，它们对奉军的发展壮大起到了决定性作用。在此之前，奉军最多也只能在关外闹腾闹腾，在此之后，才有能力向关内扩张，并进一步问鼎中原。因一手策划这次关键的劫械案，杨宇霆从此在奉军中声名鹊起，获得了"智囊"及"小诸葛"的称号，他本人也很得意，特将自己的字"麟阁"改为"邻葛"，意为与诸葛亮比肩。

　　一笔价值不菲的见面礼，令徐树铮在奉天身价倍增。徐树铮才华横溢，喜饮酒赋诗，且有着出众的口才，"辩才无碍"，一时奉人多为之倾倒，只有作为奉天文臣首领的袁金铠不屑一顾。

　　袁金铠其实也不喜欢杨宇霆，认为他和徐树铮只知一味劝张作霖扩军拓地，对奉天地方来说并非什么好事。另一位文臣孙百斛亦持相同观点，甚至当徐树铮被张作霖任命为驻京代表时，他就跌足长叹，说："吾奉自此多事矣。"

　　在徐树铮、杨宇霆的劝说下，张作霖终于起了派兵入关助皖的念头，这对奉天来说是件以前从未有过的大事，因此他特地召集文武大臣商议。徐树铮虽还不是奉将，但也受邀出席。在会上，徐树铮滔滔不绝地列举入关助皖的种种好处，"逞其辞锋，锐不可当"，把包括张作霖在内的许多人都说得心动不已。

　　等徐树铮讲完，袁金铠站起身表示反对："东三省地介两强（指日俄），危机四伏，所以奉人都愿意保境息民，蓄余力以御外侮，其他事情，是我们所不愿听到的。"

虽然大多数时候，张作霖对袁金铠都言听计从，但这次是例外，劫械案的得手和奉军的一夜壮大，让他和手下将领们尝足了甜头，已经是欲罢不能了。

作为少数派，袁金铠的意见没有得到认可，张作霖最终还是答应徐树铮派兵入关。袁金铠对此深感失望，散会后对别人说："勿谓秦无人，吾谋适不用，说的就是今天这件事吧。"

袁金铠在这里引用了一个典故，说的是春秋战国时候，晋国人士会被秦国所用，抵御晋军，晋国对此很担心，就使了个计，引诱士会返晋。此计被秦国大夫绕朝识破，但可惜秦国国君听不进他的话，仍然要放士会走。

士会临行前，绕朝送给他一根马鞭，对他说："你别以为秦国没有聪明人，我早就知道晋国人的目的，只是我的谋略没有被国君采纳罢了，所以才让晋国人得逞了。"这就是"勿谓秦无人，吾谋适不用"，后人也用"绕朝策"来指代"有先见的谋略"。

袁金铠确有先见之明，奉军入关犹如打开了潘多拉魔盒。十几年间，先是张作霖自己，接着是接班的张学良，父子数番受诱入关，每次看着前面好像繁花似锦，到最后却都只能落得一个雨打风吹去的凄凉下场，当然这是后话。

自乱阵脚

1918 年 3 月 12 日，张作霖、徐树铮宣布组织援湘军，由张作霖自任总司令，徐树铮以副司令代行总司令职权，统一指挥奉军入关。张作霖由"胡子"起家，之后得以飞黄腾达，身任封疆大吏，全靠枪杆子的力量。他当然深知枪杆子有多么可贵，更知兵权不可以假人，现在居然肯将奉军统帅大权交给徐树铮，并付以全权而不加遥制，这在他的一生中是很少见的。

奉军南下，声势很大。在他们进驻北京南苑后，已构成对中央政府的直接威胁，迫于形势，冯国璋只得邀请段祺瑞再度出来组阁。为了使段内阁能够尽快组成，张作霖又向北京政府提出："如果成立段内阁，十日以内则将北京附近军队全部撤走南下。"

3 月 23 日，段祺瑞搬回国务院，他一上任即重祭"武力统一"政策，继续对南方用兵，张作霖亦践行承诺，令北京附近的五万奉军南下征战。

问题就出在南征上，吴佩孚等人的直系军队不愿打，致令北方南征军在湖南吃了败仗，形势骤变。可就在这种情况下，徐树铮仍不顾一切地要挽回战局，为此不惜把奉军全部摆在湖南战场，欲用奉军来独当一面。

奉命南征的奉军将领对此极为愤慨，认为徐树铮是在拿奉军当枪使。张作相进言张作霖，说奉军在前线卖命，胜利果实却有可能被徐树铮一人夺走，"也太吃亏上当了"。袁金铠也对张作霖说："徐树铮不过借公之力，伸个人之权以固私而已。"

听了众人的话，张作霖急忙改变南征方针。他一面让孙烈臣等人分别统率各部，用来架空徐树铮，一面以俄国爆发革命，中俄边境紧急，奉军不能长期远征南方为由，将奉军撤离前线。

眼看着奉军被调离前线，徐树铮就想拉队伍自己干。他利用奉军之名，从陆军部冒领军款三百七十余万元，利用这笔钱，他与杨宇霆私自招募了四个旅，由同为士官生的丁超等人率队指挥，在洛阳、信阳两处进行训练。

徐树铮以为做得神不知鬼不觉，孰料事情首先被张景惠发觉。后者赶紧密告张作霖，并且说徐树铮和杨宇霆私自招兵有取代奉军的企图。张作霖大为震怒，立即下令免去徐树铮、丁超等人的职务，同时以"勾结外援，内树党羽"之名，将涉案的杨宇霆予以关押，后经段祺瑞说情，才只以撤去参谋长一职了事。被罢了官的杨宇霆失去幕主宠信，只得滞留于京津，终日无所事事，生活上还得依靠别人接济。

气呼呼的张作霖倒也不是一无所获。鉴于中俄边境不断发生骚乱，需要统一兵权加以抵抗等原因，北京政府特任其为东三省巡阅使。由于北京政府未对这一职务的官制和权限发表任何限制性规定，所以它不单单相当于前清东三省总督的翻版，其实际权力甚至还要超过东三省总督。

张作霖升任东三省巡阅使后，名义上可统揽三省兵马，吉林亦包括在内，但吉林督军孟恩远的资格比张作霖还高，哪肯真的听从张作霖的指挥，可是不听看来又不行——张作霖仅在奉天一省就拥兵四个师、七个混成旅，外加十几个营的巡防队，另外黑龙江省也在奉天势力范围之内，完全服从张作霖的调度。

孟恩远不想听张作霖的，于是就想通过扩充实力来增加自己的发言权。张作霖靠劫械扩充军备，他则让自己控制的永衡官银号猛发纸币，用滥印的纸币成立了一个暂编师，结果弄得吉林财政紊乱，人心惶惶。

孟恩远这一自乱阵脚之举，正中张作霖下怀。孟恩远在吉林的地位较为稳固，除了资格老，督吉时间较长外，还因为他出自老北洋，北洋元老、新任总统徐世昌当东三省总督时，孟恩远是督署的先锋官，本属徐的亲信。于是张作霖就直截了当地以东三省巡阅使名义，给徐世昌发去电报，指责孟恩远在吉林财政方面处理失当，一边滥支军费，一边却眼看着胡匪滋扰而不管。

除了请求中央对孟恩远进行处理外，张作霖还给孟恩远本人寄去一封公函，暗示其自行辞职。孟恩远自恃树老根深且上面有人，对张作霖的这一暗示置之不理，在吉林省议会上公开声称："我虽年老，对前途无大希望，但只因受到某方面的压力而辞职，是断然办不到的。我有一个师和五个旅的亲兵，自信还有些抵抗力。"

见孟恩远不肯就范，张作霖又唆使奉天籍国会议员邴克庄等人联系吉林省议员于贵良，以违法乱纪、擅自编师为由，在参议院对孟恩远提出弹劾案。本来查办督军的提案很少能够通过，但这次在张作霖所控制的尚友会的作用下，居然得以一举通过。提案通过后，邴克庄等人趁热打铁，约于贵良面见段祺瑞，促请政府迅速派员查办孟恩远。

段祺瑞虽已不担任总理，但仍握有实权，遂委任汪湘琦为查办使，赴吉林进行调查。迫于段祺瑞、张作霖的压力，刚上台不久的徐世昌只得下令将孟恩远免职，另调鲍贵卿任吉林督军。

孟恩远万没想到徐世昌会给自己下达免职令，不由大为惊骇。看到张作霖如此苦苦相逼，他本想交任离吉了事，但幕僚和部下们不乐意了。

他不退是不行的

督军参谋长高士傧是孟恩远的女婿，向来以未来的吉林督军自命。他和他的哥哥、吉林陆军混成第四旅旅长高俊峰，以及其他一些孟恩远的亲信，长期以来都以孟恩远为靠山，撤掉孟恩远的职，也就意味着挖掉了他们的靠山。这些人以高氏兄弟为首，极力建议孟恩远举兵抗命。在这种情况下，孟恩远产生了侥幸心理，也就倚仗着高氏兄弟的武力，选择了恋栈不去。

高氏兄弟随后将军队部署于吉奉交界处，以防奉军发动进攻，为抵制北京政府对孟恩远的免职，又同时宣布吉林独立。张作霖对此早有准备，他马上请求北京政府下达讨伐吉林的命令，并以孙烈臣为讨伐军总司令，分四路进兵吉林。一时间，奉吉两军相互对峙，大有一触即发之势。也就在这一紧急关头，张作霖突然接到一封电报，获悉吉林发生了一桩大事件。

事发地是长春北郊的宽城子车站。当时高俊峰旅的一个团露营驻扎于车站空地上，露营地周围画着警戒线，禁止行人车马通过。1919 年 7 月 19 日下午，南满铁路的日本籍职员木村不顾哨兵阻拦，想要从警戒线强行通过，结果被暴揍了一顿。木村随后跑到宽城子车站的日军兵营求援，这座日军兵营其实主要是对付俄国人的，驻有一个大队部，留守士兵不过三十余人。看到自己人吃了亏，大队长林繁树便派副官隅田中尉带上二十名士兵前去交涉。这些日本兵到达现场后，在露营地前面列成横队，声言必须把打人者交出，由他们带回审讯。

受到刀口舐血、悍不畏死的"胡子作风"影响，官兵胆子都很大，根本不怕日本兵。正当隅田等人扯着喉咙咆哮时，不知谁从露营帐篷里首先开了一枪，随之枪声四起，隅田及其十八名日本兵被当场击毙！

日军在南满铁路长春段共有一百多人，另有铁路守备队一百多人，加上宪兵警察，总计两百多人前往宽城子助阵。当中日双方要员闻讯赶到事发现场时，两边军人都还在相互射击。

双方停火后，应日方要求，高氏兄弟同意在长春附近二十余里以内不再驻兵，并不与日军发生接触，等问题解决后再进行复原。此即宽城子事件。

宽城子事件和三年前的郑家屯事件几乎如出一辙。不同的是，此时大隈内阁早已下台，当政的寺内内阁在对华问题上实施"中日亲善"政策，向中方提供积极的财政援助，中日也因此一改袁世凯时期的紧张对峙局面，相对来说关系比较缓和。

在这种情况下，日方未像郑家屯事件那样率先在地方上展开单方面军事行动，而是直接与北京政府进行交涉。经过交涉谈判，7月23日，负责处理宽城子事件的龚心湛内阁做出决定，宣布将高氏兄弟先行免职，已死的日军官兵从优抚恤，费用由中方承担，同时派张作霖以东三省巡阅使的身份赴奉天日本总领馆道歉。

本来张作霖对吉林的讨伐并未得到中央许可，很容易被指责为扩充地盘的私斗，现在不同了，奉军进兵吉林顿时变得名正言顺。孟恩远失去了可与之对赌的所有筹码，意气极为沮丧，高氏兄弟也慌了手脚，高士傧甚至口不择言，说实在不行就上山归绿林，"变土匪以扰乱东三省"。

7月25日晚上10点，孟恩远与张作霖直接用电话进行商谈。因为连日着急上火，他喉咙都哑了，说不出话来，不得不临时请长春镇守使裴其勋替他讲话，以向张作霖表明求和之意。张作霖在电话里说："我个人没有意见，一切都是中央的命令，我没有办法。请你对孟说，他不退是不行的。"裴其勋连忙解释："孟督军没有再恋栈的意思。"

几天后，孟恩远本人通过长途电话向张作霖表示愿意交出政权："我上了六十岁的人，名利心很淡，现在已经说服高士傧了。"

在得到人身安全保证的前提下，孟恩远自愿交出吉林督军的大印。高氏兄弟也只好双双放弃部队，身着便装由海参崴乘船回天津原籍。8月11日，总统徐世昌正式任命鲍贵卿为吉林督军，从此吉林省也并入了张作霖的势力范围。

鲍贵卿调任吉林后，他腾出的黑龙江省督军一职，由孙烈臣继任。孙烈臣出身卒伍，张作霖调驻洮南时，他只是洮南的一名营长，与张作霖那些绿林时代就生死与共的老部下兼盟兄弟相比，资历要差一些，但此人一向深沉有智，稳健沉着，在奉军将领中有温厚长者之称，也因此深得张作霖的信任。

孙烈臣督黑，跟张作霖亲自督黑几乎没什么差别。孙烈臣赴任前，也就新班子人选一一咨询了张作霖的意见。张作霖则把黑省作为奉天的二线人才仓库，尽可能把自己认为有才，但又需进一步考验和打磨的文武官员拨给孙烈臣使用。前奉天军械厂厂长丁超在截械案中立功，但后因牵涉徐树铮、杨宇霆私自招兵案被撤职，此次张作霖不计前嫌，重新起用他为黑省督军署参谋长。

参谋长是首席军事幕僚，孙烈臣还需要一个首席政治幕僚，也即黑省督军署秘书长，张作霖为他挑选的是袁金铠。在王永江、杨宇霆显山露水之前，袁金铠曾经稳坐奉天文臣的头把交椅，张作霖对他言听计从，"事无巨细皆咨而后行"。即便王永江后来风头强劲，得到张作霖越来越多的宠信，在政治经济这一块，也仍然是由袁、王分头掌舵。

袁金铠最突出之处是其长于计谋，可以说，在用谋使诈方面，东三省的文臣谋士中没有能超过他的，连王永江、杨宇霆也多有不如，这使得袁金铠以一手无缚鸡之力的文人，在军界亦能找到其用武之地——张作霖在统一东三省的过程中，驱许兰洲出黑省，击高士傧于吉林，表面上看来都与袁金铠无关，但预先计划多出其谋。

将袁金铠调往黑省，自然是表明了张作霖对黑省的重视，不过也同时意味着袁金铠已脱离张氏幕府的核心位置，实际上是失势了。到了这个地步，既与王永江等人不断上升的势头有关（张作霖已不用再像原来那样必须倚重于袁金铠一人），也来自袁金铠的"自作孽，不可活"。

乾隆之失

袁金铠固然才气纵横，亦尝以诸葛亮、王猛（十六国时期著名的政治家、军事家）自命，其常受诟病之处恰在个人小节和操守。他因与前奉天文人首领吴景濂结下仇怨，为了报复，便在举行文官考试时对吴景濂家乡那一带地方的人概不录取，而独重自己的老乡。时人讥之曰："西河不如南河好，兴城哪有辽城高。"（吴景濂是兴城人，袁金铠是辽城人，西河南河为同样意思。）

当然对于袁金铠是否出于心胸狭窄而妨碍荐才这一点上，也是众说纷纭。比如有人就说他不计小嫌，能够涵盖一切，"前日为仇者，今日可视为友，果能俯就其范围，则亦乐为汲引"，证据是袁金铠不仅荐拔了王永江、于冲汉等人，也推荐任用了不少已经依从于他的吴景濂旧日弟子。

袁金铠要说倒霉，主要还是倒霉在他的老婆手上。在袁金铠得势的那三四年里，袁家俨然成了奉天政治中心，一般趋炎附势之徒均集于袁门。袁金铠本人倒不敢明目张胆地卖官鬻爵，但是他的老婆苏氏却以丈夫的名义大肆收受礼物。

袁金铠在奉天的住宅位于军署门前胡同，每逢年节，送礼者往来如梭，几乎要挤破门槛。苏氏是个钻在钱眼里爬不出来的女人，她竟然会将礼物以低价卖给商店，甚至还将干鲜贵重食品送到军署厨房代售，完全不顾及丈夫在外的名声。

赵家沟隶属黑山县，早年与张作霖一道打江山出来的人都被称为黑山派，他们对靠嘴皮子和笔杆子发达的文官向来就满腹牢骚，见状哪里肯放过，遂将袁金铠的劣迹添油加醋，编成了一首民谣。民谣中说，"要当官袁洁珊，成不成哲继明，妥不妥高钧阁，若找门路吴大胡"，袁金铠字洁珊，至于哲继明、高钧阁、吴大胡，均为袁金铠的亲戚或与之有关系的人。

黑山派故意将民谣传给张作霖听，并且挑唆说："洁珊之门如市，人皆知有秘书长，而不知有大帅。"张作霖听后非常不高兴，不过是忍着没有发作而已。一天，他想吃松花江产的白鱼，让厨师做了送上来。他一吃，味道不错，便回头对侍从说："这鱼很鲜美，跟往日不同，你们是从哪里买的？"侍从暗中受了黑山派的嘱咐，就答道："袁秘书长公馆！不然，市场上可没有这么好的。就是上次进的燕菜汤，大帅夸奖色白品正，那也是从袁公馆买的。"张作霖笑道："这么说，秘书长公馆是开了食品店了！"侍从微笑作答："不是，都是送的礼品，实在吃不掉才对外出售的。"

此言一出，张作霖大为震动。其实如果袁金铠真的开店，他倒不会不介意，因为张作霖自己也做生意。张作霖早在做"保险队"时，便购置田产、开办油坊和当铺，及至在新民府发迹，已赚得盆满钵满，"钱库里的钱，用句文雅的话来说，像辽河的水滚滚而来"。正是因为家里有钱，当初看到徐世昌、张锡銮面临财政危机，他才会慷慨解囊，拿出一万两白银送给上司应急。

到张作霖担任二十七师师长时，据其自述，已经"积累了二十万两银子"，同时他又陆续开办了许多当铺、粮栈、油坊，有大批人常年替张家经营这些产业，其中规模最大、买卖最兴旺的还要数在奉天设立的三畲粮栈，这个粮栈位于皇姑屯车站附近，以经营军粮为主，绝对属于日进斗金的垄断企业。

聚财方面，可与张作霖比肩的只有吴俊升。"吴大舌头"到四十岁才开读《三字经》，斗大的字认不得几个，但除了善打仗之外，也很会做生意，据说他的个人财产之多，甚至连账户先生都弄不清楚。吴俊升有一次还曾与张作霖"比富"，他满口唾沫，结结巴巴地对张作霖说："哦，哦，别看你是大帅，可我的财产比你多。"

张作霖不干涉部下们做生意，也不介意他们的财产比自己多，他介意的是送礼，认为这会因私废公。吴俊升有一年来给张作霖拜年，送给张学良等人每人五千元，张作霖见了连忙说："哎，吴大哥，你这是干什么？"吴俊升解释道："过年了，给几个钱，没什么的。"

"你给他们点儿钱，没什么，可你不能给他们那么多钱。"

"大帅，我的钱，我的一切，还不都是大帅给的吗？都是你给我的！"

听到这里，张作霖蓦地把脸拉了下来："你说这话是什么意思？你这是说真话？"

见张作霖生了气，吴俊升忙道："我哪能说假话？"张作霖更火了："你既然这么说，那我不要这样子，你回去，好好做事，别让老百姓骂我的祖宗！"

吴俊升吓坏了，话也说不出来，只是趴在地上一个劲地给张作霖磕头。当时张学良等小孩子就站在旁边，一个个感到毛骨悚然。

现在听侍从说起，袁金铠收受别人这么多贵重礼品，还向外出售，张作霖的气愤之情可想而知。见张作霖如此，有身边的人便给他说了一段典故，说的是前清乾隆年间和珅当国，外省督抚每逢年节照例进贡，贡品中的上等货色总是先送到和府，差一点的才送宫内。乾隆皇帝在的时候，有乾隆罩着，和珅自然没事，但等老皇帝一死，新皇帝登基，和珅就遭到了抄家灭门之祸。

此人认为，袁金铠之贪婪已经快赶上和珅了，如果张作霖依然像乾隆那样对之迁就维护，实际是害了他，最好的办法是防患于未然，在袁金铠还没有走到那一步的时候，就加以警醒，以免"演乾隆之失"。

张作霖听了觉得很有道理，从此就对袁金铠的举动格外注意起来。

你还有没有一点丈夫气

那一年，张作霖在军署召集军政要人联席会议。开会人员都按时到齐，唯独袁金铠不曾露面，张作霖令差人前去袁宅请了三次，仍不见踪影。他有些着急，问袁金铠为何不来，差人开始吞吞吐吐，含糊其词，后来经不住张作霖再三追问，不得已道出真相："秘书长与太太口角，不敢动身。我以大帅命令传之，其太太对大帅亦有不逊之词。"

听说苏氏竟然阻挠丈夫出席重要会议，且对自己出言不逊，张作霖顿时勃然大怒，立刻对差人说："你拿着枪去他家，毙掉这个悍妇，然后回报！"

与会的张景惠一看不好，连忙起身劝说："请大帅息怒，我先去看看情况再说。"袁宅本来离军署也不远，张景惠徒步跑去，对苏氏婉言相劝并晓以利害，袁金铠这才得以逃出难关，和张景惠同来军署。

见到袁金铠，张作霖犹余怒未息，他厉声对袁金铠说："你还有没有一点丈夫气？竟然弄到这种样子。天下漂亮的女人多的是，何必如此，你快让这个悍妇滚吧！"

袁金铠脸面扫尽，还不忘为自己的惧内毛病进行解释，说与苏氏结为夫妻三十余年，苏氏给他生了一男三女，平时还主持家政，"不谓无功"。除此之外，他还提到，日俄战争时他曾被日本人关押在警察署，是小舅子也就是苏氏的弟弟苏会臣联合地方士绅予以营救，始免于难。

袁金铠战战兢兢地请张作霖原谅苏氏："虽有小过，不忍以一时之愤而忘前情，致贻物议也，望大帅见谅幸甚。"发现袁金铠真的特别怕老婆，张作霖也不由忍俊不禁，说了句："君真步杨万石之后尘矣。"

杨万石是《聊斋志异》里的人物，老婆妒悍异常，对其极尽虐待之能事，而杨万石却不敢有任何反抗，仿佛一个施虐狂，一个受虐狂。虽然张作霖终以一笑置之，过后也未再追究此事，但袁金铠的形象在其心中已经一落千丈——那个可以"祸福共之"的最佳智囊渐行渐远，眼前是面目可憎的"翻版和珅"兼"翻版杨万石"！

在此之前，张作霖都对袁金铠非常尊重，无论当面还是背后，均长其为袁六爷（袁在家里排行第六）或洁珊，自此以后，当面称以官衔，背后则称之为袁瞎子（袁视力不好），礼貌远不如从前。在察觉到张作霖态度的变化后，袁金铠本着多说多错，不说不错的心理，言语行动都变得收敛起来，以往张作霖的很多计谋都为其所献，现在则不再那么积极主动。

袁金铠此举实际适得其反，反而加重了张作霖的疑虑，即袁金铠是不是已经和他不是一条心了，要知道，这可是比"翻版和珅"兼"翻版杨万石"更严重的问题。某日，张作霖突然拿兴京县知事苏景阳做起文章，称苏景阳身为一个小小县长，做事胆子大，并且还笑着对袁金铠说："苏知事想是你的近亲（因袁金铠老婆的娘家姓苏），故有此种豪胆，可见君之权势，较我为重也，无怪门庭若市，礼物充斥，有'要当官袁洁珊'之谣也。"

袁金铠不听则可，一听大惊失色，知道张作霖这番看似没来由的话，实则是在敲打自己。他急忙对之进行辩白，说兴京知事虽姓苏，却并非他的亲戚，也不是辽阳人——当时谣传袁金铠结党而成"辽阳派"，袁金铠强调苏景阳不是辽阳人，即对之进行反驳，可见他对外界针对自己的各种非议也是很清楚的。

袁金铠希望张作霖能够继续给予信任："其他谣言，无非挑拨离间，望大帅详查以验始末。"这一下把张作霖的心事全都勾引出来，他顿时大光其火，对袁金铠予以了狠狠训斥。

文官与武官不同，要的其实就是一个面子，是传统所谓的"士为知己者死"，而张作霖重不重视某个文官，其实也就是看他是不是能够给足这个文官面子。张作霖对袁金铠的两次当众训斥，尤其是第二次几乎可以说是完全"莫须有"的训斥，无疑给张袁之间的关系造成了难以弥合的缝隙。以后虽然又经张景惠从中疏通调和，张作霖对袁金铠的"辽阳派"等事并未再深究下去，但袁金铠在张氏幕府的地位已经摇摇欲坠，他也不想再在张作霖身边做下去了。此次调往黑省，实际也是他本人主动请缨的结果。

作为继吴景濂之后奉天文人圈中的核心人物，加上之前张作霖的信任倚重，在很长一段时间内，袁金铠都称得上是炙手可热，不过在调往黑省后，由于黑省士绅在地方的影响力很大，且排外思想比较严重，他已很难如在奉天那样如鱼得水，最终帮助孙烈臣起到稳定黑省作用的，其实另有其人。

黑面包公

张作霖自出任奉天督军起，常常感慨，地方上虽军警林立，但土匪仍然到处为害，自己想要肃清匪患，却又找不到得力的人。左思右想之后，他终于还是想到了一个人，这个人叫王顺存。

王顺存清末时在海城县任知事，是个勤政爱民、治匪有方的地方官，他曾顶着各方压力，将为非作歹的土匪"二连子"捕获正法。"二连子"是张海鹏的亲兄弟，那时的张海鹏尚跟着冯麟阁在江湖上混，此人山头报号"大海"，又因满脸长满麻子，绰号"张大麻子"。他做事心狠手辣，素以"狞猛汉"闻名，为了给弟弟报仇，就带了数十个"胡子"，将王顺存姑母家男女老少一十八口都打死了。

这次来自黑道的血腥报复并未改变王顺存的行事风格，他的一句名言就是"严霜过后必见晴天"。民国肇始，王顺存在黑龙江出任清乡督办兼全省警务处长、省会警察厅长，他用三年时间，肃清了全省匪患，使得黑省出现了路不拾遗、夜不闭户的景象。与此同时，他还开垦荒地，安置人丁，总之是为当地做了很多好事。为此，时任总统的袁世凯对王顺存的上司、时任黑龙江巡按使的朱庆澜予以嘉奖，并称黑省政治为全国之冠。

张作霖听说过王顺存的这些事迹，尤其海城发生灭门巨案时，他已在新民府出任管带，曾随知府到海城会验，对此事知之甚详，也能深深地体会到，在那样一种严峻的环境之下，一个敢于除暴安良的地方官需要多么大的能力、胆气和魄力。

当记起这名好汉的时候，王顺存已经辞职返回原籍。张作霖就让秘书长谈国恒去电邀王来奉，拟委其为全省警务处长兼清乡督办。

此时冯麟阁已被撤销职务，张海鹏转投张作霖，依然在二十八师当旅长。在王顺存复电同意来奉就职的情况下，张作霖怕张海鹏反对，便在王未到奉之前，召集高级将领们开会，说明需选用人才的道理，并说为了肃清匪患，他已电邀王顺存来省。

张海鹏虽报复过王顺存，但依然旧恨未消。听了张作霖的话，他马上站起来说："叫他来吧，请大帅替我报仇！"张作霖当即驳斥道："你们的事，我知道得很清楚。当时你是私，王理堂（王顺存字理堂）是公，他身为县知事，职责就是为地方除害。当时不论是谁，只要是为匪害民的，被他抓住了都是难逃法网。"

他让张海鹏搞明白公仇私仇的区别："比方说，我们现在都当官了，有时也要杀些犯法的人。那些被杀的人，对我们来说能算私仇吗？"

　　几句话说得张海鹏自知理屈，但他不肯罢休，仍跪在地上痛哭流涕地对张作霖说："大帅既不与我做主，我就辞去旅长的职务，以私人的身份对付王顺存。"

　　张海鹏这一撒泼，使得双方当场闹成僵局，虽然孙烈臣等人很快就把张海鹏给拉走了，但会议还是落了个不欢而散的结果。

　　会议召开的第二天，王顺存来奉，当晚谈国恒将这一消息报告给张作霖。张作霖即将开会时张海鹏无论如何要报仇的事告诉谈国恒，让他通知王顺存赶快离开奉天："张海鹏手狠心黑，说得出就做得出，他在省城的手下人很多，如果王公出什么意外，我张作霖更对他不起了。"

　　身为奉督，却不能自由选择贤才，用一个王永江，汤玉麟叛离，用一个王顺存，张海鹏大闹。这事挺让张作霖费神闹心，当着谈国恒的面，他忍不住发起了牢骚："我想用一个人都不能随便，我现在没有脸见王公。"

　　第二天一早，谈国恒将张作霖的意思转达给王顺存，王顺存即乘车赴大连转回原籍。事后得知，张海鹏果然一心要杀他，甚至于他离奉后，还以若行刺成功，即晋升营长作为条件，派了一个刺客前往大连刺王。所幸王顺存到大连后，住在友人所开的商号里，商号又在日租界内，刺客才未敢动手。

　　一晃几年过去，轮到孙烈臣督黑，履任后他就深感黑省土匪猖獗，剿不胜剿。正在苦无办法之际，左右就向他建议起用王顺存，说王顺存在黑省威望很大，一个人能顶一个师的兵力，"现在如能将王请来，予以重任，则江省的匪患，不难平定"。

　　孙烈臣依言邀王。当王顺存接受邀请，途经奉天时，正好孙烈臣也在奉天，于是便偕王一道去见张作霖。张作霖很客气地对王顺存说："上次我很对不起你，此次请你留下吧。现在我说话能算数了！"

　　确如所言，统一东三省的张作霖已完全站稳脚跟，张海鹏等人纵有不满，也不敢公开出来叫板。随后，张作霖电请北京政府，任王顺存为东三省清乡督办。

　　王顺存犹如是剿匪界的王永江，从能力、经验到态度上的不畏强权和不怕牺牲，都如出一辙。有这样一个黑面包公再次出世，加上张作霖、孙烈臣的支持，那些从前跟黑道勾勾搭搭的地方势力都不敢再对土匪进行掩护和包庇了。

　　三年之内，王顺存不但肃清了黑省匪患，为孙烈臣稳定黑省立下汗马功劳，即如东北其他地方的土匪也逐渐销声匿迹。

第七章 ／

相约取天下

孙烈臣管治黑龙江，鲍贵卿把持吉林，张作霖自己控制奉天，孙、鲍、张都是土生土长的东北人，相对于前清东北官员几乎清一色非东北籍而言，"东北人治东北"乃是一个翻天覆地的变化。当然更重要的一点是，东三省如今都被统一到了张家旗下，张作霖由"奉天王"跃升为名副其实的"关外王"。

张作霖能够迅速统一东三省，或多或少都离不开日苏的"相助"。当然这种"相助"也是无意中促成，前者是宽城子事件的爆发，令孟恩远及高氏兄弟束手；后者是中俄边境的紧急局势，把张作霖推上了东三省巡阅使的宝座。

张作霖并不领日俄两国的"情"，他常说："什么是外交？一只手拿着枪，一只手与外国人办事。"在取得吉黑两省军政大权的前后，他一直致力于从俄国手中争回利权，包括恢复松花江航运权、取消呼伦贝尔自治，以及向松花江及葫芦岛派驻海军等，其中最大也最引人注目的是对中东路权的争夺。

俄国因为爆发十月革命，分成了新旧政权。为了取得包括中国在内的国际社会对它的支持，刚刚成立的苏维埃发表对华声明，表示愿意将中东路（此处专指中东路北段，即俄国控制部分，不包括南满路）交还中国。可是北京政府外交部因对苏俄政局的变动不了解，且未与旧政权断绝关系，却没敢欣然接应，反而傻乎乎地选择了"复文逊谢之"。

当时国人将旧政权人员称为"旧党"，将苏维埃新政权人员称为"新党"。原中东铁路管理局局长霍尔瓦特属于"旧党"，因国内动荡而被迫暂时离职。看到"旧党"在中东路的控制上明显表现得力不从心，"新党"又顾及不上，日本及欧美各国立刻蜂拥而上，大家都以"国际共管"为由，想从中分得一杯羹，这令情况顿时变得复杂起来。

长袖善舞

面对列强纷争的复杂形势，张作霖一方面电请北京政府采取措施；另一方面调兵驻防，加强对中东路的保护（称为护路军）。1919 年 1 月 25 日，北京政府交通部密电称："日美等国协议共管中东铁路之事，并未征得我国同意，这是置我国主权于不顾，我国绝不能承认。"

所谓"国际共管"，按照列强们的说法，是将外国人在中国东北建的铁路置于国际管理之下，以免一国专权垄断。张作霖在受访时说，如果列强真的有这么好的心肠，他倒是非常赞成，可问题是不能只"共管"中东铁路，南满铁路怎么办？也得"共管"起来啊！

"如能把南满铁路收归国际管理，中东铁路我也宁愿牺牲，交归国际管理。倘若不然，只把一个中东路收归国际管理，我姓张的是极端反对，无论它是什么国家，怎样决定的，我张作霖是绝不听那套的。"

张作霖郑重声明："我就知道中东路是中国人的铁路，应当归中国人管理。（对中东路）我自有办法，总之，我是绝不放松的！"

1919 年 11 月，霍尔瓦特重返哈尔滨，并且称中东路附属地内的俄国人仍拥有国家统治权。吉林督军鲍贵卿而后致电霍尔瓦特，请他收回自己所说的话，因为"中东铁路系中国领土，中国自有完全主权"。

一招不成，霍尔瓦特又来一招，说至少中东路附属地内的军事和行政权应归他统辖。中方回应：霍尔瓦特仅为铁路总办，无担负国家统治的职能。

欲收回中东路权，必先驱逐霍氏，成为东北各界的共识。1920 年 3 月 12 日，哈尔滨三十多个工人组织联合向霍尔瓦特发出最后通牒，要求他在二十四小时内辞职，而且"霍氏一日不去，路工一日不开"。

其实从苏俄新政权的角度来说，霍尔瓦特早就失业了。发现这老毛子仍然死皮赖脸地不肯走，3 月 16 日，鲍贵卿下令全面接管哈尔滨及中东路沿线的俄国军警武装，霍尔瓦特被迫下台。当天张作霖亲自赶到哈尔滨，在他的授意下，鲍贵卿限霍尔瓦特三天内必须离开哈尔滨，不准再回中东路。

至当年年底，中国政府先后收回了中东路的警权、司法权、行政权，中东路附属地被改为东省特别区，由中国派驻行政长官进行管理。尚未收回的只剩下了中东铁路本身，北京政府准备借款赎回，但遭到张作霖的强烈反对。

张作霖在对苏俄交涉上，向来"无所屈挠"。他曾发布宣言说："中国对新党守局外之中立，新党对于中国主权内之事项也应格外尊重才是。"言下对"新党"几次三番宣称要把中东路还给中国，可始终口惠而实不至很是不满。

不过话又说回来，"新党"起码有了这样的表示，那就是可以谈了，为什么还要再向别的国家借钱来赎呢？张作霖因此认为："当务之急是以保护东北的边界为主，至于借款赎路关系到中国主权，我决不承认。"

自"满蒙独立运动"失败后，日本为维护其在东北的既得权益，不得不转而支持张作霖，奉系与日本的关系较为密切，这是毋庸置疑的。同时，鉴于张作霖草莽出身，没有多少现代知识，甚至哪一省在哪里都不知道，日本人最初也以为对付起来困难不大，没有料到张作霖的算盘其实精得很。

在与日本打交道的过程中，张作霖的一贯处事原则是：小权小利可以让的好商量，有关国家命脉或地方安全的，想都别想！

日本向北京政府大量借款，其中有很多涉及东北权益，比如"吉会铁路筹备借款""吉黑两省农矿借款""满蒙四路筹备借款"等。日本要求东北方面履行条款，张作霖来了个概不承认，让日方直接向北京政府进行交涉。这些借款的条件都非常低，抵押品不过是森林、电线之类，张作霖既不履行，北京政府也顺势拖延，日本两边都无着落，只得哑巴吃黄连，自认倒霉。

自近代以来，对日交涉向来是东北执政者最感棘手的问题。张作霖之所以能够做到长袖善舞，与他善于用人有很大关联，在对日外交上，他又特别重用了两个人，其中一个是杨宇霆，另一个是与杨宇霆关系非常密切的常荫槐。

杨宇霆的政治外交手腕非常高明，"在东北当时的要人中是一个不可多得的人才"。他对日本的内情知道得很清楚，有许多日方情报供给来源，也因此能够对症下药地与日本政府进行周旋。平时张杨配合得相当出色，每当日本向张作霖提出某种苛刻要求时，张作霖就会以"好，好！我叫杨某来办"的话作答，如果对方想索取书面保证，他便装文盲，以自己不通文墨为由加以拒绝。后来苏联学者经过研究认为，张作霖在统治东三省期间，之所以始终未与日本签订任何正式协定，就是"因为遭到杨宇霆的强烈反对"。

只要张作霖不立字据，杨宇霆总有办法使日方打消、变质或将相关损害减至最低限度。这一方面是因为杨宇霆了解对方底细，掌握着他们的价码和能够容忍的最低限度；另一方面也是他和张作霖对日本政客进行多方联络乃至于"收买"的结果。九一八事变后，日军从奉天省府档案中发现，日本要人以至于政党竟然多数都曾从张作霖手里拿过钱！

什么叫手腕，就是他明明很强硬，但还不让你觉得他讨厌。和杨宇霆打过交道的一些日本人对杨宇霆的评价都不低，本庄繁常说："日本没有像杨宇霆这样富于正义感和能办事的人。"町野也说："的确，杨宇霆很敢说敢为。"

关内纷争

日本在东北攫取权益有两种途径：一种是继续开口要；另一种是在原有的权益上进行扩展，例如利用南满铁路控制东北交通和军事，同时进行资源掠夺以及侵蚀当地经济。张杨对后者保持着相当的警惕性，张作霖在一次讲话中，曾对工商界人士说："买卖人不要轻看自己，英国一个东印度公司，就把印度灭亡了。今天的南满铁路公司，就和东印度公司一样，它是灭亡我们的大本营。"

众所周知，南满路是日本人死都不肯放松的。在这方面为张作霖想出对策的人，便是常荫槐。常荫槐负责主管东北的铁路事业，任职期间他大力兴建东北铁路，这些铁路全部都与南满路平行，从而对南满路形成了一个包围圈。满铁的营业收入因此大受影响，在生意清淡的情况下，不得不以降低运费的办法与东北自建铁路进行竞争。

完整的铁路网必须配有良港，除建路外，常荫槐还积极筹划在葫芦岛筑建商港，以与日本人控制的大连港进行对峙。大连港位于辽东半岛的南端，距离东北和内蒙腹地较远，而葫芦岛连接两大铁路干线，几乎东北各地的货物都可以此为集散地，交通上要比大连港便利得多。一旦葫芦岛海港建成，大连港就可能像南满铁路一样逐渐失去作用，最终沦落为一个死港。

日本对此当然极为不满，甚至有人大肆咆哮。日本外务省档案显示，在东北路权交涉中，日方几次想对张作霖施加压力，可是结果都不了了之，当时最大的顾虑是"唯恐杨宇霆等反对派将乘机制造纠纷"，从而使他们已取得的权益"化为泡影"。

打不得，骂不得，逼不得，也吓不得，无可奈何之下，日本只能选择走所谓"稳健"道路。满铁总裁内田康哉本人就是稳健派的一个代表人物，他主张日本在东北"不可急进，必须条件成熟，不然就会无济于事"。

在关外与日俄争锋的同时，自恃已有充分实力的张作霖也开始不断介入关内纷争。第一次世界大战结束后，直系原先的首领冯国璋去世，曹锟、吴佩孚继起，在这两人的领导下，直系与以段祺瑞为首的皖系争斗激烈。众所周知，段祺瑞视其首席幕僚徐树铮为自己的灵魂，须臾不可或缺，而徐树铮也对段祺瑞感恩知己，忠心耿耿，两人可谓是情同父子。因此直系的攻击策略是先把矛头集中指向徐树铮，要求段祺瑞"亲君子远小人"，罢免乃至处死徐树铮。段祺瑞当然不肯做这种自毁长城的事，两派矛盾变得越来越尖锐。

在北洋内部各派中，直皖旗鼓相当，此外就数奉系实力最为强劲，直皖双方也都很重视拉拢奉系。1920年春，段祺瑞派嫡系第九师所部参加协约国组织的"西伯利亚干涉行动"，不久第九师师长魏宗翰奉命代表陆军部前去海参崴一带慰问参战部队，临行前，段祺瑞特地交代，让他在经过奉天时试探张作霖的态度。

魏宗翰途经奉天，张作霖招待得殷勤备至，并且一再对他说："拥护段总理的武力统一政策，绝不偏袒曹仲珊（曹锟字仲珊）方面。至必要时，愿以中立的资格出头调解。"慰问结束，经过双城子时，驻防双城子的吴俊升到站为魏宗翰一行送行，并赠送了两袋高粱米，车抵锦州，张作霖的大公子、已任旅长的张学良不仅同样率官兵到站向他们列队致敬，而且还亲自上车对魏宗翰说："我父亲要我来向魏老伯请安。"看到吴俊升、张学良对自己如此尊敬，魏宗翰更相信张作霖的话了。

有了来自奉系的这一系列表示，段祺瑞与直系相争时底气多了不少。由于直皖两派谁都不愿意退让，一场你死我活的战争逐渐变得不可避免。总统徐世昌原本抱着借直系压段祺瑞的目的，但真的弄到刀枪相对的地步，也就等于把他推上了火山口。为此，他急电关外的张作霖来京调停时局。

　　1920 年 6 月 19 日，应徐世昌之请，张作霖坐专车来到北京，一时间，这位声名赫赫的"关外王"备受各方瞩目。对张作霖来京调解，段祺瑞起初抱有极大期望，因为他认为张作霖有言在先，是向着自己的，退而求其次，即便是站在中立立场上调停，最低限度也应该不会偏袒直系。皖系的其他人大多有着类似想法，徐树铮大老远专门跑到廊坊车站，上车为张作霖引路。段祺瑞的另一个幕僚曾毓隽则将北京的奉天会馆粉饰一新，准备用作大帅行馆。

　　直到张作霖前往皖系基地团河拜访段祺瑞时，皖系才蓦然意识到他们的所有美好设想都不过是一厢情愿。

动物般的机警

　　最大的症结所在仍然是徐树铮。因为私自招兵案，张作霖与徐树铮结怨。就在直皖尖锐对峙前，徐树铮出任西北筹边使，凭一己之力，未费一枪一弹，即成功取消外蒙独立，此后开始大力经营外蒙。此为徐树铮历史上最大的功绩，也是段祺瑞引以为豪且不肯撤换或处分他的一个重要理由，然而这同样又引起了张作霖的不快——张作霖统一东三省后，就计划进一步由自己来统一满蒙，徐树铮的所作所为显然与此相冲突。

　　徐树铮的意见左右着段祺瑞，自然也就代表了皖系方针。于是在需要站队时，张作霖便毫不犹豫地站到了皖系的对立面也就是直系一边，魏宗翰路经东北时所看到和听到的一切，不过是事先编排好的一场戏而已。

　　来京之前，张作霖其实早就跟曹锟、吴佩孚穿一条裤子了，调停不过是幌子，其真实目的是对段祺瑞施压，逼其不战而降，答应直系的条件。发现自己上了张作霖的当，段祺瑞在大失所望之余，仍坚决不肯妥协，他对张作霖说："你去转告曹仲珊（曹锟），吴某（指吴佩孚）不过是一个师长罢了，他要是不服，尽可与我兵戎相见，我不怕。"

　　张作霖几次去团河与段祺瑞商谈，把调停角色应有的中立公正立场抛弃得一干二净，到后两次，几乎已经完全成了直系的代言人。这让皖系军官们十分火大，徐树铮更是极力主张趁机除掉张作霖，以绝后患，然而段祺瑞向来主张堂堂正正地进行政争，没有接受徐树铮的建议。为免张作霖在团河出现意外，他在谈话中就直接对张作霖发出暗示和警告："你回你的奉天，别管我的事！"

张作霖来团河不仅带足卫兵，还把早年前随自己闯荡江湖的那支八厘米套筒步枪藏在汽车中，为的就是防备万一，但段祺瑞若真的要下决心扣留或干掉他，仍然有着充分把握，所以在听出段祺瑞的话外音后，顿时吓得不轻，在与卫兵互换衣服后便急急忙忙地逃出了团河。

见段祺瑞放跑张作霖，徐树铮急得直跺脚，连声哀叹："大事去矣！"就在徐树铮继续派人追杀的同时，张作霖已经迅速离京，他乔装改扮，身着便服，并临时改变了回奉线路，最终得以安全返回自己的奉天大本营。外界对此的评论是"绿林出身的张作霖具有动物般的机警"，还有人把这一对仇家的表情包叠加了起来，"与徐树铮的唉声长叹相反，作霖不觉得意地把眼睛眯成一条缝，嗤笑了起来"。

对于皖系整体来说，放跑张作霖确实是大错特错。1920 年 7 月上旬，张作霖宣布"武力调停"，亲自指挥七万奉军入关，而后又在直皖激战的关键时刻直接插手，形成夹击皖军之势。皖军在与直军交战过程中本已陷入被动，至此士气更加沮丧，最终落了个一败涂地的下场。

直皖战争结束后，北方天下落入曹锟、张作霖之手。经过一番讨价还价，两人进行了利益再分配：曹锟在执掌中央政府实权的同时，做出重大同意，同意由靳云鹏组阁。

靳云鹏虽曾是段祺瑞的门生兼重要幕僚，但因与徐树铮势同水火，实际早已与段祺瑞及皖系分道扬镳。他是张作霖的儿女亲家，张作霖扶持他，与在东北扶持鲍贵卿是一个道理。

随着皖系的覆灭，张作霖不仅得以操纵北京政局，而且也终于有机会替代徐树铮，把手伸进蒙古地区了。他最早打算控制热河。民初时的热河包括直隶一部和蒙古南部，在行政区划上被称为热河特别行政区，因为与奉天相接壤，关系密切，自然就成了张作霖统一满蒙计划中的第一个目标。

要控制热河，就得把热河都统换成自己人。可热河时任都统姜桂题时年虽然已经八十多岁，但驻守热河多年，更重要的是他乃毅军元老，连段祺瑞看到都要敬其三分，张作霖一说要将姜桂题调职，各派都群起抵制，使得他不得不知难而退。

热河暂时拿不下，只得打察哈尔的主意。察哈尔也是一个特别行政区，该地区位于内蒙南端，一左一右分别是热河和绥远。察哈尔都统王廷桢属于直系，不过他参加直皖战争较晚，也因而得罪了曹锟、吴佩孚，所以很容易就被张作霖和靳云鹏联手撤掉，代之以奉军大将张景惠。

就在张作霖思谋着下一步该如何染指热河、绥远的时候，从外蒙突然传来了惊人的消息。

"亲征蒙疆"

在徐树铮的努力下，中国本已收回外蒙，但因为爆发直皖战争，徐树铮被迫将驻扎外蒙的主力部队调入内地参战，仅将一个约一千五百人的混成旅留在了外蒙区域中心库伦。

1921年1月，"旧党"白俄军将领恩琴突率五千余众侵入外蒙，对库伦形成三面包围。接到库伦危急的报告后，总统徐世昌马上命令驻屯张家口的奉军邹芬部进行援救。其时正值严冬，塞外冰天雪地，要想快速横越大沙漠更是极为困难，邹芬只能先派小部队前去救援，自然是杯水车薪，无济于事。

在守军苦苦支撑一个多月后，因粮草弹药极度匮乏，库伦失守。攻陷库伦后，恩琴一边以外蒙活佛的名义宣布外蒙独立，一边继续向中国内地进犯。

经过直皖大战，早已溃败的皖军当然是指望不上了，北京政府只能敦请直奉两家派主力出征。不料这两家互相推诿，张作霖推举吴佩孚为援库总司令，率直军征蒙，吴佩孚却坚辞不就，说以地理之便，更应该由奉军充当主力。张作霖自己同样按兵不动，理由是中东路关系重大，万难分兵。身为察哈尔都统的张景惠吃不消北京政府一再催促，向张作霖请示怎么办，竟然招来他一阵大骂："你干什么急着往北进兵，想自己找死吗？"

从吴佩孚来说，这哥们儿是个典型的爱国"嘴炮"，向来爱骂别人是卖国汉奸，自己则"为中国民族而战……为国人争人格"，但是谁也没看到过他去北疆收复过什么失地，或是跟他口中憎恨的"倭寇"干上一仗，倒是打内战打得十分起劲。

张作霖与吴佩孚一样，都怕因此损兵折将，失掉和对方的兵力平衡，就此而言，当时南方革命党人骂他们是军阀，确实没有什么特别冤枉之处。这也可以说是一个悖论，即被他们口诛笔伐的徐树铮和皖系，在实际行动上反而比他们更符合国家利益。

除了担心损耗实力这个共同点外，张作霖之所以迟迟不肯出兵，还有属于他的顾虑。当时远东国际形势十分复杂，"新党"苏俄主要把精力用于应付协约国方面的干涉，一时无暇东顾，日本便趁机借助白俄军的力量，向远东进行渗透。直皖大战前，徐树铮在外蒙即遇到了日本的阻力，只是当时皖军投入外蒙的兵力较强，日本才未能得手。此次外蒙独立，表面是白俄军作怪，背后实质是日本人在作祟——恩琴得到了日本政府的全力扶持，他的白俄军里面除了俄国人外，还有日本人。

张作霖与日本打交道并非一日，深知日本对外蒙早有觊觎之心，他唯恐在时机不成熟的情况下征蒙，不但难以取胜，而且会招致日本的不满和报复。

当然张作霖内心里还是想借此机会收复外蒙的，毕竟外蒙也在他的统一计划之内，而且当时舆论对他也有一定压力。比如《申报》就把库伦失陷归咎于奉军没有全力以赴进行救援，该报还讥讽奉军是"贪鄙小人，懦夫怯卒，差足当之。名曰武人，尚属过誉矣"。

外蒙是要打的，而且必须我来打，但是得等待时机！张作霖一面与中央讨价还价，一面暗中命令张景惠、邹芬做好出征外蒙的准备。

见奉直双方在征蒙问题上始终无法达成一致意见，北京政府只得在天津专门召开会议，对此进行研讨。此时在张作霖的一再要求下，中央松口答应拨付三百万元作为"征蒙费"，张作霖认为征蒙的时机已经成熟，遂在会上出人意料地表示"愿意亲征蒙疆"。

张作霖既愿主动挑担，北京政府自然是如释重负。1921年5月30日，总统徐世昌颁发命令，特任张作霖为蒙疆经略使，享有指挥节制热河、察哈尔、绥远三个特别行政区的权力。

内蒙本由热、察、绥所组成，现在被张作霖以征蒙的名义一蹴而就，帮他解决了原来最为头疼的一个难题。如果北征外蒙再能成功，那么统一满蒙计划便大功告成，他就能从"关外王"成为事实上的"满蒙之王"了。面对这一远景，张作霖很是激动，他在怀仁堂外蒙大会上当众表示："事若不成，暴尸疆上。"

此时，外蒙形势发生重大变化。恩琴率白俄军主力北上进犯苏俄境内的远东共和国，结果大败而归。看到支持他独立的俄军元气大伤，外蒙活佛慌了，急忙派密使赴京，谋求和平归附。与此同时，苏俄击破了来自欧洲方面协约国的威胁，主力逐渐东移，迫于苏军的压力，日军准备从远东滨海地区撤军，暂时也不再关注外蒙。

这本是张作霖实践诺言，一举收复外蒙的绝佳时机，要知道兵贵神速，当初徐树铮就是以迅雷不及掩耳之势就兵临库伦城下，从而收获全功的。可是张作霖就任蒙疆经略使后，想到的不是立即出兵外蒙，而是怎样先消化自己的既得利益。他先是忙着用政府拨下的三百万元"征蒙费"扩充奉军编制，继而又派兵强行在热河过境，从而与热河老都统姜桂题发生冲突。

为了让张作霖尽快征蒙，北京政府不得不出面将姜桂题调职，然后再按照张作霖的要求，委任奉军将领汲金纯为热河都统。

此后，驻丰台、廊坊、马厂的奉军纷纷调防，声言开赴蒙疆，实则都没有开拔。徐世昌、靳云鹏再三促请，张作霖的答复都是准备不足。

烫手山芋

张作霖倒没有说谎，回奉天后，他就召集了东三省征蒙会议，为征蒙抽调兵力和筹集物资。在他的指令下，奉天兵工厂日夜不停地生产武器，但还得觉得缺口太多，于是又从上海购入步枪五千支，从汉口兵工厂购入子弹数百万发。

甚至于张作霖把他压箱底的宝贝也倒腾了出来。直皖战后，奉军从皖军手里缴获了一批飞机，他决定从中拨出四架或六架随队征蒙。那些天里，奉天人时常能看到飞机在空中连续不断地进行训练。

问题是，连张作霖自己都不知道怎样才算准备充足。因为他要避免过多的人力物力损失，便把"以武力求和平"作为自己的征蒙方针，其实也就是不停地在家里倒腾，指望着既增加征蒙的胜算，又能使外蒙活佛和王公感到害怕，达到"不战而屈人之兵"的目的。

就在他拖拖拉拉，左顾右盼的时候，正对外蒙予以密切关注的苏俄政权采取了新的行动。1921年6月15日，苏俄外交人民委员（相当于外交部长）契切林致电中国外交部，声称苏军必须进入外蒙境内与白俄军作战。

苏俄的这一声明，完全打乱了中方的征蒙计划。徐世昌、靳云鹏深感事态的严重性和复杂性，他们一边通过外交部拒绝苏军入蒙的请求，一边促请张作霖加速进兵。电报发到奉天，张作霖还是"准备不足"，不过与原来稍有不同的是，这次他已经掂出了征蒙的分量。

俗话说得好，看人干活不累，原先见徐树铮在外蒙建功，似乎轻轻松松，等到张作霖真把活接过来，才发现颇不轻松：对外蒙的具体情况，奉军之中包括张作霖自己在内，都不是很熟悉，加上又是悬兵万里，在物资奇缺、运输困难的漠北作战，几乎每一个细微环节处理起来都令人挠头。

为了鼓舞士气，使部卒们克服畏难情绪，张作霖决定像原先许诺的那样，亲自带队出征外蒙。幕僚们劝止道："漠北地形复杂，气候恶劣，还请大帅留后坐镇全局为好。"张作霖故作轻松地说："我曾先后两次到过库伦，熟知水陆交通，攻打外蒙，并非你们想象的那样困难。"

张作霖把亲征的日期定在7月26日上午，计划看上去很宏伟也很完美，可惜的是苏俄不会承认这个时间表。6月28日，在未经中国政府许可的情况下，苏军抢在奉军正式出兵之前，进入外蒙围剿恩琴，并于7月6日攻占库伦，恩琴残部仓皇逃遁。7月12日，苏军将原先一俟消灭白俄军，即退出外蒙的声明置之脑后，他们在掌握外蒙实权后，即成立了蒙古人民革命政府。至此，北京政府拟定的种种征蒙言略通告破灭。

张作霖的"亲征蒙疆"亦成画饼，他对外表示"蒙疆已无匪可平，无须派大军前往，只需政府派人与苏俄接洽，交还库恰（指库伦和恰克图）即可"。按照张作霖的实际意图，他是想把外蒙问题再推给北京政府，可是既然苏俄已控制了外蒙，其棘手难度显然还要超过以往，这块烫手山芋如今谁都怕捡，所以徐世昌、靳云鹏还是命张作霖以蒙疆经略使的身份与苏俄交涉，以求相机收蒙。

苏俄占领库伦后，嘴上说愿将库伦和恰克图无条件交还中国，实际与它对待中东路等问题一样，不过在施欲擒故纵之计而已。他们所派的远东共和国外交部长优林在与张作霖谈判时，对交还库伦一事一再出尔反尔，提出各种苛刻条件。张作霖系以中方代表出面，所以在谈判中始终能以国家主权为重，对优林寸步不让，双方谈了很长时间，但毫无进展。

苏俄不肯归还库伦的理由之一，是恩琴尚在逃亡途中。8 月 25 日，恩琴被苏军擒获，随即遭到处决，余部四散溃逃。北京政府认为这是促其归还的一个好时机，因而又组织了新一轮谈判，但苏俄根本无意将外蒙归还中国，不过是以谈判换取时间，造成苏控外蒙的事实而已。11 月 5 日，苏俄与外蒙地方当局签约，承认外蒙完全独立。

年底张作霖受访时，有人问道："大帅，蒙古事情，不知现在怎样了？"张作霖的回答是："蒙古事不成问题，只要中央政府稳当，我便可把它收复回来。现在中央乱七八糟，收回问题，无从接洽。"又问："听说俄国赤党（指苏俄）在库伦驻兵很多，不知确否？"

"不用听外边乱说，其实只有三四百人，不成问题。"

事实是，对于外蒙问题，张作霖已经既无心也无力，他如今的全部注意力都转移到了另外一个话题，那就是关内争霸。

官胡子

1921 年冬，张作霖自京返奉，途中下榻姜家屯。出现在姜家屯乡人面前的张作霖一手撑手杖，一手拿纸烟，他身材不高，白面黑发，态度文雅得像文人，而不是一个武夫。

不过这只是从一般老百姓的角度，以时政观察家的角度来看，张作霖有着迥然不同的形象。美国哥伦比亚大学教授孟禄往访张作霖，他见到的张作霖"面色红润，两目常下垂，发言时偶尔举目一视，虽对外宾表示礼貌，但其骄人凌人之概，时时显露"。

当着孟禄的面，张作霖纵论国内政坛百象，且一语惊人："中国大病，在'官胡子'太多！中国大多数官吏，都是吃干薪不做事，国家焉有不穷？政治焉有不坏？这一些王八蛋，应当把他们都宰杀个干干净净。"

张作霖认为当时的督军省长、总长督办，全都是该杀的"官胡子"，因为这些人"哪一个不是做两三年官，便称几百万、几千万，他们哪来那个钱，还不是小民的！"

身为民国的封疆大吏，张作霖一方面说自己也算"官胡子"，也该杀，但他又为自己辩护说，任职以来，他拿的省长薪金、督军薪金，几年下来积攒了五百万，全在官银号放着，分文未动（张作霖的个人生意庞大，生活中主要靠这方面开支）。

张作霖抛出"官胡子论"，不是要朝其他省的同僚开炮，而是剑指中央政府。他先将唾沫星子喷到时任总统徐世昌身上："大总统的家人，有一人兼十来个差的，总统是一国的表率，竟任家人这样，真真岂有此理！"接着便数落起了靳云鹏内阁。

靳云鹏是张作霖在直皖战争后一手扶上马的，但上台后在财政上焦头烂额，穷于应付。尤其是 1921 年 11 月，北京爆发金融风潮，国内催饷，国外逼债，令靳云鹏几乎陷入绝望境地。张作霖曾在北京目睹金融风潮的可怕，"国家银行，弄糟到这步田地，成何事体"？

虽然自己一度是靳内阁的铁杆支持者，但面对此情此景，张作霖仍对靳内阁产生出了恨铁不成钢之感："外国人每说中国穷，其实中国何尝穷？不过钱都入了官吏的私囊。中国财政，只要有个好人整理，官吏都奉公守法，那一点外债算个什么？"

说起财政危机和外债，张作霖在任上也遭遇过，不过凭借王永江理财，他不仅成功地渡过危机，而且还可以拿出来自诩："我接奉天省事情的时候，奉天欠两千万外债，现在不到六年，我把这些外债都还干净了，另外还积了两千万出来。"

以此及彼，让张作霖有了为别人指点江山的底气："拿奉天省作个比例，可见整理全中国的财政也是不难的。全国这点外债，东三省若发展发起来，使使劲，只三省之力也可还清了。"说到兴奋处，他甚至夸下海口："只要我姓张的今天发一道命令，使人民每人摊多少公债还外债，不数日就可把钱凑齐。"

虽然没有真的下过那道"命令"，但据张作霖说，是他在紧急时候拿出奉天的省款，筹了三百万接济，国家银行才未倒闭，而他帮了中央政府，非但没落下好话，还惹来非议。张作霖对此愤愤不平："这些浑蛋报纸，又说我有什么野心，什么条件，真是放屁。我是干干净净无条件接济的，丝毫没有什么野心。"

事已至此，张作霖也不打算再支持靳云鹏这个"扶不起的阿斗"了，他对孟禄说："外边人常常不问缘由，责我们不服从中央命令。不知道像这么糟的中央政府，叫人怎样服从啊？"又就靳内阁表明态度："外边都传说我赞助靳内阁，说他是我的亲戚，全是胡说。我何尝赞成他。他把政治弄得一塌糊涂，我还赞成他吗？我告诉你们吧，中央政治不久就得变动一下。"

张作霖与孟禄谈话之前，中央政局果然发生了大变动。1921 年 12 月 17 日，靳云鹏宣布内阁总辞职。一周后，梁士诒内阁成立。

虽然张作霖口口声声"朝野没有一个好东西，把他（指靳内阁）推下去，再来一个，还是那样"，但实际梁士诒内阁也是由张作霖所全力扶持，包括张作霖的儿女亲家鲍贵卿也进入内阁，当了陆军总长，所以外界也称其为"奉系内阁"。

好好治治他

新任国务总理梁士诒秉承过去段祺瑞皖系"务实外交"政策，利用条件较为优厚的对日借款来缓减财政危机，同时在华盛顿会议上也为中国争取到了部分权益。应该说，在维护国家利益这件事上，梁内阁做得并不是很差，可是这也并未能让他们避免被倒阁的命运。

直系对梁内阁持不支持态度，梁士诒就职当天，吴佩孚甚至连封贺电都没发来。这使梁内阁自然而然只能对奉系一边倒，致使张作霖在中央的发言权高到极点，而直系的中枢地位则几乎降到了零。反过来，这又更增加了直系对梁内阁的不满。

吴佩孚一边密电各省直系督军逼宫，一边利用国内日益高涨的民族主义情绪，给梁内阁猛扣卖国贼帽子。报纸上三天两头能看到这位前清秀才激情洋溢的妙文，比如"我国不乏爱国健儿，到时恐怕火烧赵家楼的旧剧又要重演"，又如"请问今日之国民，谁认可这个卖国的内阁"。

吴秀才的文笔是如此之好，以致当时的国人把他的通电当作国文范本或"新古文观止"，都说读了这些文章，就不愁文思不畅，文笔不雄健了。

中国人通常都是感性的，并不太注重理性思考，没有人会去认真剖析每一件事内部的是是非非。结果是吴佩孚仅发了连续几天的电报，未用一兵一卒，便使梁士诒放弃了继续主持内阁的勇气，弃职逃往天津。

吴佩孚此举令张作霖愤怒至极。其实他和吴佩孚之间早就互相都看不惯对方了，张作霖自恃是堂堂封疆大吏，而吴佩孚到直皖战争时也只不过是个师长，照他的话说"我国师长多达数十名，即使我自己手下也有不少"。至于吴佩孚，同样也不把张作霖认在眼里，他认为自己是秀才，秀才遇到兵，尚且有理讲不清，何况张作霖以前还是个土匪头子呢？

你还别说，张作霖若论地位，虽然与当年绿林时期已不可一日而语，但他的那点德性真就没怎么太变过。直皖一战，直军是主力，奉军只是配合，坐收的是渔人之利，可是战争一结束，张作霖就给张景惠下达紧急命令，让张景惠抢在直军前面，从皖军的军械上捞油水，"别的都不用管，赶紧划拉去吧"。

张景惠得令，真就拿出"砸窑"的劲头，把能抢到的东西都抢到了手，连已被直军得到的两个空军探照灯也被他们夺了过去。

吴佩孚得报后大骂奉军是土匪，他朝着曹锟大发牢骚："张作霖真不像话……南苑和东直门库房的飞机、军火被他们搜劫一空，这还不满足，居然把我们接收到手的探照灯也硬给抢走。这样的'红胡子队'，今后怎好合作？"

曹锟听了也很是不满，大骂道："张雨亭真是地道的胡子，得那些东西还不够，连两个坏灯还要。"

骂归骂，当时直奉刚刚联手打败皖系，也不可能两家马上又自己打起来。曹锟、吴佩孚只得忍着气，继续在天津与张作霖开"分赃会议"。会议期间，张作霖频频驳斥曹锟的意见，吴佩孚见状发言反驳，意思是你奉军不过是在皖军主力已被我击溃的情况下，才中途参战的，等于是从我们手里夺取胜利果实，有什么可居功自傲的？

吴佩孚说话跟他写文章类似，一向尖酸刻薄，张作霖当场非常难堪，他愤然变色，对曹锟说："三哥（曹锟在家排行老三），今天这个会，是咱俩商议要事。如果说师长也能参加，我们奉军也有好几个师长呢！"

张作霖此言一出，吴佩孚下不来台了。他气呼呼地站起来拂袖而去，出来后对他的幕僚人员说："他张胡子自己觉着不错，我不得势则已，一朝得势，必好好治治他，叫他认识认识我这师长！"

如今的吴佩孚早已由师长晋升为两湖巡阅使兼直鲁豫巡阅副使，挑翻"奉系内阁"也可以说是他得势之后对张作霖的一次凌厉反击。

张作霖自然不是省油的灯，但直皖战争中吴佩孚展示出来的军事才能，以及直军整体所拥有的实力，都让他不敢贸然站出来与直系单挑。为了增加胜算，他决定采用远交近攻的策略，对其他反直力量进行联合。

最早主张建立反直联盟的，不是张作霖，而是孙中山。在当时的形势下，孙中山认识到要取得政权，就必须擒贼擒王，首先打倒直系，为此他一边打算回广东重组政府，进行北伐，一边号召要"分化北方军阀，利用直系与皖系的利害冲突，联络段祺瑞，特别是关外实力派张作霖，三方合作声讨曹（曹锟）吴（吴佩孚）"。后者就是所谓的"三角反直联盟"，或曰"孙（孙中山）段（段祺瑞）张（张作霖）合作"。

革命党人与段、张自然不是一路人，孙中山对段祺瑞的看法尚可，认为段"反袁称帝，不失为爱国的军人"，徐树铮取消外蒙独立时，他还曾致电祝贺。但张作霖在孙中山心目中的形象要差得多，孙中山视他为"过去的土匪头子""列强在政治上、财政上支持的土皇帝和军阀"。之所以要联合他们，当然只是为了倒直的需要，例如在平息党内关于联合段祺瑞的异议时，孙中山解释得就很明白："如果他跟我们革命到底更好，否则等我们有力量时再解决他。"此说当然也适用于张作霖。

海外侨胞是革命党人的一个重要资源。有一段时间，张作霖想找华侨投资开办葫芦岛海港，孙中山就以此为契机，派东北籍党人宁武带上华侨资本家的信，前去天津联络正在参加"巡阅使会议"的张作霖。

好事多磨

宁武到天津后，先通过一些社会关系结识了张景惠，再由张景惠介绍与张作霖会晤。晤谈中，张作霖对华侨投资葫芦岛海港表示欢迎，宁武趁机说，要让华侨来投资是没有问题，不过外面谣传直皖两系又要动刀枪了，时局不定，华侨怕把钱往海外扔，所以很是担心。

这么说只是为了切入正题。在转弯抹角扯了一阵后，宁武见张作霖确实对直系有反感情绪，这才开始试探道："听说段祺瑞已和孙中山先生接洽好了，合力推翻曹、吴，如果各方面能协同动作，安定大局，华侨投资就好谈了。"

张作霖一听就明白了宁武的真实身份及目的，他马上很直率地说："这件事我也知道。我是带兵的，老粗，不懂政治，不过我很不明白，孙中山先生是开国元勋，著书立说，革命党怎能跟这路人（指段）合到一块儿？"

张作霖问的是段，其实指的也是他自己，即孙中山为什么肯放下党人和北洋之间的恩怨，与他们进行合作。宁武当然不能把自己党内讨论的那些东西向他和盘托出，于是便只有笼统地回答道："不论什么人，只要肯革命，孙先生是都可以合作的。"

张作霖不会革命，但他知道合作反直的好处。经过和幕僚们商议，他向宁武表示可以试试看，并派自己少将副官带着问候信，随同宁武去拜见孙中山，这样孙、张之间便建立起了初步联系。

世上没有不透风的墙。有一年秋天，张作霖来北京，特派总司令部秘书长宋文林邀宁武到京会谈。其间，曹锟突然来见，而且一进门就嚷："雨亭老弟，咱们兄弟不错嘛，为什么要和孙文勾结打三哥（曹锟在家排行第三）呢？"

张作霖忙矢口否认，让曹锟不要听信外界的胡说八道。曹锟为人忠厚老实，不知道旁敲侧击和玩阴的，为了证明自己所言非虚，他当即拿出两封信给张作霖看。

这两封信是其他革命党人寄给宁武的，信甲牵涉到了宋文林。张作霖见了，赶紧就势把所有责任都推给宋文林，还下令张景惠把宋文林扣了起来，以此敷衍和打发了曹锟。

曹锟这么一迫一闹，反倒对孙张合作起了促进作用。次年张作霖在奉天直接会见了宁武，他对宁武明白表示："现在国家成了烂羊头。孙先生是开国元勋，谋国有办法，我想派人去向他请教一切。你可打电报去先联络一下。"随后他便派李少白带着密码本，随宁武去南方晋谒孙中山。

宁武认为孙张合作已经快接近于瓜熟蒂落,回去后即对孙中山说:"张作霖对于'革命'二字是谈不到的,但对先生很敬仰,相信先生救国有办法,合作是可望成功的。"

然而好事多磨,报上不久就登出消息,说张作霖派代表某某赴桂林密商,要拥护孙中山为大总统。张作霖嘴上恭维着孙中山如何如何,却并无拥护对方为大总统的打算,他以为是南方党人利用李少白对政治内幕不了解,预先捅出去的消息,见到李少白后不容对方分辩,就破口大骂:"谁派你他妈的代表,我只叫你去送信,你胆敢说我拥护孙文做大总统?!"

骂完李少白,张作霖立即命人发电,否认李少白是他的代表以及报上所登载的消息。接着,他又自言自语:"南边人我们斗不了,什么合作,算了吧。"

第二天,宁武求见,张作霖余怒未消,他连珠炮似的对宁武说:"现在是共和国,你们革命党明明知道总统是选出来的,不是我张某一个人说了就成啦,为什么要登报造谣言?看来还是我自己动手打姓曹的吧,胜败都不管,什么与广东合作,算啦,算啦!"

宁武跟他解释,李少白在桂林并没提过大总统问题,报上的消息只是政客造谣,为的是破坏粤奉合作,进行挑拨离间。经此提醒,张作霖才作恍然大悟状,连连点头说:"有道理,有道理。"

在与宁武的谈话中,张作霖还提到,有人告诉他,两广遍地是匪,孙中山没有力量北伐,至少几个月内办不到。宁武澄清说现在两广不是这个样子了,同时他还向张作霖转达了孙中山的原话:"革命党是不怕失败的,因此这回讨伐直系由我们先发动,奉天只要扯扯后腿就行了。因为我们失败了,还可以再干,不要把雨公一生事业给毁了。"

张作霖听了颇为感动,态度立刻转变过来,他让宁武密告孙中山,称只要革命党在南方率先北伐,他立刻派兵出关响应。

欺人太甚

如果能像直皖战争那样,其他力量先打头阵,把直系从四面八方包围起来,然后奉系再出兵，以举手之劳取得决定性胜利，实乃张作霖求之不得的结果。孙中山在这方面也没有欺瞒他，没过多久，广州召开国会非常会议，选举孙中山为大总统。随后孙中山驻节桂林，准备亲率大军北伐。

可是北伐要真正启动起来并不容易，内部粤督陈炯明表示反对，外部湘督赵恒惕又不敢假道，致使迟迟难以成行。张作霖很是失望，他把孙中山叫作"孙大炮"，在内部谈话中说："一个孙大炮天天嚷北伐……"

除孙中山外，段祺瑞也与张作霖达成了合作推翻曹吴的密约。尽管段、张在直皖战争中为敌，但他们一度良好的私人关系并未中断，战争结束后，吴佩孚曾经想抓住段祺瑞不放，又是张作霖采取力保的态度，才使得段祺瑞能够安然无恙。

时过境迁，如今奉张既已与曹、吴为敌，所谓敌人的敌人就是朋友，一心东山再起的段祺瑞便很容易和他走到了一起。与孙中山相似，段祺瑞在北洋属于他那个圈子里，同样有着很强的人格魅力和感召力，虽然他早已倒台，无官位爵禄可施与人，但四面八方肯给他打听消息和跑腿的人仍然非常多，这也成为他可以与张作霖进行合作的一个重要政治资源。

在段张密约中，双方说好由段负责对直系内部进行策反，张则负责相应的费用。可是因为缺乏合适的渠道以及害怕走漏风声，段祺瑞在派人往奉天取款的过程中颇费周折，从而也使得策反行动在短期内很难取得成效。

"三角反直联盟"，孙中山行动迟缓，段祺瑞无所作为，张作霖暂时只能靠自己。他采取离间术，给吴佩孚的上司曹锟发去一封电报，说："吴小二非善相与者，公如不悟，再宠信之，将来难保不为殿前检点。"

"吴小二"指的是吴佩孚，因其在家中排行老二，张作霖便给他起了这么一个很不好听的雅号。"殿前检点"是一个典故，说的是后周时皇帝柴荣逝世前任命赵匡胤为殿前都点检，掌管殿前禁军，结果柴荣一死，赵匡胤便黄袍加身，夺了后周的天下。张作霖以此暗示吴佩孚不安其位，是曹锟身边的赵匡胤，一有机会就会夺他的位子。

可是张作霖的挑拨离间，并没有起到多大作用，曹锟其人大智若愚，很会使用部下，吴佩孚虽是他的下级，但两人关系十分亲密，岂是外人可以随便忽悠的？

就在曹锟考虑该如何回复张作霖的时候，有人建议说："子玉（吴佩孚字子玉）

是咱们团体的中坚，不论免他的哪一个职务，都必然会使大家离心离德。况且这样做，也太示人以弱了。不过子玉总与奉天抗衡下去，也不是什么好办法，大帅要劝止他才好。"

曹锟听从他的建议，派人去洛阳见吴佩孚，并带去相关的处理办法。吴佩孚也依其要求，在张作霖四十八岁寿辰之日，给张作霖拍发一电，表示军人以服从为天职，不再反对现有内阁人选，并对想出任内阁总理的鲍贵卿加以称赞。

这本是曹锟用以麻痹张作霖，缓和矛盾的权宜办法，可是张作霖却会错了意，他以为自己的离间之策已经得手，大喜过望之余，胃口居然也跟着变大了。

当天，曹锟的弟弟曹锐来奉天为张作霖祝寿。其间，张作霖又说了一通吴佩孚的坏话，然后问曹锐："令兄是要亲家，还是要属员？"

直皖战争结束后，为加强与直系的政治联盟，张作霖与曹锟结成了儿女亲家。他这一问颇让曹锐作难，只好答道："我三哥没有别的意思，遇事作梗的不过是吴子玉一个人，但是他已责备过了。"张作霖听后，从鼻子里哼了一声："吴小二是什么东西，他也配干涉我两家的情义和国家大事吗？"

趁着曹锐诺诺连声，张作霖开出了自己早就想好的价码，而当曹锐带着这些价码回去复命时，把曹锟惊出了一身冷汗：张作霖共提出三个条件，除梁士诒必须复职外，还包括直军退出京汉线北段，京津地方划归奉军驻防，以及免去吴佩孚直鲁豫巡阅副使，专任两湖巡阅使。

如果说第一条尚可商量，后两条可谓直指直系要害，已打破了曹锟所能容忍的底线，简直可以和当年直系向皖系叫板时的情形相提并论了。曹锟马上在保定召开直系军官会议，将张作霖的三个条件公布于众。军官们听了群情激愤，都认为张作霖欺人太甚，实在是太不把直系放在眼里了，既然如此，他们情愿豁出去与之拼个你死我活。

众人的支持让曹锟解除了顾虑。他当即向秘书口授一份拍发给吴佩孚的电报："你就是我，我就是你。亲戚虽亲，不如自己亲。你要怎样办，我就怎样办。"秘书想照例改成文言，曹锟摆摆手："不必，速电发。"

直奉终于彻底撕破了脸。1922年3月，南方传来消息，孙中山免陈炯明职，移大本营于韶关，改道北伐。这使张作霖更倾于向直系动手，不过他也深知此次若与直军对决，绝不会再像以往那么轻松，因此特地召集军事会议，以便对是否要入关作战进行最后定夺。

隐忧

自杨宇霆受徐树铮私自招兵案而失宠被贬，张作霖先提升张作相为奉军参谋长。张作相出身草莽，不谙军事，办事多不称张作霖之意，张作霖只好让他接替孙烈臣，转任第二十七师师长。

张作相之后一度出任奉军参谋长职务的是一个叫秦华的人。秦华也曾留学日本，但论能力亦远不及杨宇霆，张学良的印象是"我父亲不喜欢他，这个人无用"。几任参谋长对比下来，张作霖认识到还是杨宇霆最为称职，他常对左右说："你们办事都赶不上邻葛（杨宇霆字邻葛）。"

眼见得大战将起，身边不能没有一个善于出谋划策之人，张作霖终于回心转意，让人发电召还杨宇霆回奉。杨宇霆回奉后即被任命为东三省巡阅使署总参议，辅佐张作霖主管军务。

在讨论是否要对直开战的军事会议上，众将意见纷纭，张景惠、张作相乃至杨宇霆都不主张打。二张是粗人，实际讲不出什么道道，翻来覆去说的，不过是奉军力量尚不能控制北京全局，不如仍捧曹锟为首，大家依旧相安无事这些，与奉系实际所必须面对的局面相去甚远。杨宇霆则了解问题的实质在哪里，在他看来，如今的奉军虽然数量更多，盘子更大，但素质和军纪方面相比他在任时却下降很快，几乎又被打回到了原形。

杨宇霆的隐忧在张作霖的日籍幕僚那里得到了部分验证。张作霖原来一共有两个日本军事顾问，一为町野，一为菊池。菊池离职时，日本参谋本部本拟以土肥原贤二接替。町野预先得知了这一内部消息，他就对时任参谋长秦华说："土肥原做事十分跋扈，把这种人置诸左右，实难放心，请把此事转达张作霖。"

町野虽是个日本人，本身也负有日本政府所给予的秘密使命，但他拥张是真心的，站在一个幕僚的角度，亦有与张"共生死，取天下"的意愿。用他的话来说，他与张作霖一直是"形影相随，张作霖危险时，我一定跟他在一起"。

同样，张作霖对町野也很信任。町野曾经自得地说过："张作霖一做决定，就是他儿子张学良和参谋长杨宇霆劝他，他也不听，而只肯听我的话。因此，当张作霖束手无策时，不管杨宇霆还是张学良都来找我。"

听町野这么一说，张作霖立刻明白土肥原不是什么好货色，于是就对日方提出要"退货"。日方问他究竟要谁，张作霖点了铃木美通，因铃木另有任用，抽不出来，日方便将本庄繁派了过来。

本庄繁参加过日俄战争和西伯利亚干涉，又曾在日本陆军大学任兵法教官，在军事理论和实践上都有一手。他到奉天的时间并不长，但已经看出了奉军训练不足的弱点。当张作霖征询他的意见时，他直言不讳："以此种训练恶劣的军队与直隶军（即直军）作战是无把握的，应当自重行事。"

张作霖虽然也清楚自己部队的不足，可是并没有想得有多么严重，相对而言，他更倾向于听取町野的意见。町野是日本人中最坚决的拥张派，他经常对张作霖说："只要你生存一天，我一定卖命做你的顾问一天。"有一次，张作霖对他说："你归化中国好了，你归化了，我就给你做督军。"町野："不要，如果你做了皇帝，要把满洲给我，那还差不多……"

虽然都是半开玩笑，但町野确实很早就与张作霖"相约取天下"，对入关争霸有着浓厚的兴趣，他自然赞成入关作战。见町野主战，张作霖便不顾大多数人的反对，决计与直军一战。

奉天军事会议的最终决策尽管属于内部最高机密，但外界也渐渐有所知晓。当时吴景濂在非常国会担任众议院议长，他的母亲去世了，与吴景濂接近的朋友同僚纷纷赴东北进行吊唁。丧礼结束，客人们陆续返回关内，他们带回的消息是，张作霖正重礼优待西南专使伍朝枢，并已约定孙中山由湘赣进兵北伐，拟南北夹击直系。

吴佩孚见张作霖如此蓄谋，料知战争已不可避免，赶紧预作准备。他首先想方设法破除"反三直联盟"：与陈炯明取得联络，双方订立了统一南北同盟，同时扶持贵州、云南的地方诸侯，以牵制孙中山的北伐；取得驻于上海的北洋海军的支持，使得属于皖系的浙江督军卢永祥不敢轻举妄动。

接着转往北方。河南督军赵倜心有异志，本准备做奉军内应，吴佩孚察知这一情况后，一边明言会永久维持赵偶的地盘，一边把赵偶的弟弟赵杰列入前线作战行列，让赵偶即便想"造反"也得有所忌惮。

投鞭断长江之流

1922年3月31日，张作霖致电北京政府，以换防为名派第二十七师入关。吴佩孚得到的情报是，其余奉军也正在新民、锦州一带进行集结，只要张作霖一发布动员令，就将大举入关。

面对大兵压境，吴佩孚表面强装镇静，内心其实非常焦躁。他一边加紧部署战事，一边托人向各处发出通电，请张作霖对他予以谅解。在奉军已是箭在弦上，不得不发的情况下，吴佩孚的缓兵之计注定难以收到效果。4月9日，张作霖发布总动员令，奉军开始大批入关，并在天津的军粮城进行集结。

这一期间，吴佩孚不断接到奉军兵车络绎进关的报告，外界对此的评论是"奉军沿京奉线如怒涛一般越过山海关南下，开进华北地区"。不过奉军气势虽足，但在战略上其实并不成功，这是因为原来可以对他们进行策应的力量都已被吴佩孚提前控制住了，而且由于奉军是先出手的一方，国际社会更同情和支持直系。在张作霖原来的计划中，他是要先发制人，打直系一个措手不及，继而获得四方响应，至此这一期望完全化为泡影。

4月中旬，奉军已大部入关，而吴佩孚也已完成全部的军事部署。双方讨敌骂阵，互相揭短，都拼着命地往对方身上泼脏水，吴佩孚抓住张作霖的"胡子"出身不放，称"作霖不死，大盗不止"，张作霖则把吴佩孚比作是安禄山、史思明，说他的存在令"天地之所不容，神人之所共怒"。

耗完唾沫星子，便是要真的互砸板砖了。4月29日，张作霖下达总攻击令，奉军哇哇叫着向直军扑了过去。

当时的战线拉得很长，共分三路，除中路因为两边均未配备主力，战事不太激烈外，其他两路都打得分外激烈。开战之初，直军基本被奉军压着打，西路几乎弄到了不可收拾的地步，东路虽然没这么糟，但也节节败退。

奉军之所以一上来就能够以"秋风扫落叶之势进击"，首先是因为兵力装备上与对手有较大差距。吴佩孚尽管也集结了十万兵力，可是其中三分之一以上要用来巩固后方，无法调到前线。奉军能够直接开到一线作战的部队则高达十二万五千人，几乎超过直军的一倍。重武器方面，直军勉强拼凑了一百门大炮、一百挺机枪，奉军在此基础上大炮多了五十门，机枪多了一百挺。奉军军官们对此扬扬自得，夸口道："投鞭断长江之流，走马观洛阳之花。"

其次是直军自身指挥不力。东路的彭寿莘第十五师乃直军劲旅，但彭寿莘因丁忧（即遇到父母的丧事）请假不在军中，及至开战才匆匆赶回师部。身为直军总指挥的吴佩孚则坐镇洛阳，并未亲临前线。

不过直军也有直军的优势，它的老底子是清末时的北洋第三镇，有着很长战史，士兵多是老兵，久经训练，身经百战。在熬过奉军一开始发起的冲击波后，他们的这一优势迅速呈现出来，即人虽少，但精干有战斗力，打起仗来不仅凶悍顽强而且不急不慌。

奉军仍然占据着主动，但却无法在短时间内完胜对手。一名新闻记者赴前线采访，看到两边机关枪对射不止，大炮打出的开花弹自头上飞过，呼呼作响，一经着地，震耳欲聋。当奉军步兵进攻时，前队士兵受伤倒地，后队士兵立即上前补缺，受伤士兵则被救护队送往救护处治疗。在前线阵地的后方，"火车、骆驼及各种车辆，自北京运援兵军需赴前线者，络绎于途"。

战场逐渐陷入胶着状态，双方战成一团，不相上下，这就给直军扭转战局创造了机会。吴佩孚向来喜欢靠前指挥，此次迟迟不到一线，不是怕死，而仍然是担心河南督军赵倜给他出幺蛾子——虽然事先施了恩威并施之法，然而若是他吴佩孚亲到前方，赵倜还是可能会乘虚而入，到时豫省直军兵力又无法与之抗衡，河南一失，直鄂必然要中断联络，战事非败不可。

想要把自己腾出来，只能依靠客军。曹锟时代的直系与冯国璋时代的老直系不同，它所指的直军仅限于曹锟所部，也就是曹锟培养出来并始终在他部下任职的官兵，不在其列的便都统称为客军。关键时候，吴佩孚决定征用两支陕西客军，指挥者一为陕西督军冯玉祥，一为潼关镇守使张锡元。

对直系内部情况不太清楚的人，常爱说曹锟无能，是吴佩孚替他打了天下，实际上曹锟在很多方面比吴佩孚还要高明得多，尤其气量宽宏，很善于用人。冯玉祥最早时在很多地方都不受欢迎，但曹锟能够接受，因此冯玉祥便归附了直系。张锡元则是与吴佩孚有历史关系，清末时张锡元在骑兵学校任教官，吴佩孚是学生。直系走红后，张托人向吴表示愿附直听从指挥，吴佩孚自然表示欢迎。

在直军兵力不足的情况下，吴佩孚下令冯玉祥、张锡元出陕相援。当时的陕西连年战乱，经济非常困难，丁赋预征甚至已达到二三十年，到了征无可征的地步，而客军偏偏还特别多，实在是僧多粥少，所以冯、张都想出陕找主路，吴佩孚命令一到，二人即马不停蹄地率部从陕西开来河南。

1922年4月30日，吴佩孚收到电报，得知冯玉祥已率兵出潼关，其前锋李鸣钟旅及张锡元自率的一个旅已到达洛阳，他这才放心地把洛阳和郑州一带的防务交给冯玉祥，自己赶往前线。

胡子军

到达前线后，吴佩孚对东路进行重新部署，命令彭寿莘等人不得再退，接着便坐镇西路的良乡进行指挥。通过侦察，他发现奉军在布阵上存在弱点，于是急调张锡元、李鸣钟两旅星夜来援。

当两旅兼程到达良乡时，正当直军疲惫不堪之际。曹锟也正在良乡督战，他亲自到车站迎接援兵，并且对张锡元说："老兄来得及时，请大力帮忙，火速开到前线去。"

吴佩孚令李鸣钟旅附奉军之背，实施迂回攻击，张锡元旅则会同直军，从正面出击。当时直军战壕里二三十步才有一个士兵，而且精神不振，援军的出现令他们又重新振作起来。

奉军西路总指挥是张景惠，他本以为直军已无力作战，攻下吴佩孚的老营指日可待，现在看到对方忽然从正面出击，而且还有生力军进行抄袭，顿时被弄得莫名其妙，不知所措。

总统徐世昌又在此时对张景惠说："位于北京附近的三个师，与吴佩孚相通气，有攻击奉军后路的可能，因此（奉军）以后退至北京以南、长城一线为万全之上策。"徐世昌本偏向于奉系，奉军入关时打的就是"奉令拱卫京畿"的旗号，可是他向张景惠提供的这份似是而非的"情报"却给奉军帮了一个大大的倒忙。

奉军各级官佐多数起自草莽，他们不学无术，故步自封，平时愚昧而好自用，战时又因对现代军事知识讳莫如深而喜欢任意瞎指挥。张景惠就是如此，他听信了徐世昌的话，想到如果真有这么多反叛部队从背后打过来，奉军不但要遭遇双重包围和前后夹击，而且察哈尔与前线之间也将被打进一个大楔子，那么自己的地盘就保不住了（张景惠的正式职务是察哈尔都统）。

在未征得张作霖同意的情况下，张景惠便擅自下令西路奉军全线撤退。他们前脚刚撤，吴佩孚后脚就从俘获嘴里获知了消息，于是当即电令张锡元旅实施追击。

第一次直奉战争时期的奉军，究其实还只是一支"胡子军"。早在日俄战争时期，为了利用东三省的"胡子"替自己效力，日本人曾对"胡子"的作战特点进行过深入细致的观察和研究。他们发现，"胡子"看似相当于日本的浪人或者无赖流氓之类，但实际上已是一种军队，具备班、排、连的战斗机能，同时"胡子"还具备许多突出优点，比如"习惯骑马而擅长马术，出生入死无所畏惧，其行动进退之机敏灵活令人惊讶"。正因为这样，一些较为悍勇的"胡子"在实力上往往可以压倒前去围剿他们的官军。

另外，尽管在局部战斗中堪称优秀，但"胡子"的整体秩序和统制能力都非常薄弱，也就是说，若不进行正规的军事训练，"胡子"在战场上的作战能力有限，最多只能止步于班、排、连这一级。很多依附于日军的"东亚义勇军"都是如此，日本人从中得到的一个基本认识是："此类匪团马队，不能对敌展开正规进攻，凡遇优势之敌攻势，甚至一发炮弹攻击，其主将即带头逃跑，敢于抗敌到底者为数甚少。"

当张锡元旅发起追击时，奉军"胜不相让，败不相救"的缺点在战场上暴露无遗，各部都只顾着逃命，几乎是草木皆兵，撤退也变成了大溃退。西路的惨败又很快波及东路，在吴佩孚集中兵力发起猛攻后，各部多数已失去战意，纷纷向军粮城溃退。因奉军军纪不佳，败兵到处骚扰，沿途老百姓曾立石碑咒骂："奉军败退，争相奔命，跑得烂泥洼子冒烟！"国外观察家更是视为笑话，一篇文章写道："中国军队是假如一个支队的军队退却，便犹如野生动物一只逃跑，会立即引起全群逃跑一样，将导致全军一泻千里的退却。"

为了挽回败局，张作霖亲临前线指挥，他给东路总指挥张作相打去电话："你怎样也不能退，你要退下来，我们只有梦里相见。"

张作相的军事才能和定力并不比张景惠高明多少，且处在这样的形势之下，几句狠话又岂能解决问题，实际上，此时的奉军已处于崩溃状态，是谁都阻止不了的。

张作霖急得双眼冒火，他在指挥部内一拍桌子站了起来："好，为了不丢面子也绝不能逃跑。且看天津一战，一决雌雄！"

张作霖还想在天津再打一下，但以奉军的状态，显然已非常不现实。一旁的本庄繁赶紧劝说道："当然这也是一个方案，但从兵力素质而言，不易取胜。与其冒这样的风险，不如到适宜地点进行休整，以图再战。"

本庄繁虽然对入关作战持有异议，但战争开始后，就改穿上中国的粗布军装，和町野一起随张作霖征战。其间，他不仅视察阵地，而且参与制订了奉军的大多数作战计划，所以深知战场的实际情况。本庄繁认为应先退到滦州，在那里对败退部队进行收容休整，以防被衔尾追击的直军攻入关外。

町野对本庄的意图表示赞同，随后又附在他的耳边低语道："滦州与秦皇岛靠近，如果万一出现紧急情况，使作霖亡命日本也是可以的。"

为张作霖想好退路之后，町野紧接着便高声对张作霖说："此次战争，一开始就提出反战论的是本庄顾问和杨参谋长，如今在主战论的张将军已失败的情况下，今后一切都应按本庄顾问意见处置较为妥当。"

眼见败局已定，张作霖只得接受幕僚们的意见，下达退却令，同时授权本庄繁担任指挥，将司令部后撤至滦州。

苏醒过来了

退却令一下，各部争相撤往滦州，短时间内，秩序变得更加混乱，一条京奉大路被溃兵塞得满满当当。1922 年 5 月 5 日，东路部分奉军溃退至军粮城，恰巧张锡元旅追到，结果奉军的一师两旅一枪未放，就全部缴械投降。

　　直到张作霖及其司令部退至滦县车站，情况仍十分危急，幸得杨宇霆的至交兼士官学校同学姜登选赶到，两人一起筹划，在滦河岸边设立防御阵地，使得追击的直军不敢贸然进击，奉军才得以从容撤退。

　　按照张作霖的吩咐，司令部从奉天提出大批现款，换成十元票，装成三个大箱子运到滦州火车站。从前线溃退下来的败兵排成长队，点到谁，谁就到前面来领一张十元的票子。

　　发放现款的本意就是稳定军心，让官兵们心甘情愿留在滦州，而不是一股脑儿都逃往关外。因为大家都明白，如果在滦州强制阻拦败兵后退，这些缺乏训练和制约，同时又急于逃生的败兵将会不顾一切地胡来，到时即便是张作霖自己上前拦阻，他们也很可能会先将张作霖毙掉，然后再继续逃命。

　　张作霖和町野、本庄、杨宇霆等人都来到了车站。张作霖一边说着"辛苦了，给大家零用"，一边亲自给各部官兵发钱。不过他们也注意到，尽管所有领到现款的官兵都会颇感诧异地议论纷纷，但同时仍然急着逃往关外："快派火车，快，快！"

　　面对此情此景，主张在滦州收容败兵的本庄很是失望："难道这就是失败吗？"

　　第二天，山海关守军传来报告："先遣部队的列车已在山海关停车，后续列车也不开动，官兵纷纷下车，车站一带到处是士兵。"

　　自兵车离开滦州，官兵们的议论就没有停止过："我们这样败退下来了，可是张大帅和总司令部的高级军官们都还留在滦州，又是发钱，又是笑脸相迎表示慰劳。这究竟是怎么一回事？"

　　从极度的紧张和慌乱中清醒过来之后，感到羞愧的人们选择了就地集结。听闻这一消息，张作霖及其幕僚们都很高兴。町野手舞足蹈地对本庄说："果然成功了，本庄君，中国兵从败逃心理的催眠术中苏醒过来了。"

　　集结于山海关的奉军以第三、第八混成旅为骨干力量，实际指挥者为第八混成旅旅长郭松龄。郭松龄早年在奉天陆军速成学堂学习，当时速成学堂中有同盟会员秘密传播反清书刊，这使郭松龄开始接触到了民主革命思想。从陆军学堂毕业后，由于他带兵有术，勤于职守，受到陆军统领朱庆澜的赏识，升为盛京将军衙门卫队哨官，倚为亲兵。

辛亥革命前，郭松龄随朱庆澜调往四川成都驻防。朱庆澜本人同情革命，在他的掩护下，新军中成立了同盟会组织，秘密进行反清活动。其间郭松龄经人介绍，也加入了新军同盟会。

及至辛亥革命爆发，郭松龄参加了新军起义，拥戴朱庆澜为四川军政府副都督。可是在四川独立不久，就有川军将领鼓动地方军队发动兵变，朱庆澜与客籍将领都被迫离开了四川。在这种情况下，郭松龄选择辞职潜回奉天，密谋武装起事。此时适逢张榕被杀，张作霖率巡防队满城搜捕革命党人，郭松龄因剪发易服，"身畔挟有民军护照"，被巡防队逮捕入狱。眼看就要人头落地，在韩淑秀等人的多方营救下，他才得以幸免于难，并在民国建立后获释。

经过前前后后的几次严重挫折，郭松龄逐渐认识到"欲革命须有武力，欲统军须有学识"，开始痛下决心钻研军事，直至考入北京陆军大学。这一期间，一些认识郭松龄的人"从未看见他有着闲着的时候，总是读书看报直到深夜"。郭松龄自己也说："我没有念过几年书，全靠自学，以后考陆军大学，也完全是靠自学的。"

从北京陆军大学毕业后，郭松龄前往广州投奔孙中山，但随着孙中山的失势，只得又离开广州，重返奉天。时任奉军参谋长的秦华是郭松龄在陆大的同期同学，经秦华介绍，他得以充任督军署中校参谋。没过多久，张作霖因增编陆军混成旅，急需军事干部，下令重建东三省陆军讲武堂，郭松龄被聘任为战术教官。

在开学典礼时，张作霖语带讥讽地对郭松龄说："郭教官，你是反对我的革命党人，听说到南方参加革命去了，为什么回来了呢？"郭松龄听了一声不吭，张作霖素来为人宽宏大量，见状也就没有再为难他，只是对他说："你还是回来的好，在外边没有什么混头。"

张作霖为人宽宏大量，往往说过就算，不会放在心上，郭松龄则不然，他是个心思很重的人。张作霖的话让他断定，张作霖对他既不信任也不会予以重用，自己今后在奉军中混口饭吃容易，要想登上高位势必十分困难，只能另寻捷径。

在奉系军人中，郭松龄向以特立独行、标新立异著称。当时奉天的一般读书人多数喜欢阅读旧史书，只有郭松龄爱看新出书刊，一般军政人员多少都会涉猎一点喝酒赌博，唯郭松龄从来不碰，也不与这些人交往。他教学时也是一板一眼，不但敢于严格管教学生，还会毫不客气地对队长、区队长进行约束。按照军校内约定俗成的规矩，教官是不能管队长的，时间一长，大家都觉得郭松龄性情古怪，便给他送了个外号叫"郭鬼子"。

"郭鬼子"谁都看不上，也不结交，唯有张学良是极少的例外。张学良当时是讲武堂第一期炮兵科学员，小伙子称得上是讲武堂的风云人物，还没毕业，就已经当上了巡阅使署卫队旅第二团团长，人称"黄嘴鸭子团长"。不但如此，卫队旅的许多事，包括军官任职，他也要一本正经地要予以过问，俨然就是一位代理旅长。

张学良从未带过兵打过仗，以一个学生的身份便能当上高级军官，毫无疑问靠的都是"拼爹"。不过张作霖也没有蠢到直接出面把儿子拔上来，代替他做这件事的是张作相。

技惊四座

张作霖最早结拜的几个把兄弟，汤玉麟曾经反叛过，张景惠先导致奉军大败，后又投靠曹锟做了官，也算叛变了，只有张作相一直忠心耿耿地追随着，从未有过任何异心。张学良说过："张作相待我父亲，比我对我父亲还要好，我曾见过我父亲如何对待他，有时候都感到毛骨悚然。他那时都当师长了，我父亲还对他说骂就骂，然而，他却仍旧那样，恭恭敬敬地站在那儿。"

张作霖亦视张作相为心腹，除了把自己的基干师交其掌握外，赴京时还经常委任他为代理督军、巡阅使等职，有人甚至认为张作相有接班张作霖，成为未来东北掌舵者的可能。

然而不管别人如何吹捧或猜测，张作相心里都明镜似的。中国五千年的传统，子承父业这一点从来没有变过，他张作相若是真的有此非分之想，得来的极可能不是什么大王宝座，而是杀身之祸。他要回报张作霖的信任与重用，同时免遭猜忌，唯一的办法就利用职务之便，给予张学良更多的信任与重用。他那时担任着第二十七师师长兼卫队旅旅长，原本他已想辞去兼职，但为了方便提拔张学良，就一直没将这一职位让出来。

进第一期讲武堂就读的多为行伍出身，让他们拿枪容易，拿笔难，张学良是一开始就进的学堂，而且年纪轻，记忆力强，在学习时相比于其他人占有一定优势，所以"头一个月就考了个第一，第二个月又考了个第一"。张学良认为，就因为这样，"这郭松龄也看中我了，我就跟郭松龄变成了好朋友"。

事实当然不会这么简单。郭松龄在回奉天前就在北京做过讲武堂教官，也不是没见过优秀的学生，更何况，纸上做两张卷子，考两次第一，对手还都是大老粗，这能说明多大问题？真正打动郭松龄，且能让他这个恃才傲物的老师屈尊与自己学生做好朋友的，不能不说还是与张学良特殊的背景有关。

另外，张学良虽然因父亲的庇荫而少年得志，但以他自己的能力尚难以支撑局面，身边急需一个会带兵、能打仗的人相助，郭松龄主动示好，可谓正合其意。

张学良从讲武堂毕业后不久，张作相便很知趣地辞去兼任的卫队旅旅长一职，由他正式接任。之前，郭松龄就把结交张学良视为取得兵权的阶梯，他劝张学良编练新的军队，并说只有这样，才能尽快承袭其父之位。张学良记在了心上，为了在卫队旅乃至整个奉军中站稳脚跟，他以辅佐自己治军为由，向张作霖保荐郭松龄为参谋长兼第二团团长。张作霖虽曾当面挖苦过郭松龄，但实际对他已无成见，加之望子成龙心切，希望儿子能够尽快掌握部队，于是便答应了张学良的要求。

如果没有张学良，郭松龄还得继续在讲武堂吃他的粉笔灰，或至少不会这么快便在奉军中担当要职。他本人也很珍惜这来之不易的机会，赴任后即专心对卫队旅进行训练。

包括东北讲武堂在内，民初军校的主要教学内容分为学科、术科两类，所谓学科是指战术学、筑垒学等；术科则是拼刺术、射击术等，郭松龄把军官应学的这些东西直接灌注到军队，并且亲自进行指导。不到一年，卫队旅的训练成绩即冠于全军。同时，他军纪严明，官兵中有违反军纪者，严惩不贷，从而大大扭转了奉军军纪涣散、到处扰民的恶劣风气。

郭松龄执掌卫队旅，标志着奉军内部新旧两派的明争暗斗进入了一个新的阶段。所谓旧派，主要代表人物就是跟张作霖一起打天下的一群好汉，像张作相、孙烈臣、吴俊升这些人。新派是杨宇霆起的头，当初杨宇霆因私自招兵案被张作霖免职，实际就是被旧派给搞下去的。

杨宇霆被张作霖起用后，仅仅表明新派在奉军高层重新得势，在奉军中下层，仍是旧派的天下。那些旧派统兵官多是"胡子"出身，浑不知学、术两科为何物。张学良、郭松龄既照编练新式军队的思路来整训部队，也就把自己纳入了新派行列，并且是从奉军中下层来与旧派展开竞争。

当郭松龄开始因练兵而崭露头角时，旧派还不把他放在眼里，认为郭某所训练出来的部队不过是中看不中用的花瓶罢了，到了真正的战场上该抓瞎还得抓瞎。没想到的是，郭松龄出手不凡，直皖一战，在天津附近仅以一个团的兵力便围缴了皖军两个旅，由此技惊四座。

直皖战争结束后，吉林省东边地区一度土匪猖獗，并且已经占据了佳木斯等城镇。郭松龄奉命率卫队旅剿匪，在短时间内便得以肃清匪患，收复了所有城镇。经此一役，他在奉军中声名鹊起，不仅让那些在背后说闲话的人全都闭了嘴，而且获得了张氏父子进一步的提拔和倚重。

我就是这样起来的

张作霖在出任蒙疆经略使时，以亲征外蒙为名，将奉军扩编为十个混成旅。在这次扩编中，张学良、郭松龄均被晋升为少将，一个担任第三混成旅旅长，一个升任第八混成旅旅长，两旅组成联合司令部，合称"三八旅"。

张学良名为旅长，但人常在总司令部参赞，联合旅的行政、训练均由郭松龄负实际责任。张学良自己也乐得卸责，对外声称："我就是郭茂宸（郭松龄字茂宸），郭茂宸就是我。"

张学良懒得抓军队，郭松龄则是求之不得。他对联合旅实行了一系列改革，除实行精兵主义，裁汰匪兵、兵痞外，还对军官量才录用，一遇部队官佐出缺，即择优升补。奉军在未经整理之前，人事制度极不健全，护兵警卫是进身之阶，亲戚好友是升官标准。只有联合旅是按一定制度晋升，这样较为完整的人事制度，保证了军无怨言，因为一旦军官出缺，大家都知道应该由谁提升补缺。

郭松龄把"三八旅"训练成奉军精锐，是开了奉军正规化的先河，当时所谓东三省新军，指的就是郭松龄所练之兵。作为"三八旅"声名在外的另一个最大受益人，张学良不仅被外界视为奉军中的新派首脑，他在军界的地位也相应得到巩固，时人皆称其为"少帅"。

民初那些叱咤风云的重要人物，父辈再怎么英雄盖世，后代都少有能成才的，像袁世凯的长子袁克定还是个"坑爹"货，活生生就把老子给坑死了。段祺瑞的长子段宏业与张学良同被列入民国"四公子"之列，但在军政方面一无建树，身上没有一点其父的才能与魄力，以致段祺瑞要么不提他这个儿子，一提起来就很生气。与这些窝囊废般的公子哥相比，张学良显得格外突出，也令人眼羡，连段祺瑞的部下、皖系大将魏宗翰都曾为自己的老大叫屈："张学良才十九岁就当旅长，固然是沾他父亲的光，但总有相当的军事知识和带兵能力，怎么段大少爷（指段宏业）就不行呢？"

在直奉战争中，张学良被任命为东路第二梯队司令，郭松龄与"三八旅"列入该梯队序列。开战之初，郭松龄即率部一举攻下胜芳镇，日本所办的《盛京时报》以大字标题进行报道，谓之"攻下胜芳之胜将郭松龄"。及至奉军全线大败，各旅都被打得支离破碎，唯有"三八旅"等部败而未溃，仍保持着完整编制。

当奉军在山海关集结时，张学良已逃回奉天，他给郭松龄写信，信中说："方今势危时迫，榆关（即山海关）可守则守之，否则请退处一隅，养精蓄锐，以待再举……望勿逞愤一时，置全军于不顾也。"

按照町野的总结，张作霖最大的特点是不怕死，富于决断力，即便吃了这么大一个败仗，仍要在滦州或山海关组织抵抗。张学良来信的意思则跟他老子完全相反，其实就是要郭松龄保存实力，把"三八旅"撤往关外。接信后，郭松龄颇费踌躇，想想张作霖新败，要找个借口敷衍他或许不难，怕就怕吴佩孚紧追不放，乘势对奉军予以歼灭性打击，须知，溃退部队是最没有战斗力和抵抗力的。

犹豫了半天，郭松龄派了个密使去见吴佩孚，要求停战，条件是他将联合各军，逼迫张作霖下台，"三省交由人民自治"。谁知打了胜仗的吴佩孚尾巴翘到天，根本就不予理会。被吴秀才打了脸后，郭松龄又羞又怒，遂联合李景林第三梯队在山海关组织防御。

直军以破竹之势追到山海关，满以为奉军已成乌合之众，可一举攻入关外，捣毁奉张的老巢，不料却在山海关石门寨一线遭到"三八旅"王升文团的猛烈抗击。王团战斗力之强，远远超出曹、吴意料之外，结果虽然团长王升文阵亡，全团官兵也损失甚重，但毕竟阻击了直军的攻势，稳住了整个奉军的阵脚。与此同时，李景林第三梯队也打得不错，直军的进攻锋芒受到极大挫折。

山海关战役虽然主要是由郭松龄、张景林实际指挥，但张学良却是名义上的战场最高指挥官，等于又不花力气地拿到了功劳，他对此很得意，后来回忆说："第一次直奉战争时，奉军所有部队都被打垮了，就我指挥的部队没有被打败，不仅没被打败，还把吴佩孚的军队给打了，我就是这样起来的。"

山海关战役的胜利只是让奉军喘了口气，并无力量反击或与直军大打出手，于是张作霖借着取胜之机，托人请英国公使和传教士出面调解，欲与直系议和。经此一战，曹、吴认识到张作霖仍拥有实力，并不是他们想灭就能立刻灭得了的，而且直军大部队在追到山海关时同样已精疲力竭，遂也决定见好就收。

1922年6月16日，张学良与直方代表王承斌会晤于秦皇岛车站。次日，双方即在秦皇岛港英舰上正式签订了停战和约。

第八章 ／ 让我来用武力收拾他们

直奉战争后，北京政权由原来的直奉共掌变成直系一家独大，甚至有"直系即中央"的说法。曹、吴"挟天子以令诸侯"，通过总统徐世昌出面，下令免去张作霖东三省巡阅使、奉天督军兼省长等本兼各职。同时吴佩孚还施以离间计，委任吴俊升为奉天督军，冯麟阁为黑龙江督军。

冯麟阁过去虽与张作霖有过一段恩怨，但张作霖对他怎样，大家有目共睹，自然不能行此落井下石、遭人唾弃之事，更何况就算他厚着脸皮硬要上位，东三省实权仍掌握在张作霖及其部属手中，恐怕那个位置他连半天都坐不下去。至于吴俊升，倒是个实力派，可他向来死保张作霖，绝不肯轻易背叛。最后，吴、冯二人都不约而同地提出辞呈，把吴佩孚抛来的乌纱帽给扔了回去："张使之去留，为三省三千万人生命之所系，对此乱命，一致否认。"

事实证明，张作霖在关外的声望和权威已坚如磐石，其地位不是北京政府一纸命令就能改变的。在东三省各界人士的拥护下，他干脆宣布东北独立，并自封为奉军总司令。

对张作霖而言，声明与北京政府断绝关系乃是不得已而为之，颇有点名不正言不顺，也不利于今后与直系进行角逐。怎样才能找到更好听，看上去也更正当的说法呢？正当他为之绞尽脑汁的时候，一个方兴未艾的政治学说传到了他的耳朵里。

管仲治齐

这种学说的名称叫作"联省自治"，主张这一学说的人认为，要达成国家统一不一定要通过武力，也可以效仿美国的联邦制，先由各省自治，再由各省选出代表，组成联省议会。

一开始，张作霖对何谓"联省自治"还不是弄得太懂。问杨宇霆，杨宇霆就用张作霖能够理解的方式解释道："联省自治就是各省独立，名义上归中央管，但让不让他们管，他们管不管得了，还是各省的头头说了算。"

张作霖一听十分高兴，当即说："这回我也来个联省自治，让直系没有话说，而且东三省稳稳地握在我们手里。他妈拉个巴子，这联省自治好！"

1922年5月19日，奉天省议会宣布东三省实行联省自治，张作霖顺理成章地被推举为东三省保安总司令兼奉天省长。经过这么一包装，张作霖"关外王"的头衔从此也就不用中央册封了，他自己给自己戴上就行。

通过联省自治，还选出了新的奉天省长。此前这一职务一直由张作霖兼任。帅府（即张作霖的军署，既是办公官邸，也是张家私宅）与省长官公署仅一街之隔，省署习惯称帅府为前院，省署各科负责人每天抱着公文案卷到前院请示张作霖。张作霖有时亲自批阅公文，有时由原省署秘书长袁金铠代为批阅，本来省署行政厅厅长也可以帮助进行处理，但历任厅长们都是唯唯听命的角色，张作霖怎么说，他们才敢怎么办，无法负裁断要政之责。

自古及今，多有"武人不谙吏治"之说，张作霖本质上是个武人，对处理省务渐渐地不胜其烦，而自袁金铠调黑后，便再无人能替他分劳，因此就想着要找一个人专任其事。

在奉天政界，能担当省长重任者，除去已出局的袁金铠，自非王永江莫属。不过直奉战后，王永江已经以父亲生病为由，请假避居乡里。原因据说一是过去与他敌对的汤玉麟被张作霖重新起用，二人同殿为臣，不仅可能感到尴尬，而且还担心汤玉麟会继续寻仇。二是张作霖发动直奉战争，并未征询过他的意见。如今吃了大败仗才让他督奉，颇有点找人顶杠收拾烂摊子的意味。

第一个担心其实是不存在的。汤玉麟在外面吃了很多苦头，重归张作霖麾下，再不敢乱说乱动，对王永江已构不成什么实质性威胁。至于第二个，在张作霖看来，无非是文人爱面子，邀请的时候态度诚恳一些就行了。

可是请了几次，王永江都没肯动身。实在没办法，张作霖就亲自派人派车把王永江从家乡硬接到省城。见到王永江，他的第一句话就是："你就算是不为我，为东北老百姓着想，也应该承担这副担子。"

当年刘备三顾茅庐，据说他也曾对诸葛亮说过："先生若不出山，如苍生何也？"先生您如果不出山，为天下百姓着想的话，那么天下百姓应该怎么办呢？

王永江本喜任事，让张作霖这么一恭维，面子里子都有了，也就顺势了打消原有的矜持之念，同意再次出山相助。1922 年 6 月 18 日，张作霖正式任命他为奉天代理省长兼财政厅长。

在中国古代的政治家中，王永江对管仲非常推崇。管仲能够令齐国富强，成为春秋五霸之首，其亮点之一就是采取重商政策，即所谓"通货积财，富国强兵"。王永江治理奉省，效仿的就是管仲治齐，其间他推出了不少相应措施，比如修建奉海铁路。

奉军以关外一隅之地，能够与关内据有大半个中国的直系相抗，若无一定的物质基础是不可想象的。东北最大的优势就是农作物丰富，特别是有大宗的土豆出口，这使它在外贸上经常处于出超地位。奉海铁路自奉天到海龙，沿途皆奉省大豆产地，极具经济效益和商业价值。同时，它也是东北第一线官商合办的铁路干线，采用的全都是本国资金和技术。王永江明确规定，该铁路公司股票只准中国人持有，不准抵押或转汇给外国人。尤为难得的是，相比于同期日本技术修建的洮昂铁路和吉敦路，奉海铁路不仅质量更好，而且还分别节省了三分之一到二分之一的资金。

除了奉海铁路外，王永江最为显著的政绩是创办奉天纺织厂，二者共同的特点都是出官款集民股，以官商合办的方式成就了大事。

管仲很重视对官员的奖惩，王永江课吏也很严格。他多次派人调查各县吏治，举行县知事考核，又在奉天省范围内自行组织对高等文官进行考试，从中提拔县知事。

张作霖自己治奉，很在意任职者的资历，哪个县里有缺额，需要补上，他都会指着候选者的名字询问左右："他是留奉知事吗？"意谓这个人以前有没有在奉天做过知事，如果得到的答案是否定的，此人十有八九便失去了补缺的希望，也因此，在张作霖兼任省长的年代，地方官多为旧时之老吏，给人一种暮气沉沉的感觉。

王永江与之不同，他奉行的是管仲选贤与能、唯才是举的用人原则，凡奉天省的新进青年，只要文官考试成绩优异或能在仕途中做出实绩，都有被提拔任用的机会。

风生水起

清末民初时的奉天乃至东北的吏治一度相当混乱，谋职者往往凭借关系或钱财就能通行无阻，张作霖自己也曾因以设赌为由，代人谋事，而被外界讥称为"大吃县局"。到王永江执政，因其"声音颜色千里拒人，无人向其请托"，张作霖虽然麾下如云，亲戚眷属众多，然而也没有一个军界将领或者帅府亲戚敢来省署求情托事。在王永江执政期间，张作霖所有亲戚中只有一个人当了地方官。此人为义县知事赵学德，他是张学良的亲表兄，但为人谦虚谨慎，当县知事也是合格的。

实际上，就算张作霖本人要出面谋私，他被搭理的可能性也接近于零。有一次，张作霖有事找王永江，王永江到帅府的时候，张作霖还没有从内宅出来，他等了一会儿，不耐烦了，便从椅子上站起来对副官说："我还有事。"说完便扬长而去，事后张作霖也未有丝毫怪罪之意。不仅如此，每当部下中有人被任用为县知事或税捐局长时，张作霖还会在谈话中加以提醒："王岷源（王永江）脾气不好，很难伺候，你要小心好好地去做事。"

谋人用人归根结底还得靠育人。王永江向张作霖建议，欲使东北富强，必须发扬文治，通过兴办大学教育，来培养专门人才。张作霖接受其建议，下令筹办东北大学，并由王永江本人兼任校长。

东北大学初创时，有些外省学者不了解奉省的财政状况，唯恐学校用奉票发月薪，到时一旦奉票跌价，势必影响收入，所以不愿前来应聘。了解到这一情况后，王永江经过悉心筹划，决定教师薪金一律用银元发给，而且不许拖欠。民初时大学最为集中的是北京，但北京各大学的欠薪情况颇为严重，东北大学因此成为全国教师薪水最高，发放也最及时的一座大学。国内外名师学者纷至沓来，黄侃、章士钊、梁思成等均先后应聘来东北大学任教，可谓盛极一时。

王永江这个省长当得相当之"抠"，在他任下，教育厅、实业厅经费每月不过奉大洋两三千元而已，教育厅长出入坐的都是人力车。唯独在办校上，王永江非常舍得花钱，他筹拨三百七十余万元，从德国购买新式机器，成立了东北大学工厂，在从事生产的同时供学生实习使用。

日本人原先不相信东北方面可以独立把大学办好，及至看到东北大学的实际情况才不得不发出惊叹，认为这所省办大学乃是同时期教学质量最佳、设备最好的第一流高等学府，"它的教育水准无疑高于日本在满洲开办的高等教育学院"。

和办警政、财政时一样，王永江不负所望，把奉天的政务也搞得风生水起。当时奉天吏治的清明为全国瞩目，"一时之风气尚非他省可及也"。

自王永江代理奉天省长起，东三省中的其他两个省均效仿此例，吉林王树翰以督署高等顾问身份代理省长，黑龙江于驷兴以教育厅长身份代理省长，二人也都是有一定管理经验的文官，东北由此在政治经济上步入了它的又一个黄金时代。

将政务移交给王永江后，张作霖即专心处理军务。军队打仗，总是有胜有败，作为一个打了大半辈子仗的武人，他很清楚这一点，因此对在直奉战争中落败并不气馁："胜败乃兵家常事，算不了什么。"

重要的还是好好总结经验教训，思考一下如何才能变弱为强，转败为胜。直奉战前，张作霖总是认为只要敢于拼命就没有打不赢的仗，他训话时用来激励官兵也都是从前纵横江湖的一套，不是"脑袋掉了碗大个疤"，就是"哥们儿兄弟""为朋友两肋插刀"，甚至还有这样的"训词"："他妈拉个巴子的，你们好好地干，干得好，我除了老婆不给之外，什么都会给你们！"

经此一战，张作霖终于认识到自己的想法有太多偏颇之处，奉军不是不能打仗，也不是不拼命，但还是败得一塌糊涂。问题究竟出在哪里？对比一下郭松龄"三八旅"的表现，再想想杨宇霆、本庄繁等人的多次进言，便知道还是因为军队缺乏严格训练，没有被纳入正规化轨道所致。

整军经武

张作霖痛定思痛，下决心"整军经武"，对奉军进行认真整顿和训练。他首先采纳杨宇霆的建议，设立了陆军整理处。陆军整理处是整军经武的最高执行机构，办公处就设立在帅府后面，有后门可以相通，便于随时来往，足见张作霖对它的重视。不过张作霖对整理处的事务并不干涉，他虽然也常来整理处，但不看公文，只是随便看看，找人聊聊天而已。平时除了涉及东三省的重大决策须由张作霖直接掌握外，一切日常有关整军经武的重大事项，包括部队的整编、人事部署、官员升迁等也均由整理处独立负责。

孙烈臣是整理处总监，张学良是参谋长，但他们仅是挂名，负责具体事务的是副总监姜登选和韩麟春。姜、韩二人均为杨宇霆介绍过来的士官同学，二人年富力强、精力充沛，很快便成为新派中的骨干力量。这也同时表明，新派已经在奉军中掌握大权，新旧两派的竞争以新派占据压倒性优势而告终。在新派的推动下，整理处对奉吉黑三省军队进行整编，裁汰三分之一，又添招三分之一，同时取消师制，全部改为旅制，整编后的部队统一以"东北军"作为番号。在整编过程中，为新派独占鳌头立下汗马功劳的"三八旅"得到加强，这支部队原本在直奉战争中损失甚重，经过补充，人员枪械整齐一新，不仅官兵都经过精挑细选，而且装备全部是新式的。

"三八旅"的名称也进行了改变，张学良第三旅改为第二旅，郭松龄第八旅改为第六旅，时称"二六旅"。应该指出的是无论整编前的"三八旅"，还是整编后的"二六旅"，两旅都不分家，张学良也都只充当"甩手掌柜"的角色，一直由郭松龄负实际责任。

接下来的军事改革以"二六旅"为试点。早在直奉战争前，"二六旅"就已开始任用正规军事学校的人为军官，改革后，行伍出身的中下级军官大部都被军校学生所代替。

"二六旅"的成功经验和做法很快又被转用到其他部队身上。相应推出的重要措施之一，是规定全军各旅的参谋长和各团掌握教育的中校团附，必须全部改由军校学生出身的人充任。遇有团营长出缺，一般也要由各部队参谋长、团附以及讲武堂的教官或队长调充。

如此大规模的弃旧纳新，在直奉战争前是根本不可想象的。整理处为此大肆招兵买马，以原籍东北而散落在关内各方面担任军职的人为重点，极力吸纳有海外陆军留学经历，或国内陆大、保定等军校出身的军官。招人的办法也很简单，就是顺藤摸瓜，凭着各人的同学、同乡和亲友等关系，从四面八方一个个地进行招揽。虽看重东北籍，但也不排斥非东北籍的外地人。广西人何柱国与"二六旅"炮兵团长邹作华是士官同期同学，便通过邹作华的关系进入了东北军。

如果说东北大学吸引师资靠的是优厚待遇，东北军能够引起各方面军事人才的兴趣，则主要缘于他们提供的带兵机会。民初自北洋一系起，将领们大多喜欢让行伍出身的人带兵，学生出身的人只能当参谋一类的幕僚，独有东北军与之不同，按照新的规定，去了就有机会带兵。

何柱国投身奉军后，有一年回北京结婚，有人对他说："你在东北是个中校，如果愿意转到冯玉祥的方面来，可以立即升为上校。"何柱国直截了当地加以回绝，理由就是自己在东北有机会带兵，而冯玉祥方面无此机会。

除了用人制度外，东北军还效仿日本军制，实行军法、军械、后勤独立。各部队以实弹射击和相互之间的对抗演习为主要训练课程，按季校阅评分，后勤方面则进行统一补充，军需沦为长官私人账房的现象自此不复存在。

若干年前，蒋介石在庐山开办军官训练班，曾对人说："东北有两件事是需要学的，一件是后勤独立，这在我们的部队还没有完全做到，另一件是他们的用人制度。"与直奉战争前相比，经过改革的东北军内部确实开始呈现出一股朝气蓬勃的气象。

"一战"前后，世界军事领域出现了新的变革，美国教授孟禄往访张作霖时曾谈到，他的儿子在欧洲战场从军，所属一师共有两万八千人，与德国人打仗战死了一万八千人，可是包括他儿子在内，好多美军士兵连德军的影子都没有看到过一个。由此可见，近代战争更加注重发挥武器、火力和战略战术的作用，有人称之为"器械的战争""学术的战争"。

孟禄说他还有一个陆军朋友，新近发明了一种机关炮，每分钟能射击惊人数量的子弹。当时张作霖的几个幕僚听了直伸舌头，都说不得了：一杆机关炮所能射击的子弹，竟然比同一时间段内全中国军队放枪所射出的子弹还多。换言之，这杆机关炮可敌全中国的军队，武器厉害到这种样子，真正是太可怕了。

可是张作霖听了却不大以为然，他对幕僚们说："欧洲战术，近年我们也稍稍研究，不用听他们吹，两军相见，还是拼命，豁得出死去，便可以制胜。"

那还是直奉开战之前的事，现在张作霖再不会这么想了，因为直奉战争给他上了极其生动的一课。仅以"三八旅"为例，当时直军据守一处村庄，因其工事坚固，抵抗顽强，"三八旅"付出很大伤亡都攻不进去，后来便集中炮兵团的全部炮火，用燃烧弹进行射击。炮击之后，村庄硝烟四起，火焰弥漫，直军的所有防备设施被全部摧毁。

患难中交朋友

对于张作霖而言，如果能够直接从美国买到孟禄所说的那种机关炮，自然是求之不得的事，但当时国际社会已经达成了禁止供给中国武器的协定，他就是拿出再多的钱，美国人也不会把武器卖给他。这样，他就只能向日本提出购买军火的请求。

日本原先认可的是段祺瑞的皖系，与曹、吴的直系彼此敌对。见直系独霸中原甚至随时可以出关，他们唯恐损害到自己的"满蒙利益"，因此大力支持张作霖整军备战，并以"善意援助"的名义，想方设法把价值数百万元的军械转卖给了张作霖。不过此事暴露后，立即遭到英美各国的强烈反对，日本政府决定改变方法，授鱼不如授渔，"协助他（指张作霖）自设兵工厂，以求自治"。

东北兵工厂很早就已设立，但在直奉战争前规模并不大，此后日本政府委托日本兵器会社向其供应了大量机器设备，在日方的帮助下，兵工厂的规模比以前扩大了数倍。张作霖接受了设备，然而当日本拟进一步提供人力支援，向兵工厂派出兵器顾问团时，却遭到了他的婉言谢绝。

张作霖的心态就像日俄战争时期一样，他是想尽可能利用日本人而不被日本人所用，很显然，如果在日本人的"盛情相助"下陷得太深，这种平衡就必然要被打破，所以他绝不能再往前走了。好在设备虽然必须从日本进口，但人才还可以从其他地方寻觅。张作霖首先起用了两个管理人才，他派杨宇霆兼任兵工厂督办，派韩麟春兼任兵工厂厂长。

杨宇霆就不说了，不仅精明干练，敢于负责，而且"学通今古，识洞中外"。韩麟春是杨宇霆的同学、士官学校炮兵科毕业生，还曾经到欧洲参观学习，拥有比较广博的军事和兵器知识，据说他改良了一种手枪，功效很好，后经兵工厂制造，曾由北京政府通令全国军官统一佩带。

在杨宇霆、韩麟春的共同主持下，东北兵工厂除了从德国、捷克聘请高级工程师外，还从汉阳、上海的老工厂挖来许多老技师、大工匠。这些外聘人才待遇优厚，宿舍住漂亮洋房，每月薪水发的也不是奉票，而是全国通行的现大洋。关外在当时很多人眼里是出"胡子"的地方，一些南方的技师工匠加盟东北兵工厂纯粹是为了多赚些钱，他们以为自己在奉天不会待得太久，没料到来了之后却立即有宾至如归、乐不思蜀之感，于是互相援引，又从南方招来不少工匠。一时间，东北兵工厂人才济济，俨然成了国内武器专家的人才库。

东北兵工厂最终被打造成了同时期国内最大的综合性兵工厂，其规模之宏大，设备之完善，连日本人都为之侧目，称之为"东方第一"的兵工厂。它不但能制造一般枪械弹药，而且能出产山炮、野炮。其间还增设了一个迫击炮厂，限于武器禁运协定，该厂所进口的迫击炮筒全部以自来水管的名义改装，负责制造迫击炮的则是专门聘请的英国技师。迫击炮厂虽然规模不大，但所生产的中型迫击炮威力冠于国内各军，称得上是物美价廉。

直奉战前，双方都有航空队在，但东北航空队在战争中却没有起到作用，风光的是直系航空队在，张作霖将这也视为落败的一个原因。他让张学良担任主管，重点抓航空队的发展。"整军经武"期间，东北航空队改用了"一战"以后法国最新的飞机，教官和教材也都来自法国。相比之下，直系航空队的飞机一直没有更新，用的始终都是皖系留下的陈旧之物。

经过"整军经武"，仅用两年时间，东北军就基本恢复元气，同时数量和质量也有了空前提高，已由过去绿林式的乌合之众一跃成为训练有素的正规军。

张作霖一面进行"整军经武"，一面继续加强"三角反直联盟"。直奉大战时，孙中山因受陈炯明"炮击总统府"的威胁，被迫离开广州前往上海，未能对奉军起到相互呼应或支援的作用。张作霖怒气冲冲地说："那边有个陈小子（指陈炯明），这边有个张杂种（指张景惠），坏了事。"难得的是，他并没有因此怪罪孙中山："孙先生是文人，带兵是为难的，我不求他别的，只要他对救国大计多想办法。这班家伙让我来用武力收拾他们！"

孙中山到达上海后，经济一度非常拮据，张作霖得知这一情况一拍胸脯："患难中交朋友,我送孙先生十万元作他的生活费用!"钱由韩麟春负责带给孙中山,韩麟春可能觉得多了,就只给了三万元,后来张作霖看到孙中山给南方代表宁武的一封信,上有"雨公所赠三万元,我已分给众同志矣,烦代致谢"的话,这才知道事情的原委。他把韩麟春叫来痛骂一顿,说:"凭我张某人只送孙先生这点钱?不成话,赶快再补七万元!"

无论三万元还是十万元,都只能解决生活问题,孙中山派人给张作霖送信,希望商借一笔更大的款子,并暗示如果他有了这笔款子,"不出数月就可以消灭叛逆,收复广东"。经过几度商谈,张作霖同意帮助粤军回粤费五十万元,以后根据实际情况又陆续补助了几十万元。此后孙中山果然重振旗鼓,派手下大将许崇智率部回粤,对陈炯明进行讨伐,直至逐步恢复自己的根据地。

这是千载难逢的好机会

1923年10月,曹锟贿选总统,举国为之哗然,这无疑为张作霖及"三角反直联盟"准备了一个倒直的最好理由。张作霖立即通电予以反对,紧跟着张学良便在整理处刊行的军事杂志上发表了一篇题为"革命"的文章。彼时的张学良已在国内军政界崭露头角,跟孙中山等要人亦有书信往还,加上题目新鲜,不知情的人还以为少帅如今对革命也产生了兴趣。一读才知道,张作霖所说的革命其实只是要"革"曹锟的"命"——曹锟的总统是贿选出来的,推翻曹锟即为革命。

当年秋天,汪精卫奉孙中山之命来到关外,与东北方面共同商讨如何对付曹、吴。他所携的军事方案主张先由南方出兵北伐,用以牵制长江以南的直军,然后东北方面再出兵关内,直捣北京。

张作霖同意南北夹击,但强调分头进行,各自发动,彼此不必有统属关系。他的意思还和从前一样,即大家合作可以,只不过我张作霖绝不会做你孙中山的配角。对于这一点,双方虽然在会上都未明言,但心中都能领会,可以说是无形中达成了协议。

作为张作霖在"三角反直联盟"中的另一个政治伙伴,段祺瑞的表现同样非常活跃。直奉战争前,段祺瑞收买直系军队的行动之所以难以取得进展,是因为没有合适的渠道和方法从东北取得资金。战争结束后，段祺瑞经过研究，决定派杨宇霆在北京的旧相识于立言为密使，以商人的身份做掩护前往奉天，同时还商定了如何以密码电报联系，如何通过山海关检查等细节，从而使得取款方面的难题得以迎刃而解。自1923年4月至1924年3月，张作霖向段祺瑞提供的活动资金总计达到大洋二百八十二万元，远超他给予孙中山的经费，从事后来看，这笔巨款也确实物有所值，在关键时候帮了东北军大忙。

那段时间，张作霖在关外靠"整军经武"养精蓄锐，吴佩孚则在关内用"武力统一"削平群雄。不到两年，全国范围内尚未为曹、吴所吞并，并且敢于同曹、吴相对抗的实力派，除山海关外的奉张外，便只剩下了南方拥护孙中山的粤军，以及华东拥护段祺瑞的卢永祥、何丰林。

卢、何一个据有浙江，一个据有上海，这其中何又依附于卢，行动上唯卢马首是瞻。卢永祥是小站出身的北洋正统和段派嫡系，他个人非常崇拜段祺瑞，不管段经历怎样的升沉荣辱，始终坚决拥护，称得上是一名段的死忠粉。

直皖战争后，皖系军事力量分崩离析，唯浙沪的卢永祥、何丰林，福建的臧致平、杨化昭尚在支撑，他们作为皖系仅存的最后一点实力，也因此成了直系的眼中钉、肉中刺，必欲除之而后快。1924年4月，臧致平、杨化昭被直系孙传芳逐出福建，只得逃入浙江，投奔了卢永祥。直系的江苏督理齐燮元早有吞并浙沪之心，见状便以反对卢永祥扩充军队为由，联合已"统一福建"的孙传芳，从苏皖赣闽四面向浙沪进逼。

汇集苏皖赣闽四省的直军本已很多，不久山东、河南、湖北又听从吴佩孚的命令，派军队源源不断南下援苏。卢、何孤立于华东一隅，形势立刻变得岌岌可危。段祺瑞与手下幕僚都很清楚，一旦浙沪有失，皖系将彻底失去立足之地，因此徐树铮等人都赶赴上海，帮助卢、何筹划救急之策。

首先能够想到的便是向"三角反直联盟"求援。张作霖先汇了三十万元对卢永祥予以接济，同时订立攻守同盟，表示江浙如果爆发战争，将派兵入关协助。孙中山也认为"救浙江、上海即以存粤"，声明一旦江浙开战，即派兵北伐。

有了"联盟"的保证，卢、何便决定成立浙沪联军，与进逼的直军誓死一战。经过双方台前幕后的一番紧张部署，1924年9月3日，浙沪联军与齐燮元部终于在上海附近展开交火。

江浙战争牵一发而动全身，皖系盟友迅速做出了反应。战争打响的第二天，张作霖即在关外通电响应卢永祥，并且马上开始进行军事准备。第三天，孙中山发表宣言，宣告即日移师北伐。

即便在进行军事准备期间，东北军新旧两派对于是否真的要与直系大打出手仍存在分歧。旧派上次在关内作战中跌了个大跟头，乃至退入关外后被迫向新派让步，所谓一朝被蛇咬，十年怕井绳，张作相、吴俊升均主张这次镇静处之，等待江浙战事解决再定行止。

新派与之完全不同，他们正是通过入关作战才得以显露锋芒，并以此压倒了旧派，故看到新的机遇来临时，人人跃跃欲试。杨宇霆在第一次直奉战争打响前态度犹疑，那是觉得部队未经训练，胜负没有把握，现在经过"整军经武"，东北军人强马壮，也就不再存有这方面的顾虑了。他和张学良等新派人物都认为直系调兵东南，无暇兼顾北方，为东北军乘虚而入提供了条件，"这是千载难逢的好机会，万不可失之交臂"。

旧派的权势与在张作霖面前的说服力早已江河日下，无法与新派抗衡，但鉴于之前的失败，张作霖还得再征询一下文治派，特别是王永江的态度。

天意如何

自治奉再次获得巨大成功后，王永江不仅接替袁金铠成为关外文臣首领，而且张作霖对他的信任和倚重的程度也超过了袁金铠受宠时期。王永江到帅府见张作霖，事先都会打去电话，张作霖接到电话，必让人把正门打开，然后亲自到门口迎接——帅府正门平时是不开的，一般官员都从旁门走，只有贵宾来才开正门。

每年张作霖过生日或有其他庆典，文官武将都会早早立于帅府阶下，张作霖一出正厅，众人便齐齐下拜称贺。王永江的省署就在帅府后面，可他偏偏不露一面，直到称贺的人都走了，才离开省署前往帅府。张作霖知道他的这一习惯，王永江一来，就赶紧让人把帅府的门打开，并且微笑着到阶下迎接。幕主如此礼遇，若是换成别的幕僚，难免要诚惶诚恐，不知所措，唯王永江处之泰然，他给张作霖行礼时也不下拜，而仅仅是拱个手，作个揖。

王永江奉管仲为偶像，他用管仲治齐的办法来治理东北，同时也希望能如管仲辅佐齐桓公称霸那样，"九合诸侯，一匡天下"。"一匡天下"与"取天下"并不是一个概念，比如管仲和齐桓公的政治理想就不是要做天下的皇帝，他们觉得能立足齐国，做一个维持中原秩序的霸主就够了，此谓"霸道"。王永江感慨："自唐以后，求霸且不易得矣。今之时局，能行管子之道者，犹可以强国，岂独区区一省地盘之区区关系哉！"

问题是，纵观中华上下五千年的历史，"取天下"远比"一匡天下"要吃香得多，只要稍稍觉得自己膀子上有点肌肉，居于地方的必然想到要扩充地盘乃至黄袍加身，居于中央的更是把一句"卧榻之侧岂容他人鼾睡"喊到震天响。比如，段祺瑞当政一心要"武力统一"，吴佩孚以此为罪状加以攻伐，但等到他把位置坐稳，忘不了的还是"武力统一"。下面各省之间的你争我夺，究其实质也都离不开"取天下"三个字，只是说法和口号有异罢了。王永江对此深恶痛绝，他曾致函杨宇霆："以中国人与中国人斗，胜者不足荣，败者不足辱，且适足以腾笑列国。虽据全胜，亦不过取列强于一哂，不足以称豪于一时，反足以贻害于国家而已。"

由于反感"中国人与中国人斗"，王永江对从事合纵连横的政客们十分厌恶。张作霖雄踞关外一隅，在"三角反直联盟"中具举足轻重的作用，各方信使和说客因此云集奉天，位极"人臣"的王永江自然是他们要巴结的重点目标，但王永江从不跟他们接触和往来。

奉天省署内没有一个秘书。有人好奇，堂堂省长连一个秘书都不配，如果要给各方写应酬信件怎么办，省长一个人忙得过来？知情者笑曰："王省长与人无交际，无须设此。"事实也是这样，孙中山广州大本营的某要人过去曾奔走于奉天，他给王永江写了一封很长的信，想与之谈论政要，王永江看后仅仅提笔批了两个字："不理！"

王永江既非新派也非旧派，但从反对关内争雄的政治主张出发，他的意见却和旧派有类似之处，即对入关作战持慎重态度，反战派意见的分量因此一下子就被加重了。

碰到难以决断的时候，问问天意如何，或许是一个选择。"瞎顾问"张震洲奉召来到帅府，为可能即将开始的战争预卜胜负。张作霖一共有两个"瞎顾问"，都是当时奉天最负盛名的瞽目术士，但论操术之精，曾在劫械案前为张作霖算过一卦的包秀峰还不及张震洲。

张震洲掐指一算，断定不战则已，战则必胜。张作霖闻言大喜，遂决计起兵入关作战。在随后召开的作战会议上，他对部下们说："我不能看到他们（指直系）各个击破，等打完了再来打我。我宁可现在就叫他们打败，而不是等后来更丢脸地被他们打败！我决心已下，细节你们筹划好了。"

尽管有张震洲的卦相为众人壮胆，当张作霖真的下了打的决心之后，与会的很多人在内心里仍然感到忐忑不安。那个时候的吴佩孚号称"常胜将军"，善战之名播于海内外，自在国内军界崛起，几乎从没打过败仗。他和直军在第一次直奉战争中的神勇表现，更是不仅打没了旧派的自信心，连带一些新派人物也不免留有心理阴影。张学良等人此前直嚷着要抓住机会打它一下，可是"开完会后，我们都相对无声，不知此次是否有去无回"。张作霖回家后，就对张学良夫人于凤至说："你什么话也别问我，我只是来和你告别的。"

咱们的本钱要输光了

1924 年 9 月 15 日，张作霖在奉天组织镇威军总司令部，自任总司令。东三省共有二十五万军队，他们被编成六个军，其中四个军约十五万人直接用于入关作战。张作霖同时任命杨宇霆为总参谋长，会同姜登选等人具体筹划入关作战的细节。

商讨入关作战，首先要解决如何入关。当时由奉天入关不外乎两条路，一是由山海关入关，二是由热河入关。山海关一路较近，而且地势平坦，有现成的京奉铁路可以利用，乃是进关的大道和捷径，不过此处直军的防备也较为严密。相对而言，热河较远，交通运输困难，但直军的兵力空虚。另外，若出兵热河的话，还可以预防吴佩孚以重兵出朝阳，从而威胁锦州，切断锦州以下全军的后路。

张作霖最后采纳了姜登选的方案，即先从热河进兵，等热河方面进至与山海关一线齐平时，再与集结于山海关前的主力一起出击。为了适应这一战略，张作霖派李景林第二军出热河，姜登选第一军、张学良第三军则在山海关至九门口一线待机。

善于用人是张作霖的另一个突出特点。此时孙烈臣已病逝，张作相、吴俊升、汤玉麟等旧派人物虽然能力平庸，无所作为，但却能够对张作霖唯命是从，忠诚度也较高，张作霖就让他们领着第四、第五军屯守后防，作为增援部队，不直接参战。对于直接参战的新派人物，张作霖也"一个馒头搭一块糕"，根据将领们不同的性格进行精心搭配。比如，第一军副军长韩麟春个性急躁，喜欢不谋而动，第三军副军长郭松龄则贪功心切，好胜轻敌，张作霖就分别以姜登选、张学良进行制约。姜登选以沉静克制著称，张学良与郭松龄关系密切，就当时来讲也能说服得了郭松龄。

战争打响后，从热河出击的第二军进展迅速，很快就占领了朝阳。韩麟春、郭松龄果然都按捺不住，两人一个劲地催促着要求立即向山海关发动攻击。姜、张均坚持既定方针不为所动，张学良说："要攻必须得老将（奉系内部对张作霖的称呼）许可。"韩、郭始默然而去。

等到第二军逼近承德，韩、郭又叫喊着要向山海关进攻。姜、张则认为第二军尚未到达长城一线，侧翼仍存在不安全因素，故还是坚持原方针。直至10月7日，第二军拿下承德，前锋位置与山海关、九门口一线持平，姜、张在确定侧背安全，已无威胁后，他们才下令发起全线攻击。

山海关与九门口两地之间有一座不可逾越的大山，它把山海关分成了两个战场，一为山海关正面，一为九门口及其以北以西附近各口。按照事先制订的作战计划，前者由郭松龄负责，后者由韩麟春率负责，第一、第三军另外成立指挥部，对战场进行统一指挥，两军也因此合称为"一三联军"。

地形上，山海关正面比较平坦，九门口一带则山岭连绵不绝，指挥部预计山海关正面战场会先得手，所以在这方面配备的兵力最多，而且全都是久经沙场、富有作战经验的精锐老兵。结果是这一战场倒是战斗最激烈，死伤也最重，可就是攻不破对方的阵地。

郭松龄属于勇将派将领，作战主要靠硬打硬拼。进攻受挫，他不加以分析研究，仔细想想为什么受挫，反而仍是一味督兵强攻，大有不夺取山海关绝不甘心之势。眼见得第三军参战部队伤亡惨重，用张学良后来的话说，"我有一个团，差不多整个地全完了"，面对此情此景，连坐在指挥部里的张学良都感到吃不消，他对郭松龄说："老郭，不能再干了，如果再赌气，咱们的本钱要输光了！"

原来山海关正面虽然平坦，看上去没有什么不可逾越的险要，但却正好有利于守军消灭射击死角，从而充分发挥其炽盛火力的威力，也就是说此处貌似易攻难守，实质易守难攻。与之相反，九门口一带表面险要，运动困难，实际山岭愈高，死角愈大，也愈容易避开守军的火力。

民初时军用地图稀缺，能找到的可用地图，只有清末各省测量局所测绘的二万五千分之一地图，由于它对地形地貌的描写非常简略，所以军事上的使用价值并不大。作战开始时，联军指挥部凭图查看，然而看来看去，对于九门口附近到底有哪些关口，有无道路可通关内，仍然是一头雾水。这时町野的日本顾问一职早已到期，张作霖又改聘他为私人顾问，日本政府派来接替町野的是仪我诚也。仪我住在联军指挥部，他随身携带有日本参谋本部间谍秘密在中国测绘的地图一份，该地图为五万分之一地图，尽管比例尺比中国地图大一些，但十分精细。指挥部借来一看（只能借阅查看，不允许翻印），才发现九门口附近还有多处小路和山口，且有羊肠小径直通关内。

指挥部如获至宝，当即根据这份地图拟订攻击计划，并由韩麟春部孙旭昌团担任主攻。孙团平时系姜登选亲自掌握的部队，战斗力极强，尤善于山地攻坚。这个团上去后，很快就沿着小路山口，采用分进合击的方式拿下了九门口。

最大的失着

在第二次直奉战争中，日本对东北军的援助远不止派顾问和借用地图。当时日本关东军有一个中队驻扎于山海关海边的南海兵营内，该处兵营设有无线电台，一面与驻东北的关东军本部保持联系，一面直接将所观察到的有关直军的军事情报提供给"一三联军"指挥部。此外，段祺瑞在他位于天津的住宅内也设有无线电台，可随时向东北军传递有关直军的各种情报。待到孙旭昌团攻下九门口，连直军的作战序列和作战计划都到了"一三联军"手中，"一三联军"已完全处于主动地位。联军指挥部为此十分兴奋，认为可以以突破九门口为契机，尽一切可能扩大战果，用以影响全局。

要扩大战果就必须动用预备队，孰料郭松龄因久攻山海关正面不下，居然依仗着背后有张学良这块硬板撑腰，不经联军指挥部批准，便擅自将总共三个团的预备队全部调了过去。韩麟春闻听又气又急："就在随便什么地方抽出一个团来用上也好啊！"

正当无法可想的时候，靠前指挥的姜登选突然看到一架直军的飞机从半空中掉下来，落在了双方阵地中间稍靠直方的一个山沟里。他灵机一动，高声喊道："好呀，我们有了攻击的好机会了！"

东北军早有规定，若能缴获直军一架飞机，就可以领到十万赏金。这一规定让姜登选意识到，他可以靠抢飞机来激励士气，这样纵使能抽出用于攻击的部队少一些，也一样能起到以一当十的作用。

姜登选抽来抽去，仍旧抽了孙旭昌团，其使用方法是"循环式"，即先用它突破一个高地，然后让它回去休息，接着遇到难攻的高地时，再让它上去，打下以后再休息。依靠"循环式"作战，加上韩麟春部的全线配合，孙旭昌团终于一鼓作气又攻下了石门寨。

张学良晚年有一番惊人之谈，说在他在战场上遇到过的对手之中，最不佩服的是吴佩孚！"西蜀无大将，廖化为先锋，当年我想不通为什么吴佩孚会得到那么大的名气。当然他是会写点字的人，当年从军的人大多是老粗，但说到他作战，可以说毫无能力。"

事实上，如果不是直军碰巧掉了一架飞机，姜登选又借机发动一个团的攻坚战，张学良口中这个毫无作战能力，只会写点字的秀才将军完全有可能复制第一次直奉大战的结局，再次把东北军打个落花流水。

吴佩孚有吴佩孚的方略，他的计划是用大军在山海关、九门口与东北军胶着，吸引其主力，然后再以他最精锐的部队为奇兵，由海路载运至葫芦岛。葫芦岛乃东北军后方，张作霖事先没有在那里部署海军，陆军也不多，至于空军，那时威力甚小，最大的炸弹不过五十磅，无论如何也挡不住直军的大举登陆。

一旦直军占领葫芦岛，就意味着东北军归路被截，则山海关、九门口一线部队势将成为瓮中之鳖。可就在吴佩孚认为时机已到，要向葫芦岛运送奇兵的时候，石门寨丢掉了。从石门寨的位置往东看，秦皇岛一目了然，东北军在拿下石门寨后，南下既可切断山海关直军的近后方，又可以直取秦皇岛，切断山海关直军的远后方。换句话说，就是把归路被截的命运反过来丢给了直军。

得知石门寨失守，吴佩孚急忙调预备队进行反攻，他先用一个旅，接着又增援了一个师，但俱被东北军击破。

吴佩孚不是"廖化"，他会用兵，但战前太骄傲了。山海关激战之初，部队向他求援，他发去一个文件，上面竟然写道："张学良黄毛孺子算什么东西？本大帅明天抵达前线，他立刻就得逃掉。"石门寨如此举足轻重的地方，自然需要设置特别精良的部队做预备队，但吴佩孚安排的预备队军事素质都很低劣。后来增援的那个师是陕军，连东北军都知道，该部官兵手上一般都有两根枪，一根是步枪，另一根是抽大烟的烟枪！

无奈之下，吴佩孚只得把海上正在运送的奇兵两师一旅全部改由秦皇岛登陆，用来反攻石门寨。这是吴佩孚在第二次直奉战争中最大的失着，也成为决定战争胜败的一大关键因素。

日本关东军南海兵营有一个小队分驻于秦皇岛，对直军在秦皇岛登陆的情况看得清清楚楚，他们马上向"一三联军"指挥部进行了通报。联军指挥部急调张作相的总预备队前来应援，所有六个团的预备队都用上了，可还是没有能顶住的把握。大家为此忧心忡忡，不能不考虑把山海关正面的部队再抽出一部分，用以增援石门寨。就在这时，段祺瑞由天津发来一份绝密电报，看完这份电报，众人如释重负，都确信己方已经必胜无疑。

该当何罪

电报里的主人公是冯玉祥。冯玉祥在第一次直奉战争中有功，有一种说法认为，吴佩孚在那次战争中其实胜得十分偶然和侥幸，那个时候如果没有冯玉祥等直军以外的客军卖死力气，"直军势必土崩瓦解"。在对待冯玉祥的态度上，也可以看出曹锟的独到之处，在接到冯部由前方传来的捷报时，他马上表态："他们都说焕章（冯玉祥字焕章）的闲话，可我早知道他（指冯玉祥）对我们很忠诚，难道这不是证明吗？"当即保冯玉祥调任河南督军。

然而吴佩孚却缺乏这样的大局观，冯玉祥调任河南督军没多久，两人就因地盘问题发生了矛盾。冯玉祥自然争不过当时如日中天的吴佩孚，他被免除河南督军，到北京南苑当了一个有职无权的陆军检阅使。

冯玉祥由此"极为苦闷"。发现冯玉祥与吴佩孚有隙，张作霖马上通过中间人与之取得联络，段祺瑞策反直系内部的工作也以冯玉祥为主，在张作霖给予段祺瑞的活动经费中，有相当一部分都是转送给冯玉祥的军饷。还在战前，冯玉祥、张作霖之间就已达成秘密协约，约定如两军相遇，均应天空鸣枪，同时冯军缠红布白日光臂章，东北军缠黑布白日光臂章，以资识别。

吴佩孚对冯玉祥和张作霖的秘密联络虽然毫无察觉，但始终对冯玉祥持不信任不重用的态度。此次他安排冯玉祥出兵热河，表面任务是迂回锦州，断东北军后路，实际上是不放心冯去山海关正面，有意将其安排到热河那个穷乡僻壤去瞎对付。

吴佩孚这种既要用人又要埋汰人的做法，无异于是在自掘坟墓。冯玉祥暗中决定临阵倒戈，而且在从北京出发时就预先做了手脚，当然最初他也不无观望之意——如果直军能在山海关、九门口一线得手，或者登陆葫芦岛成功，倒戈就未必能够实现，甚至还可以断定他一定不会主动倒戈。

让冯玉祥最终下定决心的，恰恰也是石门寨的得失。因为丢掉了石门寨，吴佩孚的参谋长张方天真地希望冯玉祥能迅速进兵，减轻山海关一线的压力，因此给冯玉祥发去一封电报称："此间形势紧急，不有意外胜利，恐难挽回颓势，令你部火速进军。大局转危为安，在此一举。"

冯玉祥一看电报就明白了，敢情你们打得很烂啊，那我还犹豫什么？在得知吴佩孚本人也已离开北京，赶到山海关救急后，他立即下令回师北京，倒戈反直。段祺瑞由天津发来的那份绝密电报，就是冯玉祥决定倒戈的确讯。

接到段的电报，联军指挥部进行了商议。经过数天的激战，韩麟春部伤亡颇重，而防区却扩大了，这使兵力显得非常不够用，于是大家决定仍旧从山海关正面抽调部队，并指定由郭松龄亲自率部来石门寨，不过目的已不再是对付直军的反攻，而是让他组织大军出击秦皇岛，截断直军归路。

谁都知道胜利在望，出击秦皇岛乃是有绝对把握的一项行动，由郭松龄担负此责，摆明就是看到郭在山海关正面一直毫无进展，怕他脸上无光，囊中空空，回去了不好交差。说得更直白一点，是姜登选、韩麟春要照顾张学良这个"少帅"面子，所以才把唾手可得的功劳让给了郭松龄。

张学良心知肚明，但此时要想从山海关正面抽兵也并非易事，因为一旦直军发觉当面压力减轻，极可能施以反击，从而动摇郭部阵地。要想让直军觉察不出指挥部在抽调郭部兵力，唯一的办法就是动用炮兵，从正面实施佯攻。

张学良遂下令以野炮列阵，对正面直军阵地实施猛烈轰击，但连续炮击三次，直军阵地依然坚固，丝毫不为所动。张作霖为此感到分外棘手，不知用什么办法才能真正让直军感到震撼和害怕。

联军指挥部作战参谋蓝香山与日本顾问仪我就此事闲谈。仪我说："直军阵地坚固，仅用野炮徒劳无功，必须用攻城重炮方可奏效。"蓝香山一听，连忙追问有没有办法搞到攻城重炮。仪我说："旅顺有攻城重炮一个大队，可向关东军司令部商借。"

蓝香山随后向张学良进行报告。张学良当即命令他给杨宇霆发电，请杨宇霆向关东军借炮。两天不到，攻城重炮就由旅顺运至山海关，并且自此担负了每天黄昏后向直军阵地进行射击的任务。重炮威力强大，虽然仍是佯攻，但却让直军误认为是发动总攻，不敢掉以轻心，更不敢随意出击。在这种情况下，经征得郭松龄同意，张学良和姜登选终于得以从山海关正面抽调出八个步兵团，由郭松龄率领前往石门寨。

郭松龄骑马赶到石门寨后，开始表现得也很兴奋。不料韩麟春无意中插了一句话，他对郭松龄说："这样使你也好露脸，大家可以立功。"郭松龄闻言立刻脸色大变，转而愤然道："我从来不沾人家的光，我还是从山海关正面打过去！"说完便怒气冲冲地掉头就走。

郭松龄走了没多久，就有人打来电话，说郭松龄擅作主张，把抽出的部队也都带了回去。张学良急忙跟郭松龄通电话，骂了他几句，说："你干什么？你要干什么？你怎么把军队带回去了？为什么？"谁知郭松龄连他的面子也不卖，咔嚓一声就把电话给挂了。众人面面相觑，好半天都说不出话来。后来还是姜登选先开了口："破坏了我们的全盘计划，如此将领，正是该当何罪！"

内部攻心

郭部一走，直军乘隙深入，姜登选急调两旅添防，这才免于全线崩溃。险情过后，韩麟春很不满地对张学良说："你看你看，郭松龄叫你惯的。"张学良无言以对，为了免得他尴尬，姜登选连忙劝住韩麟春："你得了吧，别难为老弟了，你没看见已把我们的小老弟急死了，别管他了。"

停了好一会儿，张学良才说："我把他找回来。"当天晚上，他骑着马追到二三十里外，才将郭松龄拦住，此后劝说了对方一整夜，声泪俱下，这才把郭给劝了回来。

说来也凑巧得很，正是由于郭松龄无端耍脾气，导致出击秦皇岛的行动推迟了好几天，东北军才因此减少了很多损失。原来几天之后，冯玉祥的倒戈已正式付诸实施，他率部一回北京就把曹锟幽禁起来，另以黄郛代理国务总理，并摄行大总统职务。消息传到前线，直军军心混乱，士无斗志，郭松龄率部一路势如破竹，没遇到什么顽强的抵抗就到达秦皇岛，截断了直军的归路。

差不多是在郭松龄出击秦皇岛的同时，第二军的李景林、张宗昌由刀尔登插入了山海关背后的滦县。刀尔登位于长城边境，奉军第一次进关失败时，第二十七师途经此处，曾被当地士绅张鹏飞所属民团围困，全师在被缴械后才得以放回，师长汲金纯也因此遭到撤职处分。

在战前研讨时，杨宇霆认为，从热河到关内这一带，直军戒备较严，硬打难以奏效，不如把张鹏飞拉过来，从刀尔登地方打开缺口，从而神不知鬼不觉地把大军插进去。这样不仅能够挽回过去在刀尔登丢掉的面子，还能改硬打为巧打，起到四两拨千斤的作用。他对张作霖说："那年我们二十七师被张鹏飞缴械回来，如今进关还要从这条道回去。"

为了拉拢张鹏飞，杨宇霆向张作霖献计：有个叫李阳春的人在生意上与张鹏飞有往来，两人也素有交情，何妨派李阳春前去"内部攻心"？

张作霖听了大喜，遂让杨宇霆依计而行。在杨宇霆的策划下，李阳春奉命先将张鹏飞约至天津自己的宅邸，初步谈妥后两人再同往奉天。

张鹏飞一到奉天，杨宇霆即亲自陪同他拜见张作霖。张作霖年轻时是个"万人喜"，年纪大了并且显达之后亦保持着这一特点。二张以前从未谋面，然而却一见如故，张鹏飞口口声声地做出保证："我们是同宗，我一定保你入关。"

张鹏飞说到做到，战争进行到后半段时，他让自己民团的马队带路，导引着一个营的东北军骑兵从刀尔登出发，由山间小道直奔滦县。李景林、张宗昌亲率大军在后紧紧跟随。彼时直军主力全都集结于山海关、秦皇岛，滦县仅有部分铁路护路警看守，不战而散，东北军遂轻取滦县，逼向天津。

后院突然起火，令吴佩孚焦头烂额。他一面通电讨冯，一面将山海关前线军事交由他人负责，而自己则率舰队由秦皇岛退回天津。直军前线部队除一小部分随其脱逃外，其余尽被东北军所俘获。

吴佩孚退回天津后，却再次陷入绝境之中。《辛丑条约》规定："在天津周围二十里内不得驻扎中国军队。"他所乘的火车进不了天津城，只能在天津东站徘徊。

吴佩孚进退维谷，只得给段祺瑞打了个电话，说："我打算把军队开进天津各国租界，好引起外国插手干涉。"吴佩孚本想用国际干涉来恐吓反直联盟，未料段祺瑞以师长的身份给了他当头一棒："你是最优秀的军人，为什么要惹出国际问题来呢？我看你先休息几天吧。"吴佩孚哑口无言，连连称是："老师，我遵命。"

这时有人向吴佩孚献策，说到万不得已时，不如穿便衣逃入租界，东北军也不敢到租界抓人，这样至少可保人身安全。吴佩孚一听很生气，厉声怒斥道："堂堂军官，托庇外人，有伤国体，乌可为者。"

耍这一套我比你们高明

就在吴佩孚考虑究竟该如何出逃的时候，晚上张作霖的私人日籍顾问町野突然求见。自奉军在第一次直奉战争中败北后，町野就认定"张作霖一个人不可能统一天下，因为南方还有四省的巡阅使"，他由此萌生了新的想法，那就是促成张作霖与吴佩孚、孙传芳合作。

隔着火车上所点的蜡烛，町野对吴佩孚说他不希望中国因内战而失去一位清廉的名将，"你在这里战死，对中国是个损失"，他劝告吴佩孚从渤海出逃。

当着町野的面，吴佩孚语调铿锵地回答道："得失与否我不管，在这里打最后一场战争是我的宿愿。"

表态是一码事，实际怎么做又是另外一码事，毕竟到这种时候了，别说再打一场战争，在天津多待一天都成问题。就在与町野谈话的第二天早晨，吴佩孚仓皇离开天津，由塘沽登舰，经由海路南下。途中曾有日本军舰尾行，虽然众人都不知其用心所在，但据町野与吴佩孚对话时的态度看来，监视的同时倒还有护送之意。

吴佩孚前脚刚走，后脚东北军已开入塘沽。张作霖得到报告后，认为是日本人有意放跑了吴佩孚，对此颇为恼火。他朝着町野大发雷霆："为什么放走吴佩孚？"町野不予作答，杨宇霆不便说什么，只能在一旁喘笑着打圆场。

战争结束了，张作霖准备由奉天出发，前往天津与段祺瑞、冯玉祥会晤。杨宇霆、姜登选等人问他会如何应付段、冯，张作霖显得很是自信，他说："你们放心，我会耍这一套，比不得军事非通过你们不可，耍这一套我比你们高明，你们可再不用管了。"

按照东北军统帅部的规定，所有军事文件，非经总参议或参谋处长附署，不能下达，连张作霖都不能直接下达命令。张作霖话中"军事非通过你们不可"指的就是这个，其言下之意，对于怎样谈判和与政客们打交道，他本人还是轻车熟路，游刃有余，完全用不着幕僚们进行辅佐或帮助。

遥想春秋时代，吴越两国相争，越王勾践被吴王夫差击败并围困于会稽，其后勾践卧薪尝胆，为的就是要一雪"会稽之耻"。在第二次直奉战争之前，张作霖的心境就仿佛是勾践，向直系复仇雪耻占据第一位，其他都尚摆在次要位置。当孙中山派汪精卫到奉天与其商谈打垮曹锟、吴佩孚后的权力分配问题时，他就表示只要打垮曹、吴，怎么都好说。

简单来说，孙中山、段祺瑞、张作霖的联盟以及冯玉祥的倒戈，只有推翻曹锟、吴佩孚这一个目的是相同的，至于推翻曹、吴之后，应该如何设立中央政府以及解决国家重大问题，则各有各的主张和打算。张作霖的算盘是还和第一次直奉战争前那样，以东三省为根据地，同时拥戴一个政治人物或内阁入主中央，这样便于自己尽可能插手和控制中央。冯玉祥的念头与此相仿，因此接下来所面临的问题，就是究竟该给谁黄袍加身了。

几个反直盟友之中，有资格也有愿望坐上金銮殿的，只有孙中山和段祺瑞两人。段祺瑞是除袁世凯之后声望最高的北洋元老，张作霖一系虽非小站出来的北洋正统，但亦算是北洋这个圈子里的，他们对段祺瑞非常尊敬。从张氏父子到东北军的一般高级将领，均视段为最有希望重振北洋的核心人物。

和段祺瑞相比，张作霖与孙中山几乎就是两个世界的人。除了信念有异外，奉系向来都瞧不起孙中山，称他为"大炮"，只会吹牛放炮而干不了什么实事。当然也有人认为孙中山是百足之虫，死而不僵，未可轻视，但也仅仅是说孙中山代表了一种新思潮而已，对于这种新思潮究竟有多大能量，奉系那时并没有能够予以充分重视。

与孙中山结盟，张作霖主要还是把他当作一个可以远交的朋友，多少能够用来牵制吴佩孚的力量，他从一开始对孙中山就没有寄予太高期望。第二次直奉战争似乎也验证了这一点，其间孙中山领导的北伐军虽然一度有所进展，但因受广州商团的牵制，实际战果其实很小。段祺瑞在战争中所起到的作用就大多了，起码浙沪的卢永祥、何丰林都属皖系，冯玉祥的倒戈也应该算在他的账上。因此种种，张作霖拥段是铁定不移，一面倒的。

事办好了

冯玉祥的最早设想倒是拥孙，他倒戈时在北京与之里应外合的黄郛是早期革命党人、蒋介石的结义兄弟。在黄郛的引导下，据说冯玉祥已读过三民主义的有关书籍，而且很感兴趣，对孙中山也不止一次表示过敬仰。他们进行倒戈，其名义之一就是发动"首都革命"，迎接孙中山来京执政。

不过冯玉祥又不像张作霖那样铁定拥孙，他虽敬孙，但亦不恶段。换言之，拥孙拥段都行，若孙、段能合作入主中央，那是更好了。当然孙、段的政治主张和世界观也是南辕北辙，根本不可能合作，既然如此，张拥段，长江各省实力派也一致拥段，冯玉祥便随风转舵，跟着捧起了段。

受张作霖委派，日籍顾问町野前去为段祺瑞就执政之位铺平道路。临走前，张作霖除了交给他一百万元作为活动费用外，其他什么也没说。町野的事情办得很顺利，但到段祺瑞这一关时反而变得麻烦起来，段祺瑞周围一帮谋士幕僚，全都是在政坛上混的聪明人，所谓安福系政客。他们强调必须十八省的三分之二以上同意，要合法等，啰里啰唆一大堆，町野听得头疼，于是便来了句狠的："吴佩孚还在渤海，我们还是请曹锟继续做大总统好了。"这句话一抛出，谁也不言语了，事情就此定了下来。

张作霖向来不用人做事则已，一用就信任不渝，而且对于所委派的事情，一般都只听结论，不听过程和经过，即便对于日籍顾问如町野之类也是如此。町野回去复命时向张作霖只说了一句"事办好了"，张作霖也只说"好"，而根本没问经过，更不问钱的用途。

1924 年 11 月 15 日，张作霖、冯玉祥等人根据天津会晤的结果，发出联合通电，一致推举段祺瑞出任临时执政。这些人从商议到最后做出决定，都撇开了他们的盟友、那位被他们认为"书生不知兵"的党人领袖。孙中山自 11 月 13 日动身北上，路上就已经得知了段祺瑞出线的消息，也就不再紧赶慢赶了。11 月 17 日，他抵达上海，随后转道日本，一路宣传自己的政见，希望能获取更多的支持。

12 月 4 日，孙中山一行辗转抵达天津，与张作霖、冯玉祥、段祺瑞等人进行会晤。这时段祺瑞已在北京宣誓就职并组织了内阁，会晤过程中，孙中山提出召开国民会议以及"拒绝承认一切不平等条约"，但段祺瑞和张作霖都认为很难答应。

自己的要求被拒绝后，已经一再碰壁的孙中山显然极受打击，谈话过程中就脸色铁青。他与张作霖等人会谈的当天，外面天很冷，但屋里又很热，孙中山原来身体就不好，从此就病倒了。

此后张作霖曾去探病，医嘱不能多谈，因此孙、张所谈只是寒暄问病，并未再涉及政治云云。然而孙中山有病固是事实，其左右不是还有汪精卫等人可以全权代表吗？明眼人都能看出，"医嘱"不过用于掩饰，之所以不谈政治，实在还是双方之间已没有什么可谈了。

1925 年 3 月，孙中山因肝病在京逝世，曾经的"三角同盟"就此寿终正寝。

第九章 ／ 他真的叛变了

民初是个诸侯混战的时代，而差不多所有的混战都是为了争夺地盘，所以每一次混战结束，总会伴随着一次地盘的再分割。作为民国建立以来规模最大的一次混战，第二次直奉战争亦不例外，这绝不是王永江等人几句话就能纠正得过来的。想想看，东北军入关之后打到尸山血海，死了那么多人，"我们什么也不要"？怎么可能！

杨宇霆与王永江观点相左，他主张继续向关内推进，张作霖听了正中下怀，说还是"杨总参议"的见解高，"我们打下关里的地盘，绝不能让别人享受，终归我们派人，四个督办，一个都统（指直鲁苏皖四督办以及热河都统）"。一俟将自己在中央政府所拥戴的人扶上马后，张作霖便乘胜紧追，展开了自己的南下吞并计划。

在第二次直奉战争中，卢永祥、何丰林因孤悬华东一隅，众寡不敌，在奉直两军的山海关决战尚未见出分晓前，就已兵败，卢、何的浙沪联军也被消灭。战后张作霖主动提出，由东北军组织南下宣抚军，护送卢永祥去南京就任苏皖宣抚使。不知内情者还以为东北军肯护送卢永祥南下，是因为出于对卢永祥在江南发难有功的感激，后来才知道，所谓护送，不是一种表面文章，骨子里张作霖是要借此扩充自己在关内的地盘。

那个时代，一切取决于枪杆子。一个人有多少枪杆了，就可以占有多少地盘，没有枪杆子的人不可能有地盘，而且通常情况是，军队推进到哪里，地盘就扩充到哪里，军队哪一天被消灭，地盘也就哪一天跟着丢失，几乎没有什么例外。此时南回的卢永祥不过是个光杆司令，虽然他也想收集残部，重拾枪杆子，但问题是他一切都得依靠东北军。有人打比方说，这就好像是《红楼梦》中尤二姐被凤姐接进了大观园，主人当面说得很好，背后却是要这没这，要那没那，甚至连小丫鬟都敢冷言冷语地进行讽刺，日子尚且难挨，恢复实力又从何谈起？

卢永祥在南京只待了几个月就挨不下去了，只得将地盘拱手让给东北军。张作霖用这种方法一帆风顺地扩充了直鲁苏皖四个省，外加一个热河区。至此，奉系的势力范围北自黑龙江，南至上海，全国差不多三分之一的繁盛地带尽被其囊括，这个原属地方的北洋支系派别达到了兴盛的最高峰。

胡子不能要

三分天下有其一，这"三分之一"还是经济发达区，张作霖好不得意，对人说："他妈拉个巴子，三五年内我不打人，绝没人敢打我！"没想到话音刚落，门外已经有人准备打上门来了。

这个人就是孙传芳，继曹、吴之后直系涌现出来的实力派。江浙战争后，孙传芳已取得闽浙两省，有意进一步扩张，不料还没等他迈开腿，奉系倒加速向南扩张，反过来对他的浙江地盘形成了直接威胁。

孙传芳盘算若和东北军单打独斗，难有必胜把握，就开始多方寻找盟友。落马后一心渴望东山再起的吴佩孚自然是理想人选，除此之外，奉系的对头中还多了一个冯玉祥。

张作霖与冯玉祥，就如同以前的张作霖与吴佩孚，基本上都是互相嫌弃的关系。奉系对冯玉祥的印象一向都很坏，认为冯的野心既大，为人又矫揉造作，非常难以相处。韩麟春就直言不讳地说："冯这个人最要不得。"因为奉系从上到下都存在这种看法，所以他们虽然曾极力策动冯玉祥倒戈，后者也成为东北军在战争中取胜的关键因素，但从战争行将结束开始，他们就对冯部处处防范，以确保不让其钻空子，占便宜，尤其是不让对方得到任何出海的海口。

冯玉祥在天津附近收编吴佩孚残部，意欲保持这一地盘，东北军就毫不客气地对他收编的部队实行缴械。一句话，津浦线这边是寸步不让，你冯玉祥想要发展，就只能去西北或者平汉线方面。冯玉祥这时还不敢与奉系决裂，唯有知难而退，但内心已视张作霖为敌。在去天津会晤张作霖之前，他特地剃掉了胡须，身边人很是不解："你怎么把胡子弄掉了？"冯玉祥说："胡子不能要，非去不可！"意思就是以后有了机会，无论如何要除掉张作霖这个"前胡子"。

张作霖当然也不是一盏省油的灯，会晤时段祺瑞致辞，称赞他和冯玉祥在打击直系的战争中劳苦功高，轮到张作霖发言了，他竟然当着众人的面说："咱们收买的人，不能与起义的人相提并论。"直接讽刺挖苦冯玉祥是"咱们收买的人"。

张、冯谁都容不下谁，在强忍着达成妥协之后，马上就展开了激烈的明争暗斗。冯玉祥无时无刻不想着能找到机会，从背后捅东北军一刀，与孙传芳可谓是一拍即合。两人取得联系后，冯玉祥派人到杭州与孙传芳约定共同袭击东北军的日期，孙传芳对来人说："你可在这度中秋节，看看打仗吧！"

浙江与苏皖两省邻近，这两省是孙传芳预备攻击和夺取的首要目标。张作霖在将苏皖收入囊中后，以杨宇霆为江苏省军务督办，以姜登选为安徽省军务督办。姜登选性情平和，能够和地方搞好关系，他说："我来安徽，未带军队，我绝不能作战。"对于孙传芳，姜登选也有所警惕，曾通过他人进行告诫："上海、南京都有奉军驻扎，怕有战事发生，馨远（孙传芳字馨远）万勿轻动。"

相对而言，张作霖将杨宇霆派到江苏却不是一个很适宜的决定。杨宇霆与段祺瑞帐下的徐树铮类似，虽然才华横溢，但锋芒过于外露，极易招来仇怨和各方攻击。姜登选、韩麟春是由杨宇霆引荐的士官同学，然而他们对此也不为然。姜登选在多次私下议论中，都说到不应派杨宇霆去江苏："江南的情形是很复杂的，邻葛（杨宇霆的字）手腕不够灵活而气焰太高，应付不了江南的局面。江南的局面让我去应付，比邻葛要好得多。"

姜登选所提及的江南情形复杂，里面的一个重要方面是奉系在江南不受欢迎。东北军虽经"整军经武"，但自奉军时代沿袭下来的恶劣习气已经根深蒂固，一旦无人制约，便会如脱缰野马一般胡作非为。尤其上海的邢士廉、山东的张宗昌，本身就不知检点，部下们也纷纷效仿，乃至做出了种种扰乱民间、横行不法的勾当。当时江浙一带的老百姓一听到"直鲁军南下"五个字，人人头疼，个个反对，江浙地方士绅也由此对奉系持强烈的抵触态度。

杨宇霆没有仔细分析人家为什么不待见奉系，只是一味归咎于江浙人排外。到南京就职的当天，江苏大名士、士绅冯煦前去迎接，他开口就说："江苏民风太坏啦！"

江苏民风再坏，能有你们东北军的军纪坏？冯煦是进士出身，清末时做过封疆大吏，他当即回敬道："民风坏不坏与我无关，我是来欢迎督办的呀！"

与士绅们同到车站的还有江苏军务帮办陈调元等苏军将领。杨宇霆对他们也同样非常冷淡，见了面毫不寒暄客套，并且撂下的依旧是那些让人下不了台的话："江苏弄得太糟，军不像军，政不像政，全不如奉天。我本人不想来，是雨亭（张作霖字雨亭）硬让我来的。"

杨宇霆把他这种目空一切、盛气凌人的劲头一直维持到了督署门口，之后他的车子径直而入，其他人都只准在门外下车。在陈调元看来，杨宇霆的架子甚至比张作霖都大，陈调元后来气愤地说："别人称雨亭可以，他（指杨宇霆）配吗？"

杨宇霆在南京正式就职后，苏军将领都重新加委。将领们前来谢委时，杨宇霆对他们不仅没说一句客气话，还模仿着张作霖的口吻说："你们好好地干吧。"将领们一出门就骂："什么东西！"

平日里，杨宇霆对陈调元等苏军将领也没有什么好脸色，总是说："你们军队的质量太差，需要好好整顿。"陈调元感到难以容忍，决定找人合作驱杨，他对手下人说："我怎么说也是帮办，这种态度叫人何以忍受？所以我才派人和各方联系，共同驱杨。"

正好孙传芳也派人来南京，劝陈调元参加对东北军的行动，并许诺取胜之后给予酬报，双方因此达成了秘密协议。

真是好险呀

1925 年 10 月 15 日，中秋节刚过，孙传芳以浙闽苏皖赣五省联军总司令的名义通电讨奉。接着便先发制人，假借夜间演习，率部奔袭上海。

驻于江南的东北军本就不多，杨宇霆到南京就职还没几天，郭松龄不待请示张作霖，就把他的嫡系部队、驻浦口的刘伟步兵旅调回了冀东。刘旅虽然只有一个旅，却是东北军的精锐部队。刘旅一走，苏沪地区仅剩南京的丁喜春师和上海的邢士廉师（第二次直奉战争后，东北军原来的旅都已扩充成师）。

在孙传芳通电讨奉后，陈调元态度暧昧，这时有人建议杨宇霆依靠宁沪两师，与孙军在南京决战。杨宇霆认为东北军孤军深入，如果后援切断将非败不可，因此决定渡江北撤。他下令邢士廉师先行，向镇江撤退，然后再渡江到瓜州集中，丁喜春师殿后，在他本人渡江后，再向浦口集中北撤。不料邢士廉并未按照指定地点撤退，而是径直率部由上海乘火车到南京，选择从下关渡江，以致船只不敷使用，互争抢渡，乱作一团。

眼看邢师溃不成军，上海至南京的交通又被孙军截断，杨宇霆急忙于深夜在南京召开军事会议。会议进行过程中，陈调元突然闯入会场，并让他马上随自己一道走时，杨宇霆才明白不仅大势已去，自己也将在劫难逃。

好个"小诸葛"，杨宇霆立即起身，回应陈调元道："好，让我洗个澡马上就走。"结果他这个澡洗了一个多钟头也没出来。陈调元起了疑心，推开浴室门一看，发现里面空无一人。原来杨宇霆早已借下水道溜出南京城，从下关渡江到了浦口。

陈调元赶紧打电报给浦口和江浦花旗营的苏军，下令对杨宇霆的专车予以拦截。事有凑巧，花旗营驻军的电务员刚换了一名新手，译电报的速度较慢，等他把整个电文译完时，杨宇霆的专车正好驶到。驻军立即进行拦截，专车是拦下来了，但专车前面的一辆押道车已飞驶而去，杨宇霆正在押道车中！

负责在南京殿后的丁喜春比邢士廉还没有脑子。事发前，陈调元以帮办的名义多次宴请丁喜春和其他东北军高级军官，杨宇霆刚刚过江，陈调元又再次宴请丁喜春等人，后面这批人居然还真去了。陈调元趁机对丁师实施包围，一枪不放就把这个师全部解决掉了。

安徽的地方军队与陈调元一样，也都与孙传芳有过暗中联络。东北军在安徽只有一个旅，对付不了这些皖军，只是因为姜登选的人缘好，所以皖军并没有立即对他采取行动，才使他避免了全军覆灭的下场。

事发后，姜登选安排那唯一的一个旅撤往徐州，单留自己和少数随从人员在蚌埠唱空城计，然后召集蚌埠绅商，对他们说："你们安徽人反对我们奉军南下，我把奉军全部撤回去了。我没有拿过你们安徽一分钱，也没有杀过一个老百姓，自信是对得起你们安徽的。现在我只等待中央派人来接替，哪一天来了接替的人，那一天我就交代。"

不久，皖军蠢蠢欲动的消息传来，眼看情势已万分危急，左右再三劝姜登选走，姜登选总是不依，急得众人团团乱转。最后还是张作霖命令张宗昌派来一列装甲车，责成必须将姜登选拉走，大家这才七手八脚地把他硬拉上装甲车。当姜登选一行离开蚌埠城时，听见城内已经枪声大作，众人连呼："真是好险呀！"

东北军南下后，张作霖派两位直接带兵的大将分别掌管关内军队，即由郭松龄坐镇天津，统领直鲁两省军队而为其保障；韩麟春坐镇徐州，统领苏皖两省军队而为其保障。这样南北呼应的部署从理论上来说是很牢靠的，尤其是郭松龄坐镇天津，对大局更有举足轻重的稳定作用。问题是东北军的交通线拉得太长，加上事前毫无准备，临时措手不及，所以一下子就被孙传芳部及其苏军、皖军节节截断。没有交通线作为依托，东北军要打也无从打起，所有部队都不得不仓皇北撤。

不过半年多一点的光景，奉系就又丢掉了苏皖两省，真是得来容易失去也不难，其命运不见得比前面的卢永祥、何丰林好到哪里去。

杨宇霆逃出南京时，南京宪兵司令杨毓珣刚由上海回来，见情形混乱，他不敢渡江，只好一个人落荒而逃，途中又骑了农民的一匹驴以为坐骑。天快亮时，他进入一座古庙休息，还谎称自己是迷路的老百姓。庙中和尚乐了，说："你不必瞒我，昨天也来了一位你们同样的人物，请你看看也许认识。"说罢就带着杨毓珣前往相认，杨毓珣过去一瞧，原来是邢士廉师的一位旅长，名叫刘翼飞。刘翼飞身着僧衣，早已化装为僧。于是杨毓珣也如法炮制，扮成了僧人模样。此事后来在东北传为笑谈，谓之："杨琪山（杨毓珣字琪山）劫毛驴，刘翼飞当和尚。"

事实上，刘翼飞也是整个苏皖地区，唯一曾对孙传芳组织过抵抗的东北军将领。当他到奉天见张作霖时，张作霖对他说："你回来了，好极啦！听说你化装当和尚啦。他妈的，在江南只有你跟孙传芳打了八个钟头的仗，别人都是爹妈少给了一个胆，一枪没放，全投降了！"

突然递出的糖包

孙传芳宣布讨奉后，吴佩孚随即呼应，但冯玉祥方面却未有任何动静。负责中间进行联络的人问冯玉祥："孙军已动，而你们不即时响应，这不是失信吗？"冯玉祥解释道："我虽一时不动，但可牵制住奉军二十万大兵。"

事实的确如此，冯玉祥虽然表面仍在假装呼吁和平，实际早已派他的国民军增兵豫东、豫北，以蹑东北军之后。这对于向来就对冯玉祥有所警惕的东北军来说，乃是一个不小的威胁，两军关系骤然紧张起来。

在杨宇霆、姜登选的提醒下，张作霖很快也意识到了冯玉祥是在配合孙传芳，对自己的部队进行牵制，于是在 1925 年 11 月上旬，下令东北军向驻于北京的国民军进逼。看到张作霖气势汹汹，大举问罪之师，冯玉祥赶紧将国民军主力撤守南口，仅以少量部队象征性地留守北京及其近郊。

11 月 8 日，孙传芳的先头部队占领徐州，张宗昌部向北溃退。同一天，许兰洲、郭仙桥奉张作霖之命，来到包头与冯玉祥进行谈判。二人质问冯玉祥是否真心与奉系合作，并且要他马上表明态度："若要取信于人，一条是共同出兵去打孙传芳，一条是帮着奉军去打湖北（湖北系吴佩孚的势力范围），否则奉方无法谅解。"

冯玉祥已将部队撤到南口，自认为有备无患，时机一到，随时可以拉开架势一搏，因此根本不买张作霖的账："要问我的态度，一个是和平，一个是中立，我与直军有不并立的事实，不需要再有什么表示。"他反问许、郭："现在你们以武力来逼我表示态度，表示一下就可靠吗？我冯玉祥有个牛脾气，就是不受逼迫，如果真心来合作，我们就合作，否则就随尊便吧！"

接到许、郭的报告，张作霖断定冯玉祥已与直系结成一党，但冯如此强硬，显见得也并不怕与东北军作战。在与徐树铮商议后，张作霖一面部署张宗昌、姜登选防御孙传芳军继续北上，一面通过许、郭向冯玉祥示好，说："如果国民军愿与奉方合作，我们即愿让出'保、大'防地（指京汉线上的保定、大名），不仅如此，还可以接济国民军一批武器，其中包括飞机大炮。"

对于张作霖突然递出的糖包，冯玉祥虽也料定其中有诈，但他也并不想马上与东北军兵戎相见，所以便就坡下驴，故意装出转怒为喜的样子，同意与许、郭就此进行谈判。

经过谈判，双方勉强达成了合作对直的九条办法。之后许、郭离开包头，张作霖则派张学良到天津，继续和冯方代表进行接洽。

11 月 13 日，张学良抵达天津。一到天津，他就召集李景林、郭松龄等人开会，会上传达了张作霖下达的一封密令，要求李景林、郭松龄对国民军发起进攻。原来张作霖让出防地是假，用以麻痹国民军，从而达成突袭效果是真。

让人意料不及的是，李景林、郭松龄在会上都"反对动武，力主和平"，郭松龄还从军事角度，当众诘问张学良在军饷、军械、兵力三项上有无十分把握。

无论是以前的"三八旅"还是后来的"二六旅""一三联军"，虽然张学良都从中名利双收，但他在练兵打仗上其实并没有花多少力气和心思。举凡部队的训练教育、统率指挥、官佐将校人事上的调动，都是由郭松龄一手掌握，张学良统统采取"爱怎么办就怎么办"的态度，很少过问，这也同时令他在细节方面相当生疏，一旦被问到具体的东西，就只能张口结舌、无言以对。

除了主和反战外，张学良察觉到会场上"反老帅（指张作霖）之气氛已很浓"。李、郭都认为张作霖赏罚不公，是非不明，证据就是杨宇霆"无功而霸江苏"，此后又在江苏丧师失地，为什么回到奉天还能照做总参议？

李、郭的这种反张情绪其实还有所区别，具体来说，李确实是主要对张作霖不满，而郭是对张作霖和杨宇霆都不满。李景阳在第二次直奉战争中进攻热河，自以为其功不小，战争尚未结束，就电请张作霖准其扩军，被张作霖大骂后驳回。李景林不甘心，又给张作霖发去一电，其中有"将在外，君命有所不受"一句，张作霖见了更加生气，又是一顿怒骂。两人关系一时很是紧张，当时山海关激战正酣，杨宇霆从大局出发，效"张良蹑履故事"，也就是让张作霖暂且克制自己的怒气，顺着李景林，气氛这才得以缓和。

可是在战争结束时，李景林却又在直系议员孙洪伊的怂恿下，来了个"齐王自为"，没有通过张作霖，就擅自当了直隶督办。张作霖听到这个消息，顿时完全丧失了对李景林的信任，并因此下令补给机构停发李部的粮饷械弹——你不是翅膀硬了吗，那就自己找食吃去吧！

张作霖此举，无异于是在扼李景林的咽喉，李景林从此便与张作霖反目。虽然后来张作霖还是顺水推舟地委任李景林为直隶省的军务督办，但李景林一直对此耿耿于怀。

相对于李景林，郭松龄则是另外一种情形。郭松龄自恃清廉，生活朴素，不吸烟，不饮酒，不嫖不赌，这在东北军将领中确实比较少见，但正所谓水至清则无鱼，实际上他不仅不是一个完美无缺的人，性格上也有一些弱点，比如说心胸不够宽广，气量也比较小。

密约

郭松龄并不仅仅是像李景林那样，心里感到不平衡，需要尥尥蹶子，发泄发泄，他其实有着更大的政治抱负。

郭松龄很早就与冯玉祥暗中取得了联系，冯玉祥曾派代表给郭松龄送去银盾一面，上面有"同心同德，患难与共"八个字。还在1925年11月初，郭松龄就派亲信李坚白赴京，秘密与国民军接洽合作办法。及至李坚白回来复命，张学良突然来津。当时张学良任第三军团长，郭松龄平时指挥的部队都在该军团内，在张学良的眼皮子底下，郭松龄要调动军队并不是太方便，因此他首先采取了软磨硬顶的办法，并有意识地把李景林推到最前面。

继在会上表明态度后，当天郭松龄、李景林又联名致电张作霖主和。张作霖见在津将领果然都坚持这一主张，只得同意取消突袭国民军的计划，并复电李景林："君既欲和，当先将'保、大'让出。"

11月15日，奉冯双方在北京召开和平会议。在冯方提出"拥段（段祺瑞）、联张（张作霖）、抗吴（吴佩孚）"政策的前提下，奉方接受了段祺瑞的调停建议，并同意再度划分防区。之后两军便在京津设立联合办事处，处理"保、大"防务交接问题。

依靠出让"保、大"，是否真能拉拢住冯玉祥，张作霖极为担心，为此特地通过电报质问李景林、郭松龄等在津将领："尔辈一味主和，如国民军进而相迫，将如之何？"他严令李、郭等人必须积极备战，以应付突发情况。

一边是张作霖从奉天发来严令，一边是张学良迟迟未离开天津，郭松龄为了更好地摆脱他们的视线，以便于暗中谋划，干脆称病住进了一家意大利人开的医院。

11月17日，郭松龄在医院中召集亲信密议对策，经过商讨，决定派李坚白和他弟弟郭大鸣去包头面见冯玉祥。两天后，李坚白、郭大鸣到达包头，并带去了郭松龄的一封亲笔信以及建立"反奉三角同盟"的意向。

所谓"反奉三角同盟"的成员，也就是郭松龄、李景林、冯玉祥。按照郭氏的初步意见，议定由郭松龄率部回东北驱逐张作霖下野，冯玉祥进兵热河以作声援。作为回报，冯军将得到天津海口的使用权。

郭、冯对于反奉早有默契，李景林实际是被动的，而且事先对"反奉三角同盟"也毫不知情，为了能够把他拉进来，郭松龄除准备将"保、大"两地的财政收入仍交由李景林支配外，直隶、热河也拟归李军驻防。

冯玉祥当然乐见郭松龄反奉，对李景林也能够参加进来，更是喜出望外，唯草案中直隶、热河都要归李景林，这让他面有难色。李坚白、郭大鸣急忙说："李参加我们的共同行动，关系很大，事成之后，防地问题还可以从长计议，现在不宜过分计较。"冯玉祥认为言之有理，遂同意就此签订密约。

郭松龄已经密谋起事，但被蒙在鼓里的张学良仍希望他能够回心转意。1925年11月20日，张学良到医院探望郭松龄，劝他到奉天直接陈述自己的意见，以释误解。

郭松龄岂肯自投罗网，知道张学良对攻击杨宇霆以及士官派不反感，他就继续把话题往这方面引，说："东北的事都叫老杨（杨宇霆）这帮留学生弄坏了。我们打了胜仗（指第二次直奉战争），他们去做督军，他们干不好让人家赶出来，如今又让我们去打，打好了还不是他们做督军？我们这次不愿意再打了，还是回去好好地整理整理东三省吧。"

说到这里，郭松龄忽然话锋一转："上将军（指张作霖）脑筋陈旧，在群小包围之下，恐已无可挽救。建议'父让子继'，由你接任镇威军总司令，改造东北政局。我们拥护你来干！"

张学良一听此言，连忙说："那怎么能行呢？"话虽如此，却也没有什么特殊和坚决的表示，最后还对郭松龄说了一句："你看着办吧，我走了。"

主和派误我

张学良从军以来，没用多长时间就成了一人之下、万人之上的"少帅"，也成为实际上的"东北皇储"。他的弟弟们经常说他只是侥幸成功，张学良可不这么认为，他对二弟张学铭说："你哥哥有今天，是把脑袋拿下来干，是拿命换来的！"

客观地说，在两次直奉战争中，张学良确实上过前线，也经历过危险，但这与他的父辈，包括张作霖、吴佩孚们的遭遇相比，只不过是小巫见大巫，那一代人才真正是把脑袋别在裤腰带上，从血雨腥风中拼杀出来的幸存者和胜利者。张学良能够有所成就，还真就如他的弟弟们所言，侥幸或者说是得人之功的部分占了一大半，而在某种程度上，看不到这一点，也堪称张学良人生不幸的一个源头。

第二次直奉战争后，张学良春风得意，尾巴差不多翘上了天，连吴佩孚在他嘴里都不值一提，口口声声总是"吴佩孚这人除了会吹之处，没有什么能耐"，或者"吴佩孚这个人真是不会用兵"。既然吴佩孚都没有什么了不得，那么曾沦为吴佩孚手下败将的父亲又有什么稀罕呢？

对张作霖已经"脑筋陈旧"，张学良心有戚戚，他也自忖若由自己坐上那个位置，肯定比老爷子强。从前当郭松龄抱怨得不到地盘时，他经常劝郭："你不要急，咱慢慢来，大帅那一套早晚还不就是我们的吗？我当儿子的总不能去抢爹的，他那一套将来还不都是我接吗？"

话虽是这么说，但如果能顺顺当当地早点戴上皇冠，岂不是更好？当然张学良不会料到郭松龄早已与冯玉祥订立密约，他所想象的只是在郭松龄等陆大派的压力下，通过和平方式，让父亲自觉自愿地把大权提前交给他而已。这也是当郭松龄大着胆子暗示他可"谋权篡位"时，他并未坚决加以否认或驳斥的一个重要原因。

在认定自己仍得到郭松龄等人的坚决支持之后，张学良终于离开天津，返回奉天。回到奉天后，他即按防止杨宇霆等士官派借机抢功的路子，说服张作霖停止与冯玉祥敌对。

父子相谈，张作霖却越听越不是滋味。他历经风雨，吃过的盐比自己儿子吃过的饭还多，听了不一会儿，就明白张学良的话全都是郭松龄教的。老爷子顿时气得七窍生烟，将张学良狠狠地骂了一通，其中有一句骂得特别尖刻，说："你除了你老婆不跟郭茂宸（郭松龄字茂宸）去睡之外，你甚至吃一个苹果，都要分给他一块！"

就张作霖而言，他其实一直都不看好郭松龄，认为此人刚愎自用，作风跋扈专断，只是因为张学良多方为其说好话，这才予以破格拔擢。张学良的基本评价则是"父亲确实有慑人之威，能御人，但却不会识人，断事也有缺"。所谓不会识人，说的是不喜郭松龄，偏宠杨宇霆，所谓断事有缺，指的是郭松龄没捞到地盘，杨宇霆江苏被逐反而重用之。

父子两人发生了激烈争执。张学良脱口而出："我管不了你的部下，你也管不了我的部下。"张作霖一听大为光火，拿起一只杯子就向张学良扔了过去。

见郭松龄已成尾大不掉之势，儿子对他又如此偏袒维护，张作霖决定采纳杨宇霆的建议，立刻调郭松龄回奉天，但郭松龄却以生病住院为遁词，拒不从命。

1925年11月22日，冯、郭双方正式在包头签订密约。冯玉祥对待奉系更加强硬，当国民军接防"保、大"时，甚至与撤退不及的东北军发生了冲突。此举引起了张作霖的不满和疑虑，认为冯玉祥不守信用，于是又再次要求冯方公开表示与奉系合作的态度。冯玉祥有恃无恐，他给张作霖写了一封亲笔信，指责张作霖迷信武力，颠倒是非，同时声称自己"决不受逼迫而宣言"。在信的末尾，他还说道："如兄认为有合作帮忙的必要，弟就来合作帮忙，否则惟有静待缴械而已。"

张作霖读完这封信后勃然大怒，当即在帅府召集军事会议，会上拍案大呼："主和派误我！"他问杨宇霆谁在主和时最卖力，得知是李景林和郭松龄，便欲召二人回奉，说："我要处理他们。"

杨宇霆等人均认为李、郭地位重要，不可轻易调动，只可缓图。张作霖正在气头上，根本不听，马上命手下发急电两封，一封命李景林即日夺回"保、大"，驱逐国民军以求将功赎罪，另一封命郭松龄调所部集中滦州，然后回奉天听命。

张作霖的急电犹如火上浇油，郭松龄的第一个感觉是，自己与冯玉祥签订反奉密约的事可能已被张氏父子识破，召他回奉一定不怀好意，于是立刻下了"提前行动"的决心。

办了一件蠢事

11月22日深夜，郭松龄发出通电，作为反奉开始行动的信号。最早的通电称为"养电"，内容是让张作霖即日下野，拥护张学良继承大任。执笔者是黎元洪当总统时的秘书长饶汉祥，有名的大笔杆子，为此郭松龄还破费了五千大洋的润笔费。文章颇有骆宾王讨武则天檄文的风味，只可惜写得太长也太讲究，过于斟字酌句，反而晦涩难懂。在部下的建议下，郭松龄于当晚又追发了两封相对通俗易懂一些的电文，其中一封是"清君侧"，让杨宇霆下台，另一封则倡言奉冯两军停止敌对行动。

"养电"发表后，"反奉三角同盟"很快做出回应。冯玉祥召集会议，发出了历数张作霖罪状，劝张作霖引咎下野的通电，同时以援郭之名，派兵出喜峰口，直取热河，热河都统阚朝玺因此不得不自行撤走。李景林系被动加入同盟，其意在保住直隶地盘，并不是真的要对张作霖怎样，所以他虽迫于形势，紧跟着冯玉祥也发了封通电，呼吁惩办杨宇霆，以及请张作霖"将庶政付于少帅"之类，但明显话语缓和，留有余地。

郭松龄打电话给李景林，让他措辞强硬一些，他回答说："我的老母现住在奉天，日来已被监视。我心中感到十分不安。若对你再有表示，老人家的危险更大，因此我是不能有什么举动的。"郭松龄说我的父母也在奉天，我才不管呢，谅他张作霖不敢怎样，但李景林仍首鼠两端，不愿与张作霖彻底决裂。

与李景林不同，郭松龄早已是孤注一掷，志在必得。1925年11月23日晨，他走出医院，率第三军团部及所属部队前往滦州。此前张学良虽为军团长，但军团的所有事务均由郭松龄主持，军团印章刻的也是张学良和郭松龄两个人的名字。郭松龄又一向对人事抓得很紧，一人独揽了军团所属三个军的全部编组事宜，甚至连各军卫队营营长的人选乃至于一个事务长的调动，都要经他亲自决定或批准。在这种情况下，第三军团名为张学良统率，实际都是听从郭松龄指挥。当时的基本情形可以概括为，张学良若在眼前晃悠，郭松龄调动部队时可能会觉得有些不便，但并无太多实质性影响，换句话说，就算张学良不回奉天，面对郭松龄发动兵变，亦难有回天之力。

郭松龄一到滦州，即在滦州车站召开军事会议，凡上校以上官佐均必须参加。会场四周戒备森严，十步一岗，五步一哨，弓上弦，刀出鞘，如临大敌。会场的气氛也十分紧张，武装警卫人员荷枪实弹，来回巡视，没有郭的手令，谁也不准随意出入。

会上郭松龄宣布将所部改为"东北国民军"，分编为五个军，即刻班师回奉，

"撵走老张、拥护小张、整理东北、开发东北"。与此同时，他还撤换和拘押了一批被认为和自己不一心的军官，代之以相对可靠的亲信部属。

滦州会议后，郭松龄随军部沿铁路向奉天进发，留参谋长彭振国为后方司令继续驻守滦州。这时姜登选要出关回奉天，其专车正好抵达滦州车站，彭振国奉郭松龄之命，上车对姜登选说："郭军长现患感冒很重，不能亲来迎接督办（姜登选的正式职务仍为安徽省军务督办），但希望与督办晤面。"姜登选已经察觉郭松龄要反奉，也想面见郭松龄进行劝告，因此欣然点头应允："茂宸（郭松龄字茂宸）患病，我可到他那里去看看。"

早已出发的郭松龄其实根本没打算与姜登选见面。上了圈套的姜登选先被关押在滦州车站的一个楼梯间里，之后郭松龄的卫士又以送他到城里为名，在路上将姜登选开枪打死了。

当天晚上，他的部下戢翼翘等人在司令部门口亲眼看到一颗星从天空落下来。那时众人尚不知姜登选已经身亡，只知他被郭松龄扣押，但看到这一情景后都预感到凶多吉少。戢翼翘惊呼："危险，姜先生怕没有了。"

姜登选沉着有谋、性格平和，是东北军高级将领中唯一能沟通各派的人，有一段时间甚至高傲如郭松龄也想对其进行拉拢。郭松龄不爱赌博，但在第二次直奉战争前，他却经常到姜登选家里去玩牌九，而且一掷万金，毫无吝色，显见得是想和姜登选搞好关系。

为姜登选惹来杀身之祸的，只是他无意中说出的一句话。在第二次直奉战争中，郭松龄负气率部离开前线，差点影响大局，姜登选来了一句"该当何罪"。按说郭松龄这样违抗军令、不顾大局的行为，确实完全够得上军法从事，所以姜登选的话很容易被理解为"按军法应当被处死"。可是实际上熟悉姜登选的人都知道，他所说的"该当何罪"只是平时哼惯的一种京剧舞台腔，并非真的要将郭松龄怎样。

郭松龄本来不知道这件事，是张学良背地里告诉给了他，而就是因为这句话，加上认为姜登选抢了他的安徽地盘，所以姜登选便被置于了死地。得到枪杀姜登选的报告后，郭松龄特发电告，内称："将姜登选在滦州枪决，以为穷兵黩武者戒。"

郭松龄仅以一个小小的个人私怨，就下手处死一个在东北军中深孚众望的高级将领，此举很不得人心，可以说是办了一件蠢事。很多人都认为郭松龄度量狭隘，韩麟春事后也说："郭茂宸如果不杀姜超六（姜登选字超六），事情是可以转圜的，可是你无故杀人，总是要偿命的！"

郭鬼子反了

姜登选被害时，郭松龄正欲派部队东进奉天。前往奉天，必过山海关，驻守山海关的为张作相第五军团。第五军团是第二次直奉战争前才组建起来的吉林军，从兵员数量到素质、装备均不及郭军，郭军若一拥而上，解决起来没有什么问题。可是因缺乏机车，运输迟滞，郭军没法一道坐车，郭松龄只能命令主力部队乘车直趋奉天，而将对付吉林军的任务留给徒步前进的另一支部队。

郭松龄宣布作战计划后，将领们几乎众口一致地认为不妥。因为京奉铁路沿线和奉天附近，除了吉林军外并没有其他部队，郭军主力部队乘着火车通过山海关，吉林军不可能不发生怀疑，由此很可能破坏整个计划。他们主张应按部就班，由拟定步行的那支部队先行乘车，用以解决吉林军，然后大军再毫无阻碍地直趋奉天。

对将领们的建议，郭松龄坚决不同意，他的战术设置是突袭，即以迅雷不及掩耳之势，打张作霖一个措手不及，如果在山海关提前交战，张作霖必定得到风声，做好准备。

郭松龄急于进兵，但越急似乎事情越不顺。1925 年 11 月 23 日当天，主力部队原定上午六点出发，到了十点才有车来，已经没法按方案行动。焦虑万分之际，正好有两个步兵团乘车由蚌埠到滦州，郭松龄就让手下大将魏益三率这两个团先行通过山海关占领一个阵地，以掩护其余部队通过。

几天前，张作相接张作霖电召，已回奉天开会，在山海关负责的是军团参谋处长王之佑、旅长李杜等人。魏益三所率两团虽然以回奉整训为名成功闯过山海关，但也已经引起了他们的注意，接着他们又得知有人找到军团部要求见大帅（指张作相），便急忙赶往军团部接待。

来人是一位身材高大、年逾半百的老校官。他面色苍白、惊魂未定，见到王之佑等人，就问："你们都是大帅的近人吗？"王之佑等都和颜悦色地答道："当然喽！要不是最亲近的人，怎能将重大军事托付我们呢。"老校官突然如见亲人般激动起来，含着眼泪说道："郭鬼子反了。"说完便哽咽着痛哭起来。

王之佑忙把手帕掏给他，扶他坐下，说："老大哥你擦擦泪，镇静镇静，把这件事好好想想，详细告诉我们。"良久，他才恢复平静："师长临别时，就告诉我这句话。"

原来老校官是第五师师长赵恩臻的部下，随赵恩臻到滦州开会。赵恩臻和与会的另外三名师长皆张作霖的老部下，他们因不肯附和郭松龄而被当场解职。幸运的是，出于稳定军心等需要，郭松龄未当场对他们痛下杀手，只是让持枪卫兵押往天津，交李景林看管。

老校官这种级别的军官按规定不能进入会场，他看到自己的师长被押出来，且走在最后面，就赶紧跑上前去。赵恩臻看到他，回头低声说了一句："你快去山海关见张辅师（指张作相），说郭鬼子反了。"再想问些其他情况，卫兵已上前将他驱开了。后来由天津开来一列去往山海关的客车，老校官就坐着客车赶来进行报告。

在老校官之后，紧接着李杜又接到情报，除证实老校官的报告确凿实外，还得知姜登选已被郭松龄所枪杀。众人由此判定郭松龄是真的反了，于是一面给张作相发出急电，一面下令驻山海关各部队紧急行动，将从西边开来的郭军第三、第四辆兵车全部截住并予以缴械。

却说魏益三在山海关后的万家屯车站等了一夜，不见后续部队开来，知道情况有变，遂就地在万家屯车站及其东北山地构筑工事。次日上午，王之佑、李杜即指挥部队向其发起攻击，结果将魏部一举击溃，两团人大部被缴械，仅魏益三带少数人逃脱。

突袭行动受挫后，郭军专门用来解决吉林军的部队尚未赶到，郭松龄即令主力部队大举出关。铁道线上，十余列军车一个接着一个，浩浩荡荡地向山海关开去。面对实力强大的郭军，王之佑、李杜等人自知若无坚固防御阵地作为依托，难以进行抵御，于是被迫主动撤出山海关，向绥中一线据守。

干到底

　　1925 年 11 月下旬，张作霖的总参议办公室突然接到铁路方面的报告，说"关外头一站万家屯车站被情况不明军队占据，交通断绝"。听到这一报告，举座皆惊，但当时众人都还不知道究竟发生了什么。

　　当天傍晚，张学良来到办公室，正好收到他的副官兼私人代表胡若愚从天津意大利租界发来的亲译密电。张学良在阅读这封密电时，两手颤抖，连译电纸都被震得簌簌作响，一旁的人还以为他精神失常了，事后才知道胡若愚在电报中向他报告了郭松龄反奉，以及扣押四师长、杀害姜登选的情况。

　　郭松龄突然起兵发难，令张氏父子措手不及。张学良在离开天津时，尚以为拿捏郭松龄不成问题，"你（指郭松龄）就是叛变了，你也出不了我的手心"。至此他才知道大事不好，"他（指郭松龄）真的叛变了"。

　　张作霖闻讯，更是犹如五雷轰顶，他大骂"小六子"（张学良的小名）稀里糊涂，不应当重用"郭鬼子"："瞅瞅你交了这么个好朋友。"接着又骂"郭鬼子"没有良心："看着我大帅府好了，他也要来住一住。"

　　张作霖让张学良立即驰赴前线，与郭松龄进行"疏通"。自己惹的祸只能自己消除，张学良不敢推托，临行前给张作霖叩头，流着泪说："儿如不能制止茂宸（郭松龄字茂宸），宁死不归。"

　　张学良首先赶到绥中前线了解情况。之前大家都知道他和郭松龄的关系，事到如今，也没有什么好避讳的了，王之佑当即问他："老郭这是搞的什么名堂？你事先是否知道？"张学良便把郭松龄如何装病进医院，他去医院看望时，郭对他说的话重述了一遍。王之佑从中想到，以小张代老张，以郭代杨的传说，张学良是可能预知的。顾及张学良的"太子"身份，他不能直接揭穿，只能劝张学良以后行动谨慎，不要专重感情。

　　就在张学良考虑该如何劝说郭松龄回心转意时，张作霖给他发来一封电报，开头就称"张汉卿（张学良字汉卿）先生阁下"，后面署名是"张作霖、王永江"。电报上说，现在所有东北军都公举你张学良为东三省总司令，那就请你回来接事吧。

　　显然张作霖已经了解了郭松龄反奉"养电"的内容，心里郁闷，便拿这样的电文来故意挪揄自己的儿子。张学良有苦难言，连夜便乘军舰到秦皇岛与郭松龄接洽。他不敢亲赴郭军大营，便通过中间人与郭松龄联络，希望能约郭到舰上面谈一次。

郭松龄最初为了保证师出有名和抓住军心，在事先的宣传以及反奉通电上，都打着张学良的旗号，即所谓"以小张代老张"。就是在滦州开始行动时，仍用张、郭两个人的名义发布命令，一直到强闯山海关，他才抛开张学良，独自在所下达的命令上署名。说到底，张学良不过是他用来造反的一个工具，他所要扳倒的，不仅仅是张作霖，也包括张学良在内。有人这样评价郭松龄与张学良交往的整个过程："（郭）平时对张汉卿一片鬼话，无非利用张汉卿以攫取权力而已。"

大战在即，郭松龄对与张学良的谈话毫无兴趣，他让中间人带给张学良一句话："军事时期，我不见他，军事完了回天津，我再见他。"郭松龄的态度令张学良进退维谷，回奉天吧，父亲肯定要责难，日子不会好过，去别的地方吧，又幻想着郭松龄仍能回头。为此他在秦皇岛徘徊了一天多，后来见实在没有什么指望，才不得已绕道去大连暂避。

在郭松龄举兵东向之前，他在各种通电和布告中都指名道姓地问罪于杨宇霆，反奉通电"养电"中更声称要"清君侧，除群小"。这使杨宇霆背负了极大的心理压力，于是便向张作霖请求辞去总参议一职："好，既然他们反对我，我走。"得到张作霖的同意后，杨宇霆即刻离开奉天，前往大连隐居。

问题是郭松龄虽与杨宇霆水火不容，但其最终目标却远不止除去一个杨宇霆这么简单，所以不仅不肯停止进兵，还向张作霖提出了一项"和平解决"方案，其实就是让张作霖自动下台让位。1925 年 11 月 27 日，郭军进占山海关。之后郭松龄命令大部队暂时停止前进，以便等待张作霖在规定时间内做出答复。

见即便抛出张学良、杨宇霆这"双保险"，郭松龄仍旧不依不饶，张作霖进一步认识到，郭松龄的要求不是单纯地要让杨宇霆走人，而是要谋夺他的位子，于是便又将杨宇霆、张学良从大连召回奉天。

11 月 29 日，张作霖在上将军公署召集部属开会，商讨对策。会议气氛非常紧张，即便吴俊升结结巴巴地插科打诨，努力想缓和气氛，但室内仍有一种让人喘不过气来的压抑感。张作霖脸色铁青，一上来就大骂"郭鬼子"以下犯上，是个乱臣贼子，继而痛斥张学良偏听偏信，误了大事。他表示要决心"讨伐"郭松龄，说："我个人一息尚存，一兵犹在，决不苟且偷安，任彼辈小人得志。"

会上，张作霖的一班旧派老臣备受瞩目。东北军士官派的人数很少，而且多数在上层，中下层几乎全是张学良、郭松龄所提拔的陆大派，现在他们中的大部分又都跟着郭松龄造起了反，也就是说张作霖已无法依靠新派打仗，他只能把希望更多地寄托在旧派之上。

自新派兴起后，旧派一度处于无足轻重的地位，不过是被张作霖用来看看家、守守门而已，临时要拿出派大用场，连他们自己都有些力不从心的感觉。更何况，郭军因为张学良的原因，原先好兵好枪好炮都往那里面塞，东北军引以为豪的炮兵也大部分都在其中，称得上是东北军绝对的精锐，相对而言，无论是吴俊升的黑龙江军，还是张作相的吉林军，都早已沦为杂牌水平。

张作霖失望地看到，他的"表决心"在老兄弟中并没有得到应有的力挺，吴俊升、张作相要么言不及义，要么就做呆若木鸡状，终席不发一言。

还好尚有一个张景惠。张景惠在第一次直奉战争中直接导致奉军溃败，事后又在曹锟政府中担当要职，他自知对不起张作霖，其间老母病逝，都不敢回家奔丧。后经吴俊升、张作相劝解，张作霖终于还是像当年对待汤玉麟那样，选择原谅了他，并委其为奉天督军署参议。张景惠很是感动，曾在张作霖面前痛哭流涕，还跪倒叩头谢罪。现在为弥补前嫌，张景惠便主动表态："我要跟老弟（指张作霖）干到底！"

有没有底气和实力，干到底都已经成为张作霖的必然选择。会前王之佑已选定山海关以北的连山（今辽宁锦西县）作为最佳防御地点。连山为辽西咽喉，地势险要，乃兵家必争之地。早在第一次直奉战争时，奉军战败，为了防止直军继续攻向关外，姜登选就曾在连山构筑野堡式阵地。王之佑询问当地警察所和农商会，得知几年过去，阵地并未有大的破坏，遂决定在修补的基础上重新加以利用。

张作霖按此报告在会上发布"讨伐"命令，决定在连山与郭军决一死战。作为对郭松龄的回击，他同时宣布杨宇霆官复原职，张学良为前线指挥，协助张作相在连山御敌。

擦肩而过

杨宇霆重任总参议后，认为己方在连山之战中有必胜把握，原因是张军占据有利地形和坚固防御工事，又有河道、大海作为屏障，易守难攻，而郭军在天气严寒的情况下，尚穿秋衣作战，也必然难以持久。他对张作霖说："大帅尽可宽心……只要我们顶得住，郭军可不战自溃。"张作霖受到激励，于是更视连山、锦州防线为"救命"防线，将他能够集结起来的四万余步骑兵全部投注于此。

张军正在前线紧张备战之际，一场百年不见的大风雪不期而至，一夜之间，连山雪深三尺，军民都被弄得十分狼狈。张学良、张作相本质上说都不是善战之人，一见这情况就慌了手脚，他们害怕自己的部队守不住连山，迅速推进的郭军在占领连山后，反而将此处作为进攻锦州的桥头堡，因而联合给王之佑发来一份命令，要他将连山一把火烧掉。事关重大，王之佑去找李杜商量，李杜看完电报后对他说："这是发给你的命令，得你拿主意啊。"

王之佑认为不宜马上退出连山阵地，况且"连山上万居民，都是你我乡亲，能看他们在数九寒天里无家可归吗？"在王之佑的坚持下，两人决定不执行上级命令，只是通知居民疏散。

1925 年 12 月 3 日，郭军到达连山，随即对张军防御阵地展开进攻。虽然郭军在实力上占有压倒性优势，但因防御工事相当坚固和完备，所以迟迟难以取得进展，同时官兵的士气也很是不振。士气不振的原因之一，是郭军内部对于反奉的意见并不一致，即便是郭松龄认为信得过的一些军官，也不能接受这种东北军自家打自家的做法。在连山作战的第一天晚上，其主力部队中就有富双英团以及其他两个营拒绝服从郭松龄的命令，乘夜脱离指挥，投奔到了张军阵营。

见郭军推进困难，张军方面便有人建议以富双英团为引导，乘机发起反攻，但张作相缺乏韬略和魄力，主张慎重行事，没有予以采纳，致使己方与制胜之机擦肩而过。

就在张学良、张作相都以为起码可以守住连山的时候，天公不作美，连山一侧的渤海结冰了。有一首东北民谣这样总结辽西的气候特点："小雪封地，大雪封河。"按节气惯例来说，辽西当时连河面都封冻不了，何况渤海，然而在连日大风雪之后，气温逐日降低，为河海封冻创造了条件。渤海一结冰，行人可通，当天晚上，郭军便采用迂回战术，由海滨出发，在绕过张军正面防线后，潜入了左翼汲金纯师背后。

第二天拂晓，郭军前兵夹攻，对汲金纯师阵地展开猛击。身为师长的汲金纯带头乘火车逃跑，部下亦无心作战，几个小时不到，左翼阵地就到了郭军手中。左翼阵地系由张学良负责，他赶紧把预备队调上来堵"决口"，谁知又中了郭松龄的诱兵之计，预备队差点全军覆没，好不容易才逃出虎口。

左翼一垮，张作相的中路侧面全部暴露在郭军面前，张作相被迫下令全线撤退，郭军仅用两天时间便攻克了连山。

张作相和张学良急急忙忙地乘火车退至高桥镇，为了守住高桥，张学良把原驻锦州的补充旅也调过来加强防守。不久，郭军前锋进抵高桥附近，张学良嘴上说要守，其实早已胆寒，在下令将河面上的大桥炸毁后即乘车东去，补充旅旅长朱继先也不是吃素的，你跑我也跑，他也扔下部队骑着马逃走，只留下团长们在高桥指挥防守。

补充旅团长以下军官不是郭松龄的亲信就是他的学生，该团也原本便是郭松龄安在锦州的"钉子"，准备必要时里应外合，张学良、朱继先既已不在军中，他们正好阵前倒戈，投向郭军。于是作为反攻连山兼屏障锦州的重要据点，高桥又在最快的时间内丢掉了。

在连山、高桥之败中，虽然前线张军的伤亡并不是太大，但所拥有的大炮全部都被夺走了。1925年12月5日晨，消息传入奉天，张作霖大惊失色。他认为如果再无援兵增援的话，将难以抵挡"郭鬼子"攻入奉天，于是连忙致电黑吉两省，但黑吉两省都表示短时间内抽不出兵。张作霖更加慌乱，当即命令内眷收拾细软准备逃出奉天。帅府上下一通忙乱，家人们动用二十七辆汽车，才把所有家当全部送至日本南满货栈进行保存。

接着，张作霖又令副官购入汽油十余车以及木柴等，摆在帅府楼前房后，然后说："他妈拉个巴子，郭鬼子来时，给他剩一把掉嘴的茶壶和三个茶碗还有一个掉把的，别的别想。"

岁月是把杀猪刀

见张作霖竟然要烧毁帅府，部下们赶紧找人相劝。杨宇霆劝张作霖说："你老此时走太早，郭鬼子打到新民，再走不迟。锦州还在咱们手里，前边尚有不少队伍，你老忙什么。"张作霖原来在军事方面对杨宇霆言听计从，但杨宇霆关于连山必胜的预言破产后，张作霖对他也失去了信心，不怎么愿意听他的意见，杨宇霆的这番话并没有起到什么作用。

除了杨宇霆，能够左右张作霖的只剩下了代省长王永江。于是有人给王永江打去电话："大帅要到日本租界地（指大连）去，临行时要火烧大帅府，请王省长快来商量一下。"

王永江闻讯立刻赶到帅府。一见到王永江，张作霖就期期艾艾地说："郭鬼子快进城了。我给吉林、黑龙江去电报，请他们帮忙，但他们不理我。我不能等郭鬼子进城把我逮住，我要到租界地去，这房子也不能留给他，我要放火烧了它。"

王永江埋怨道："事先你也不和我商量一下就想走，就是走，咱们也得一块走，不能你一个人先走。果真需要走时，我们一起走，现在还不到走的时候。"

为了让张作霖宽心，王永江告诉张作霖，他已经派清乡警察独立大队去新民境内的巨流河一线担任阻击，就算郭军越过锦州，也不可能立马攻到奉天城下。另外，他还打算再以自己的名义，再给黑龙江的吴俊升发一封电报，请其出兵堵截包抄郭军。

王永江再三叮嘱张作霖："你听我的话，在我确认不行时，必来告诉你，咱们一块走。另外，你要烧房子，我的意见房子不能烧，就是走，也不能烧房子，房子应留给人们作为一个纪念，人们看见房子就想起你来了。"

王永江的一番话令张作霖大为动容，他当即给王永江作了一个揖，说："好，岷源（王永江字岷源）老弟，一切听你的，我不走了，一切都拜托你了。"

张作霖这时像吃了颗定心丸一样，在稳住了神之后，立即召集王永江、杨宇霆等人开会，具体研究阻止郭军的作战部署。会上，他提议将奉天的全部军队开到新民担任防守，但杨宇霆等人都表示反对，认为为时过早，而且调出去后，周围没有别的军队可填补奉天的防守真空。

说要用兵，却又无兵可用。这让一辈子靠枪杆子打江山的张作霖也倍感无奈，他用凄楚的语调说："连山已失守，辅忱（张作相字辅忱）是否还有抵抗能力，殊不可知。现实四处已经无兵可调了，只有听之而已。如果前线我军再退出新民，我也不免一走了之。"言罢，老泪纵横，与会众人受到感染，也都唏嘘不已。

当天郭军大部队已向锦州发起进攻。城内一片混乱，指挥完全失灵。下午，张学良给张作霖发来电报，称东北军已无挽回之希望。这封电报让刚刚才有所振作的张作霖再次陷入绝望之中，精神也顿时处于半疯狂状态，当着众人的面，他拔出枪就要自杀。幸亏王永江等人手疾眼快，从旁抢下他的枪。王永江一边劝阻一边安慰道："我们可请日本出兵，省城治安可保无虞。"杨宇霆也忙接话说："锦州尚有数万守军，可为一战。"经过众人又哄又骗，张作霖才逐渐恢复了理智。

尽管有王永江、杨宇霆等人不停地为之打气，但张作霖仍整天心神不宁。他穿长袍马褂，戴貂皮帽来到客厅，碰到杨宇霆就说："你看我这一身穿得怎样？"杨宇霆一看这行头，显然不是要跟郭松龄拼命，而是时刻准备逃命，心里不以为然，但也不便说什么。参谋长于国翰没憋住，在一旁自语道："郭鬼子未必能进奉天城，怕什么。他走西门，我出东门。他走北门，我出南门。哪个想走就先走吧。"张作霖被说破心思，顿时面红耳赤。

未几，因发电厂发生故障，帅府电灯全灭。张作霖又着了慌，他跳出院子，让卫兵纵火烧楼，准备开溜。韩麟春正好在场，忙让卫兵暂缓动手，随后找到张作霖，对他说："您老怎么老沉不住气？"张作霖不肯在部下面前丢了面子，这才强装镇定地说："我怎么沉不住气？我什么没见过？"

岁月是把杀猪刀，刀刀催人老。与青少年时期那个在刀山火海中闯荡来去，从来也不皱一皱眉的"张老疙瘩"相比，如今的张作霖虽然在政治场上越来越精明，越来越油滑，但论起打仗和与之相应的能力胆魄，却显得越来越不济了。杨宇霆后来对别人说："张老将军（指张作霖）毕竟是一个政治家，不是军事家，他指挥军队乱出主意，毫无定见，而且胆量又小。"

除了随时准备卷铺盖卷跑路外，张作霖对于一切事情都不再过问。每天做的就是在炕头抽大烟，抽一会儿烟，就霍地爬起来在屋子里来回走，一边走一边骂"小六子浑蛋"。骂累了，再躺到炕头猛抽，已经是在靠大烟麻醉自己了。

郭松龄反奉之前，帅府的大客厅总是高朋满座，候见张作霖的人经常排成长队。如今早已是门庭冷落车马稀，只有王永江、杨宇霆等极少几个人每天必到，替张作霖维持局面。

杨宇霆被郭松龄指为引发他兵变的祸首，眼见即将大祸临头，周围的人都归咎于杨宇霆，对他冷眼相加，甚至张作霖也偶尔流露出不满的神色。这让杨宇霆如芒在背，遇事也不像从前那样爱做主张了。主持帅府的变成了王永江，他除在小客厅里与杨宇霆等人一道办公外，每天还必到张作霖处两次，用以观察和稳定张作霖的情绪。

当时从奉天到地方都人心浮动。铁岭县知事把自己的家当全都搬到日本人开的旅馆，白天在县公署露露脸，晚上则偷偷地跑到日本旅馆里去过夜。王永江闻讯，立即将这名知事撤职，另从省公署调派科员前去接任。

在张作霖已实际无法视事的情况下，王永江俨然成了奉系的"定海神针"，若无他带头做了表率，不需郭军进攻，奉系恐怕自己就已经先行崩溃了。

政治好像演戏一样

1925 年 12 月 6 日，担任锦州防守之责的张学良、张作相都已逃出锦州。锦州守军群龙无首，除小部分进行软弱无力的抵抗外，大部分也都逃到了城外。锦州之战败局已定，被郭军占领只不过是个时间问题了。

前线战事失利，使得省城更加动荡不安。关厢（指城门外的大街和附近居民区）还发生了多次抢劫事件，被害者向警局报案，可是警察却置之不理，这表明奉天已处于混乱和失控的边缘。王永江认为在特殊时期，单靠中国军警已无法维持城内治安，只能求助于日本军警，这也是他对张作霖说"我们可请日本出兵，省城治安可保无虞"的原因所在。

在奉天交涉署科长丁鉴修等人的陪同下，王永江亲自来到日本驻奉天总领事馆进行拜访。因为总领事船津辰一郎去了上海，所以接待王永江一行的是首事副领事吉田茂。王永江告诉吉田茂，现在省城的治安虽然还可勉强维持，但城内一共只有一千多名警察，已感到不敷分配。吉田听出了王永江的话外音，马上表示凡居住于奉天城内的日本居留民及商店，他将另派日本警察前去，此外还可以派些军队协助守备。

按照奉天总领事馆的要求，日本警察开始换上便服，驻扎于各日本商店，大小城门口也都出现了日本兵站岗的身影。只不过这些日本军警的任务仍是维护省城治安，他们可没有替老张家守江山的义务，王永江观察形势，判断前线张军已无力抵抗，郭军即日就可能打进奉天，为张作霖的个人命运着想，他劝张作霖还是和平解决。张作霖则早已是六神无主，王永江说怎么做，他都回复说可以。

王永江再找吉田进行商谈，请吉田代为出面调停。吉田便酝酿了一个调停方案，主要条件是张军投降，张作霖无条件下野，"和平交出政权"。

商妥调停方案后，王永江又按照张作霖的意思，召集省各法团负责人讲话。他先说道："大帅让我召集你们大家来谈谈。军事情况对我们是不利的，但集中兵力还可以背水一战，不过使家乡父老遭到兵燹的蹂躏，大帅是不忍心的。"

这段开场白摆明是为了给张作霖和奉系台阶下，意思不是我们打不过"郭鬼子"，只是为了你们这些老百姓的利益，我们忍辱不打了。接着他又引述了张作霖的话："大帅说了，政治好像演戏一样，郭鬼子嫌我唱得不好听，当然可以下台。郭鬼子要唱，就让他上台唱几出，我们可以变成看戏的，到台下听听，左右是一家人，何必兵戎相见？"

最后切入正题："你们可以去欢迎他（指郭松龄），但要请他不要因为我们唱得不好，连戏台都砸毁不要。"

王永江还说他已经备好专车，请各法团挑选代表，然后乘车沿铁路向西去迎接郭松龄，准备正式移交政权。大家听后都意识到张作霖要投降郭松龄了，眼下只是缺个迎降代表。众人经过商量，一致推荐省议会会长范先矩为首席代表，并与王永江商定了具体的起身时间。

次日，也即1925年12月7日黎明，郭军占领锦州。郭松龄一边下令将司令部专列开入城内，一边派自己的外交代表殷汝耕前往旅顺，就相关问题与日本关东军进行交涉。

时间推回到两个月前，那时张作霖和冯玉祥还没有公开对立，双方均派人赴日本观操（即观看日军的军事训练）。东北军的首席代表是郭松龄，国民军的代表是韩复榘。他们在东京同住于帝国旅馆内，一天深夜，韩复榘已经睡下，突然听见有人敲门，他披衣起床一看，却是郭松龄。

郭松龄一脸神秘，入室后就小心地把门掩好，并且对韩复榘说："有一件稀奇古怪的事，要和你谈谈。"

鬼使神差

郭松龄要与韩复榘谈的是其亲身经历。据他说，他到东京后，日本参谋本部有一个重要职员曾来拜访过他。这位职员没谈几句话，就问道："你这次到日本观操，是否还负有代表张作霖将军签订密约的任务？"郭松龄回答："只是来观操，没有别的任务，更不知道签订密约的事。"来人见状，便无精打采地走了。

郭松龄说他当时感到莫名其妙，后来一打听，才知道张作霖"打算承认卖国贼都不敢承认的'二十一条'"，用以换取日本供给大量军火，用来进攻国民军。相关密约张作霖已经在奉天与日方商洽成熟，张作霖还给日本当局发电报，说签字的代表已经动身，不日可到东京。恰好郭松龄又到东京，日方误以为他是签字代表，所以才会前来拜访。

说到这里，郭松龄对张作霖"出卖国家"的行为表现得义愤填膺，他对韩复榘说："我是个军人，以身许国，不是个人的走狗，我不能昧着良心服从乱命。他若打国民军，我就打他……"

没有任何确凿的史料能够证明，郭松龄所说的这件"稀奇古怪的事"真实发生过，而且由于"二十一条"中有相当一部分都涉及日本在东三省的特殊权益，张作霖自担任奉天督军起，便一直对此持坚决反对和抵制的态度。

在各种公开场合乃至政争中，张作霖在"二十一条"问题上也从不让步。第二次直奉战争前，有传言说曹锟因为想做总统，就对外国公使许诺，称一旦上台，就可以延长京奉铁路的借款合同，以及"'二十一条'也可以考虑"。张作霖愤愤地表示："我和曹锟是儿女亲家，但他想做大总统，出卖东三省，我就不答应！"

两个月后，日本的态度变得十分关键，而它究竟是助张还是助郭，自然都要取决于其本国的利益。假使郭松龄成功地代替张作霖做了"关外王"，又能够真心实意地承认和履行"二十一条"，日本政府及其关东军自然乐得助郭。然而当时日本朝野的主流舆论都普遍认为，郭松龄资历较浅，且不说未必能把张作霖赶下台，即便能够成功，他对于东北军新旧两派也难以驾驭。另外，张作霖固然难以应付，但郭松龄上台后问题可能更为复杂，譬如郭松龄为了反奉，已与冯玉祥、国民党等势力构成了复杂关系，部队也改称了国民军，这意味着郭一旦掌握权力，对日本究竟会怎样，其实是件很难说清楚的事。

从有利于日本的角度出发，多数日本人都觉得助郭有风险，不如助张，以后也仍以张作霖为谈判对手。不过也有些人提出相反观点：如果郭军打破顾虑，冲过满铁线并进军奉天，就算日本有所抗议也无济于事。到时郭松龄已造成了局面，在交涉中也处于有利地位，就不会像进入奉天前那么好说话了，日本同样会很被动。

鉴于多方面的考虑，日方决定暂时观望。另外，所谓得人钱财，与人消灾，张、郭战争一开始，张作霖的日本顾问们就忙开了。这时本庄繁已期满归国，接替他的是前关东军高级参谋松井七夫大佐。松井与张作霖的关系处得也不错，眼看张作霖似乎已在奉天待不住了，他便把张作霖最宠爱的五太太寿夫人以及一些年幼子女接出来，安排到他位于满铁附属地内的家里避难。町野作为张作霖的私人顾问兼铁杆支持者，自然更是卖力。在此期间，他除介绍一名做过警官的日本人给张作霖做保镖外，还特地引荐滨面又助"在大帅危急时期来帮忙"，后者亦被张作霖聘为私人顾问。

滨面又助在日俄战争期间参与制订过对俄作战计划，之前担任日本关东军现任司令官白川义则大将的参谋长。他和町野都有机会接触不少日方的内幕消息，郭松龄派殷汝耕再赴旅顺与日方交涉一事，也很快被他们透露给了张作霖。

张作霖那一阶段正是时而清醒，时而错乱，相当沉不住气的时候，他一听就慌了神：要是这次殷汝耕答应就"二十一条"做出书面保证怎么办？

没有和任何人商量，张作霖就决定跟关东军进行谈判。关东军本来就把助张作为首选，听说张作霖已有此意，自然乐得舍郭而就张。1925 年 12 月 7 日，白川的代表斋藤恒参谋长来到奉天，通过町野邀请张作霖在满铁地方事务所见面。见面过程中，张作霖鬼使神差地与对方签约了一项密约。密约的内容，主要是承认日本人在满洲享有土地商租权和杂居权，以及在东边道、洮昌道等重要城镇设置日本领事馆。作为交换，斋藤也在助张上做出了一系列承诺，其中之一是在满铁附属地内或日本租界（主要指旅大）内为张作霖等要人提供避难场所等。这相当于预先给张作霖找了退路，密约一缔结，张作霖就把帅府财产运往满铁地方事务所进行存放。

按照密约，关东军方面还同意满铁火车不载运郭军，以及对郭松龄发出警告。12月8日，白川向郭军发出警告，警告郭军不得在满铁沿线二十里内落下一颗炮弹，否则将由守备队解除其武装。

为了好对外界进行交代，白川也同时"警告"了张作霖，但这其实是做做样子的，其主旨还是帮助张军。南满铁路南起大连，北至长春，若是郭军不能进入其附属地和铁路两侧二十里范围的话，无异于把南满线给张作霖做了保护靠背，也大大增加了郭军攻入奉天的难度。无怪乎当张作霖接到关东军送交的"警告书"时，顿觉神清气爽，"获得了确保最后安全之希望"。

有了希望的张作霖改变主意，决定不下野了。他再次召来瞽目术士张震洲预卜吉凶，张震洲经过一番演算，说张作霖虽逢厄运，但终必"逢凶化吉"，"克制敌人在十天必死"。张作霖由此更信心大增，决心"讨伐郭逆"，而且即便只剩下一兵一卒，也要与郭松龄奋战到底。王永江见状，便由省公署给迎降代表打去电话，通知他们迎降事宜"暂缓进行"。

张作霖原先曾计划将奉天的全部军队开到新民，只是因为怕郭军乘虚杀入才未果，现在既有南满铁路作为保护靠背，关东军又同意在必要时候出兵对他进行保护，以及协助维持奉天省城治安，这种情况下，张作霖要再把军队调出去就变得可行了。

奉天城内只有警察没有兵，奉天卫戍部队指的是驻扎于北大营的军士教导队。军士教导队乃种子部队，堪称精锐中的精锐，如果能将他们进行编组，然后开到前线去作战，无异于给张军打了一针强心剂。问题是自郭松龄起兵反奉后，张作霖等人对年轻的少壮军官都起了疑心，怀疑这些军官可能暗中与郭松龄勾结，加上连山之战时已有一个补充旅充当了郭军的内应，更使他们疑窦重重。王永江在城内治安不稳时，宁肯求助于日本军警，也不肯轻易动用教导队，说白了也是因为这个原因。

事在危急，张作霖内心挣扎半天，还是决定一试。正式下达调令前，他先把教导队副队长王瑞华等尉级以上的军官叫到帅府训话，借以进行试探和动员。

我哪一点对不起他

这天上午，帅府内外气氛紧张，前后院戒备森严，大厅台阶的两侧还架上了机枪。王瑞华等人皆徒手而来，置身于如此情境之下，都一个个心惊胆战，不知道接下来究竟会发生什么。上午8点，张作霖出来接见众人，他站在台阶上，怒目注视着瑟缩的军官们，开口就道："我找你们来，我不说你们也知道，郭鬼子反了！"

他环视了一下人群，接着又说："怎么，你们就这些人吗？我命令你们连事务篓子（指司务长）都给我带来！"不等他说完，王瑞华就发出口令："敬礼！"随后向前一步举手敬礼，解释说大部分军官都已调走，剩下的人全来了。

张作霖把架势摆得这么足，为的是对军官们慑之以威，抢先压住其气势。王瑞华态度恭敬周到，让他稍感安慰，但仍不敢放松，他装作余怒未息的样子说："你们他妈拉个巴子的为啥没走，想他妈的里勾外连吗？"王瑞华忙再次敬礼，连称："不敢！不敢！"张作霖哼了一声："把枪炮交给你们就敢了。我马上发给你们武器，让你们和郭鬼子里应外合，咱们干一场子，我张作霖要离开帅府一步，我就是丫头养的！"

这一刻的张作霖似乎又回到那个敢于白刀子进红刀子出的草莽年代，精神也变得亢奋起来。他虎着脸对军官们说："我知道你们都和郭鬼子勾通一气，你们回去告诉郭鬼子，让他进来，我等着他。我姓张的要和他比试比试，把刀子插在胸口上，我要眨巴眼儿就不是人留的。"

说到这里，张作霖有意识地看了众人一眼，见没有一个人敢吭声，这才哗哗哗地继续开讲。他先简单回顾了一下自己那充满坎坷、极其不易的创业经历，接着便说到了郭松龄："我进沈阳（正式名称仍为奉天，但私下谈话时亦称沈阳）后，有人说老一套办法不行了，这才成立讲武堂。后来郭鬼子到讲武堂当教官，又他妈的当了军长，我哪一点对不起他呢？"

世上任何事缩小到最后，似乎都能归结到恩怨二字之上。张作霖对此也有一肚子的委屈和无奈："他（指郭松龄）以为自己有功，没得着地盘。我他妈的得像陪送姑娘似的，一个一个来呀！将来还没有他当督军的地方吗？哪承想他人面兽心，干出来这样丧尽天良的勾当！"

"好，这回我把沈阳让给他，看他能待多久？王瑞华，让你们这帮人和他里应外合，看你们能干多久！"

王瑞华终于弄明白了张作霖召他们来帅府训话的用意所在，他给张作霖敬了个礼，说："报告大帅，郭鬼子的亲信早就调走了。我们都是大帅、少帅的人，我们有天良血性，请把我们装备起来，去和没有人心的叛徒决一死战。"

听王瑞华如此表态，张作霖还不太放心，又问军官们："你们都能这样？"众人齐声答道："能够！"

张作霖这才完全放松下来："我知道你们都不是郭鬼子的亲信。王瑞华，我任命你为混成旅旅长，晋级少将，这些人都晋升一级。咱们有的是好武器、新服装、银元大洋，马上给我招兵，越多越好，星夜操练带上前线！好，都带回去！"

王瑞华敬礼道："谢谢大帅委任。"张作霖正要转身，王瑞华又抢前一步，大声替两名团长向张作霖谢委，说："谢大帅委任，报效大帅。"张作霖连连摆手："不，不！报效国家，报效国家！"

除了鼓动教导队外，重新振作起来的张作霖还给旧派老臣打气鼓劲。张作相屡战屡败，本已萎靡不振，经张作霖竭力劝说，决定亲自指挥吉林军在巨流河与郭军继续拼杀。张作霖也给黑龙江的吴俊升发去电报，电文中流露出了恳请老兄帮忙之意。

鉴于老兄弟之间的感情，张作霖这个时候对吴俊升不得不语气委婉。同样激动起来的杨宇霆可就顾不得了，他见吴俊升动作较慢，便干脆采用激将法，强硬地质问吴俊升："按兵不动是何居心？"此话一出，果真起到作用，吴俊升最怕张作霖质疑自己的忠心，于是不管客观条件允不允许，马上命令黑龙江省骑兵即刻奔赴巨流河战场。

锦州失陷后，张学良一度不敢返回奉天，而想出国避难。当时跟随张学良的鲍文越事后说："我们判断郭鬼子能够成功，为了避免舆论抨击以及伤了父子（指张氏父子）的情感，张学良准备先到法国去。我们连船票都买好了，只要老帅一走，我们也就出国了。"

张作霖既下定决心不离奉天，张学良也就不能在他未走之前出国，若要向外界有所交代，唯一可以做的就是将他自己和父亲绑在一块，祸福共之。他对张作霖说："你老在奉天坐镇，我去前方布防，把郭军引到兴隆店，等候各路援军到齐，一战可把郭军歼灭！"

张作霖立刻说："好！再想走，就不是你亲爸爸。"张学良也赌咒发誓："我若顶不住郭松龄，不是你老的儿子。"说完，转身就到前线布防去了。

第十章 ／ 上了马就不肯下来

郭松龄攻取锦州后，就认为大事已定，变得十分骄傲自满。在从天津出发时，有人问到奉天后如何对待张氏父子，他的说法还很谨慎："我们是讨杨（指杨宇霆）以清君侧，当然仍是张家的天下。"到了锦州，当别人又问到同样的问题时，口风就完全变了："那得听地方上的处理了。"所谓地方处理，其实就是由他主宰生死而已。

随着郭军进占锦州，一般人都认为张作霖大势已去，郭松龄可以成功，因此想转换门庭者不在少数。汤玉麟在第二次直奉战争后又被张作霖重新提升为骑兵师长，与热河都统阚朝玺一道驻兵热河，二人遭到冯玉祥国民军的进攻，眼看郭军又逼了过来，便派代表来锦州找郭松龄，表示愿意合作，条件是要求事成之后得到黑龙江。此外，隶属于张作相吉林军、从山海关前线败退下来的骑兵师长于琛澄，也提出只要事后能得到吉林，就与郭军进行合作。

阚朝玺有一师一旅，汤玉麟、于琛澄则各有一个骑兵师，三人均为地道的实力派。且不说郭军缺乏骑兵，汤、于骑兵师可能带给他们莫大的帮助，就是阚朝玺的作用也无可替代。当时只要阚朝玺率部指向黑龙江，吴俊升保家尚恐兵力不足，就算杨宇霆再出语相激，也无法抽调部队增援奉天前线，张作相的吉林军亦只能用于自卫。

对郭军来说，这是一个不战而成功的人好机会，可是令魏益三等部属为之扼腕的是，他们的主帅对此机会却并不重视。

戴着镣铐跳舞

郭松龄认为自己力量强大，有人临时加盟固然是好，没有也无所谓。在未征求众人意见的情况下，他就委阚朝玺为总参议，汤、于为参议，对于阚、汤、于所索要的地盘则置之不理。与此同时，他还下令扫荡奉热边界，其对象为阚、汤的部属，这更无异于在打阚、汤的脸。魏益三等人对此再三劝谏，但郭松龄只是一意孤行，不予采纳。

见郭松龄不能相容，阚、汤、于只得重归张军阵营。郭松龄得报后轻描淡写地说了一句："让他们凑在一起，我费一回事就完了。"实际上，与阚、汤、于合作的失之交臂，是郭松龄的一个很大失策，此后郭军不但失去许多帮助，其左翼还不断受到阚、汤、于的骚扰破坏。

还在未从天津出发时，郭松龄曾想请李景林出兵热河相助。假使李景林能到热河，郭军左翼不但可保无忧，而且必要时，李部还可以迂回长春，切断吉黑与奉天的联系，则郭军又可以至少成功一半。未料冯玉祥因急于得到天津海口的使用权，派国民军在邯郸附近对李景林部进行了围攻，冯李关系因此恶化。李景林见所部被国民军围于邯郸，早已是坐立不安，焦急异常，有时竟至热泪盈眶，几乎要放声痛哭，如何还有兴致出什么热河。当时郭松龄急于出兵奉天，也顾不得协调冯李之间的利益和矛盾，就匆匆离开了天津，最后还是冯玉祥近水楼台，轻易便攻占了热河。

按道理来说，冯玉祥已取热河，完全能代替李景林援郭，可是他对东三省也存有野心，只想等鹬蚌相争，渔翁得利，从始至终，在援郭的军事行动上都不积极。

郭松龄事先把反奉想得过于简单，认为只要一纸通电历数张作霖的罪状，然后就能挥戈东进，直入奉天，因此在后勤方面缺乏足够配备。直到张郭战争开始，他才意识到问题所在，不得不派人向"三角同盟"的盟友求援。冯玉祥借助于郭军对张军主力的吸引，几乎是不劳而获地就拿下了热河，心情很是舒畅，不仅馈送郭军大批罐头食品，还资助了现款二十万元。李景林则不一样，立马将郭的来使拒之门外："我们都穷透了，哪里有钱借给你们，还想跟你们借钱呢！"

就在这个时候，李景林的母亲恰好从奉天发来一封长电，诉说"张大帅"待她如何之好，劝李景林不要跟着郭松龄造反。李景林因遭到冯玉祥攻击，本就认为所谓的盟友已经毁约，看到这封长电后被触动心思，遂决定背盟。他先把郭松龄扣押在天津的东北军官员全部予以释放，接着又将所部改为直军，与张宗昌的鲁军联合，向国民军公开宣战，"三角同盟"就此解体。

李景林背盟，使郭军陡失后方不说，其背后还面临着李军的军事威胁。为防止出现意外，郭松龄只得派魏益三率部据守山海关，以防备李景林"从背后给我们来一刀子"。冯玉祥夺取热河后，态度也不明朗，相当于成了郭军在阚、汤、于之外左翼的另一个隐患。在无后方作战的情况下，还得时时提防着后方、左翼出现异动，郭军就像戴着镣铐跳舞，真是要多别扭有多别扭。

士气低落是郭军面临的另一个严峻问题。从根子说，这是因为郭松龄的反奉缺乏足够的民意基础，大多数郭军基层士兵都觉得东北军是一家，反奉是自家人打自家人，最后打了半天，遭祸害的还是东北军本身和自己的家乡父老。虽然他们勉强服从了命令，但表现在行动上却是动作迟缓，进取心严重不足。

在张郭战争进行的过程中，后勤不继又进一步对郭军的士气造成了打击。还在连山之战的头天晚上，他们就吃足了这方面的苦头。那天晚上突降大雪，气温骤然下降至零下二十多度，郭军士兵均身着单衣单鞋，只能披着羊毡，躲在战壕里以御风寒，很多人都被冻坏了手脚。

郭松龄在天津存了六万套冬装，结果李景林一翻脸，把所有冬装和郭军在天津存放的其他钱物全给扣押了。无奈之下，郭松龄只好把冯玉祥送给他的二十万元都拿出来，让人在天津重新置办了几万套棉衣，但因交通断绝，直到巨流河战役打响，这些棉衣都还尚未能够装船运往前方。

分封地盘、防这防那、士气低落、缺乏棉衣，这一堆事先想都想不到的烂事，让郭军竟然在锦州停留了一周多时间。一周多过后，各部仍迟迟不愿前进，他们的趑趄不前，使得张军不仅有充裕的时间可以调兵遣将和布防，而且还乘机破坏了铁路沿线的给水设备，运兵车因此无法开动。这样一来，郭军的大部分人马都只能在冰天雪地里徒步行军，行动更加迟缓低效。事后有人认为，如果郭军能够做到兵贵神速，张郭之战很可能就是另外一种局面了。

背水一战

张作霖虽倾其所有，能够会集到巨流河进行布防的兵力也不过五六万人，其中还有许多是未经训练的新兵，有点实战经验的都是从连山和锦州败退下来的部队。为了与郭军进行识别，每个官兵都发有一块黄布围在脖子上，老百姓见了都说："奉军黄到脖子上了。"意思是张军垮台在即。

张学良在父亲面前信誓旦旦，等到真正置身于这种"黄到脖子上"的氛围时，也远没有先前那样决绝果敢。更何况，他的老部队都归了郭松龄，如今除辖有少数临时投奔过来的部队外，其余尽为刚招来尚未完成训练的新兵。所谓把郭军引到兴隆店，然后一举歼灭，也就只能拿来哄哄老爷子，让他高兴高兴，以便少挨几句骂了。

有趣的是，两军对垒，张学良设在火车包厢上的司令部竟有电话线可通到郭军控制区域。战前的两三天内，司令部内电话不断，而所有通新民县的电话统统都由张学良亲自接，别人一概不准代劳。同在包厢里办公的戢翼翘看到他接电话后，有时很懊丧，有时又比较开朗一点，有时还听到他说："他不下台，他也不自杀。"

戢翼翘等人也不好问哪个"他"不下台，哪个"他"不自杀，但是可以肯定这个"他"不会是气焰正高的郭松龄，倒很可能是指他那个既不下台也不走的老爷子。

其实，不光是张作霖，张作相、吴俊升等"老头儿"这回也豁了出去，身为张家的老臣子，他们都明白"一朝天子一朝臣"的道理，而且他们本身与郭松龄也殊有矛盾，深知一旦对方当政，绝没有自己的好果子吃，所以都准备不惜牺牲一切与郭松龄进行决斗。

张作相从吉林出发时，曾请人扶乩，乩语上有"福厚平安"的话，于是一到前线，就把原定的军团部由公主屯改到安福屯，并且对别人说："我是死在这里也不再退了。"张作霖听到后对将领们说："辅忱既已抱着至死不退一步的决心，我也决心至死不出奉天。你们好好去干吧！"

张作相向被称为是东北军中最厚道的一个人。前面屡战屡败，他没有因此责罚任何一个军官，反而向能来参战的全体官兵表示深深感谢和慰问，同时又引咎自责，说他不应离开大家先行退走，当谈到因天冷衣薄，已有官兵出现冻伤时，还伤心地流下了眼泪。张作相的吉林军仍是巨流河一战的主力，他的这些做法在令官兵为之感恩戴德的同时，也大大鼓舞和激励了士气。

张作霖深知巨流河战役关系着张家兴衰荣辱，为此不惜让刚生完幼子的五夫人寿夫人出马，与张学良夫人于凤至一起，携五万银元，前往东北医院慰问受伤官兵。另外，除出十万银元招募新兵，他还派张景惠以宣抚使的名义到前线慰劳官兵，宣布凡参战官佐各晋一级，士兵每人发"恩饷"两月，仅后者一项就耗用了五万银元。这些都是张作霖自掏腰包，也可以说张家雄厚的财力在关键时候助了他一臂之力，使得张军更加斗志昂扬。

张郭两军在后勤方面悬殊。张军所有士兵都发给新棉衣、皮大衣、面包、罐头、香烟等，物质供应异常丰富。也因为后勤充足，张军比较重视军纪，力避军民冲突，以此收买人心。反而郭军主力虽曾以军纪肃然著称，但此次因棉衣棉鞋不足，就不得不抢老百姓的棉衣来御寒，有的甚至把小孩的棉衣都抢来裹脚，服装看上去五颜六色，不但遭老百姓怨恨，而且对军心士气也是不小的挫伤。

胜利的天平已悄然向空前团结、同仇敌忾的张军倾斜，但郭松龄及其部下却全然没有这方面的意识。据说就在巨流河战役打响之后，他专车上的兵站人员晚上仍脱光衣服睡大觉，一副满不在乎的样子，众人都认为指日可进军省城，所计划的只是如何接收的问题。

战前，郭松龄得到情报，获知张作霖将集结兵力，在新民一带与之背水一战，便召集众将开会商议。会上，多数人都提出应采取两翼包抄的战术，分左右翼兵进奉天。这样既可以避开南满线附近，不与日本关东军发生冲突，也能够不与集结于新民的张军主力直接交锋。只有郭松龄认为"张的军队已是乌合之众，不堪一击"，分路进击费时费力，完全是多此一举。

因连续获胜，郭松龄对张军相当不屑一顾，曾说："等张作霖把奉、吉、黑三省的杂牌队伍全部集中后，一击成功，可免去东征北讨，战事延长。"在他看来，现在正是这样可予以集中歼灭的好机会，"（张军）越是集中，我们收到的效果越大，趁所有敌军都集中新民附近，正好一网打尽"。

无独有偶，当张军在兴隆店召开军事会议时，也有人建议为防范郭军的两翼包抄，应实行分路堵截，作为张军总指挥的韩麟春则判断，郭松龄性格固执急躁，指挥作战多喜欢硬碰硬，加上一路打的都是胜仗，骄傲轻敌，实战时必定仍只会集中兵力攻坚，且直向白旗堡一带进军。会议最终采纳他的主张，张军所有兵力都被部署到了白旗堡附近的岸上。

我扯谁的后腿，谁就得趴下

1925 年 12 月 22 日夜，郭军向张军的巨流河防线发起全线总攻击。战斗十分激烈，枪声连成一片就像刮风一样，但与以往不同的是，郭军的几次强攻都未能得手。外间传说，日本派一个师团的陆军和百门大炮加入张军防线，巨流河、兴隆店一带无处没有日本兵，一些郭军官兵事后便认定是与他们作战的除了张军还有日军，所以仗才这么难打。张学良的机要秘书刘鸣九亲身参加了巨流河战役，据他说，这是不符合实际的，因为整个巨流河防线并不太长，倘有此事，一万多人的日本师团和那么多大炮该配置于哪个阵地上呢？

又有人说，日本航空队曾狂炸新民等地，以配合张军的正面进攻。那时张学良兼任奉天航空处总办，下设三个飞行大队，如果要轰炸郭军，出动自家的空军就足够了，也实在没必要借助日本航空队。刘鸣九随张学良的军团部先后由兴隆店移驻新民，其间没有看到新民的哪一个地方曾经被炸。

日本人有援助张军，但仅仅只限定于几个日本顾问，比如张作霖的私人顾问町野参与了防御作战计划的制订，吉林督署日本顾问林大八中佐在前线为张军部署过炮兵阵地。在战场上真正顶住郭军的还是他们曾经的手下败将，只是士别三日，他们的状态早已今非昔比。

巨流河距离奉天省城不过几十里，郭军只要越过巨流河，奉天就不能守了。可是果子明明就在眼前，却横竖吃不着，郭松龄急了，立即下令集中火炮摧毁张军阵地，然而接下来却发生了一件让众人都倍感惊异的事：耳边炮声隆隆，但没有一个射击目标遭到破坏，连炸裂的声音也听不到，就好像炮兵射出的不是一颗颗炮弹，而是一个个铁球。

郭松龄忙问参谋长、炮兵专家邹作华究竟是怎么回事，邹作华煞有介事地解释说，张军阵地都建在巨流河河坝之上，河坝全是沙土地，抗力小，故而射出去的炮弹都不爆炸。

事实是郭军只有很少的工辎部队，运输工具还是临时从民间雇用的十余辆汽车，在铁路运输连运兵的基本需求都无法充分满足的情况下，其战斗配备受到很大影响。负责这方面的军官忙中出错，出发前检查不周，居然所有炮弹引信都忘记携带了。及至战斗开始，这一要命的失误才被发现，但再运已来不及了，又不敢据实报告，郭松龄下令开炮后，就只得将没有引信的炮弹打出。当郭松龄发问时，邹作华若据实讲来，不仅会让同僚倒霉，还可能牵连到自己，自然也就只能一本正经地瞎编了。

张军阵地挨了半天炮击，却没有受到损失，也是莫名其妙。后来郭军兵败，邹作华以此邀功，说自己身在曹营心在汉，事先让火车上管弹药库的人把炮弹引信抽了出来，所以炮弹才会不炸。张学良晚年对此进行了否认，说："那是假话（指邹作华暗中做手脚），不但是假话，那邹作华当时是真心帮他（指郭松龄）。"

原张学良第三军团的炮兵囊括了东北炮兵的大部分，兵变后皆为郭军所有。郭军能一克连山，再夺锦州，炮兵居功至伟，如今大炮哑了火，郭松龄也没有其他办法，只得继续督促步兵发动硬攻。

虽说邹作华对郭松龄说的都是瞎话，但河坝坚固也是真的，一旦炮兵不能发挥威力，步兵在河坝前再怎么折腾，都唯有流血送命的份儿。张军方面，吉林和黑龙江军固然在装备上不及对手，野炮又已在战斗中全部散失，所存山炮只有一营，然而张作霖已把奉天兵工厂储藏的大批新枪、新炮、弹药，一股脑儿全部送到了前线，相对于无后方作战，弹药无法补充的郭军，他们反而后来居上。据说当时连奉天兵工厂的技工、技士都到前线充做了炮手，他们熟悉火炮技术性能，射得很准，每发必中，给无法逾河坝而过的郭军造成了极大伤亡。这让郭军又产生错觉，以为"奉军方面有日本炮兵参加"。

郭军官兵的思想本来就比较混乱，仗打得好还罢了，一旦遇到重大挫折便会产生剧烈动摇，尤其下级官兵，眼看奉天近在咫尺，自己有家不能归，还得在冰天雪地中与以往袍泽拼个你死我活，更是本能地生出了对郭松龄的不满。进攻失败后，士兵们议论纷纷，有人嘀咕："进城（奉天城）打谁呢？打老将吗？我们不会这样没良心。"更多的说法则是："吃张家，穿张家，郭鬼子造反真是个冤家。"这一天下来，郭军士气不振就已达极点，由此也可以看出，郭松龄在东北军中的威信，确实还是压不倒张作霖。

1925 年 12 月 23 日，就在郭军攻击受挫、军心沮丧之际，吴俊升的黑龙江骑兵赶到战场。吴俊升虽然没有多少正规的军事知识，但毕竟也曾是一员久经沙场的悍将，他在军事会议上说："我是老粗，不懂得红蓝铅笔在地图上怎么画。我只知道两个人打架，我扯谁的后腿，谁就得趴下。"

吴俊升用来扯郭松龄"后腿"的办法，是亲自带领骑兵绕道袭击郭军后方。郭松龄在滦州起兵时只控制了炮兵、步兵，没能控制住骑兵，这导致在巨流河战场上，张军骑兵极多，而郭军骑兵极少，一旦面临骑兵部队的大规模冲击，几无抵御能力。

骑兵得手之后，张军正面部队乘机放弃阵地，实施全线出击。让他们感到惊异的是，当面的郭军竟然不做抵抗，就纷纷举起白旗，自动缴械投降。此后，整个郭军阵营便呈现出兵败如山倒的趋势，即便郭松龄亲临前线指挥也无济于事。

群龙无首

郭松龄在阵前召开紧急会议商议对策。会上大家面面相觑，谁也拿不出什么解困的好办法，因为每个人心里都明白，这场战争是注定失败的了。与会者最后决定给张作霖发电报，承认失败，请求宽恕。张作霖很快回电，大意是除郭松龄一人外，其他将领均可赦无罪。

张作霖的这份回电颇具策略，所起到的效果也极其微妙。郭松龄走投无路，于是提出反攻意见，计划亲率五个步兵团，于第二天拂晓实施进攻。没想到反攻意见一提出，便遭到了众人你一言我一语的反对，什么部队无法整顿啦，什么后方联络线中断啦，什么人心不稳不愿打奉天啦，什么通过南满铁路恐有问题啦，总之就是找各种理由逃避继续作战。

郭松龄再有勇气，总不能做光杆将军往上冲，只好说："你们都不愿意打了，现在就是因为我。我走，你们跟沈阳接头就是了。"说着，愤然离开前线指挥所，回到了位于白旗堡车站的郭军总司令部。

不料当天晚上，王永清的黑龙江骑兵旅突然闯入司令部附近，停在司令部后面的弹药车被击着火，车站内外顿时火光和爆炸声一片。司令部人员不明真相，以为司令部已被张军包围，于是纷纷下车各自逃命。

郭松龄身边向来没有为他分劳的各种得力幕僚，自滦州起兵以来，大事小事都是自己一把抓，此时早已经到了精力不济、顾此失彼的状态，听参谋副官报告司令部被围，便也信以为真，当下即偕夫人韩淑秀及少数机要人员，在一部分卫队的保护下，乘着民间大车向南逃跑。郭松龄一脱离战场，余下部队群龙无首，投降的投降，逃跑的逃跑，郭军至此彻底失败。

1925 年 12 月 24 日，当郭松龄一行逃亡至新民县的苏家屯时，与走错道路的王永清骑兵旅不期而遇。郭的卫队全是刚从教导队毕业的青年学生，缺乏战斗经验，连老百姓见了，都说"不像当兵的，倒很像学生"，而且卫队又没有重武器，步枪也很少，学兵们多持手枪或手提机枪，打得不远。在王部用迫击炮实施轰击后，卫队很快就消耗完子弹并被包围缴械。

王部查问俘虏郭松龄去了哪里，有的说不知道，有的说向南逃了。接着又问老百姓，老百姓回答说不认识什么"郭鬼子"，只知道有一男一女下了菜窖。王部于是判断郭氏夫妇就藏在菜窖里，他们自己不敢下去抓人，就硬逼着两个村民下去。村民进入菜窖后，郭松龄想开枪，被韩淑秀劝阻，说："别打！他们也是被逼下来的。"当郭氏夫妇走出菜窖就缚时，村民们看到"（郭）挺高的个子，长脸。他老婆个子不高，长得挺漂亮"。

获知郭松龄夫妇被捕，王永清的上司、骑兵师师长穆春当即给张作霖打去电话，报告了事情经过。这时张作霖喉咙已经哑了，最初他还有些半信半疑，直到穆春说此事千真万确，绝无错误，他才兴奋地说："他妈拉个巴子的，我得叫他来，问问他。你们好好地看着，别叫他寻了无常，等天亮我派人去弄他来城里。"

张作霖接电话时，他的秘书长郑谦和杨宇霆正好就在旁边。后者问他会怎么处理郭松龄，张作霖显然仍没有想好，只是说："把他解回来，我当面问问他到底为什么反我。"

郑谦是个很有头脑和做事稳健的人，他立即说："日本兵派兵在营口以北一带巡逻，万一知道我们押解的是郭松龄，中途截去怎么办？"

虽然从事后来看，郑谦显得有些多虑，但在那种混乱的局面下，他有这种想法却也情有可原。与郑谦意见一致，杨宇霆同样不主张将郭押来奉天，不过他顾虑的是另外一层。

将星落地

杨宇霆对张作霖说："郭反正是要死的，不如就地枪决，以免株连。"这句话提醒了张作霖，他倒不是光想到张学良，而是考虑到，郭军几乎包含了东北军全部的精锐，事情既已过去，大部分官兵还要予以保全，没必要留活口从而牵连无辜。

张作霖随即让杨宇霆代为拟电，将郭氏夫妇就地枪决。以后张学良及郭军旧属均归咎于杨宇霆，认为是他"矫老帅之命"，导致郭松龄被处决，这也成为杨宇霆日后遭到诛杀的原因之一。可是以郭氏夫妇死后，张作霖仍要将他们暴尸三日以泄愤这一点来看，即便没有杨宇霆的建议，郭松龄亦必定难逃一死，而杨宇霆一片苦心要调解张氏父子的关系，避免他们感情破裂，结果反被人歪曲，以致惹祸上身，也真是太冤、太不值得了。

在杨宇霆代拟的处决令中，枪毙韩淑秀的理由和罪状是"附逆最力，在滦州独立时，当众演说，摇惑军心"。韩淑秀确实自始至终参加了郭松龄的反奉行动，且起到了很重要的作用，张学良就说"郭松龄起兵倒戈的动因，与她的太太有很大的关系"。这是个很硬气也很有担当的女人，行刑时，围观的村民看到"郭松龄有些颓了，那女人倒比她男人刚强"。死到临头，韩淑秀还对丈夫说："你怕什么，如果我们胜了，不也是一样吗？"她接着又对行刑士兵说："先打我，让军长（指郭松龄）看见我走了，好放心。"

郭松龄是在一户姓郝人家的庄稼地里被枪杀的，郝家认定郭被杀是"将星落地"。将星自非人间凡品，落在哪里，哪里的风水一定错不了，因此郝家人特地在郭被杀的地方植上松树，作为自家坟地，此后该处便得名松树坟，或称郝家坟。

在郭军兵临城下的那段时间里，张作霖被迫把家属都暂时藏到他的日本顾问松井七夫家里避难。当张作霖接到前方电话，得知郭松龄已被处决时，正值他的第八个孩子张学铨出生，张作霖十分高兴，一拍大腿，就给张学铨起了个小名，叫作太平。

张作霖并不知道，他的大儿子此时尚处于六神无主的状态之中。穆春在擒获郭松龄后，除直接向张作霖报告外，也给张学良发了电报。张学良获悉，当时就打算让穆春先将郭松龄送到新民县，然后予以释放。他和机要秘书刘鸣九进行商量，刘鸣九说："这个事情你可要好好考虑，老将这样震怒，能行吗？"张学良听了有些害怕，暂时便再未提及这个话题。

对郭氏夫妇行刑的并不是穆春，而是张作霖的卫队团团长高金山。和穆春一样，高金山也知道张学良与郭松龄不同寻常的关系，所以在从奉天总部出发时亦给张学良发来了一封电报，电报中没有说行刑，只是说奉派押解。张学良正在兴隆店自己的司令部内，收到电报，他马上让刘鸣九复电高金山，叫对方押送郭氏夫妇路过兴隆店。刘鸣九问："到这里干什么？去沈阳又不顺路。"张学良回答："到这里我把他放了。"刘鸣九没想到他对放郭仍念念不忘，急忙提醒道："这不行啊！老将本来就对你很恼火，你再把他放了，老将能答应吗？"张学良这回很坚持，说："不要紧，你就写吧！"

刘鸣九只得遵命拟写电报，然而还没等他把电报稿写完，高金山的第二封电报来了："走到老达房，奉帅令已将郭松龄夫妇枪决。"张学良看完这封电报，跺了跺脚，叹了口气，说："完了。"

就当作一次演习吧

张学良与郭松龄关系亲密，形同一人，但那是郭松龄反奉以前的事，之后他不仅被夺去军队，还差点遭受灭门之灾。在这种情况下，张学良仍要不顾一切地放郭，连刘鸣九都弄不清其动机何在，只能单纯归结为"张待人宽厚，对郭始终怀有眷顾之情"。

几年后，张学良正式继承父位，没多久便诛杀了杨宇霆。外界认为，这与杨宇霆不识时务，在张学良未"登基"之前就与之结怨有关。可是张杨之间的所谓怨其实并不是什么原则性的大事，无非是杨当初没有能够事事都顺着"太子"罢了。这至少说明，张学良并不如他身边的人所形容的那样宽厚和有肚量，回到郭松龄这件事上，他对郭也不会真的"眷顾如初"，否则的话，他不可能在政坛上走那么远。

到了晚年，张学良说出了自己当时的打算："郭茂宸（郭松龄字茂宸）的确是一个难得的人才，若由我处理，应让其出国深造，以后再为东北地方之用。"可以看出，张学良放郭的目的之一是要将其重新收拢过来，为己所用。

抛去张学良是否真的参与郭松龄反奉不提，毕竟他能成为远近闻名的"少帅"，郭松龄的作用无可替代，张依赖郭来练兵打仗，以及统摄陆大派这样一支派系力量，也都已成为一种惯性，可以说，骤然离开郭的辅佐，张会本能地感到困难重重。

张作霖出身绿林，也因此常被讥为不学无术，但他为人豪爽，且能知人善任。相比之下，张学良就缺乏这样对人才兼容并蓄的能力，终其一生，选用到的大将之才只有一个郭松龄，他也离不开郭松龄。在他看来，郭反奉，说明这员虎将的毛还不够顺，如果捋顺了，不一样可以继续用吗？从这个角度理解，郭松龄被杀，令张学良未来的用人计划落空，所以他才会跺脚叹气。

接下来，张学良只能考虑如何接收郭军残部，也就是原来归属他的第三军团了。还在郭松龄占领锦州，奉天省城陷于极度恐慌之中时，张作霖就曾在一次会议上提出过善后处理的问题，吴俊升当时态度激烈："郭松龄非杀不可，追随郭松龄的将领也非杀不可。"

散会后，张作相有意留在后面，等吴俊升走了，又重新转了回来。见他去而复返，张作霖便问："你有事吗？"张作相说："郭松龄反奉，都是汉卿（张学良字汉卿）的军队，也是你老的军队，都是家乡子弟，不该处理一大片，结下子孙仇！"张作霖听了欣然道："好！"随即派人分头给尚在奉天城内居住的郭军军官家属送米送面，进行抚慰。后来郭军将领们给他发电报，请求宽恕，他在复电中又重申了"罪在一人，不及其余"的原则，这些在当时都起到了瓦解郭军的作用。

战争结束，张学良、张作相、吴俊升、韩麟春会合一处，讨论怎样处理郭军将领。与张作相老实宽厚的个性不同，吴俊升是表面一团和气，内心狠辣无情，同时在后期激战时，黑龙江军队也伤亡惨重，为此，他提出要对郭军将领一律追究，并将郭部军长一级和抵抗最有力的几名旅长予以处死。

张作相战前就有不扩大惩办范围的主张，他表示反对："这是奉军内部自家的事，就当作一次演习吧！郭松龄已经死了，别追究了，保留元气吧！"韩麟春也与张作相持相同观点，力主从宽。

就张学良而言，郭松龄的部下就是他的部下，全部处理完了，他在东北军内部也就失去了基础，当然不想株连过多，但最终杀不杀，还得张作霖说了算，而相比于张郭战争之前，张学良在他父亲面前的发言权已大受限制，张作霖一看到他就骂："我这点家当都叫你给折腾光了。"张学良不敢再多言，只好恳求张作相回奉说情，请求张作霖不要再多杀一人。

张作相向来都维护着张学良，听后立即赶回奉天见张作霖，并当面提出了郭松龄既死，其他人员一律免究的建议。

正好吴俊升、张景惠、王永江、杨宇霆等人也都在帅府，张作霖尚未定夺，张作相的建议就遭到他们的全体反对。张作相与众人竭力辩论达两小时之久，但室内空气仍无法缓和，"总得杀几个"的声浪还是不断响起。最后张作相急得哭了，他抽抽噎噎、若断若续地说："那就先杀了我，免得再看发生惨剧。"

张作相在文武群臣中有着不错的口碑和人缘，见他这副模样，别人也就不好再说什么了，更重要的是，他们看到张作霖实际对张作相持支持态度，不同意张作相的意见等于拂了张作霖的面子，于是也就一个个改弦更张，开始帮着张作相向张作霖求情。张作霖见状顺水推舟，给了一句"那就让小六子去看着办吧"的答复。

张作相生怕张作霖事后变卦，赶紧又叫通新民的电话，请张作霖把这一意旨亲口向张学良说一遍，至此，他才如释重负，放下心来。

演一场戏

张学良能够在民初一群政要的后人中脱颖而出，固然要归功于张作相、郭松龄等人曾给予的帮助，但也确有属于他的一套。由于大部分时间都待在高层，耳濡目染之下，张学良对于如何掌权和拥有自己的实力，要比练兵用兵熟稔得多，这在战后处理郭案上可以看得非常清楚。

　　张学良先对郭军将领进行了一次肃清，凡与郭松龄关系较深的老同学、老同事，均撤职不予录用。当时部队不在新民，而在后方的军官，以后也均撤职。然后是职务上的考量，中下级干部大多奉命行事，因此一律不予追究，照常任职。旅长以上的将领，除郭反奉时，被郭怀疑削去军职，或在郭军到新民后，就和张学良暗通声气的少数人得以官复原职外，其余都必须经其逐一考察。这样做既在最大程度上保证了原第三军团的骨干力量不致流失，仍可为其所用，又避免了军队日后再次生变。

　　在对旅长以上将领进行甄别时，张学良问他们："你们说怎么办？"每个人的回答都不相同，有的说："这是郭鬼子的所作所为，我是没有办法的。"还有的说："这账，你找郭鬼子算就是了。"只有被郭松龄任命为军长的刘伟颇为倔强，没有把责任往郭松龄身上一推了之，当张学良问他"刘佩高（刘伟字佩高）你怎么干这不是人的事（指附郭反奉）"时，刘伟坦然回答："有不是人的长官，才有我这个不是人的部下！"

　　韩麟春当时在场，觉得刘伟勇气可嘉，是个汉子，在征得张学良的同意后说："刘佩高你是好样的，还回到第二旅去当旅长（刘伟原任第二旅旅长）。"最后这些高级将领只有刘伟一个人得以重掌军权，其余全部被安排了闲职。

　　看到大局已定，张作霖遂在帅府办公厅召开善后会议。他进入会场后，首先把头上的貂皮帽子摘掉放在大案子上，接着向会场环视一周，然后才用低沉的语气说："今天这个会虽然还是由我主持，可我是出来向大家作交代的。"说完，他把目光转向与会的袁金铠："四哥（张作霖对袁的称呼），你把通电先宣读一下，明天就发表。"

　　袁金铠清了清嗓子，高声朗读道："作霖才德菲薄，招致战祸，引咎辞职，还政于民。今后将东北行政交王公（王永江字岷源）、军事交吴公兴权（吴俊升字兴权），请中央另派贤能来主持大局，本人甘愿避路让贤。"

　　张作霖之所以要让人起草这封通电，直接起因是郭松龄到新民后，便抛开"清君侧"的一套说辞，直接朝他开了炮。在郭松龄发表的告奉天父老书中，张作霖被口诛笔伐，大加指责。迫于形势的需要，张作霖当时也被迫发出通电，承认因连年参战，影响了人民生活，同时表示在张郭战争结束后，将引咎告退。

说出去的话，犹如泼出去的水，既然前面做了这样的保证，后面就不能不有所交代，哪怕是演一场戏。

通常情况下，一场戏除了主演外还得有一众积极配合的助演。未等袁金铠把全篇电文念完，吴俊升就站起来连摆手带摇头地说："嗯……嗯……我一天也担当不了，你不干，嗯……咱们一块儿撂下！"王永江也连忙站起来："永江代理一省政务，也不称职，惟有大帅在，我得随时请示，才不致误国。现吴督军不肯负责军事，我又不胜任政治，东北大局实不堪设想，倘有不测，招致内忧外患，大帅有负国家人民倚托之重。"

战祸是谁引起的，张作霖说是他，但郭松龄最早的"清君侧"却指明是杨宇霆，此乃众所周知的事。杨宇霆不敢回避，继吴俊升、王永江之后，他站起发言："苏皖挫败，乃至牵动全局，招致叛变，我是罪魁祸首，理应明正军法，但蒙大帅宽容，准许戴罪立功，这完全是从大局着眼。"

当时李景林、张宗昌的直鲁联军正遭受国民军的猛烈进攻，形势岌岌可危，杨宇霆主张应加紧收编郭军残部，集中力量，先封锁辽西要塞，然后派劲旅到关内对直鲁联军进行策应，以求共同击败国民军。为此他呼吁："这种危急存亡之际，绝不是大帅引退休养之时。"

一石激起千层浪，发言实际也就是表态的人越来越多，有的直接说这次战祸仅一个月就得以平定，"全仗大帅洪福"，言下张作霖不仅无过，还有功。

眼见火候已到，再讲下去恐怕自己也要感到难为情了，张作霖站起身用手往下一压，让发言人坐下："照大家这么一说，我还得干！行，将来有人出来主持东北大局，我一定让贤。"

小六子上了贼船

随着"让贤"的戏份儿暂告一段落，张作霖突然脸色骤变，一边眼光四顾，一边询问军政执法处处长常荫槐来没来。常荫槐闻声从后面角落里站起应道："我在这里。"

张作霖大声对常荫槐喊道："常处长，我命令你坐专车去把张学良给我抓回来！我自己枪毙他。你要让他逃跑了，拿你的脑袋来！"常荫槐弄不清张作霖的葫芦里究竟卖什么药，刚想转身，就被吴俊升制止："嗯……常处长，你慢走，我有话说。"

吴俊升虽然出身大老粗，没有什么文化，但处事却极其圆滑，可谓是八面玲珑。他一眼就看穿了张作霖还在继续演戏，只是剧目由"让贤"换为"斩子"罢了，同时张作霖在剧中的虚情假意也都是一样的——嘴上喊着枪毙儿子，不过是要欲擒故纵，换一种方式为儿子擦屁股。

吴俊升两次都是第一个站出来给张作霖圆场，足见其人聪明之处。张作霖暗暗高兴，他假装怒气冲冲地问吴俊升："你有什么说的？"吴俊升答道："嗯……过去没有张军长（指张学良）还将就，现在没有他一天也不行……"

为了能够把戏演得更为逼真，张作霖当然不能这么糊里糊涂就过去，他把脚使劲一跺："你胡说！"全场为之震动。

吴俊升忙说："嗯……没有张军长，谁去招抚郭军散兵？散兵还不算，魏益三部下还有两万人马在山海关，若和冯玉祥一合股，比郭鬼子力量大几倍，打过来，奉天就顶不住……"

顺着这个现编的理由，"吴大舌头"越说越顺溜："嗯……收编郭军，谁也办不到，嗯……我不敢去，大帅也不行，非张军长不行！他一摆手，那些人就都回来！张军长再往前一挺，天津、北京就落在咱们手里，那时候我才敢保你上北京。"

经吴俊升如此演绎，张学良转眼之间价值倍增，张作霖再要"斩子"，等于就是不顾大局了。这时张作相也站起来要发言，张作霖大喊一声："你住口！我姓张的用人，向来是一秉大公，赏罚分明，并不是我自己养出来的都是好的。小六子这个损种上了郭鬼子的贼船。"

张作相显然是要继续为张学良说话，但几乎所有人都知道，他是张作霖所有部将中最偏袒张学良的一个，因而此时此刻，他说出的任何话，都可能是在帮倒忙。对于张作霖来说，有吴俊升的那些理由就足够了，用不着再画蛇添足，让别人产生自己护短的印象。

张作霖召开善后会议的另一个目的，是要贬新派，扬旧派。他对奉系内部的各个派别并无事先设定的成见，好就是好，不好就是不好，新派在两次直奉战争中显示了价值，因而受到重用，可是这次反奉战争恰恰又是由新派一手挑起，而且竟然用他老张的军队来打他老张。倒是一群老兄弟们两肋插刀，带着貌似早已过气的旧派人马在关键时刻救了自己一命。

让张作霖心存感激的这帮老兄弟中，既有一贯死忠于他的张作相、吴俊升，也包括一度离开的张景惠、汤玉麟。张景惠在张作霖最感绝望的时候甘愿同生共死，汤玉麟虽然曾犹豫彷徨，但在关键的巨流河一战中，还是义无反顾地率部出击，对郭军进行了截击，由此重获张作霖的信任，张作霖认为他"作战英勇，为人可靠"。

无论是从感情还是理智上，张作霖都感到有必要给新派泼一泼冷水，再为旧派点个赞。他说："什么他妈的讲武堂、教导队，花了几百万块现大洋，讲他妈的学科、术科，耀武扬威地装他妈的了不起。这帮杂种算狗屁！"

黑龙江骑兵旅旅长王永清出身土匪，绰号"天下好"，他不但袭击郭军后方司令部，造成郭军大乱和郭松龄脱离战场，而且还直接擒获了郭松龄。张作霖便把他拿出来作为旧派并不比新派差的证据："'天下好'带一个骑兵团就把这帮兔崽子（指郭军）打得蒙头转向。郭鬼子、小六子瞧不起吉黑两省的军队，我的天下就是这些人打的！"

"我姓张的向来一秉大公"，在说这句话的时候，张作霖确实可以做到无愧于心，甚至很多将领原来都不是出自奉系，与他素无瓜葛，比如李景林就是直隶人，只是单纯因为作战有功而受到了重用。回到郭松龄，又何尝不是如此，张作霖对郭松龄刚来投奔他时的落魄情景仍记忆犹新："郭鬼子这个鳖羔子（鳖羔子指鳖的幼崽，东北方言中骂人的话），到沈阳来，扛个行李卷，有两个茶碗还有一个没把的。小六子说他是人才，能吃苦耐劳，我一次就给他两千块大洋，给他安家，那时候他感激到把他妈给我当老婆他都愿意！"

站在他那个位置上，张作霖对郭松龄反奉的真实起因看得很清楚："他自以为有功，在座的谁不比他资格老。汤二哥（指汤玉麟，冯麟阁、汤玉麟、张作霖三人结拜时，汤居于老二）和我穿一条裤子，出生入死，现在和郭鬼子拉平辈。小六子上了贼船，郭鬼子教他学李世民清君侧。"

历史上李世民"清君侧"只是个幌子，为的是实施宫廷政变，争夺父兄手里的权力。当张作霖想到这一层的时候，他的那种恨铁不成钢的情绪一下子占了上风，突然又当场发作起来："我若不亲自毙了小六子，对不起在座诸位……常荫槐，你不执行我的命令，我先枪毙你！"

眼看事情要糟，杨宇霆霍地站起身："请大帅息怒，请大帅息怒！还是吴督军说得对，为大局计，张军长不但不能法办，还得授给他统率全军的大权，扭转大局，非张军长不可。至于郭军叛变，我们大家都有责任，不能归罪他一个人。"

王永江老谋深算，立即说："近来大帅操劳过度，应该为国家保重身体，我建议马上休会。"张作相、吴俊升心领神会，两人上前一左一右地架着张作霖退席，张作霖也意识到自己入戏过深，差点就要把戏给演砸了，于是便顺势装着不情不愿的样子，被张、吴架着出了会场，走之前还不停地喊："张学良免去本兼各职，听候查办！"

宴非好宴

之后张作霖又召开了一次军政首长大会，当然这次仍是做戏，只是对象变成了各法团领导人。会上，张作霖首先斥责了作战不利的军官，尤以汲金纯为最。汲金纯在第一次直奉战争中就丢盔卸甲，所统领的第二十七师本为张作霖起家的基本部队，结果竟然让民团给缴了械，这次张郭战争又是他首先掉链子，直接导致张军大败于连山，因此被张作霖结结实实地痛骂了一顿。

骂完不得力的部下，张作霖对与会众人说："我不善用人，出了这样的败家子，对不起地方父老百姓。天下英雄多得很，你们另选高明来接替我吧！"

虽然实际还是为了演戏给人看，但当触碰到"另选高明"这个话题的时候，张作霖却又一次动了真情，他越说越气，越气越收不住："你们中间不是有人想要欢迎郭鬼子吗？好啦，我不干啦！"说着便站起来，手指奉天省议会议长范朗清："范议长你不要走。"范朗清被吓得面如土色，他一会儿站起，一会儿坐下，不知道该如何回应。

王永江见状，急忙接过话茬："不干当然是不干了，不但大帅不干，我们也不想再干下去啦，但是军事刚过，善后没办，地方疮痍满目，急需整理。我们把一些问题处理处理，然后让地方另举贤能接替吧。"吴俊升附和道："谁是英雄，我看我们都是狗熊，只有大帅是英雄。"

这几句话把大家都说得笑了起来，会场内的空气立刻得到缓和。张作霖按照上次会议的招数，站起身说："你们大家商量好了！"然后便退出了会场。他一走，会议在王永江的主持下重开，各法团负责人不出意外地都一致慰留张作霖继续出任东三省首长。

"让贤斩子"的戏终于可以圆满收场了。隔了两天，张作霖在帅府召开的所谓民众大会上发言，向社会各界做最后一次交代。他训话的重点分为两层：第一层是显示威严，"谁想造反，郭鬼子就是先例"；第二层的大意是说他本不想干了，既然大家仍然推举，不得不接着做下去，但此后大家要安分守己，"一切听我的"。

内部的事情交代完并不是结束，真正难办的是张作霖单独和日本签订的那份密约。事实上，张作霖签完密约后，自己心里也不踏实，一回去就拿给王永江看。因为当时郭军正兵临城下，情势十分危急，王永江怕影响张作霖排兵布阵的情绪，就没有说什么。直到郭军兵败，他才慢慢地跟张作霖解释："答应土地商租和杂居，就等于承认日本向中国提出的'二十一条'。"杨宇霆知道后说得更具体："这是袁世凯'二十一条'中的第十六条，我们不能那么做。"张作霖一听如梦初醒，顿时把肠子都悔青了，赶紧让王永江和杨宇霆想办法挽回。

王永江、杨宇霆的办法是召集议员开会，对密约进行反对和抵制。于是张作霖便用电话通知日方："省议会通不过，所以我暂不能答应商租和杂居问题。"

随后张作霖又亲赴旅顺，就关东军在张郭战争期间提供的帮助进行答谢。为了还掉日本人的人情，张作霖此次自掏腰包，特地拿出一笔钱赠送给关东军。可是光这点钱，日本政府和关东军哪里能够看得上眼，他们在意的仍是密约，而且他们很清楚，所谓"省议会通不过"只是个幌子，东北的事情只要张作霖点头，就没有通不过的。

关东军司令官白川义则为张作霖举行欢迎宴会，准备在宴会上重提这件事。张作霖知道宴非好宴，但也只能硬着头皮参加。赴宴前，秘书问要不要为他起草一份答谢词，他回答说："不用，他有来言，我有去语。"

宴会开始后，白川先致辞，提到郭松龄事件能够得以平息，对中日双方都有好处，"解决这件事我们（指关东军）也尽了力"。意思是当时许给他们什么还是要履行，不应找借口反悔。

张作霖早有准备，他在致答谢词时连称感谢，但在涉及有关密约的具体问题时却说："我有两个图章，一个交给下边，处理一般问题时使用。一个由我自己保管，遇有重大问题，非盖这个图章不生效。"

说着，他真的从怀里掏出一枚图章给众人看，并表示怀里这个图章才是生效图章，而密约并没有盖这枚图章，所以不生效。"在郭松龄反奉时期，下边人谈些什么，他不代表我。"

签订密约时，由于双方都很仓促，所以协定确实不很规范，张作霖身边有一大帮外交方面的专家，当然能够看出来，张作霖也就以此钻空子。白川等人气得目瞪口呆，但又不好当场发作，宴会最终不欢而散。

张作霖如此做法，连奉系内部的人都看出他是"有点赖账"，日本人更不傻，都说："张作霖说话，说了不算。"日本政府尤其是关东军的很多人因此对张作霖十分厌恶，他们认为从直奉战争到郭松龄事件，若不是日本从弹药补给到作战指导都给予不少援助的话，"奉军就不会有今天的威武"，至于密约也没有什么见不得光的，因为是"作为报答洪恩，奉军才进而提供了商租权之类的权益。"如今，张作霖居然"赖"得一干二净，实在是"忘恩负义"。

有仇必报

郭松龄在率部开赴新民之前，将魏益三部留在了山海关。郭部主力兵败巨流河后，魏益三拒绝张学良的招抚，正式加入了冯玉祥的国民军。1926年1月，张作霖一方面派兵讨伐魏益三，另一方面对山东境内的直鲁联军进行支援。

因为郭松龄反奉，张作霖在一段时间内对关内完全无暇顾及。等到张郭战争结束，冯玉祥的国民军已进占京津，截断京奉、津浦两路，李景林被迫率直军退往山东境内。与此同时，直系方面的靳云鹗部又由河南进入山东，将津浦路兖济段切断，与张宗昌的鲁军在曲阜、兖州之间对峙。

北有冯玉祥，南有直系，令张作霖倍感压力，尤其靳军在山东的作战也颇为得手，倘若这两派真正携起手来共同对付东北军，那就太危险了，于是他决定派张景惠专程前往武汉，与吴佩孚联系，希望双方能合力讨冯。

吴佩孚是有着书生般一根筋脾气的人，最恨朝三暮四、随风转舵之徒，他曾经对部下说："今天联甲倒乙，明天又联乙倒甲，我姓吴的生平不干这种事。"喜欢"干这种事"的是他曾经的部属冯玉祥，吴佩孚也因此对冯玉祥十分痛恨，即便佯装与孙传芳联合讨奉，其实还是想借机给冯玉祥一下子。

郭松龄讨奉，让吴佩孚见识到了另一个奉系的"冯玉祥"。早在张郭战争期间，他就打电报给张作霖，大意是说从前冯玉祥倒戈，令我痛心，现在郭松龄倒戈，想必你也很痛心，我生平最恨的就是这些反复无常的小人，现在我很愿意帮助你。

有了这段插曲，张吴联手便得以水到渠成。张景惠到武汉后，迅速与吴佩孚签订了合作讨冯的协议。因为张吴合作，靳云鹗遂与张宗昌战前议和，并反过来协助直鲁联军，沿京汉线向河南的国民军发起进攻。

据张作霖的日籍顾问町野说，他也曾奉命先后拉拢孙传芳、吴佩孚，而且第一个找的就是孙传芳。只不过孙传芳神情高傲，对与奉系结盟表示不屑，当着町野的面，他声称："我绝不跟张作霖这种坏蛋合作，也不必借用潦倒者吴佩孚的军队。在不久的将来，我就将统一天下，请你放心。"町野碰了一鼻子灰，扔下一句"竖子不足谈"，便放弃了对孙传芳的说服。

尽管孙传芳不肯和奉系合作，但对于张作霖而言，有一个吴佩孚愿意和他站一块也就够了。在东北军、直军、直鲁联军的三路攻击下，国民军很快就陷入了困境，战局发生重大转折。冯玉祥以让出热河为条件，希望与张作霖达成妥协，但张作霖根本不想接这个茬。不仅如此，在侦知郭松龄之变实际亦为冯玉祥所鼓动后，他还打破原先对王永江等人许下的承诺，准备人举进兵关内以泄愤。

民初政坛很多风云人物都有自己独特的个性。吴佩孚是眼睛里揉不进沙子，对一切背叛行为都无比憎恶，张作霖则是有仇必报，打败了一定要报复，等到打胜了再让人。这跟他打牌的风格非常相像，同样是喜欢赢不喜欢输，输了很不高兴，但赢了再还给你没关系。

据说第二次直奉战后，张宗昌原本并没有分到地盘，他无事可做，就天天陪张作霖打牌，结果每天都大输。当时张宗昌也没什么钱，输了便叫部下替他还钱。

他的参谋四处张罗，到处借贷，最后已经输到了数百万，张宗昌只好如实告诉张作霖："我没钱了，部下的饷也发不出去。"张作霖一听，就设法让张宗昌当了山东督办，山东相对来说是个富裕的省份，也等于张作霖是把更多的钱还给了张宗昌。

在张郭战争中，张作霖被看似不沾边的冯玉祥狠狠阴了一道，可以说是输惨了，那他就必须报复，为此可以不计代价，不论得失。袁金铠曾说："张雨帅向来遇事一直向前钻，顾头不顾屁股，加上杨宇霆从后面向前紧拨，将来不撞在墙上不休。"张作霖确实就是这样的人，上了马绝不肯再下来，除非对手已经自动倒地。

钱从哪里来

张作霖欲再次举兵入关的想法，引起了以王永江为首的"文治派"的极大不安。奉天本为天府之国，在王永江的悉心治理下，吏治财政也都拥有了一定的基础，若能循序渐进，保境安民，实足为乱世中的桃源之地。王永江也常劝张作霖"修文偃武，保境安民，刷新政治，自强不息"，张作霖嘴上答应，实际却总忘不了中原逐鹿，硬是要以关内一隅之地与天下争衡，结果就是一而再，再而三地自食其言。

最早是第一次直奉战争失败，张作霖纳杨宇霆之言，实行"整军经武"。无论是扩建兵工厂、购买飞机，还是扩充军队，都需要巨额投入，钱从哪里来？只能从奉票中来，实际就是靠官银号不断地加印钞票。

当时国外发行的纸币是可兑换的，通常要有三分之一的现金或相当于三分之一现金的实物作为储备，否则纸币就不能稳定。因为奉票不可在省内兑换，所以东北官银号发行纸币时虽然也要有一定物质基础作为条件，但其数额可以远低于三分之一，即以同样数额的现金或实物作为储备，可以发行更多的纸币。问题是即便这样，纸币发行也不是不受限制，一旦达到滥发的程度，必然导致币值跌落，物价飞涨，金融混乱，民生日蹙。

张作霖自督奉以来，军费向来不受预算限制，而且他和杨宇霆均志在事功，对花钱毫无概念。各方政客和势力来东北要钱，张作霖总是以"个人机密杂费"

的名目大笔一挥，予以批准。王永江对此颇有微词，说："总字（指张作霖）脑筋最简单，又最杂乱，故易上当，而不承认。"杨宇霆作为兵工厂督办和"整军经武"的主要发起人，自然更是花钱的祖宗。每当王永江稍加整顿，使金融稍有起色时，就会发现杨宇霆又在买机械购军火，扩充兵工厂了，于是奉票也跟着旋起旋落，始终无法稳定。在一封给友人的信中，王永江这样诉说自己的苦衷：好像在防洪水，筑起了一丈的堤，杨宇霆马上就会将之去掉一尺，于是"全堤俱溃，筑之力不如决之力大而且速"。

王永江固然是财经高手，可是碰上这么多败家的，也徒呼奈何。他曾反复向张作霖谏言："奉省应速改方针，发展民治，缩小军备，导中国裁兵统一先声，固中国长治久安之策。"到第二次直奉战争即将打响前，又力劝张作霖，说战事一旦结束，"我们什么也不要"，更不可留恋北京，因为"北京是一根无肉的骨头，谁夺到手也无肉可食，不如开发东北，大有可为"。

张作霖当时对此建议表示欣然接受，然而仗一打赢，便忘乎所以，仍像以往一样"棋胜不顾家""知进而不知退"。在他的授意下，东北军不但没有退回关外，反而乘胜南下，大肆扩充地盘。王永江对此痛心疾首，愤而批评张作霖"无信义，终不能成大事"。

因为没有听王永江的话，见好就收，张作霖偷鸡不着蚀把米，把关内地盘几乎丢尽不算，还直接导致郭松龄发起了反奉战争。张郭战争对东北经济和财政可谓雪上加霜，奉票原来十八元尚可换现银一元，这时发展到六十元才能换到现银一元，很多普通人家因此被逼得倾家荡产。王永江算一算，一年来，奉天的军费、兵工厂经费、经常性军事开支、张作霖的"个人机密杂费"总计已达五千一百万，而奉天全年的财政收入不过才两千三百万，尚不及总支出的半数。他断定，"奉天省将无法实施民政，财政破产乃为必然之势"，以及"郭叛以后，非数年休养生息，难复元气"。

作为唯一的弥补之策，王永江要求张作霖从速放弃偏重武力的思想，不再染指关内，同时"裁节军用"，将兵工厂缩小十分之四，军队减少到三个乃至四个师，张作霖的"个人私密杂费"也必须废止。后者因遭到军队武将们的反对而无法实现，对于前者，张作霖开始有所应承，在通电中声明要"修明内政，不勤远略，

310

与民休息"，但是话犹在耳，东北军就又敲响了大举入关的鼓点。

眼看自己费尽多年心血才积累起来的一点财富，最终都将一股脑儿毁损于战火，王永江心力交瘁，导致左眼失明。1926年2月，他请假回金州原籍探亲，便在故里给张作霖写了一封辞职信。张作霖自然要再三挽留，王永江就说我复职可以，但必须同意"裁节军用"的改革建议，这让已经骑虎难下的张作霖犯了难，只得准其辞职，另选他人为奉天省财政厅长兼代理省长。

王永江辞职，在东三省政界尤其是"文治派"中引起了地震般的连锁效应，吉林省长王树翰、黑龙江省长于驷兴均自动引退。这对张作霖打击不小，曾对人说："郭松龄以枪杆子伐我，王永江以笔杆子伐我。"

炮兵群

纵使张作霖曾经那么信任王永江，王永江又以辞职相规劝，却仍不能动摇其纵兵入关的决定。自1926年2月下旬起，随着张作霖一声令下，东北军大举入关，随后便会同张宗昌、李景林的直鲁联军向国民军发起猛攻。国民军抵挡不住，包括京津热河等地盘一一丧失，甚至一直被夹在奉冯中间的段祺瑞亦受池鱼之殃，被迫通电引退。

冯玉祥焦头烂额，为了减轻压力，只好通电下野，前往苏联考察，所有国民军均被改为西北军，由察哈尔都统张之江统一指挥。张之江坐镇张家口，将其主力部队向察绥撤退，借以保存实力，同时以一部分军队留守南口，以阻追兵。

张作霖调兵遣将，对南口形成了三面大包围之势，但却迟迟未下达攻击令。原因是他在入关后，即与吴佩孚商定，由吴主持南口战事，进攻南口也以直军为主。另外，直鲁联军收复天津后，张作霖任命张宗昌的大将褚玉璞当了直隶督办。李景林对此心怀不满，想脱离东北军，另谋出路，被张作霖及时发现并加以追缉，这就又耽搁了不少工夫。

1926年6月，吴佩孚亲自指挥和发起南口之战，他将攻占南口的任务交给直军大将田维勤，并告诉田维勤，如果攻下南口，即以察哈尔都统相酬。无奈田部多由投降过来的西北军所改编，与西北军稍一接触便马上溃散，很快就由六个旅变成了两个旅。

就在南口久攻不下之际，吴佩孚的后方又起了火——北伐军攻入湖南，相关告急电文雪片似的一日数至。万不得已，吴佩孚只得南返救急，北方军事转交张作霖负责。

第二次直奉战争后的一段时间内，乃是东北陆军的全盛期，拥有总数达六个军团的雄兵，然而张郭战争改变了这一切。那场突如其来的战争除对东北经济和民生造成极大打击外，也严重削弱了东北陆军的实力，其损失甚至超过两次入关作战损失的总和。东北陆军由盛转衰，在这种情况下，张作霖便将所余的大部分步兵精锐和全部炮兵都编入第三、第四军团，以便集中使用，也可以说，这两个军团是当时东北军中力量最强、装备也最为精良的部队。

第三军团长为张学良，第四军团长为韩麟春，按照第二次直奉战争时的模式，两军团实行合署办公，称之为联合军团。东北军曾有"五虎将"的说法，"五虎"分别为姜登选、韩麟春、郭松龄、李景林、张宗昌。如今姜登选、郭松龄已亡，李景林离奉而去，能被称为东北军名将的便只剩下了韩麟春、张宗昌。韩麟春不仅在指挥作战方面有突长，而且军事素养也要远高于张宗昌，张作霖让他辅佐少主，很明显地有替代过去"张郭配"（张学良与郭松龄）之意。张、韩在军团内也分工明确，张学良本身缺乏独立指挥大战役的能力，因此掌握的是财政和人事方面的权，军事指挥主要由韩麟春负责。

这次为了在"常胜将军"吴佩孚面前争一回脸，张作霖将联合军团和直鲁军全部投入战役，韩麟春、张宗昌这两员虎将也都被用到了刀刃之上。

1926 年 8 月 1 日，东北军对南口发起进攻。南口系山丘地带，且所处地理位置优越，可就近从京绥路上征发铁板、枕木、水泥及铁丝网等物资。利用张作霖迟迟未下达攻击令的那段时间，西北军在山上构筑了坚固工事，这也是吴佩孚的直军难以攻克的原因之一，不过等到东北炮兵开上来，情况就大不一样了。

东北兵工厂可以自己生产大炮，但好马配好鞍，没有高素质的炮兵，再多的大炮也只是摆设。说起东北炮兵，就不能不提一下张郭战争时的那个炮兵专家邹作华。邹作华人称邹大虎，先后毕业于保定军校、日本士官学校，读的都是炮科。他最早服役于皖系的西北边防军，任野炮营营长，在直皖战争中，他和他所属的野炮营被奉军收编，由此奉军才开始有了建立炮兵部队的基础。

因张学良也是学炮兵出身，对炮兵很重视，所以邹作华加入奉军后，即受到张学良的信任和提拔，他的野炮营扩编为炮兵第四团，隶属于张学良、郭松龄的"二六旅"。作为东北炮兵创始和扩展的关键人物，邹作华对炮兵的技术、射击两门教育抓得非常实在，专门主办了东北炮兵军官教育班和炮兵研究班。在这两个班的倡导下，东北炮兵的素质得到极大提高。他们可以单纯依靠图上作业，在无观测无试射的情况下开始效力射，还掌握了占领遮蔽阵地的技术，观测器材则从炮队镜发展到精微仪测远机，这在民初的国内炮兵中都是很先进的。按照张学良的说法，"东北军最厉害的就是炮兵"。

早在两次直奉战争中，东北炮兵便表现不俗。那个时代国内炮兵包括直军在内，经过正式训练的不多，而且多数都是买国外的炮，一门炮顶多带五百发炮弹，只有东北军的炮兵不单训练有素，而且由于后方能大量提供火炮以及炮弹，在战场上没有束手束脚的感觉。到了第二次直奉战争的山海关战役，一阵炮击过去，直军很多带掩盖的野战工事就都被摧毁掉了，直军的炮兵阵地亦受到压制，只是郭松龄在指挥上存在一些问题，以及步兵未能很好地利用炮击成果进行突破，才使炮兵的价值打了折扣。

邹作华虽然在张郭战争中当了郭松龄的参谋长，但因为他是张学良提拔上来的，而且在巨流河战役中又发生了神秘的炮弹不安引信事件，所以事后不仅没有受到处分，还被继续委以重用，担任了炮兵军（隶属于联合军团）的军长。在此之前，国内各军事集团都没有炮兵成军的先例，东北军创造了一个纪录。

作战时，邹作华将参战炮兵部队编组成左右中央各炮兵群。每一个炮兵群所使用的火炮都不是单纯的山野炮，而是依情况分别配属榴弹炮，同时部队也不是一个连一个营地使用，而是集结各类炮兵营，组成一个密集的火力集团。这是当时最先进的炮兵群战术，国内其他部队纵有炮兵，可能也从来没有听说过。

火炮的大规模有效运用，使得南口战役的激烈程度为有史以来所鲜见。张学良当时担任的是后方总司令，但仍清晰地记得："我们有两个炮团，七十二门野炮，最少也打了五六万发炮弹。这个炮弹虽与外国的炮弹不一样，没有那么好，可毕竟也是炮弹啊！"西北军在南口构筑的最坚固阵地称为"红工事"，最终也在凶猛的炮击下遭到毁灭性摧毁。

8月12日拂晓，东北军又投入新组建的坦克车大队，以坦克大炮作为掩护，向南口发起总攻。经两个昼夜激战，西北军全线溃退，南口至张家口一带尽为东北军所夺。

做一帝

北方的南口战役刚刚结束，南方战场上直军又再度败北。尽管吴佩孚使尽了浑身解数，但所部根本就挡不住国民革命军的猛烈攻势，他自己也在卫队的保护下，从汉口逃往河南。

直军在南北战场中的表现，证明继皖系之后，直系也已沦为明日黄花，而奉系则成为当时北洋最大的实力派系。作为奉系首领，张作霖水涨船高，无论是他自己还是部将们，自我感觉都好到要爆。1926年9月，奉系在天津蔡家花园召开高级将领会议。韩麟春首先发言，说各省军民都已派代表赴津，要拥护张作霖做海陆军大元帅，"以便统一军政大权，迅速平息内乱"。

韩麟春话音刚落，张宗昌立刻高声附和："既然各省代表们都愿意，我也很赞成。那么，老将，你就做一帝吧。"接着他又吹胡子瞪眼地说："俺们的士兵只要多练习编草鞋，准备着用，然后一声令下，三推两搡就可以打过长江去。"

张宗昌所说的"做一帝"当然不是像当年袁世凯那样称帝。袁世凯以他的悲惨结局告诉人们，龙袍不是不可以穿，但只能以其他能让世人接受的名目来穿，比如握有实权的国家元首或内阁总理，后者同样可以君临天下，意思其实是一样的。

张宗昌的话可算是说到张作霖的心坎上了。屡次称雄关内，使得他逐渐不满足于做"关外王"。毕竟，哪怕是一个可以遥控中央政局的"关外王"，与坐金銮殿的感觉还是不一样啊。早在张郭战争时，瞽目术士张震洲在预卜吉凶时，就说张作霖不但可以"逢凶化吉"，而且作为"大命之人"，他还将有"九五之尊"。张作霖认为现在正应了此兆，他可以堂堂正正地过下称帝瘾了。

就在大部分人都热情高涨的时候，杨宇霆提出反对意见，认为南方战事未平，在军事上尚没有直接把握之前，不宜过早"登基"。自王永江辞职后，张作霖原有的左膀右臂只剩下杨宇霆一人，他对之言听计从，于是便决定接受杨宇霆的意见，暂时把"称帝"一事放一放，看能不能先以安国军总司令的名义号令群雄。

张作霖要做盟主，北洋内部自然都无话说，就连以前反奉最力、架子摆得最足的孙传芳也开始拥戴其为北洋领袖。孙传芳属于直系的后起之秀，也是直系在吴佩孚之外的另一个能战之将，不过在江西战场上他同样被国民革命军打得丢盔卸甲、狼狈不堪，不得已，他只好掉过头来，乞援于张作霖。

得知张作霖正驻于天津蔡家花园，孙传芳特派代表杨文恺前往奔走接洽。杨文恺到天津后首先找到了张宗昌，张宗昌答应帮忙疏通，他还诙谐地对杨文恺说："俺是绿林大学毕业，你们从士官来（孙传芳、杨文恺均为士官生），从陆大来，现在什么也别说啦，咱们一起打南军吧！告诉孙馨帅（孙传芳字馨远），我一定和他一同干下去。"

经张宗昌疏通后，张作霖亦认为孙传芳尚有一部分实力，可以利用他在长江一带抵御国民革命军的北进，因此答应与其合作，且既往不咎。

孙传芳得信，即微服潜赴天津，预备晋谒张作霖。孙传芳是导致当初奉系南下失败的始作俑者，甚至可以说他还间接引发了郭松龄的反奉战争，奉系将领对之怀恨在心的不少。据说杨宇霆就极力劝张作霖乘机杀之，以泄旧恨，同时根绝后患。张作霖对杨宇霆说："你的气量要放大些，不打不成交，过去的事情又何必再提呢？历史上的人物多半由于利用降兵降将，才能够成其大业。"

他还语重心长地进行剖析："现在馨远（指孙传芳）因九江失败，力弱势孤，来投奔我们，我们如果怀念旧恨，乘机杀之，不仅要招天下人的笑骂，将来谁还肯归服我们，帮助我们，为我们用呢？这不等于堵塞贤路吗？"

张作霖一边说服杨宇霆等人，一边派张宗昌、张学良前往迎接孙传芳。对这件事，张作霖的日籍顾问町野起初一直被蒙在鼓里，直到有一天晚上，他看到张作霖正坐在椅子上看电报，然后副官送来一张名片，张作霖摆摆手说："不见，不见。"町野觉得张作霖的表情有些不自然，于是便从副官手里要过名片，一看是"孙传芳"。

新盟主

此前町野为了促成孙传芳与张作霖合作，曾在上海跟孙传芳吵过一架，还遭到了冷遇，现在看到孙传芳居然主动上门拜访，张作霖一下子就来了精神。他马上对副官说："请他来。"

一会儿，孙传芳由副官领着进来了。这时张作霖坐在一张小椅子上，町野则特意坐在一张大安乐椅子上，摆出一副"有如张作霖的头子的态度"。进来之后，孙传芳很自然地向张作霖跪下，但张作霖却面朝里面不加理睬。町野见状，心里自然大为受用，原先的那股郁闷情绪也烟消云散。他装出既往不咎，大人有大量的样子，拍着孙传芳的肩膀，请其站起来。

孙传芳站起来后可怜巴巴地说："我受到陈诚（北伐军指挥官，蒋介石的大将）的攻击，只身幸免于难。我愿意拿出我的地位、财产，一切的一切，请你们救救我。"

张作霖仍不作答，町野就让副官"把杨参谋长请来"。杨宇霆即时赶到，町野对他说孙传芳因为这个那个理由而来，"请你好好帮助他"。说罢，就志得意满地进房间去了。按照町野的说法，孙传芳第二天还和他碰了面，但一句话也没说，此后张孙联盟也告吹了。

如果町野的这段记述没有任何虚构的话，他所见到的一切，不过是张作霖、孙传芳、杨宇霆为了考虑他这个日本人的感受，所额外加演的一个小品而已。当他不在场的时候，真实的场景其实是这样——孙传芳一进蔡家花园，看到张作霖早在台阶下迎候，忙执晚辈礼，往前紧走几步，向张作霖深鞠一躬，嘴里连说对不起大帅。张作霖笑着安慰他："你辛苦了，过去的事不要再提了。"

会晤时，张作霖问孙传芳还有多少部队，孙传芳恭敬地回答："直属部队有五万余人，五省联军共有二十多万。"张作霖听到这里，对在座的人说："我们东三省的部队还有八十多万，连同直鲁联军不下百万。我们要齐心协力一起干，就是退到哈尔滨，剩下一团人，也要干到底。"

张作霖的这番表态让孙传芳很是激动，他紧跟着说："我们吃麦子的北方人和吃大米的南方人永远合不拢来。"孙传芳的这个比喻尽管听上去有些不伦不类，但却很符合当时众人的心理，在场的东北军将领们异口同声地称赞他说话"又漂亮，又爽快，真够朋友"。

孙传芳拜见张作霖的消息很快见诸报端，标题为"孙传芳拜山"。"孙传芳拜山"的最初结果，是孙传芳归附奉系，成为新晋的东北军将领。张作霖则承诺大量支援他粮饷械弹，以便他能够以五省联军总司令的身份，继续指挥东南各省的军队与"党军"（指北伐军）进行对抗。

1926 年 12 月 1 日，在北洋各派的拥戴下，张作霖在天津就任安国军总司令，孙传芳、张宗昌为副司令，这样他就在事实上成了北洋的新盟主。

张学良点评张作霖，认为父亲有诸多缺点，唯"外交"（此处专指国内政坛上的交际）上的功力自叹弗如，说："我父亲他比我行，他这人很会办外交，他很会利用局势达到自己的目的，他有大智。我以前只是我父亲手下的一个将。"

顶着北洋新盟主的光环，张作霖启程入京。看到政府首脑的位置空着，他禁不住心痒难耐，又想到了"称帝"，于是打算事不宜迟，在元旦时就"登基"，做一回临时总统或者临时大元帅。

杨宇霆对此依旧持坚决反对的态度，认为在现有情况下，张作霖如果急于直接出面组织政府，一定会遭到各方面的反对，并将失去国际社会的支持。在杨宇霆的力谏下，张作霖只得同意暂且忍耐，尽管如此，他仍心有不甘地对杨宇霆说："我终究非干它一下（指当总统）不可。"

杨宇霆在政治外交方面有着突出的才能，就像当初徐树铮辅佐段祺瑞，他也样样都为张作霖考虑到了。张作霖在天津时曾以安国军总司令的名义任命过一个靳云鹏内阁，这一内阁除总理靳云鹏外，内阁成员不是出自奉系，就是出自鲁系（指以张宗昌为首的小派别，隶属于奉系）。杨宇霆向张作霖指出："我反对组织一个以奉鲁系为核心的内阁，用'家天下'代替'公天下'是政治愚蠢的表现。"张作霖觉得言之有理，到京后即对内阁进行改组，重新成立了顾维钧内阁。顾维钧是有名的职业外交家，内阁成员也多数与奉鲁系无关，这样就至少在表面上保持了内阁的超然地位，最大限度地避免了政敌的攻讦。

第十一章

黎明前的灯胆

进入 1927 年，国内外局势都发生了很大变化。国内的最大变化是南北力量开始失衡，南方的国民党力量日益强盛。一般人都认为，北洋各派即便联合起来，亦难以阻止北伐。

据顾维钧分析，主要是北洋一直都不团结，彼此混战不休，导致民心逐渐倾向南方，另外一个原因是北伐军似乎有"一种中国前所未有的新因素"，那就是建立起了支持军事的政治组织。在此之前，北洋各派军事首领往往都只注意加强自己的军力，而不太看重政治。相对而言，国民党就知道把政治观点加以综合运用，以迎合民众的期望，尤其是国共合作之后更是如此。北伐军在出征前会把许多政治干部派出去，为民众接纳他们做好准备，等北伐军占领城镇，这些政治干部又能够立即把民众组织起来，使其不需留驻太多军队，就可以在新的占领区立住脚。

顾维钧看出，由于"新的政治因素加强了军事力量"，所以北伐军能够"缓慢而坚定地向前推进"。换句话说，如果北洋不改变陈旧的观点和方法，失败将不可避免。

原属北洋的一些人也不同程度有了这种认识，只不过他们选择的不是继续与北伐军对峙，而是干脆改换门庭。在安国军成立之前，冯玉祥已由苏联考察回国。他派人到广州，向国民党报告，说已在莫斯科率全体西北军加入了国民党。国民党中央遂视他为自己人，任命其为军事委员。

得到多方面支援的冯玉祥重整旗鼓，在五原誓师，拟出兵潼关，进军河南，以便与北伐的国民革命军南北呼应。张作霖由此将冯玉祥视为北洋叛徒以及"北赤"（国民党为"南赤"），按照杨宇霆为他制订的军事计划，他准备假道河南，先打垮国军（指冯玉祥的国民军，也就是西北军），再援助吴佩孚收复湖北。

上帝的眷顾

河南为直系地盘，吴佩孚一向坚持联奉讨冯，又要倚仗东北军对抗北伐军，因此对张作霖借道河南的要求满口答应，但这时的吴佩孚实际已失去了对直系的掌控力，他的部下靳云鹗坚决反对东北军从河南过境，且主张联冯讨奉。吴佩孚下令免去靳云鹗本兼各职，由田维勤继任，结果这一措施引起靳部将领的强烈反弹。靳云鹗在公开通电反吴的同时，还干脆效仿冯玉祥投入了北伐军的阵营。

1927 年 2 月，张作霖命令联合军团向河南推进，这就是所谓的"东北军下河南"。对于兵下河南，联合军团内部有过分歧。张学良认为应把主力摆在黄河北岸进行防守，特别是炮兵不应渡过黄河。韩麟春感到匪夷所思，因为东北军要说强，也就是强在炮兵上，他很生气地说："没有重武器怎么打？打仗可不是儿戏。"见韩麟春发了火，张学良这才勉强同意他的意见。于是联合军团便渡过黄河，向南岸的靳军发起进攻。

这场战役东北军打得极不顺利，先是武器最精良的一个军兵溃开封，接着军团主力在攻击郑州时又屡屡受阻。不惟如此，靳军大将高汝桐还率部赶到郑州市郊进行增援，从三面对联合军团的主力部队实施了反包围。

自张郭战争结束后，张氏父子虽然采用轻罚重赏的办法，使得团长以下军官没有出现大的调整，甚至张作霖还曾论功行赏，军校出身但在张郭战争中有突出表现的高级军官，获得"勇"字奖章的大有人在。可是从张作霖在善后会议上的讲话就可以看出，在他们这一派老人心中，已经认为"学生出身的"也就是新派靠不住了。实际上，后来东北军中师长一级军官的位置基本都被老派所占据，有人分析认为，郭松龄反奉造成了东北军老派的复辟。

一旦"业务出色"被"政治可靠"所完全替代，高级指挥官们的素质如何可想而知。面对不利的战局，张学良垂头丧气，认定是韩麟春决策错误，可是要让他下决心将部队重新撤退到黄河北岸又不可能，一则两军黏着，不是说脱身就能马上脱身；二则联合军团有许多重炮，渡河也很困难。

在进退不得的情况下，张学良把气都撒在了韩麟春身上，而且"气得简直没法说"。当时东北军将领普遍都抽鸦片烟，韩麟春也不例外，但他和张作霖一样，没有多大的瘾头，也不因此耽误公务，倒是张学良自己早已吸食成瘾。一怒之下，他便跑到韩麟春处，拿着韩麟春的鸦片猛抽起来。

就在张学良"拼命地抽，都抽糊涂了"的时候，战局却突然发生了戏剧性的转变。事情缘于东北军的铁甲车，这种铁甲车是张宗昌的杰作，张宗昌早年在中东铁路当过筑路工，懂得如何利用铁路上的材料，他的铁甲车外面是夹水泥的铁板和道木，里面安上大炮机关枪，总之是好坏不管，能用就行。

铁甲车本来是沿着平汉铁路，随步兵往前推进的，结果步兵退了，把铁甲车扔在了野外。铁甲车上的带队连长见状只好安慰士兵们说："你们不用怕，过一会儿，他们准会回来拉走我们。"

天亮了，铁甲车真的开始移动，但连长却发现移动的方向不对。仔细一看，原来竟是靳军的铁甲车把他们的铁甲车给钩上了。眼看即将连车带人成为对方的俘虏，一个管炮的班长嚷起来："妈的，给它（指靳军铁甲车）一炮算了，这个时候不打，什么时候打？打不好，炮筒哗啦炸了，要死大家一块儿死，我也管不了那么多了。"

说干就干，"咣"地一炮打过去，炮弹直接洞穿靳军铁甲车。车里的人全都被打死了，这些人并不都是被炸死的，多数其实是被震死和闷死的，有的人死时甚至连眼珠子都出来了。巧合的是，这辆铁甲车就是高汝桐的临时司令部，高汝桐当场毙命。

高汝桐一死，城内城外的靳军均方寸大乱。在联合军团的猛打猛冲下，靳军全线溃败，东北军很快就得以连克郑州、开封。这仗打赢，张学良事后归结为运气使然，"战争的胜败，只能说是上帝的眷顾"。

东北军在河南的取胜，让张作霖暂时松了口气。在此前后，他开始对国共在北京的活动予以重视，并下令通缉中共北方负责人李大钊。1927 年 4 月，李大钊被迫避居东交民巷原俄国兵营，此处距苏联使馆仅三百多米，当时被认为是比较安全的。

李大钊与陈独秀同为中共创始人，当时有"南陈北李"之称。知名学者梁漱溟是李大钊的好友，有一天到兵营来看他，结果看到访客满屋，而且大多是青年求见者。李大钊忙于接待，梁漱溟见状不便打扰，随即便退了出去。

自然也有人为李大钊的人身安全感到担心。李大钊早年在日本早稻田大学读书时，即与章士钊夫妇相识，两家关系密切，章士钊的夫人吴弱男请李大钊为她的三个孩子讲授社会学，李大钊则叫自己的女儿认吴为干妈。李大钊住进俄国兵营后，章士钊夫妇曾假借为儿子办护照，到东交民巷来找他。吴弱男力劝李大钊火速设法出国赴苏联，并建议在出国之前，先化装离开东交民巷，到她家里暂住。章士钊得知外面风声很紧，也主张李大钊应尽快行动。李大钊感谢朋友的好意，但他表现得非常镇定，迟迟未离开东交民巷。

搞出来什么没有

李大钊白天接待访客，晚上写文章和做报告，这曾一度瞒过日本使馆——日本使馆距苏联使馆、兵营都不太远，他们发现俄国兵营常有人进进出出，形迹可疑，但因为不了解夜间的情况，所以并不敢轻举妄动。

首先窥探出秘密的是法国人。俄国兵营的西隔壁有一座法国医院，医院的值班人员经常在晚上听到兵营里传来大声争论的声音，于是便报告给了法国使馆。法国使馆一面向亲法的外交次长吴晋通报，一面与日本使馆进行联系，双方达成一致，支持北京政府对俄国兵营进行搜查。

搜查俄国兵营是件牵涉外交的大事，据说英美使馆就不同意，他们认为东交民巷是使馆区，有治外法权保护，中方搜查人员无论是穿制服还是穿便服，都违反了国际法，破坏了多年的传统、常规、惯例。

尽管英美提出了抗议，但在法日两国的支持下，吴晋仍与警察总监陈兴亚等人共同做出了突击搜查的决定。为了避免引人注目和遭到英美的干涉，参与搜查的人员一律不穿制服，不带武器，每人身着一件中式斜大襟的蓝褂子，褂子长至膝盖以下，乍一看，就好像是一群仆人一般。他们还在领口右边的扣子上拴一根一寸长的白线条，用以识别彼此的身份。

4月8日，上午8点多，二十名搜查人员开始行动，其中的十人装作在马路边晒太阳，实际是望风，同时阻止中国人进入（但对外国人则不加阻拦），另外十人跳墙闯了进去。听到外面有动静，李大钊等人立即焚烧文件，但因为文件系上等纸张印制，不容易烧着，所以当对方闯入时，仍未烧透。搜查人员将火扑灭后，从中查出了很多带有烧痕的文件，里面有中文也有俄文，有一些内容非常机密。接着，所有原在屋内的人都受到了搜查，被认为是不相干的人经询问后就放走了，李大钊等人则未能脱险。最后，李大钊承认他是国民党（当时国共合作，共产党全体加入国民党，对外也以国民党员为公开身份），从事着革命工作。

直到搜查结束，吴晋才就这一行动向张作霖进行报告。他告诉张作霖，北伐军是"由苏联派的鲍罗廷组织共产党人参加的军队"，其任务是要"消灭北京政府，搞共产主义的无产阶级专政"。按照吴晋提供的说法，李大钊等人潜伏在俄国兵营内，任务就是要组织暴动。

张作霖听后，便令吴晋调集相关人员，对抄到的俄文文件进行翻译。翻译人员以张作霖的御用俄文翻译、外交官张国忱为首，分成两个组，每组各五人，日夜加班翻译文件。大家忙了一个多礼拜，却并没有发现有组织的暴动计划和苏联准备出兵的材料。诚然，文件中有军情报告，比如记录东北军将领王树常在哈尔滨驻军，共有兵力多少，还有其他军队的一些驻扎情况，但这些并不足以说明人家要进行暴动。

众人为此大失所望，可张作霖偏偏还天天催问进展："搞出来什么没有？"张国忱在无可奈何之下，只好利用晚上陪张作霖吸鸦片烟的时间，让张作霖宽限时日，说这么重要的事，哪能很快搞完。

大约一个月后，翻译组印出了四本《苏联阴谋文件汇编》，送给张作霖的是一套特制线装本，封面和书套都是用黄缎子做的。虽然里面仍然没有暴动的材料，但在张作霖看来，也算是"人证物证俱全"，所以他看了很高兴。

英美从一开始就反对到东交民巷进行搜查，曾要求北京外交部认真清查搜出的文件，看里面是否有外交文件，如果有，外交文件是神圣不可侵犯的，不能擅动。涉及对李大钊的处理，两国都提出李大钊不够判处死刑的条件，因为文件里没有发现有搞军事暴动的材料，可以从轻处理或释放。日法则与之意见相左，他们坚决主张杀掉李大钊。

在内政问题上，张作霖对外国的态度向来并不特别买账，杀与不杀还是取决于他自己，而与此同时，社会各界也早已展开了积极的营救行动。梁漱溟闻知李大钊被捕后，即自西郊入城拜访章士钊，提出愿与章士钊一同出面，先将李大钊的家眷保释出来，以免李大钊挂念（实际其家眷并未被捕）。

章士钊是交好军政各界的社会知名人士，段祺瑞当政时曾以之为核心幕僚，他刚刚由天津赶到北京，为的也是对李大钊进行营救。当着梁漱溟的面，章士钊把胸脯一拍，表示自己与张氏父子、杨宇霆都很熟，只要他去打招呼，不但李大钊的家眷不会受到连累，就是李大钊本人也可免于被害。

章士钊言出必行，当下就先找了张学良、杨宇霆。他对张、杨说，共产主义在中国国内，尚处于空洞谈论理论的阶段，"不宜穷治"，因此可以判处李大钊等人有期徒刑，并准许其带上《资本论》等书籍，移押沈阳监狱。这些人当中情节较轻的，甚至可径行开释，如此"既可遏止党人活动，亦可免生枝节"。

张学良点头答应，杨宇霆当场也同意了，章士钊大喜，于是便与张、杨一同求见张作霖。张作霖听后踌躇良久，说这件事不能独断，必须与前方的十一名将领商量后才能定夺。

章士钊是个聪明人，马上就知道张作霖是在推托，解救李大钊已经无望。尽管如此，他仍抱着一线希望，请张作霖分别致函各将领，而不要以联衔通电的方式。

张作霖分别去函不久，多数将领就发来复电，称李大钊等国共党人并非仅空谈理论，实际都是北方罢工罢学的组织者，还说前线部队在"讨赤"战役中不知伤亡了多少人，李大钊既是共产党的首领，"不置诸法，何以激励将士"？

接获复电，张作霖遂下令对李大钊等二十名国共被捕人员处以死刑。1927 年 4 月 28 日，李大钊英勇就义。当天，他毫无惧色，泰然自若地走向绞刑架，表现出了一个共产党人所具有的风骨和浩然之气。

张作霖的一双手从此沾染了革命志士的鲜血。

满蒙五路

在国际范围内，1927 年处于经济危机的前夜，当年世界性金融大恐慌首先袭击了美国，接着日本也爆发了严重的金融危机，史称"昭和金融危机"。4 月 17 日，当政的若槻礼次郎内阁（也称第一次若槻内阁）因此垮台，三天后，田中义一内阁诞生。

若槻内阁的外相是币原喜重郎，币原在任时主张同英美协调，"尊重"中国的合理要求，为此遭到了包括田中在内的许多人的责难，称其为"软弱外交"。田中组阁后，除担任内阁首相外，还自兼外相，他将自己的外交政策与前任区别，定位为"积极外交"。

张作霖的私人日籍顾问町野这时正在日本国内，田中便把他请到自己的住处进行密谈。一开始，田中就开宗明义地说，"满洲是日本的生命线"，日本处于现在这种内外交困的情况，"非一下子把满蒙问题解决不可"，否则将陷于混乱，更不可能有前途。他田中这次出来组阁，主要就是想通过"积极外交"来解决满蒙问题，为此将不惜诉之于武力。

町野一怔，他是所谓的稳健派同时又是张作霖的铁杆支持者，从没想到过自己的政府会对东北直接用兵。他赶紧说，要用战争来解决满洲问题是轻而易举的，"恐怕有一个旅团的精锐就够了"，但是这件事不是这么简单。

银座是日本东京的一个主要商业区，十分繁华。町野给田中打了一个比方，说你要在银座街头强奸一个芳龄美女，应该是办得到的，可是事后万一那些大哥来找你麻烦，那你怎么办？

在町野这个看上去有些不伦不类的比方中，美女就相当于日本一直垂涎三尺的东三省，强奸美女就是直接入侵东北，至于"那些大哥"，指的是英美两国，因为这两个国家都主张东北"门户开放"，大家都可以进去做生意，如果日本独占东北，不但会引起国际社会的指责，英美还可能以武力出来干涉。

田中点点头"我担心的就是这一点"，继而他又说自己已经有了一个不靠战争就能立即解决问题的"妙案"。町野再听下去，田中提到了"满蒙五路"。

所谓"满蒙五路"乃指修筑从南满路伸出的五条支线，它们的具体路线虽迭有变更，但万变不离其宗，都是南满路的"培养线"——这不仅仅是五条铁路，各铁路还像南满路一样附带有租借地。

田中让町野说服张作霖，与日方签订关于"满蒙五路"的正式条约。町野一听倒抽一口凉气，他知道"满蒙五路"是个悬而未决的老问题。实际上，自日俄战争结束后，日本就不间断地与中国政府进行谈判，要求取得"满蒙五路"的建筑权和借款优先权，但从未能够取得成功，原因当然是遭到了中国朝野舆论的强烈反对。

"张作霖就任大元帅没有多少时日，而其志在平定整个中国。在这个过程中，要其承认舆论所反对的问题，简直是杀鸡取卵的行为，因此请您能给我两三年时间。"

日本政府向以换届频繁著称，田中都不知道他的内阁能不能撑到两三年，如何能够等得起，他马上说："日本国内很郁闷，所以没有多余的时间。足下如果不肯答应，那就只有武力解决之一途。我已成竹在胸。"

田中的恫吓十分有效，町野把他的所有事业前途都系于张作霖，一旦发生战争，等于他的前途也没了，于是只好让步："首相既然这样坚决，那就没办法。张作霖的霸业虽然将受挫折，但我唯有让其承认五路的问题。"

町野负责劝说，还得有人直接与张作霖交涉。日俄战争时，田中任满洲军司令部参谋，那时张作霖曾遭日军逮捕并将作为俄国间谍被处决，是他和福岛安正等人为张作霖求情，才救了张一命，因此说起来，田中甚至算得上是张作霖的救命恩人。町野也知道这段故事，因此他建议田中本人亲自出马和张作霖进行接触，但田中说他是个首相，不能离开东京，"我想请山本条太郎来办这件事，我没有请他入阁就是为了这种原因。"

山本条太郎的正式身份为日本政党政友会的干事长，更重要的是他早年还是个企业家，专门经营中国东北的大豆业务，并对中国东北乃至朝鲜的经济有过一定研究。町野也觉得山本是个适当人选，两人经过商量，决定由町野出面，推荐山本出任满铁总裁——从表面上看，"满蒙五路"是铁路的交涉，由满铁出面不仅名正言顺，而且可以让外界误认为是一种单纯技术性的交涉，相比正式外交途径，更能避免使问题政治化，从而收到实效。

当晚，田中就把山本喊过去，请他出任满铁总裁，并代自己与张作霖就"满蒙五路"进行交涉。山本听后显得很惊讶："我连个满铁的职员都不是，又怎能去担任总裁呢？"

满铁首脑当然不是非要从职员中选拔不可，山本真正的顾虑其实还是觉得田中给的这个任务不太靠谱。此前经町野介绍，他已与张作霖见过面，在他的印象中，张作霖是个"意气轩昂"且民族意识很强的人，可以想见，与之交涉"满蒙五路"必然困难重重。山本甚至还产生了这样一个念头，即田中要他与张作霖交涉，等于是要置他于死地。

山本没有急于答应田中。第二天早上，他找到町野，问他对"满蒙五路"交涉有无信心，"这件事，究竟能不能办通？"町野老实作答："办不通！"山本很吃惊地问："办不通，为什么要我去办？"町野答道："否则将发生战争，所以只有去试试。"

町野向山本和盘托出了昨天密谋的经过。在町野的劝说下，山本终于同意出任满铁总裁。加上田中，三人重新密谈，这才最终把事情定了下来。1927 年 4 月下旬，町野由东京前往北京，以便给秘密行动打好前哨。

高度机密

却说东北军自在郑州、开封初战告捷后，又继续南下，以阻止北伐。1927 年 5 月中旬，当部队推进至豫南地区时，与北伐军发生了激烈的遭遇战。北伐军正处于上升期，冲劲十足，与状态严重下滑的东北军恰为一正一反。东北军将领或者像"胡子军"时代那样，进时冲动鲁莽，退时仓皇失措，或者技术打法毫无长进，有人甚至还摆出了一字长蛇阵，让部队逐次投入作战，结果被北伐军各个击破，几乎溃不成军。

这个时候张学良正从郑州回北京，接到韩麟春来电，得知豫南作战失利，急忙赶回郑州。途中他对随从副官说："今天郭茂宸（郭松龄字茂宸）若还活着，我们吃不了这个亏。"言下颇有不满韩麟春之意。

韩麟春在发报的同时，已将何柱国旅紧急派往前线进行增援。何柱国属新派将领，士官和保定双料生，且非东北籍，那时候打仗很肯卖力气求表现，他率部上去后即与北伐军张发奎部厮杀成一团。当时战况的激烈空前未有，从望远镜里看过去，只见东北军阵地前的大片麦地上，全是纵横交错的北伐军官兵尸体，多到简直无法计数。

张发奎是个和郭松龄相似的勇战派将领，以猛打猛冲为主，一旦开头的三板斧被敌方破解，气势也就不足了。就在北伐军攻势顿挫、豫南战局缓和之际，对东北军极为不利的消息开始接二连三地传到联合军团司令部：冯玉祥指挥西北军东进洛阳，洛阳守将万福麟系吴俊升的部下，乃是个"胡子"出身，打不了高水平战役的老派将领，所部与西北军稍有接触，就溃败下来，西北军攻占洛阳后，兵锋直逼郑州。与此同时，山西的阎锡山也露出了反奉迹象，在东北军后方蠢蠢欲动。

面对这一恶劣形势，韩麟春只能缩短战线。下达撤退令时，联合军团的于珍、荣臻、赵恩臻三个军正与国民二军岳维峻部作战，一时无法脱离战线。此时东北军的整个军纪也恢复到了"胡子军"时代，偏偏河南民风彪悍，到处都有称为"红枪会"的组织，结果这三个军到处遭到"红枪会"的袭击，再加上岳维峻部的反攻，最后三个军几乎全部覆灭。张学良和韩麟春同时在火车上听到了这一噩耗，张学良失声痛哭，说的仍然是那一套："假使郭茂宸在，不会遭到这样的惨败。"尔后又不止一次，翻来覆去地这样说，使得韩麟春十分难堪和憋气。

胜败得失本为兵家之常事，像这种一遇挫折就嘀嘀咕咕，抱怨这埋怨那的，恐怕也没谁了，何况还要含沙射影般地进行讽刺挖苦，纵使韩麟春修养再好，亦难以忍受，这也为他后来突然中风患病埋下了伏笔。

东北军撤到黄河北岸的新乡后，张学良即令联合军团司令部秘书处处长刘鸣九草拟了三封电报，以他的名义发给北伐军总司令蒋介石，希望双方罢战言和。没料到这三封电报都被张宗昌给截获了，张宗昌正和孙传芳在东路与北伐军作战，看后气得不行，向张作霖告状说："我们在前方打仗，你儿子却和蒋介石打电报言和。"

获悉这一消息，张学良对刘鸣九说："'张长腿'（张宗昌的绰号）把咱们告了，你拿上电报稿，准备一下，和我上北京打官司去。"

张学良不单单是想上京论理，竟然还制订了一个高度机密的计划，准备"响应北伐军，与山西阎锡山同时起义"，其中的部分内容是推举张作霖为"北方革命军总司令"，阎锡山为"北方革命军副总司令"，同时联合孙传芳，消灭张宗昌所部。

在与孙传芳进行协商后，孙传芳大吃一惊，认为张学良在新乡制订的这一计划十分荒谬，立即告诉了张作霖。张作霖听闻勃然大怒，把张学良叫去严厉训斥了一通。见联孙不成功，计划内容又被泄露，张学良才不得不予以放弃。

实际上，新乡计划的另一部分内容更加令人震惊，那就是如果张作霖不接受计划安排，该怎么办。张学良的答应是"兵谏"！他命令亲信到时率兵包围顺承王府（张作霖的安国军政府司令部），破坏电信、电话，断绝一切交通。

从以下犯上的角度来说，这几乎就是郭松龄反奉的翻版，那郭松龄毕竟是张作霖的部将，张学良却是他如假包换的亲生儿子。身为被父亲授予兵权和托付重任的儿子、未来的"太子"，竟然企图以兵谏的方式逼老爷子归附北伐军，这也太违背常理了，所以当时在张学良手下做事的人，多数不敢相信。只有深知张学良思想和了解他性格的人，才能判断出这件事完全可信，刘鸣九就曾说："张先生做事情与常人不同，有些别人做不出来的事情，他却能做出来。"

韩麟春对此看得更为清楚。蒋介石的特使何成浚赴山西游说阎锡山归附国民党，经过津京时，与韩麟春晤谈。得知何要去山西游说，韩麟春很明白地告诉他："阎百川（阎锡山字百川）可运动，张学良未必不可运动。"

何成浚正愁游说不能成功，闻言不禁"惊喜交集"。后来他在回忆这件事时说："事后方知其言不虚，且深服其知人之明。"

登基

何成浚北上后，果然不费什么力气就说服了阎锡山。1927年6月上旬，阎锡山声明服从"三民主义"，在山西全境悬挂国民党的青天白日旗，随后他就任国民革命军北方总司令，所部也全部改称国民革命军。何成浚接着又造访张学良，并通过张学良等人向张作霖提出"南北议和"的条件：张作霖要和阎锡山一样，宣布信奉"三民主义"，同时将安国军改为国民革命军，由此便可委任他为"东北国民革命军总司令"，继续维持东北。

阎锡山受蒋介石之托，也派代表到北京，以奉方易帜，改挂青天白日旗为条件，斡旋成立"奉、宁、晋三角同盟"。

在当时东北军连吃败仗的情况下，张作霖认为"南北议和"可以，但双方地位应该对等，而蒋、阎这些条件却是要迫使自己屈从于南方，是他绝不甘心也无法接受的。

6月11日，张作霖在顺承王府召开奉系将领会议，讨论与南方的和战问题。所有高级将领里面，唯张学良早有向南方完全妥协的想法，但他和韩麟春尚远在新乡，而且在新乡计划的部分内容泄露后，张作霖非常警觉，对他的相关意见也采取了坚决拒绝的态度。其他人都视蒋介石的条件为投降，谁都不愿意就此向南方称臣，只是他们又分成两派。一派以张作相、吴俊升为代表，对打下去无信心，主张退守关外。另一派以孙传芳、张宗昌为代表，这两人都是比较能打的战将，声言就算打到最后一人也不轻退。

两派各执己见，吵到不可开交。杨宇霆见状，怕引起奉系内部新的分裂，赶紧说"北方必须团结起来才能抵御南方"，他建议将各省军队的名称统一起来，全部改用安国军旗帜，一致服从安国军总司令也就是张作霖的命令。孙传芳一听立刻补充道："不仅军事上要服从，政治上也要服从。"

经杨宇霆、孙传芳的提议，会议话题被引到了如何在政治上对北方进行统一。原先一直被搁置的张作霖"称帝"被顺理成章地放到了桌面之上，杨宇霆也不再对此表示反对。讨论时，有人主张拥戴张作霖为临时总统，有人主张沿用段祺瑞临时执政的名义，最后决定仿照孙中山的先例称"大元帅"。

意识到终于可以"登基"了，本来已经被战事弄得有些沮丧的张作霖雄心顿起，他望了孙传芳一眼，问道："馨帅（孙传芳字馨远）还有多少兵？"孙传芳回答："还有十三万人。只要雨帅接济军饷子弹，继续作战毫无问题。"

张作霖当即答应拨给孙传芳军饷五十万，子弹可就近向山东领取。接着他又回头问张宗昌、褚玉璞："你们两位守得住山东、直隶否？"张、褚齐声答道："进取不足，退守有余。"

听到这里，张作霖十分高兴地说："好极了，你们要怎么办，我都依从你们便是。"

当天，按照杨宇霆的建议，北方镇威军（即东北军主力的名号）、直鲁军、东南五省联军一律统称"安国军"，安国军共分七个军团，囊括了以上全部军队。

1927年6月18日，在众将的拥戴下，张作霖正式就任海陆军大元帅，登上了他梦寐以求的"皇帝"宝座。就职典礼在怀仁堂举行，张作相、吴俊升、杨宇霆、孙传芳等人一直都在张作霖身边随侍，然而张作霖坚持要等到张学良、韩麟春从前线赶到方肯就职——舐犊之情，人皆有之，何况是非常看重父子伦理关系的东方社会。张作霖时年已经五十二岁，即便他对儿子再不满意，也只能把未来希望寄托于这位"太子"的身上。

由于是在强敌环伺的情况下"登基"，各国对张作霖政权都表现得很冷淡，没有一国肯以国家的名义表示祝贺，这是历届北京政府都没有遇到过的。时隔一周，张作霖来到天坛，祭告中华列祖列宗。正当他捧爵而祭，喃喃祈祷时，一不小心竟将金爵摔落在地，在场众人看到后都认为此乃凶兆。

尽管场面冷清还被说成有凶兆，但仍盖不住张作霖亲政的热情。在怀仁堂，他召集大家训话，态度非常率真老实："一个人活在世上，总不过是为名为利。我现在钱同产业很多了，可以说我的子孙也用不完。这一次来北京就大元帅职，是为求名而来。能为老百姓做一点好事，就是有名了，我总尽我的力量去干。"

我不能便宜外国人

张作霖就职后，北京增设了一个军警督察处，处长叫单玉龙。单玉龙过去是张作霖的结拜弟兄，又是张作霖最宠的五太太寿夫人的干哥哥，他仗着这个来头，平时欺诈财物，奸污妇女，可谓是无恶不作。最令人发指的两个案子：一是从某太监手里敲诈了价值逾万的蓝宝石，受害者愤而服毒自杀；一是强占某女做妾，对方不从，竟被他用手枪打死。

陆军署署长杨毓珣绰号"杨二虎"，素来为人正派，爱打抱不平，便提出要加以惩办。有人开玩笑地对他说："单是老将的把兄弟，又是王老太太（指寿夫人的妈）的干儿子，他有这样大的靠山，你这头虎虽凶，恐怕敌不过那条恶龙。"杨毓珣不信邪，仍旧下达逮捕令，将单玉龙收押刑讯。

就在杨毓珣发逮捕令的次日深夜，单家送来特制大蛋糕一盒，杨毓珣猜其中必有花样，打开一看，蛋糕里居然藏有大钻石两粒。在取得确凿证据后，杨毓珣写成手折，顺便带上这两粒大钻石，进府向张作霖报告，要求对单处以极刑。

张作霖起先没有说话，而是深思了数分钟。显然单家也早已通过各种关系向张作霖说了情，杨毓珣遂不顾一切地说："大元帅为人民而来，若不为人民除此公害，大元帅的名誉就完了。"

张作霖听了起身大骂："他妈的，有这样混账，毙了他。"立即在手折上批"枪决"二字。第二天早上，杨毓珣便依令枪毙了单玉龙，处决布告贴出，人心为之大快。

当时京津流通的货币，以热河兴业银行发行的钞票为最多。不久盛传该行有不稳的消息，由此出现了严重的挤兑现象，那天下午银行虽特意延长兑换时间，持票前来兑换者仍络绎不绝。大家估计第二天上午挤兑情况将更为严重，不准备百万现金别想开门，而兴业银行如果因此关门倒闭，将对京津市面及百姓生活造成极大冲击。

财政当局竭尽全力，也仅筹得三十万，只得向张作霖紧急报告，请示办法。张作霖听完报告，略加思索，即将管理自己私产的负责人叫来，让他从自己名下调动资金，如果不足数，可以将其他财产为抵押，但无论如何，必须在明晨七点前，凑足七十万现金送兴业银行救急，缺一元便以军法从事。负责人不敢怠慢，立即四处奔走，终于得以在规定时间内凑足全部所需现金，从而使得兴业银行平安地渡过了挤兑风潮。

张作霖主政北京，意味着他平时接触到的洋人更多了。跟在东北时一样，他不太买洋人的账，曾经在一次训话中说："你们大家打听去，哪个外国银行有我张作霖存的钱？哪个外国租界里有我张作霖盖的楼房？我他妈拉个巴子，便宜便宜中国人，我不能便宜外国人。"

英国驻京汇丰银行的华人账房邓君翔用银行钱款买空卖空，做公债投资，不料中途失手，亏空达到三百万元。谁都知道此事非同小可，因为"人家有事向东交民巷跑（指寻求外国使馆庇护），他（邓君翔）的事恰恰相反，而且外国鬼子的款子让你亏空了这么一大笔，他就肯罢休吗？"

亏空太大，邓君翔自己补不上，也没人敢帮他，最后只好托友人找张作霖求情。张作霖正在打牌，听后哈哈大笑，对来人说："历来外国人骗中国人钱，你的朋友今天能骗外国人钱而且数目还不少。"说着伸出了大拇指："好小子，有出息，有胆量，我一定保护他，叫他不必害怕。现在这样办，你叫他暂时就在你家住着，我马上派两个弟兄在你家站岗保护，看看外国鬼子敢怎样！"

经过商量，最后决定将邓君翔藏到这位友人的一所空房子里。张作霖说到做到，当时就吩咐副官，派了两名卫兵前去站岗，一直到邓君翔脱险，这两名卫兵才离开。

当初邓君翔及其友人求助张作霖时，并没有想到张作霖敢冒着得罪英国人的风险，予以这样的照顾和支持，事后他们都深感意外。从这件事上可以看出，张作霖不但个性豪爽，而且确实有胆量有魄力，常挂在他嘴边上的"便宜便宜中国人，我不能便宜外国人"也绝不是在吹牛说大话。

主义有什么用

既然张作霖在北京做起了"大元帅"，自然就不可能再退守关外，但和战问题并没有因此变得迎刃而解——即便北方军队来了个大联合，即便孙传芳、张宗昌等人都还有干劲，军事力量上北不如南，却早已成为一个不争的事实。如果国民革命军再次兴师北伐，奉系还能不能继续在关内站住脚就很成问题了。

为此，张作霖在"登基"的头几天，就开始派杨宇霆和南方代表方本仁、阎锡山代表南桂馨在帅府进行停战谈判，在一些问题上也打算进行退让。

张氏父子及属下对于国共的思想向来都非常隔膜。还在孙中山在世的时候，张作霖、孙中山、段祺瑞搞"三角反直联盟"，南方特使伍朝枢来东北进行联络和考察，有一天他突然用一种很严肃的态度和语气对接待他的何柱国说："你们奉军的官兵信仰不信仰三民主义？"何柱国不假思索地答道："我们奉军官兵只有少帅等极少数人知道一些三民主义，信仰二字是谈不到的。"事后何柱国就此向张学良进行了报告，张学良满不在乎地说："天下是马上打下来的，主义有什么用？人家有人家的一套，主义不主义，不相干，各照各的干。"

张学良虽不信仰三民主义，但至少知道一些，张作霖原来是根本不知道，后来听别人讲，才多少了解了一点，至于当时刚刚兴起的共产党学说，则接触得更晚。从骨子里，他对这些都很排斥，一律视之为"赤"，说："现在有人闹什么革命（指李大钊等），想把俄大鼻子那一套拿中国来，叫什么共产共妻啦。你们大

334

家想一想，什么都可以共，个人的老婆孩子也可以共吗？"

他的部下张宗昌挺能凑趣，以后对所谓"共产共妻"进行了更加令人哭笑不得的解读："共产党共产共妻，共妻当然是好的，共产就不对，东西能拿来的才是你的，不能拿来的就不是你的。共妻不一样，你睡不到的女人和别人睡就没错。"

为了跟国民党讲和，张作霖一度同意"信仰三民主义"（当然这只是一种形式，真信假信，彼此都不管），但决不易帜。不过到就任大元帅时，他又突然改变初衷，允许在居仁堂正门的新华门上悬挂了青天白日旗。在通电中，张作霖还表示，他与已故的孙中山是多年老友，宗旨相同，"凡中山同志，不违背三民主义者，一律为友"。

可是南方的最后一个条件还是把张作霖给难住了，那就是将安国军改为国民革命军，这表示国民党统一了中国，他老张从此得给国民党打工了。

张作霖不同意改军制，新华门的青天白日旗便只好降了下来。此时宁汉分裂，南方革命政府实际分化为了南京、武汉两个政府，代表南京政府的是蒋介石，为了与武汉政府相抗衡，蒋介石急于和张作霖达成协议。见谈判陷入僵局，他忙派何成浚为代表再赴北方，准备与张作霖、阎锡山协商成立一个纯军事上的三角同盟。

对于蒋介石的新提议，张作霖是完全能够接受的，因为这对他很有利：冯玉祥远在西北边陲，三角同盟一成立，东北军便只需对付远道而来的武汉北伐军，从力量上看应该绰绰有余。

让人料想不到的是，就在三方都产生相关意向的时候，蒋介石却自身难保，在新桂系李宗仁、白崇禧的"逼宫"下被迫辞职下野。蒋介石是三角同盟的主导，随着他被从南京政府中踢出，结成同盟的线索也就被切断了。

不能和，就要战。继张学良、韩麟春败于河南，孙传芳、张宗昌在津浦线上也相继溃败，不得不退守山东。日本政府一直密切关注着中国国内军事形势的发展，意识到东北军已难以阻止北伐军的挺进，国民党占领北京也只是时间问题，田中在外相官邸连续召开会议进行商讨，史称"东方会议"。

在出席东方会议的官员中，外务次官森恪是中心人物。由于田中的外相是兼任，所以森恪是事实上的外相，也是田中"积极外交"的主要幕后策划者。除了"积极外交"外，森恪还为田中构思了一个新的对华政策，名为"满蒙内离政策"，其主旨是把中国的政治力量一分为二，以蒋介石的国民党统治关内，用于"遏制共产主义"，以张作霖的奉系统治关外，用于"保境安民"。

东方会议没有离开"满蒙内离政策"的基调。与会者认为，蒋介石既已宣布分共，就可以利用他来"遏制共产主义"，但国民党以反帝为口号，如果让他统一中国，对日本又是不利的，因此哪怕出动武力，也至少要把北伐军阻止在华北。至于张作霖和奉系，众人预计，就算日方不做安排，只要北伐再次启动，东北军也一定会"使用逃回关外这最后一招"——张作霖争霸中原多次，每次不利时，就会用这一招，而他的政敌也很难奈何得了他，因为张作霖"像螃蟹钻入洞穴一样，一旦钻进洞穴，就很难抓到"。

先礼后兵

张作霖退回关外后会怎样？可以想见的是，他"又安稳了，在这里坐看时机，等待阳气上升，就会慢慢爬出来"。

此时关东军司令官白川义则已经离职，继任者为武藤信义，武藤和他的随员、司令部高级参谋河本大作都参加会议并做了重要发言。在他们看来，张作霖一直"有意识地、有计划地、明目张胆地对日本人进行压迫"，同时利用日本人加强自己的力量或摆脱困境，最后利用完了，又"没有义气"地过河拆桥。前者包括拒绝履行"二十一条"，对满铁进行包围和排挤等，后者的事例也是"不胜枚举"，其中最典型的便是在张郭事件中"赖账"。

武藤、河本断言，随着东北军在关外力量的增强，张作霖依旧会像过去一样，在经济上对满铁采取包围态势，致使"日本的大陆经营（指在中国特别是东北的经济掠夺）陷入被架空的状态"。他们说让张作霖出关可以，但应在山海关将败退的东北军全部解除武装。到时张作霖赤手空拳，真正成了只能任由日方摆布的傀儡，要解决任何涉及"满蒙权益"的问题都不过是一气呵成的事了。

对武藤、河本的建议，森恪表示非常赞同。这一方案也被称为"外科方法"，即用武力解决问题，直接出兵占领东北。与"外科方法"相对应的是"内科方法"，支持该方案的人主张继续对张作霖实施"行贿"，同时兼以恫吓，使其接受日方要求。田中事先同町野、山本进行秘密谋划，实际也就是要在"内科方法"上做文章。

田中是东方会议的主持者，他认为如果先采用"内科方法"，在国际上对日本比较有利。在他的力主下，会议最后决定先礼后兵，将"内科方法"作为第一选择，待"内科方法"不能奏效时，再换用"外科方法"。

尽管如此，在动武这一点上，日本人也绝非虚张声势。很明显的一点是，在币原时期，日本政府对北京政府或张作霖即便有所不满，最多也不过是进行外交抗议，东方会议会后发表的声明却公然将"出兵他国领土"作为了外交原则。

对日本外交而言，"出兵他国领土"这六个字意味着前所未有的根本转变，武藤因此特地向田中询问："这个声明是百分之百地实行？"田中答道："一点也不错。"

武藤又问道："如此重大的方针（指出兵东北），一旦付诸实施，必须估计到将会引起世界战争。在这一情况下，怎么办？阁下有这样的决心和准备吗？"

田中没有一点犹豫："我有这样的决心！"

"以后不致发生动摇吧？"

"没问题。我已经下了决心。"

武藤对首相的回答感到满意："只要政府有这样的决心和准备，我是没有什么可说的。什么时候命令一下，我推行政策就是。"

转过头去，田中又一次向町野表示了自己的决心："如果（'内科方法'）不成功，将赌国运，用武力干！"这一期间，由他牵头，町野、山本共同参与的秘密行动正式开始实施。1927年7月19日，山本就任满铁总裁。满铁首脑原为社长制，将社长制改为总裁制，实际就是为与张作霖交涉提供身份上的方便。

町野认为"满蒙五路"交涉应是他和田中、山本三个人才知道的秘密，不料事实却不是这样。在陆军省的支持下，驻华公使芳泽谦吉迫不及待地向北京政府提出了"满蒙五路"的要求，结果不出所料地为中方所拒，更糟的是，日本报纸还报道了相关消息。町野为此发飙，并当即打电报给山本："这样不守秘密，我不干了。"山本老谋深算，他估计大约再过两个半月的时间，舆论就会自动平息，到时一样可以行动，于是给町野发去回电，让他少安毋躁，说："风声也不过七十五天，请等一等。"

1927 年 8 月，孙传芳率部渡江进行反攻，结果龙潭一役，又被国民革命军杀得大败。孙传芳的主力部队就此消耗殆尽，他自己也一蹶不振，再无法在军政界呼风唤雨。

前线的接连失利，令张作霖一筹莫展。他愁容满面，无论开会、抽鸦片、与人谈话，还是读电报看公文，都很少有笑脸，有时还发出叹息之声。一些政客来见张作霖，也发现他意态十分消沉，看上去就好像一个病人。

一位算命先生曾经预言，张作霖的好运还有两年，张作霖便对五太太寿夫人说："我们好运总还有两年吧，真不得了时，唯有叫姓段的（指段祺瑞）出来挡挡，再不得了时，只有一走了之，回关外，关起大门过日子。"

霍然变色

张作霖在军事上已经陷入困境，偏偏这个时候，又有人兜头砍来了一刀。阎锡山既加入南方阵营，且成了"国民革命军北方总司令"，自然就与张作霖成了死敌，眼见得三角同盟又无建立的可能，那么接下来的事情，不是他打张作霖，就是张作霖打他。

山西与北京近在咫尺，先下手为强，后下手遭殃。1927 年 9 月，阎锡山乘京汉路北段空虚之际，亲率晋军主力直扑北京。晋军事先经过精心策划，谋定而后动，来势极其凶猛。东北军措手不及，迭失要地，眼看对方即将兵临城下，张作霖连离京出关的准备都做好了。

相对于晋军而言，东北军的实力毕竟要强大许多，略加整顿之后，韩麟春派遣第二十九军戢翼翘部从左翼迂回晋军侧背，攻下定州。定州位于京汉路石家庄与保定之间，此处失守，不仅令晋军前线各部均失去后援，而且戢部还可由定州直插作为晋军大本营的石家庄。阎锡山被迫下令总撤退，晋军各部纷纷撤离铁道线，向娘子关以西遁逃。当阎锡山逃进娘子关时，其司令部的印信等重要物品都被东北军所截获，狼狈情形，可以想见。

正当晋军各路人马争相败退之际，晋军大将傅作义却不退反进，率一个师乘虚攻占了涿州。涿州距北京仅一百里，是东北军南下的必经之路，同时北京西郊沿门头沟一带，又发现晋军便衣队进行扰乱。来自南方的情报则显示，国民革命军枕戈待旦，预计也将于第二年春天起举行北伐。种种危情使得京师震动，群情惶惑，张作霖更是寝食难安，头痛不已。

两个多月前，驻华公使芳泽冒冒失失地向中方提出"满蒙五路"的要求，被中方拒绝后还引起了媒体关注。两个多月过去，舆论又有了新的聚焦点，关心旧闻的人已经不多，而且张作霖四面受到强敌的猛攻，正是其意志力最为薄弱的时候，町野和山本都意识到这是进一步推动秘密行动的好机会。

首先出马的不是町野和山本，而是一个叫江藤丰二的人。江藤过去曾是山本的部下，他和山本、町野等人一样，都是地道的中国通，会说一口流利的中国话，而且和张作霖有不错的私交，关系密切到甚至能出入张作霖的卧室。在张作霖的日籍朋友和幕僚中，要论与张作霖的接近程度，恐怕也就仅次于町野了。

江藤面见张作霖时，带去了一份"满蒙铁路计划"。"满蒙铁路计划"是日本外务省在东方会议上的一份提案，该提案主张向中国东北索求七条铁路干线的修筑权。这七条铁路干线中的四条都与"满蒙五路"重复，如果全部连接起来，足以形成日本到中国东北的环球线。东方会议在围绕提案进行讨论时，一度有过争议，特别是对于其中的洮索线，陆军认为将来对苏作战有用，主张应及早修筑，而外务省担心苏联对此敏感，要求慎重对待，不过最后会议还是决定"铁路计划即作战计划"，必须"迅速实现"。

看到"满蒙铁路计划"，张作霖脸上霍然变色。一直以来，他都处心积虑地在用东北自建铁路对满铁进行包围，作为回应和反击，日本自然要进行"反包围"，这一点是他能够想得到的，他真正感到不安的，恰恰就是像洮索线这样明显针对苏联的线路。他对江藤说："这不是日本准备与俄国开战的铁路吗？"

日本人不好对付，俄国人更难相处，这是张作霖必须面对的现实处境。早在两年前，新任海参崴总领事王之相赴任前到大帅府晋见，他就特地托之以重任：

"这次到苏联去，要把他们在边境上的事了解一下。"

王之相也是东北人，张作霖推心置腹地对他说："咱们东北的处境很困难啊！南面有日本人，关东军就在眼皮底下，北面有苏联，它的军队驻在边境上。你是搞外交的应该知道，咱们东北的事情不好办啊！"

两年后，王之相由海参崴回国，经过奉天时又去晋见张作霖。他不负所托，把一份中苏边境情况的书面报告交给张作霖，并且大略告之：赤塔有个较大的兵营，驻有苏联边防军一个师，约一万人，另外黑河驻苏军一个旅，伯力驻一个师，海参崴驻一个旅，总共有两万多人的样子。

张作霖听了很高兴："他妈拉个巴子，他们尽瞎说有十万人。不可能，还是王总领事（指王之相）说得对。东北这个地方，两方面受攻击，我受不了啊！"

他又特地问王之相："听说广州共产党革命闹得很凶，里面还有俄国人，你看俄国是不是要出兵中国或东三省，闹共产主义革命？"王之相回答说，根据他调查了解和掌握到的情况，广州的革命组织里主要都是中国人，虽然确实也有苏联人，但只是充当顾问的角色，比如苏联派驻国民政府的代表鲍罗廷，这表明"苏联不会出兵，只是宣传和声援"。

判定苏联出兵是假非常重要，因为只有这样，东北才可以避免被两面夹击，张作霖在入关时也才能放下一半的心。可若是现在同意修筑洮索线等线路，让满铁找到"反包围"的机会不说，还极可能触怒苏联，使苏联出兵由假变真。张作霖对江藤直言，这些铁路一旦建成，他就好像"怀里抱着炸弹"，晚上连觉都不敢睡了。

办不到

毋庸置疑，町野、江藤和张作霖之间都有私人交情，而且交情还不错，可是到了这个时候，无论是为了他们日本本国的利益，还是从张作霖个人利害出发，他们都不能不使出浑身解数，尽可能将张作霖往就范这条路上逼。江藤很清楚张作霖最怕什么，为此不惜危言恫吓："如果你不合作，日本军队将帮助你的敌人蒋介石。"

张作霖此时的处境，也不比张郭战争时好上多少，至于蒋介石这个敌人和对手，那更非郭松龄可比，江藤的话让他陷入极度踌躇之中。思虑再三，为了江藤回去劝说日本政府放弃帮助蒋介石以及不出兵东北，张作霖只好用笔在文件上圈了四条铁路。

江藤暗暗高兴，但表面仍装出为难的样子，说："七条中至少该答应五条吧。"张作霖一听便又圈了一条，然后不忘告诉江藤："这只是预备性商谈，你们暂且不要发表。"

江藤回去后急忙向町野报告，町野闻之大喜过望。秘密行动的核心目标其实仍是"满蒙五路"，"满蒙铁路计划"不过是投石问路，试探一下张作霖的态度。就町野对张作霖的了解，他能够在七条铁路中圈五条，虽然还只是意向，但已经是一个极大的突破。

町野决定趁热打铁，将"满蒙五路"一举拿下。他给山本发去电报，让山本即刻启程前来北京，山本接电后，便以满铁总裁的名义起草公文，向张作霖要求会面。

获悉山本要来北京，张作霖问町野："山本来北京干吗？"町野故意装傻："不知道，大概是上任后的礼节性拜访。"张作霖说："是吗？如果是这样，我们应该好好招待他。"

就在山本抵达北京的前一天晚上，町野以突然袭击的方式，三更半夜地就带着江藤前来面见张作霖。在当时，别说是外国人，就是张作霖的亲信和近臣也不能如此随便，只有町野、江藤可以凭借与张作霖之间非同寻常的关系，在"紧急时刻"独闯大元帅的寝室。

张作霖忙问町野这么晚了有什么事。町野道出了他刻意隐瞒的真相："明天山本要来，是为了五条铁路。"

"什么五条铁路？"

"就是借款修路。"町野一边说，一边将有关"满蒙五路"的文件递给了张作霖。

"不行！"张作霖铁青着脸，捧着文件气呼呼地说："日本想要跟苏俄打仗的铁路对不对？办不到！"说完连招呼都不打便起身就走。

从江藤前面的试探来看，町野本以为张作霖对"满蒙五路"会欣然笑纳，不是已经在"满蒙铁路计划"中圈了五条吗？而且其中大部分线路还都是重复的。他没有料到张作霖会发这么大的火，只得气急败坏地冲着张作霖的背影喊道："不行？如果不行，咱们明天就再见。"

其实张作霖反应那么大是完全可以理解的。因为对于他来说，江藤仅仅是一个日籍朋友，可以代他去说服日本政府，他随便在纸上圈上几条线路，也不过是给江藤提供一个用于说服的工具而已。山本的身份就不同了，他是满铁总裁，又专为借款修路而来，双方正儿八经地谈判，便很难玩忽悠的一套了。

事到如今，町野也已经没了退路。第二天上午9点，他到停车站迎接山本，日本驻华公使芳泽谦吉等许多也来到了现场。山本一看到町野，就拉着他的手急迫地问道："结果如何？"町野硬着头皮回答："大吉，放心。"山本听了很是高兴："那太好了。"

按照约定，张作霖将于10点在帅府接见山本，町野和山本都早早地来到帅府等待，但是10点已经过了，张作霖却并没有露面。10点半，10点40分，10点50分……依旧不见他的踪影。

町野在山本面前已经夸下海口，这一情景让他的面子搁不住了，于是便现编了个理由："山本先生，大元帅从昨天晚上开始有点不舒服，所以要晚一些……"山本信以为真地连连点头："是，是。"

町野一行坚持到11点，张作霖竟然还是没有出来，町野实在忍不住了。他已经准备不顾礼仪，到内室去把张作霖拉出来，也就在这个时候，走廊那边晃晃悠悠地出现了一个人的身影。一看，正是张作霖！

讨价还价

眼前的张作霖走路蹒跚踉跄，仿佛一夜之间就变得憔悴万分。显然昨晚从町野嘴里得知山本来京的真相后，已经让他承受了巨大压力，但看在山本等人的眼里，倒以为町野说得不错，张作霖确实身体不太舒服。

见张作霖出来，町野稍微松了口气，赶紧把山本介绍给他："这是山本，满铁总裁。"山本嘴里说着"啊",抢先向张作霖伸出手来。张作霖见状,无可奈何地伸出手与山本握了握,但握手时却连对方的正脸都没瞧,然后也只说了声:"请坐。"

宾主落座后,町野对山本说:"把你所要求的文件拿出来。"山本一怔,这才发现事情有些不大对头,因为如果町野已经把事情完全搞定,第一个程序应该不会再是拿文件和提要求。

尽管心里感到疑惑,但山本还是一面嘴里应承着"啊",一面从公文包里取出文件呈递给张作霖:"张先生,我们对于'打架'来个结束。"

山本所说的"打架"是指北京政府拒绝芳泽"满蒙五路"的要求后,双方外交部门之间出现的争执。町野此时很紧张,他生怕张作霖听了再度大光其火,给山本也来个拂袖而去。他叮嘱站在一旁负责翻译的江藤,必须好好地把山本的意思翻译给张作霖听。江藤小心翼翼地翻译道:"中日'打架'告一段落,现在要互相携手,言归于好。"

张作霖并没有动怒,不过也没有言语,只是低头看着地面。町野常在张作霖身边,从对方的表情动作中看出经过一夜的思想斗争,似乎已经想通了什么,于是他忙凑上前去问张作霖:"怎么样?"张作霖答了一个字:"行。"说这话时,依旧没有看町野的脸。

町野转忧为喜,接着再问:"这要叫谁来做?"张作霖小声说:"杨参谋长。"

"好,请杨参谋长……您身体不舒服,请休息。"

"啊,啊。"张作霖嘴里哼哼着,站起来无精打采地走进了里屋。

杨宇霆很快就来了。町野拿着山本取出的文件对他说:"刚才山本总裁提出这个要求,大元帅已经同意,并指定你杨宇霆来办,所以请你照办。"

杨宇霆不像张作霖那样对文件漫不经心,他看得很仔细,看完以后才问町野:"五条都要办吗?"

"是的。"

"你同意了?"

杨宇霆果然是个外交场上的厉害角色,此言一出,就足以把町野窘得面红耳赤。因为他分明是在用话对町野进行敲打——别忘了你可是大帅雇的私人顾问,别忘了大师对你有多么信任和器重，在这件事上，你起码得有个中立立场吧！

町野急忙张口结舌地进行分辩："不是同意不同意，而是日本要做。"此后他就不好再插嘴了，谈判变成了单打独斗，也就是杨宇霆和山本之间的较量。

杨宇霆对山本说："我不干。山本先生，日本太那个了，到别人地方架设借款铁路，还要百分之十八的利息！且不说我国有赤字，就是这五条铁路对我国也并无建设的必要。日本实在太不讲道理了。"

张作霖用来回绝日本人的办法，一般只有赖和拖，杨宇霆是有学问的人，他除了会配合着张作霖来互相踢皮球外，还知道如何讨价还价，或者让对方知难而退，或者增加己方所能得到的筹码和利益。

山本是常年出入于政坛的老妖精，马上就明白了谈判对手也是个人精，若不认真一点，在谈判桌上是讨不到分毫便宜的。他突然大声对杨宇霆的话表示赞同，说："同感。"

杨宇霆被他吓了一跳："什么？同感？为你们的需要敷设铁路，还要拿利息，这是什么道理？"

山本解释说他认为杨宇霆言之有理，"精神上是同感"，不过"满铁没钱，如果向日本银行贷款，也得付五分二厘的利息，而且这些铁路是不会赔钱的，所以这种利息是妥当的"。

杨宇霆当然没有这么好打发，最后商定下来，借款利息不变，但日方需要额外付给中方五百万元"筹备费"，另外，作为交换条件，日方同意东北方面自行修筑吉海铁路（最早的"满蒙五路"中所设计的一条线路）。

这就是"山本条太郎—张作霖协约"，协约的最后一条规定："本协约签字后尚须两国政府的代表正式签字。"除了需要两国代表正式签字外，满铁与中国铁路部门签订具体的"承建合同"也是不可缺少的一环，所以它只是一份草案。

具体条款已经商量好了，只待张作霖本人同意。1927年10月14日，协约达成的第四天，町野、江藤直接要求张作霖在协约上签字，但没有被接受。次日，两人又去找张作霖，张作霖被缠不过，便在上面写了个"阅"字。这个"阅"被日方当成了张作霖已经"同意"的证据，但实际上，它和以前张郭战争中的"两个图章"、在"满蒙铁路计划"上圈线路没有什么区别，都是张作霖用于打马虎眼的招数。

从张杨交涉的整个过程可以看出，张作霖在经历一晚上激烈的思想斗争后，一定已与杨宇霆进行了事先的沟通和谋划。如同日方设计"内科方法"和"外科方法"一样，他们也准备了两套方案：一套是最好的打算，能拖则拖，能赖则赖；另一套是最坏的打算，实在拖或者赖不过去，就尽可能讨价还价，以确保己方不会吃太多的亏。

没教我学投降啊

在应付日本人的同时，张作霖严令必须将涿州拿下。东北军第一次用来进攻涿州的部队，乃是张学良选派的卫队旅。卫队旅成立于联合军团之后，辖三个团，官兵大部分为讲武堂毕业生，无论装备还是训练都属上乘，因此它名为卫队，其实是一支较为精锐的野战部队。

涿州当时已是孤城，在很多人看来，只要卫队旅上去，攻陷不成问题，张学良自然也很希望能乘这个机会取得战功，可是事与愿违，卫队旅不但攻势受挫，死伤惨重，而且还被出城的晋军袭击了后方，结果被迫后撤至涿州清凉寺。

张学良闻讯，急速增调三万余人进行围攻，并且亲临涿州上空视察和督战，摆出了一副不达目的誓不罢休的劲头。自1927年10月16日至27日，东北军连续进行四次总攻击，火药、大炮、坦克乃至于坑道战、毒气弹，能用的都用上了，光大炮就动用了一百余门，日夜进行轰击，声闻百里，可就是奈何不了城池和守军。

涿州虽在平原地区，近郊无险可守，但城垣既高且厚，不仅利于守城，而且便于观察：城外攻城部队看不见城内情况，城里向外看则了如指掌。

同时傅作义又是一个善于利用城垣险要进行防御的将领。事后东北军进城参观守城设施，发现四面城墙上都凿有散兵及机枪掩体，掩体内有机枪壕，局部城墙则被挖空，用以设置射击孔，平时这些射击孔用城砖堵上，临战射击再取下来，足以打攻城部队一个措手不及。甚至于，城内还设有临时性工厂，专门生产一种重量相当于普通手榴弹四倍的特大手榴弹，加上每个连都配有"花机关"（晋造手提机关枪），近战火力以及防御能力都很强。

经过多次总攻击，东北军仍然是一筹莫展，而晋军却愈战愈勇。张学良只好派人劝降，劝降者中有一位是傅作义在保定军校的战术教官。傅作义拒绝投降，他在回信中说："老师你只教过我学战术，并没教我学投降啊！"

在第九次总攻击失败后，被张作霖派去做前敌总指挥的万福麟向他报告："涿州已是非力攻所能拿下的了。"张作霖闻言，气急败坏地下达了命令："不用打啦，把涿州四周挖上壕沟，架上铁丝网，他们不投降，就把他们饿死在城里。"

因围城日久，城上城下的双方士兵可以经常对话，张氏父子又想利用第一线士兵对晋军进行瓦解。当时已是隆冬，晋军入城时穿的都是单衣，且吃光了军粮，只能将酒糟用石磨磨了吃下充饥，可谓是饥寒交迫，然而当东北军士兵用粮食、棉衣来拉拢他们时，却收效不大，只有极少数晋军士兵因为同乡关系，从城根的工事里走出来投降东北军。

傅作义和他的部属坚持了两个多月，他们用行动向攻城者完美地诠释了什么叫作军人的意志和品格。此时对晋军而言，死守涿州已失去战略作用，阎锡山授意傅作义与晋军进行停战谈判。傅作义同意向东北军投降，条件是无论官兵，一律不能杀害。

1928年1月6日，傅作义下令打开涿州城门，自率高级军官、幕僚走出南门，万福麟等人在南门外大奏军乐，"摆队相迎"。当天傅作义身着便衣，负伤的一只手还挂在绑带里，他对欢迎的人群拱手致谢，连说："不敢当，不敢当！"

战后，张学良用专车将傅作义接去保定，待之以上宾，隐约间似乎还有笼络和重用的意思。只是落花有意，流水无情，傅作义不久便乘人不备，换商人装逃回了山西。

从表面上看，涿州一战，应该是晋败奉胜，可结果却好像倒了过来，傅作义靠这一战成就了晋军善守之名，东北军则被弄得灰头土脸，尤其张学良"心里很难过"，他对张作霖抱怨说："我们今天打的这个仗，到底为了什么？今天跟这个打，打过之后又好了，明天又跟那个打，没有任何目的嘛。"

乱世皇帝

韩麟春没有参与涿州之战的指挥，那段时间他突然中风，导致半身不遂，不再能够到前线视事。因为当年被郭松龄架空，导致短期内失去兵权，张学良心有余悸，对兵权十分看重，不肯稍假于人。韩麟春病倒，他正好把第四军团也抓过来，自此联合军团便完全由其一人掌握。

倒是他的父亲不放心儿子，见韩麟春因病不能任职，在与杨宇霆商量后，决定让杨宇霆接替韩麟春担任第四军团长。张学良的陆大派亲信多半为原郭军旧部，而且普遍过于年轻，做事急功近利，他们认为杨宇霆来联合军团，是要同张学良争锋，张学良本人也持相似看法。

然而这并非事实，杨宇霆固然有很多缺点，好揽权、爱做事也是真的，但他对张氏父子始终还是忠心耿耿，无可怀疑，而且张学良当时已是尽人皆知的"太子"，杨宇霆作为一个辅臣，和张学良之间有什么可争的？再说开去，杨宇霆和韩麟春一样，事情都是他们去做，可是从来都不掌握实际兵权，本身都没有一兵一将，又拿什么去争？

当然张学良完全可以将杨宇霆拒之门外，不过他在这方面素来心眼很多。在召集部属们商量时，张学良说："你们要知道，我和老将是父子关系，同时又是长官部属关系，我不能事事都直接找老将，有些事必须履行公事手续。按公事手续办，就越不过邻葛（杨宇霆字邻葛）这一关。"

张学良举的例子还是领取军械弹药之类。联合军团进关后，即享有特殊待遇，所属各部的薪饷和军需物品均由军团直接拨给，武器装备也比其他部队精良。在这种情况下，"如果他（指杨宇霆）和我们为难，我们自己就不好解决"。为此，张学良决定，"他既然要来，我就请他来"。

让杨宇霆来联合军团，并非张学良的本意，他对众人们说："他来的目的是抓军队，看我的部下到底能不能叫他抓去！"张学良在说这番话时，似乎已陷于极度苦闷之中，又好像有与杨宇霆进行较量的意思。

既然已经讲清楚想法，而且杨宇霆来联合军团成了既定事实，大家便觉得没继续谈下去的必要了，可是张学良还要求众人就此事继续谈。大家实在找不到什么话，只好反复谈一些杨宇霆不应该到军团来的话。

这次谈话结束后，张学良本来还要求众人继续谈，不过从第二天开始，他就再未涉及这一话题。其实单从军事的角度来说，张学良还是用得着别人辅佐的，涿州战役结束后没几天，蒋介石便通电复职，并开始动员北伐，这意味着新一轮大战又即将开始。

乱世皇帝最不好做，自"登基"以来，张作霖还真没能过上几天好日子。"登基"后，他的帅府已由顺承王府移到中南海，大年三十晚上，家人都睡觉了，他还睡不着，一个人拿着整股香跪在居仁堂的院子里祷告："天啊，要叫我张作霖平定中国，统一天下，救救老百姓！老天爷，你就助我张作霖一臂之力吧！"

这老张一边向老天祷告，一边还咬牙切齿："赶快消灭这些坏蛋（指反对他的人，如蒋阎冯李），我就早早地统一中国，叫百姓好好地过个日子。不然就凭我块臭色（东北土话，意思是凭我这个样子），在中南海里待着，算干什么的。"

因为成天处于焦虑之中，张作霖常会突如其来地乱发脾气。当时内阁总理是潘复，有一天潘复主持召开国务会议，会议开得很顺利，可是等到潘复作总结发言时，张作霖觉得有一条意见不合心意，就当众发作起来，对潘复喊道："潘馨航（潘复字馨航），关于政事，我已经完全交给你了，你不要事事都靠我，找我。你他妈拉个巴子的，闹什么鬼，你以为我不知道？"

站在主席台上的潘复措手不及，被弄得面红耳赤，非常尴尬，只得连连解释："大元帅，你不要误会，我没有别的意思。"众人赶紧上前相劝，也幸亏潘复原本就是张作霖的幕僚，彼此都不见怪，这才没有把事情搞僵。

这一期间，政府各部门工作人员的薪水已经打了八折，仍不能按时发给，导致人心更加不安。为了安抚大家，张作霖特地在居仁堂召集各部门科长以上的人员讲话，而且不用秘书预备的稿子，完全脱稿讲。他开口的第一句话就是："我叫张作霖，跟我来的都知道我张作霖是怎样一个人，你们大家（指他的讲话对象）是不知道的。我张作霖也是个人，并没有什么特别出奇的地方。"

张作霖说他其实很想和下面的人经常见见面，聊聊天，可是却难以得偿所愿，因为"这些捧臭屁的，我一出门，就净了街，谁也见不着"。不过，"你们大家，谁好谁坏，我都有个耳闻，将来局势发展，天下大定的时候，我一定都委屈不了你们，现在你们大家都要好好干！"

他还表示，对暂时出现的经济困难，他是完全了解的，但问题是大家的日子都很紧张，他老张也不例外，"人家都说我张作霖有钱，其实我哪里有多少钱呢？因为善于经营，才积累了几个钱，现在已经拿出来垫补军费啦"。

怎样缓解困境，张作霖提出来的办法是："你们有收入的各部，如交通部、财政部等不要光顾自己，有钱要大家匀着花一花。"

你小子是要拆我的台

1928 年 4 月初，蒋介石协同冯玉祥、阎锡山、李宗仁，组成四个集团军，向张作霖所部发起全线进攻，这就是历史上的第二次北伐。

张作霖采取的对策是兵分两路，以联合军团在西路，对冯、阎两军取攻势，以张宗昌、褚玉璞在东路，对蒋军取守势。战事开始后，联合军团打得不错，战局对他们相当有利，军团部曾数次在发报机上截获并破译出冯玉祥向蒋介石告急求援的密电。

关键时候，东路却支持不住了。先前就曾有人提出，蒋军实力很强，应从联合军团中抽出两到三个军增援东路，可是张宗昌以为自己的兵力已经很多，足以保住山东，所以拒绝了援助。等到蒋军发动总攻，鲁军防线几乎是一击即破，张作霖原先对张宗昌的指示是布置纵深配备，步步防守，同时联络孙传芳残部协防，但张宗昌被打蒙了，下达总撤退令后，既未部署下一个防线，又未通知同在一城的孙传芳，就慌慌张张地逃出了济南。孙传芳独木难支，未几亦在蒋冯两军的夹击下被打得溃不成军。

张作霖震惊之余，深为恼怒。许多人背后议论，都说张宗昌是此次东路兵败的罪魁祸首，他不来见张作霖便罢，如敢来见，非掉脑袋不可。

谁知张宗昌不招自来，来了见到张作霖就跪下磕头："大元帅怎么处罚，我都领！"张作霖说："算了，胜败乃兵家常事，打仗不能总胜。败了嘛，只要把军队整顿整顿。"

张作霖一向如此，你犯了错，哪怕他已经放话说要枪毙了，只要你跪下来头一磕，承认自己错了，然后再说一句："我是赤心为老将的。"他的心也就软了，说声"去吧，以后好好干"，挥挥手便会将你放了。曾几何时，汤玉麟背叛过他，张景惠辜负过他，事过境迁，张作霖不但予以原谅，还当好朋友如故。人们后来都说，正是因为老张"待人极好"，所以他才能够统治东北十多年，历经风雨而不倒，甚至于在他死后，部下们也才会爱屋及乌，拥戴小张继承父业，并让小张成为东北人公认的领袖。

除了待部下宽厚外，张作霖宽恕张宗昌还有另一层考虑。当时社会动荡，兵荒马乱，如果因为一时感情用事把张宗昌杀了，损失一员能征善战的勇将不说，张宗昌尚存的几万军队也就溃散掉了，这些军队打仗固然已经不行，但扰乱地方还有余，而张作霖已无多余精力加以兼顾了。

西路战事顺利之时，张学良的心情还是不错的。由于主要负责财政和人事，所以即便战事紧张，他仍能跑出去游玩，在逛赵国故城邯郸宫（或称赵王城）时，还兴之所至地写了一首咏古诗，诗中道"当年天下归心日，都在邯郸古赵宫"，似乎又找到了打仗的意义所在。

东路落败，令西路大受震动。张学良急忙赶回北京与张作霖见面，除了简单汇报前线战况外，就是要求撤兵。张作霖一听大发雷霆："我当了快一年的陆海军大元帅，中国还没有统一，你就想撤兵不打了，你小子是要拆我的台！"

接着父子便辩论开了。原先张学良认为"天下是马上打下来的，主义有什么用"，但北伐军的迅速强大，让他感受到了"主义"的威力。他对张作霖说："北伐军有孙中山的三民主义，能统一中国，咱们东北军什么主义都没有，统一不了中国。"

张作霖可没有这么与时俱进，他大吼道："我就不信你小子的话！你是胆小鬼，叫三民主义、孙大炮把你小子的胆吓破了。什么三民主义，我是四民主义，我还有大炮呢，他有吗？"

不知不觉中，张作霖仿佛又回到了第二次直奉战争后的那段美好时光，"东北军人强马壮，兵多、飞机多、大炮多、大豆多，年出超三亿多美元（主要指大豆、小麦等农产品的出口），占了八九个省的地盘，有十几个骑兵师"，那个时候他老张怕过谁？就算是张郭战争以后，还不是曾把冯玉祥赶到陕西，并且大败过阎锡山吗？

我什么也不当了

张学良的副官站在门厅里，隔着窗户静听父子俩争吵，激辩中，张作霖的嗓门特别大，而且越来越大："我们兵工厂库房有二三十万条好枪，有一千多门迫击炮，还有山炮、重炮、加农炮，北伐军天上没有飞机下蛋，地下没有四条腿的骑兵，我怎么就不能统一中国？你小六子带领几十万大军不打仗，跑到我面前要撤兵。我一辈子没打过败仗，我不撤！"

张学良也早就准备了一盆浇头的冰水："儿子哪有欺骗爸爸的，咱们东北军统一不了中国是真话！咱们只有几十万军队，现在过了黄河，再打就过了长江了。孤军深入是兵家大忌，后边没有预备队和援军。冯玉祥、阎锡山要是抄了咱们的退路，再想撤也撤不回来了。"

他还不忘提醒张作霖："中国打内战，日本最高兴，日本对各方都支持，这是鹬蚌相争，渔翁得利！"意思是在冯阎抄东北军退路的同时，日本也可能会乘东北军主力入关，关外空虚之机，趁机抢占东三省，从而令东北军有家难归。

张作霖没有被吓住，在他看来，冯、阎是手下败将，日本人也没什么可怕的："我就是不怕日本鬼子！"他估计南满路的关东军顶多也只有一万三千多人，一旦想打这群"日本鬼子"，只要先召集南满路沿线各县县长、公安局长开个会，定个日期，一夜之间就可以把南满路的铁轨都扒了，"拉走埋在地下"。然后再出动三十万东北军，重兵占领旅、大，"一万多日本鬼子不就交待了？咱怕日本鬼子干吗呢！"

张学良费尽半天唇舌，张作霖仍不为所动。见谈话没有结果，天色已经不早，张学良只得先退出居仁堂回去休息。

第二天傍晚，张学良再次前来劝说父亲撤兵。张作霖有一股倔强不服输的性格，你越说他怎么不行，他可能越要坚持，知父莫如子，所以这次张学良没有跟他辩论能不能统一中国的问题，而是改换策略，用了另一种说法："蒋介石、阎锡山、冯玉祥不都是中国人嘛，都是中国人，地盘也是中国的，谁占的多点儿，谁占的少点儿，有什么关系？他怎么占，不还是中国人占中国地嘛！"

对于张学良的这些话，张作霖倒是挺能听得进去，和吴佩孚、曹锟、段祺瑞等北洋政要一样，对于内争外斗之间的区别，他分得非常清楚。

张学良告诉张作霖，如果他执意不肯撤兵，极可能与他的愿望和初衷相反："咱东北要是丢了，就不是中国人占了，而是日本人占了，那就成了千古罪人，咱就要当亡国奴了！东北要是丢了，咱们就没有立锥之地了！现在，东北军都在关内，东北唱空城计了，不撤不行！"

张作霖听了大为动容。事到如今，他又岂能真的看不清局势，不过是不愿意承认现实罢了，更何况，他虽然不怕与日本人干仗，但那毕竟是不得已而为之，乃最后才能采取的下策。

"好，咱们撤！东北的高粱米子儿我还没吃够呢，北京的大米饭我可吃够了。现在就是请我在北京当大总统我也不当了，我什么也不当了，我回东北去！"

就在张作霖下决心息兵罢战，退出关外的时候，1928年4月19日，田中内阁突然以"就地保护侨民"为由，下令出兵山东，日军随即侵入济南。蒋介石急于北伐，既对日军的武装行动缺乏警觉，又随时准备与日军讲和，致使北伐军在冲突中极为被动，从而酿成了"济南惨案"。

日军制造"济南惨案"，往深里说，其实就是为了落实东方会议的既定方针，即阻止蒋军北上，并尽可能将国民党的势力范围限制在南方。这对张作霖维持其北京政权当然是有帮助的，看到北伐军因受日军阻挠而暂时停止不前，张作霖也重新燃起了希望，他派人到南京游说，希望双方停战言和，同时准许他"同参政事"，一致对外。

当时的南京政府主要由谭延闿、李烈钧、蔡元培三位大员当家，蔡元培不常来政府办公，谭延闿、李烈钧都主张接纳张作霖讲和，这样就形成了一份名为"请准许张作霖同参政事案"，谭延闿、李烈钧以及军方在宁代表都在上面签了字。

本来这份提案是有可能通过的，但是在即将开会讨论前，有新闻记者把消息提前泄露给了蔡元培。蔡元培得知谭、李在他缺席的情况，就想趁机通过提案，不由大为光火，当即跑去问谭、李："是谁主张准许张作霖参政的？我们革命政府，难道从此不革命了吗？"蔡元培为人耿直，有威信，谭、李都有几分怕他，于是提案只能宣告寿终正寝。

其实谭、李、蔡都不过是毫无实权的政客，真正能够做主的还是前线的几位军方大佬。在蒋介石、冯玉祥联合召开的紧急会议上，蒋介石同意放弃北进，与张作霖划江而治，但遭到冯玉祥的坚决反对，最后会议决定绕开济南城，继续向北推进。

魔鬼总是缠身

国民党一贯标榜反帝，但遇到了日军也就只能绕着走，而且他们显然把"革命"摆到了"一致对外"的前面。倒是张作霖和他的奉系还知道孰轻孰重，当日本人对张作霖、张宗昌说"让我们替你打"时，他们都不约而同地摇头加以拒绝，不愿利用外力来取得战争的胜利，或维持自己的地位。1928 年 5 月 9 日，张作霖发出息兵"佳电"，宣布主动退出京津，向南京政府和平移交政权。

为了防止冯、阎或日军抄其后路，部分东北军开始提前向关外撤退，按照关东军司令部高级参谋河本大作的说法，这些东北军正"像雪崩一样向山海关蜂拥而来"。

东北军一旦撤往关外，必须在他们通过山海关时予以缴械，这是东方会议"外科方法"所规定的内容。此时关东军司令官已由武藤信义换为村冈长太郎，村冈与武藤在东北的立场和看法上完全相似，他一面向军部要求增调部队，一面立即下达命令，由朝鲜编成一个准备维持治安的混成旅团，准备先行开往锦州和山海关，以解除东北军的武装。与此同时，关东军司令部也计划采取战时体制，在数日内移至奉天，到时村冈本人将亲自到奉天进行指挥。

锦州和山海关是属于南满线附属地以外的地区，混成旅团即便已经编成，若无政府命令也不能出动。这时在日本政府和军方内部，外务次官森恪、时任陆相的白川义则都极力劝说首相尽快下定出兵的决心，不过田中"总是有点踌躇不定"。

眼看政府命令迟迟不予下达，东北军却有"陆续进来的迹象"，直把强硬派们急得两眼冒火。打听到田中正在寺中静养，外务省亚洲局长有田八郎、陆军省军务局长阿部信行便联袂赶到寺中，一起建议田中"规劝张作霖下野"，但都遭到了田中的拒绝，田中的原话是："张作霖的事由我来处理！"

有人说，田中这么保张作霖，是因为两人过去有交集，田中在日俄战争结束后曾经救过张作霖的命，"从田中首相来看，张作霖仍是个不能随便予以责备的小孩子，与此同时，张作霖对田中也具有与众不同的信赖感"。

其实这都是没影的事。日俄战争是什么时候发生的，隔了这么多年，田中和张作霖也没打过多少交道，何来"亲密感""信赖感"？退一步说，就算张作霖念及旧情，他们之间的关系还能"亲密"得过町野、江藤？

田中为什么会踟蹰不前，河本的分析是日本驻美大使出渊胜次提交了一份报告，指出如果日军出兵东北，将会在美国舆论中引起反弹。另外田中身边的谋士佐藤安之助、参谋本部第二部长松井石根等人都主张继续维持张作霖政权，田中受到了影响。

应该说，河本的分析靠谱了一点，但还没有说到点子上，因为他们都不了解田中还有一个策应"内科方法"的秘密行动——"山本条太郎—张作霖协约"的商定，让田中把满蒙政策的实行都寄托于张作霖，这个时候让他下野，岂不是干了件蠢事？

当然，协约没有正式签订，就还只是草案。田中也害怕夜长梦多，他指示山本赶快把"满蒙五路"的正式合同给签下来。江藤奉命访问张作霖，提出此议。当着江藤的面，张作霖表示同意正式签署合同，并说这件事可找交通部门具体谈。江藤一走，他就找来交通次长、代理交通部务的常荫槐，告以此事，叮嘱常荫槐与日本人进行周旋，但不能听日本人的。常荫槐当即表明自己的态度，发誓就算牺牲次长的职位，也绝不答应日方的任何条件。

此后，当南满铁路的代表们找常荫槐签合同时，他就采取"回避政策"，与对方打起了游击战：当日本人得知常在天津而去天津时，他突然到了北京；当日本人到北京找他时，他又悄悄地溜到了天津，总之是神龙见首不见尾，哪也找不到人。

据说有一次日本人获悉常荫槐在一家妓院请客，赶紧堵住门，将常"抓了个现行"。可是常荫槐却说那里不是谈公事的地方，约他们去部里见面商谈，日本人想想有理，只好答应下来。结果第二天上午等他们再去部里，却发现常荫槐又不在了。

日本人通过各种途径向常荫槐透风，说张作霖已有应允"签字"之意，所以双方并不需要再细谈，仅仅履行一下手续就行，常荫槐毫不含糊地放话过去："宁可丢官也不能服从大帅命令！"

南满铁路的代表们拿常荫槐没有办法，便又来找江藤。江藤能做的，自然还是把"日本军队将帮助你的敌人蒋介石"的一套搬出来，不停地对张作霖进行催逼。张作霖厌烦不已，叫骂道："我今年，他妈拉个巴子的，魔鬼总是缠身！这些该死的小日本鬼儿，今天你来，明天他来，如果把我惹翻了，我要给他们点厉害看看，让他们明白明白，我张作霖可不是好惹的，急眼了，我不管他三七二十一。到啥时候，我也不能吃里扒外，和他们小日本儿一条心。"

此时北伐军已以"怒涛澎湃的声势"，向京津地区迫近。内外交困之下，张作霖的情绪更加烦躁，一边抽烟一边发牢骚："南方蒋介石这个东西也来挤兑我。唉，闹不好，回东三省去，在那儿我有独立的江山，在奉天老家我过得不也是挺舒服的吗？"

后援

遇到外交上难以过去的坎，张作霖必商之于杨宇霆，这次也不例外。杨宇霆来了以后，见张作霖如坐针毡，且动辄暴跳如雷，连忙宽慰道："大元帅，您还是放宽心为好，从远处打算，回东北也对。不过，要想独立，就得找后援。"

张作霖知道杨宇霆说的"后援"是指日本人，他更生气了："找后援？他小日本儿尽找便宜，我就是不上他的当。我们张家父子下决心，绝不找日本人当靠山。我他妈的要是急眼了，就豁出一头来。"

杨宇霆非常注重搜集日方情报，日本政府、军方内部的激烈争论以及关东军方面的异动，不可能完全逃过他的耳目，他来其实就是告诉张作霖：咱们还得利用日本人，这个"后援"少不了，所以得做好最坏的打算。

不管杨宇霆怎么分析，张作霖的脾气上来就控制不住，他继续怒吼道："日本人也太霸道了，他们已经得了那么多的好处，还不满足，还在到处伸手，连中国人打场仗，他们都要干涉，他管得也太宽了！"

说着说着，忍不住又有了一股子不撞南墙不回头的劲头："这两年我张某虽然运气不好，可我手里还有几十万军队，他们休想骑在我的脖子上拉屎，我老张也不是那么好惹的！"

再大的火也总有发完的时候，一俟清醒和冷静下来，张作霖不得不面对现实。现实就是，前面北伐军，后面关东军，两面夹攻，进退维谷，东北军面临的情况，远比表面能够了解到的更为凶险可怕。

在杨宇霆的劝说下，张作霖终于认识到，以往的拖延或"赖账"对策已经行不通了，要想从绝境中挣脱出来，只能像张郭战争中那样，采取适当策略，让日本拉上一把。1928年5月13日，他一反常态，向江藤表示："铁路问题必须在现在解决。"

当天，在满铁事先制作好的延海、洮索两路承建合同上，张作霖都签了"阅"和"准行"的字样。同时在常荫槐缺席的情况下，令交通部司长赵镇以"交通部代理次长"的名义在吉会、长大两路承建合同上签字。"五路"中最后一个是吉五铁路，这条铁路预计线路并不算长，但贯穿了素有谷仓之称的吉林大平原，过去拟议时就遭到吉林民众的强烈反对，张作霖便以此为由，与江藤商定留待日后处理。

赵镇是被张作霖赶鸭子上架，临时拿来充数的，所以直到第二天也就是5月14日，张作霖才颁布命令，正式委任他为"交通部代理次长"。从合同的严密性来说，这是一个很大的破绽，江藤为人非常精明细心，他发现后马上让赵镇将签署合同的日期改成了"5月15日"。

让步归让步，但张作霖中途要的小心眼一个都没少。除了要求日方对于此事"在三个月内绝对保守秘密"外，他还另设了一个附加条件，即一年之内，只有在满铁和地方政府商定后，协约和合同才能完全生效。事后，他给奉天省长刘尚清写去一封密信，特别叮嘱："倘因关系重大不能轻易让步者，仍应本外交方式慎重办理。"

"四路"合同的签定，令山本欣喜若狂，他认为，悬案许久的"满蒙五路"问题已被打开缺口，"田中首相的大陆国策，由之踏上其第一步"。

张作霖能够做出如此重大妥协，足以表明其境遇之险恶。山本是个很能看准时局机微和做出快速反应的老练政客，5月15日，他"犹如猛虎乘疾风"一般地来到北京，对张作霖说："苏联从北方威胁你，蒋介石从南面袭来，你的处境危险，日本愿协助你保住满洲，为此，我们双方应建立攻守同盟和经济联盟。"

所谓两项同盟，其实就是与日本缔结具有政治和经济性质的两项协定，它们也是田中、山本事先所密议，准备一举解决满蒙政策的根本方略：通过政治协定，日本将攫取东三省的治安权；通过经济协定，满蒙腹地将对日方开放，同时日本人还将在满蒙享有居住、营业、土地的商业租借权。

山本在从大连出发时，把两项协定的要项都写在了一张纸片上。张作霖向来没有细看条文的习惯和耐心，他朝纸片上扫了一眼，直觉"事关重大"，根本不能接受。好在这并不是什么正规协定或合同，山本甚至都没要他写个"阅"什么的，只需答好或者不好就行。既然这样，张作霖也就乐得再给日本人吃个定心丸，他一边装出高兴的样子，一边如其所愿地回答了山本一个字："好！"山本却认为这是张作霖真实意愿的表达，事后日方如此记述当时的场景："被置于绝地的张作霖，遂抛去对日本的疑神疑鬼，而欣然接受了田中这个提案。"

处于兴奋中的山本连忙向张作霖保证了两件事：一是在日本的庇护之下，他将成为名副其实的满洲王；二是万一他与苏俄发生冲突，日本将对其给予援助。

正是你好我好大家好，张作霖逢场作戏的表演功力也立刻来了个大爆发，日方此时的记述颇为精彩和有趣："犹如获得救世主的张作霖，欢喜若狂，对于欲辞去大元帅府的山本抓住不放，因而更命令特快车延迟开车的时间。"

坐在回东北的火车上，山本志得意满，满面春风，他边喝啤酒边傲然地对随员说："这等于购得了满洲，所以不必用武力解决了。"

必须有点骨头

至此，田中完全打消了让张作霖下野以及对东北军进行缴械的念头，"外科方法"宣告出局。1928 年 5 月 16 日，田中内阁举行阁议，决定向中国的南北两军分别发出"备忘录"：劝张作霖迅速退至关外，否则不能保证不解除东北军的武装，同时要求北伐军不得进入东北地区，否则将"采取适当而有效的措施"。

可以看出，这份备忘录和张郭战争时关东军的声明颇有神似之处，表面貌似不偏不倚，其实是在帮张作霖的忙，因为北伐军占领京津早已是铁板钉钉，蒋介石要统一中国，下一步无疑就是紧追不舍，用兵关外，但备忘录画了红线，绝对禁止他这么做。

5月17日深夜，驻华公使芳泽谦吉造访帅府。芳泽虽然也是个有些资历的外交官，但有时说话做事不分场合。张作霖"登基"以后，有一次设国宴招待外国使节，芳泽也在被邀之列。宴席上有两道菜很别致，一道叫"向阳葵花丝"，一道叫"胜利红桃片"。前者摆放整齐后像一面民国国旗，后面像一面大元帅的帅旗。芳泽吃得高兴，有些忘乎所以，他用手指着这两道菜，笑着对张作霖说："我们日本人就爱吃这样的菜，真好吃，味道太美了。"

言者或许无心，听者却感到别有深意，张作霖马上以讽刺的口吻对他说："你们愿意吃，但恐怕吃不消吧。"一句话，引得全桌大笑。国务总理潘复见张作霖面带怒容，情知不妙，忙拿话岔开："喝酒，喝酒，吃菜吧！"接着又悄声对张作霖说："大元帅，他们是喝醉了。"其他官员也插话说起别的话题，张作霖的脸色才稍有缓和。

宴会结束，张作霖回到住所后仍余怒未消，他对身边的人说："这两道菜都有象征意义，那道像国旗的菜，代表了我们五族共和。他小日本就爱吃，净想好事！他妈拉个巴子的，他能吃得了吗？"

现在这个惹人讨厌的芳泽又来了。张作霖正和几个客人打麻将，听说日本公使来访，客人们急忙起身告辞，张作霖明显对接见芳泽提不起兴趣，他摆了摆手，挽留众人说："我和芳泽没啥谈的，不大工夫就能说完，你们等等！"

见到张作霖后，芳泽先传达了备忘录的内容，接着又向张作霖提出了借款修筑吉会铁路的要求，并且诱惑他说："如果阁下答应这一要求，大日本帝国可以设法阻止北伐军渡过黄河。"张作霖一向对日军直接介入中国内战持反感和抵制态度，听后立即正色答道："我们家中的事，不劳邻居费心，谢谢你们的好意。"

吉会路是"满蒙五路"中的第一条线路，在秘密交涉中，张作霖已经让人在相关承建合同上签了字，但因为芳泽不是秘密行动的成员，所以对此事并不知晓。见张作霖不为所动，泄气之余，便忍不住嘲笑道："阁下应该清醒些，你们打得过北伐军吗？"

"这不劳邻居费心，打打看吧！"如果是中国人这么说，张作霖或许还能忍受，芳泽作为一个外国人，他是无法容忍的："打不过他们，我再撤回去也不晚。"

芳泽冷笑一声："恐怕未必能回得去吧。"

听到这里，张作霖的脸顿时涨得通红，他拍着桌子大声喊道："这是什么话！关外是我的老家，我愿意什么时候回去就什么时候回去，谁还敢拦路不放吗？"

"好了，好了，先不谈这些了。"芳泽属于软塌塌的性格脾气，张作霖发这么大的火，他也没太当回事，接着又从公文包里取出张郭战争时张作霖与关东军签订的那份密约，放在桌上往张作霖面前一推："趁阁下还在北京之际，请把这份由您个人签署的条约改为北京政府签署的正式条约。没法子，时间不多了，务请马上办理。"

张作霖接过密约，却并没有要办理的意思："不要急，先放在这里吧。"

见张作霖又要拖延和推脱，芳泽只得掏出他所认为的撒手锏："现在本公使代表帝国政府，正式向你们提出另一严重事件。"

"又是什么事件？""张宗昌的兵在济南杀了几十名日本侨民。"张作霖一听是这件事，便回答说尚未接到相关报告。

芳泽以为击中了张作霖的软肋，便得势不饶人地对张作霖说："张宗昌的军队是你的部下，你应对此负一切责任。"

芳泽自以为得计，却不料将张作霖给彻底惹毛了，他霍地由座位上站起，将手中的翡翠嘴旱烟袋猛地往地上一摔，旱烟袋当即断为两截："岂有此理！这件事一无报告，二无调查，空口一说，我他妈的负个屁责！"

张作霖与芳泽的会谈一共持续了三个多小时，与张作霖开始称的"不大工夫就能说完"大相径庭，里间的几位客人都等得有点不耐烦了，便公推其中一位懂得日语的前去听听他们到底说些什么。此君侧耳倾听，可是也没听出什么来，只听到张作霖说："我这个臭皮囊不要了，也不能做这件叫子子孙孙抬不起头的事情！"——张作霖常说："人是一个臭皮囊，裹着一包脓血，必须有点骨头。"

紧跟着，不待芳泽辞去，张作霖就丢下这个被惊得目瞪口呆的日本人，怒气冲冲地离开了客厅。当时留在里间的几个客人都很惊讶，不知道芳泽究竟提出什么问题，才会惹起这么一场严重的冲突。

必死之阵

由于田中的压制和阻止，关东军虽然已陈兵奉天，却什么也不能做。不久，吴俊升统兵五万，从黑龙江赶到奉天，对奉天进行守卫。与此同时，原在关内的东北军每天一万、五千地通过山海关，在关外进行集结，到 5 月下旬，以这种方式集结于关外的部队已达三四万人。

眼看对东北军进行攻击和缴械的大好机会悄然逸去，关东军方面十分郁闷和焦虑，河本等人大叫："时至今日，还相信只要依靠一个张作霖，使之主宰满洲，就可以确保治安的想法是错误的。"一些人也忍不住大发牢骚："张作霖不可恃，政府的狐疑逡巡将误国策。"

怎么办？讨论下来，在无法动用在满兵力的前提，唯一的办法就是实施"谋略"，也就是对张作霖采取谋杀行动。按照河本等人的认识，张作霖出身绿林，他手下的将领也只不过是靠拜把子结合起来的一群私党，"这样的结合，常常是头目一死，他们立即四散"，也就是说，除掉一个张作霖，其他奉系将领必将树倒猢狲散。

村冈接受了这一意见。鉴于这是瞒着政府的行为，他没敢大事声张，只是暗地里授命司令部参谋竹下义晴为密使，前往北京与日本驻华公使馆副武官建川美次联系，欲借华北日军之手除掉张作霖。

河本原先并不知晓此事，后来听竹下透露要去北京，且言语间神情紧张，便察觉出其中必有蹊跷，于是当即邀请对方吃饭。席间在他的追问下，竹下一五一十地把所负使命交代了出来。

河本一听，认为原来的办法是"轻举妄动"——且不说在北京很难找到敢于从事这样冒险勾当的人，即使有这样的人，在各国众目睽睽的环境下，也不容易得手，而一旦行动失败，对方方面面都不好交代。

河本让竹下把任务交给他来完成，竹下很为难，表示他不能不执行司令官的命令。河本就对他说：既然你自己执行任务很困难，总不能让村冈这个司令官亲自来干吧，有我河本就够了。

一席话把竹下说得心服口服，这样就由河本主持谋杀行动，竹下的任务改为到北京侦察张作霖的具体行期。河本的想法是在铁路线上动手，他权衡了袭击火车和炸毁火车的利弊，认为如果袭击火车的话，很快就会被发觉是日军所为，只有炸车才可以不留痕迹地达到目的。

至于炸车地点，原定巨流河大桥，但因那一带东北军戒备森严，难以得逞，最后改为皇姑屯车站附近的一座铁桥，那里是南满路和京奉路的交叉点，名为"老道口"。之所以老道口，一个重要的原因是"满铁线走在上面，京奉线通过它的下面，日本人在那里稍微走动，也不怎么奇怪"。负责埋置炸药的是一名调来支援的驻朝日兵中尉，此人技术高超，埋置工作结束后，河本称赞他"不愧为专家"。

其至河本还考虑到了爆炸失败的情况，他为此拟订的方案是，用脱轨机使火车翻车，然后派埋伏在附近的冲锋队冲上去进行刺杀。

就在河本布下必死之阵的时候，张作霖正在为离京做最后的准备。1928年5月30日，他对所属各部队下达了总退却令。右翼张学良、杨宇霆的联合军团全部后撤，但是左翼张宗昌没有马上撤退，不仅如此，他本人还跑到北京，当着面问张作霖："大元帅，为什么要撤出北京？我一个人也要干。"

如果能够不撤，张作霖又哪里真的想撤，准备行装时，他甚至派人将大元帅的印与旗、国务院印信以及外交部重要档案一个不落地全部运往奉天，并下令说："一切重要命令，仍须由大元帅盖印发表。"

怎奈事势比人强，听了张宗昌的话，张作霖迟疑道："不行吧？"一旁的町野也表示怀疑："能吗？"张宗昌却很认真："我干给你们看看。"觉得张宗昌勇气可嘉，张作霖于是就说："好，你干着看看。町野顾问，跟我走。""走吧。"

6月2日，张作霖再次发表出关通电。当天晚上，芳泽又跑了过来。他说日本愿以武力迫使北伐军后退，张作霖尚可得到半壁江山，条件仍是需要答应承建吉会路以及停筑葫芦港等。

张作霖对这种趁火打劫的行为感到十分气愤，他干脆对芳泽不予接见，将其一个人晾在客厅里。芳泽独自坐在客厅里，就听见张作霖在隔壁的办公厅高声大骂："日本人真不够朋友，竟在人家危急的时候，掐脖子要好处。我张作霖最讨厌这种事情！我是东北人，东北是我的家乡，祖宗父母的坟墓所在地，我不能出卖东北，以免后代骂我张作霖是卖国贼。我什么也不怕，我这个臭皮囊早就不打算要了！"

芳泽听得懂中国话，顿时被窘得面红耳赤、坐立不安。约半个小时后，张作霖让翻译将一沓公文交给芳泽，同时转告今天无法接见。芳泽以为张作霖至少已经答应了他一两个条件，也就赶紧拿上公文溜走了。

回到公使馆，芳泽将公文打开一看，发现张作霖只在上面写了一个歪歪扭扭的"阅"字，既未署名，更没有写同意二字，这才知道自己的希望又化为了一场空。

挽歌

因为张作霖和芳泽有过这样的冲突和不愉快，随行人员在回奉前都有一种惴惴不安的不祥预感，唯恐在山海关出事，有人私下里已准备了裹伤包和饼干，以防万一。那几天，奉天宪兵司令齐恩铭也发现老道口四周情况异常，日军守备队日夜放哨，阻止行人通行，好像在构筑什么工事（实际在埋置炸药），为此他向北京发来密电，请张作霖严加戒备或绕道归奉。

可是张作霖却并没有感到有任何不安，对齐恩铭的提醒亦未能引起重视，他还不以为然地说："齐恩铭这个人警惕性倒是挺高，可有时候就是喜欢大惊小怪的，别真以为有那么严重。"

如同村冈、河本等人对田中的秘密行动一无所知一样，张作霖也绝不会想到关东军竟然要另开一席，瞒着日本政府对他个人展开谋杀行动。日本人后来判断，张作霖之所以敢于"优哉游哉回奉天"，就是因为他确信关东军不会使用武力，而他之所以有这样的信心，又与他已在山本的秘密交涉中给过对方甜头有关。

当然，长期在压力和危险下生存的经验，也没让张作霖完全疏于大意，他对返奉的路线、时间都有过考虑。路线上，他原打算乘汽车由古北口进关，但一者公路坎坷不平，难免会受颠簸之苦；二者既已被人赶下了台，他也不想抄小路灰溜溜地逃回奉天，他老张要堂堂正正地在奉天站接受关东父老们的盛大欢迎。

至于返奉日期，除了故弄玄虚地一再更改日子，由6月1日改为2日，又改为3日外，张作霖还找来了他很信任的瞽目术士张震洲卜算。张震洲摇卦之后，说当日下午7时动身为吉，张作霖便深信不疑，当即决定于这个时间启程离京。

日本《朝日新闻》报道了张作霖当晚离京的场面："警卫队的刀枪发出熠熠灯光，荒凉的军乐挽歌般的响起。张作霖的左手紧抓着佩剑，行举手礼与送行者告别。"记者还注意到，张作霖的表情显得非常悲痛，当他依依不舍地回望京都的时候，眼睛甚至"闪着光亮"。

像他的前任段祺瑞、吴佩孚那样，张作霖有志于统一中国，可结局却并无任何差别，只能以败军之将的身份黯然离场，"谁目睹此情此景，又怎能毫无感慨"？

这个时候包括张作霖在内，没有人会想到他们的告别其实还有另外一层意味，不久将响起真正的挽歌。唯有离京之前，顾维钧曾经拿着张作霖的八字，请术士为张算命，算命的术士叹息道："这个命贵是贵，可是正如黎明前的灯胆，马上就要熄灭了。"

张作霖一行所乘专车由北京开出后，作为顾问的町野在天津站提前下车，以便等待张宗昌的军队。这时车上的日本人里面，还有一个日本驻锦州领事。这名领事是在北京上车的，当时他手持奉天的日本军政各界委托书，表示在奉天的日本人一致欢迎张作霖回归奉天。张作霖在略表寒暄之后，便邀他同往奉天，就在专车抵达锦州时，此人称有急事要回领事馆，下车提前走了。有人见他行动鬼祟，怕出意外，建议张作霖改换车厢，但张作霖不以为然，依旧乘坐原车厢继续前进。事后大家回忆起这一细节，怀疑日本领事就是来侦察张作霖车厢号数的，他在锦州下车，既可以脱离爆炸现场，也便于把情况通报给关东军的伏击人员，以免炸错。

1928 年 6 月 4 日，5 时 23 分，专车驶抵老道口桥沿，埋置的炸药突然起爆，全桥崩塌，据说与预定起爆时间只差了一秒。爆炸声中，铁轨呈现出麦芽糖的弯曲状，张作霖所在车厢的车身当即崩出三四丈远，只剩两个车轮完好。河本自始至终观察着起爆过程，他看到"轰隆爆炸的同时，黑烟飞扬到了两百公尺的上空"，这令他以为"张作霖的骨头也飞上天空了"。

事故现场十分凄惨可怖，共有十七人被炸死。由奉天专程到山海关迎张的吴俊升头贯铁钉，当场身亡。张作霖被炸出三丈远，满身是血，当时还看不见内里伤，只有咽喉处有一个很深的窟窿。校尉处长温守善急忙用一个大绸子手绢将窟窿堵上，然后和其他人一起将张作霖抬上前来迎接他们的汽车。

张作霖的神情看上去非常难过，他虽然神志糊涂，但还能说话，问的头一句话是："逮住了吗？"温守善骗他说："逮住了。"

"哪的？"

"正过问呢。"

张作霖这时说："我到家看看小五（指五夫人）。"接着又说："我尿一泡尿，尿完了尿我就要走啦！"当时大家都以为他由于严重脑震荡，说的是呓语，不料这其实就是他最后的遗言。

皇姑屯事件令町野感到眼前"天昏地暗"，另外有两个日本人也惊愕得几乎晕倒。一个是身在东京的首相田中，他脸色苍白，流着眼泪讲了一句话："一切都完了！"另一个是身在大连的山本，他瘫坐在沙发椅上，说："田中内阁完了，我要回东京。"

河本以为他为日本排除障碍，立了大功，其实从长远来看，这次谋杀行动对中日两国而言几乎接近于同归于尽——东北失去了一个既能镇住内部，又可以在艰难情况下巧妙应付苏日的枭雄，这为若干年后的东北沦丧及民族危机埋下了伏笔。另外，因为张作霖在世时打下的基础，奉系并未如关东军所愿的那样顷刻瓦解，反而田中内阁所寄望的"满蒙五路"和"积极外交"归于彻底失败。

在杨宇霆被诛杀后，日本政府和军方在满蒙问题上更难找到可以对等交涉的对手，最终只能冒险一逞。町野认为，皇姑屯事件是"九一八事变"的开端，更是太平洋战争的远因，"如果由我来谈这些，我一定会臭骂日本的外交和军人，这是日本的耻辱……"